韓國史硏究叢書 110

근현대 부산지역 여성의 삶과 활동

韓國史硏究叢書 110

근현대 부산지역 여성의 삶과 활동

이송희 지음

국학자료원

책을 내면서

　근대 부산지역 여성들이 역사 속에서 자신들을 드러낸 것은 1907년 국채보상운동 전개 시 3개의 여성들만의 조직을 만들어 남성들과 더불어 민족문제를 해결하는데 앞장선 것이었다. 이들은 남녀동등권의 획득이라는 의식을 갖고 역사의 전면에 나섰던 것이다. 이즈음 부산지역의 일부 여성들은 근대교육을 받을 수 있는 기회를 갖게 되었다. 이를 기반으로 일제강점기 1910년대에는 송죽회 활동, 1919년 3·1운동 시 일신여학교 교사와 학생들의 부산·경남 지역 만세운동의 선도 등으로 이어졌다.
　이러한 민족운동 참여와 주도를 경험하면서 부산지역의 여성들은 민족문제와 동시에 여성의 문제를 같이 해결코자 노력하게 되었다. 1920년대 다수의 여자청년회와 부인회를 설립하였다. 이후 사회주의계열의 여성단체가 등장하였고, 협동전선 논의에 따라 1927년 근우회의 설립으로 이어졌다. 부산에는 3개의 근우회 지회가 설립되었다. 한편 방직공장과 고무공장에서 일했던 여성노동자들은 자신들의 생존권과 관련하여 일제에 항거하여 투쟁하였다.
　해방 이후 많은 귀향자들의 부산 정착과 전쟁으로 인한 무수한 피난민들의 이주로, 부산지역은 이제 다양한 지역에서 이주해 온 여성들로 넘쳐나게 되었다. 이는 부산지역 여성들의 정체성, 활동성으로 자리잡게 되었다.
　부산지역 여성들은 역사의 중요 시점에서 그 면모를 잘 드러내 주었다. 민주화운동의 상징인 부마항쟁, 1987년 6월항쟁 등에서 여성들의 역할이 컸다. 그리고 1980년대 후반부터 활동하기 시작한 진보 여성단체들의 여성운동은 부산지역 여성들의 활동성을 가장 잘 보여준다.

필자가 '부산지역 여성'을 연구 주제로 삼게 된 것은 1989년 신라대(부산여대) 여성문제연구소 설립과 1992년 소장을 맡게된 것이 그 큰 계기였다. 연구소는 매년 부산지역 여성을 주제로 월례발표회를 열고 심포지움을 개최하여 연구를 심화시키고 지속화를 꾀하였다. 그리고 부산여성회 등 지역여성단체들과의 교류, 지역여성연구회 스터디모임 참여, 부산여성사회교육원의 원장과 이사장 활동 등이 지역여성에 대한 관심으로 이어졌다. 자연스럽게 부산지역 여성들의 과거와 현재를 연구하기 시작하였다. 여기에 실은 논문들은 필자의 1980년대 말부터 현재까지의 활동을 근거로 한 부산지역 여성사 연구를 정리한 결과물이다.

이 책은 일제강점기부터 현재까지의 부산지역 여성의 삶과 활동을 정리한 것으로 모두 두 부분으로 구성되었다.

제1편은 '근대 부산지역 여성들의 삶과 활동'이라는 제목 아래 제1장에서는 일제강점기 부산지역의 여성교육을 일신여학교와 공립부산여자고등보통학교를 중심으로 살피고 이에 기반한 민족운동의 전개를 살펴보았다. 제2장에서는 일제강점기 부산지역 한국인 여성교육과 일본인 여성교육을 비교 고찰하였다. 제3장에서는 일제강점기 부산지역 여성단체들을 정리해 보았고, 제4장에서는 부산지역 고무공장 여성노동자들의 노동운동·항일투쟁을 고찰하였다.

제2편은 '현대 부산지역 여성의 삶과 활동'이라는 제목 아래 제5장은 1950년대 6·25전쟁 전후에 부산지역에 이주한 여성들의 삶을 살펴보았다. 18인 여성들과 면담을 통하여 이주여성들의 삶을 보고, 거기에서 부

산여성들의 정체성을 끌어내고자 하였다. 제6장에서는 부산지역 여성들의 6월항쟁에의 참여를 100인 여성들과의 인터뷰를 통하여 분석하였다. 제7장은 부산지역 진보 여성운동에 대한 분석을 시도하였다.

이 논문들은 1994년부터 2014년까지 각기 발표된 것으로 시기적으로 너무 늦은 점도 있고 중복되는 부분도 있다. 하지만 이렇게 따로이 책으로 엮어서 발간하게 된 것은 무엇보다 부산지역 여성사를 알리고자 하는 데 있다. 그리고 개인적으로 필자가 36년 6개월간 부산지역의 대학에서 연구 강의하고 특히 부산지역 여성들과 함께 운동을 해왔던 것에 대한 총정리의 의미에서다.

이 연구서가 나오기까지 많은 분들의 도움이 있었다. 부산지역 여성문제를 함께 고민하고 연구하였던 신라대학교 여성문제연구소의 여러 교수들께 감사드린다. 그리고 부산지역 여성단체 활동가들과 연구자들, 특히 어려움 속에서도 서로 힘을 보태며 함께 활동해온 부산여성사회교육원의 회원들께 깊이 감사드린다. 그리고 학교일과 여성단체 일로 분주한 필자를 옆에서 항상 도와준 남편 서정훈교수께도 감사의 마음을 전한다. 이 책이 활자화되는데 열심히 교정을 보아준 동생 이명희에게 고마움을 전하며, 출판을 맡아주신 국학자료원의 정찬용 원장님, 정구형 대표님, 우민지님께도 감사드린다.

2019년 12월 해운대 연구실에서
이송희

목 차

| 책을 내면서 | 5

제1편 근대 부산지역 여성의 삶과 활동

제1장 일제강점기 부산지역의 여성교육   / 15

　Ⅰ. 머리말   / 15
　Ⅱ. 여성교육론과 정책   / 16
　Ⅲ. 여성교육의 전개   / 35
　Ⅳ. 여성민족운동의 전개   / 60
　Ⅴ. 맺음말   / 72

제2장 일제강점기 부산지역의
　　　한국인과 일본인 여성교육   / 81

　Ⅰ. 머리말   / 81
　Ⅱ. 여성교육정책의 변화   / 83
　Ⅲ. 여성중등교육   / 91
　Ⅳ. 여성초등교육   / 110
　Ⅴ. 맺음말   / 123

제3장 일제강점기 부산지역의 여성단체
－ 1920년대를 중심으로 － / 131

Ⅰ. 머리말 / 131
Ⅱ. 여성단체 활동의 배경 / 133
Ⅲ. 비밀결사단체의 설립 / 141
Ⅳ. 여자청년회의 설립과 활동 / 146
Ⅴ. 근우회의 창립과 활동 / 169
Ⅵ. 맺음말 / 196

제4장 일제강점기 부산지역 여성노동자들의 노동운동
－ 고무공장 여성노동자들을 중심으로 － / 205

Ⅰ. 머리말 / 205
Ⅱ. 여성노동운동의 배경 / 207
Ⅲ. 고무공장 여성노동자들의 노동운동 / 221
Ⅳ. 맺음말 / 238

제2편 현대 부산지역 여성의 삶과 활동

제5장 1950년대 부산지역 이주여성들의 삶 / 247

  Ⅰ. 머리말 / 247
  Ⅱ. 부산으로 온 이주여성들 / 255
  Ⅲ. 이주여성들의 부산 정착 / 264
  Ⅳ. 이주여성들의 삶 / 276
  Ⅴ. 맺음말 / 290

제6장 1987년 6월항쟁과 부산지역 여성, 여성운동 / 297

  Ⅰ. 머리말 / 297
  Ⅱ. 6월항쟁 참여 100인 여성과의 만남, 구술 / 299
  Ⅲ. 부산지역 여성들의 6월항쟁 참여의 배경 / 304
  Ⅳ. 1987년 6월항쟁에서 부산여성의 경험과 의식 / 309
  Ⅴ. 6월항쟁 이후의 부산지역 여성운동 / 326
  Ⅵ. 맺음말 / 329

제7장 부산지역 여성운동의 회고와 전망
　　　　- 진보 여성단체를 중심으로 -　　/ 341

　Ⅰ. 머리말　/ 341
　Ⅱ. 1980년대 진보적 여성단체의 출현　/ 343
　Ⅲ. 1990년 이후 부산지역 여성 삶의 변화　/ 351
　Ⅳ. 1990년 이후 부산지역 여성운동의 전개　/ 362
　Ⅴ. 부산지역 여성운동의 과제　/ 377

제1편
근대 부산지역 여성의 삶과 활동

■ 제1장
일제강점기 부산지역의 여성교육
■ 제2장
일제강점기 부산지역의 한국인과 일본인 여성교육
■ 제3장
일제강점기 부산지역의 여성단체
― 1920년대를 중심으로 ―
■ 제4장
일제강점기 부산지역 여성노동자들의 노동운동
― 고무공장 여성노동자들을 중심으로 ―

제1장
일제강점기 부산지역의 여성교육

I. 머리말

　우리나라에서 근대여성교육이 시작된 지 100여년의 시간이 흘렀고, 이제 일부에서 독자적인 여성교육의 무용론이 제기될 정도로 많은 면에서 변화를 거듭하고 있다. 그럼에도 우리의 여성교육이 과연 여성들을 진정한 한 주체적 인간으로 설 수 있도록 하고 있는가 하는 의문을 벗어버리기 힘들다. 심지어 어떤 경우에는 여성교육이 여전히 과거의 봉건적 여성관에서 벗어나지 못하고 있을 뿐 아니라 가부장제의 틀을 공고히 해주는 역할까지도 하고 있음을 볼 수 있다.
　그것은 근대 이래 우리의 역사 속에서 여성교육이 강조되어 온 것은 분명하나, 그것의 목적과 내용이 진정 여성에게 합당한 것이었는지 그 여부와 관련이 있을 것이다. 즉 사실상 왜곡되게 전개되어온 과거의 여성교육이 청산되지 못하고 여전히 교육의 근간을 이루고 있는 결과라고 할 것이다.
　따라서 근대 이래의 여성교육에 관한 연구는 현재 여성교육의 방향 정립과도 관련하여 그 구체적 실상을 고찰하여볼 필요가 있으며, 더욱이 지역여성에 대한 연구가 활발히 이루어지고 있지 못한 실정에서 부산지역

만을 한정하여 연구해 보는 것도 지역사 연구나 전체 여성사를 구성해 가는데 있어서도 나름대로 의미가 있을 것이다.

본고에서는 여성교육의 실상을 밝히기 위해 먼저 교육과 밀접한 관계를 갖는 여성교육론과 정책을 그 배경으로 정리해 보고자 한다. 여성교육의 전개에서는 학교의 설립과 목표, 운영, 교과과정 등을 통한 교육의 내용을 분석하여 봄으로써 당시의 여성교육이 지향한 바를 고찰하여 보고 과연 그 교육이 올바른 것이었나를 보고자 한다. 그리고 여성교육의 일정한 결실이라고 할 부산지역의 여성민족운동을 고찰하여 봄으로써 여성교육이 얻었던 성과를 정리해 보려 한다.

이 논문의 자료로는 당시의 신문과 각 학교자료들이 이용되었다. 지역사이고 여성관련이다 보니 자료가 아주 부족하였다. 학교관련의 경우는 아직 생존자가 있어서 인터뷰를 통해 당시의 교육현장의 분위기나 교육의 내용을 파악하는데 도움을 얻었다.

II. 여성교육론과 정책

1. 여성교육론의 전개

1) 개화기 여성교육관

우리사회에서 근대적 여성교육에 관한 관심은 개화기 국민계몽과 개발을 위해 교육이 강조되면서 비롯되었다. 즉 1880년대 개화정책이 실시되면서 여성교육에 대해 관심을 갖기 시작하였다.[1]

---

[1] 개화기의 여성교육관에 관한 연구는 다음과 같다.
  노인화(1982), 「한말 개화자강파의 여성교육관」, 『한국학보』 27집, 일지사.
  최숙경(1983), 「한말 여성해방이론의 전개와 그 한계점」, 『한국문화연구원논총』, 이화여자대학교.

1883년 발간된 『한성순보』 1884년 7월 11일자 「泰西各國小學校」에 서는 서양 小學校의 학제를 소개하면서 泰西 각국은 남녀 5세만 되면 빈 부귀천에 관계없이 교육받을 수 있다고 설명하고 있다.2) 그러나 이것은 본격적 여성교육에 관한 소개는 아니다.

전통적인 여성교육관을 대신해 여성에게도 교육을 실시하여 개화 자강을 실시하자고 주장한 것은 선진적 개화사상가들이었다. 朴泳孝는 그의 「개화에 대한 상소」에서 남자와 나란히 여성에게도 교육의 기회를 부여할 것을 주장하고 여성교육을 의무교육의 하나로 실시해야 한다고 강조하였다.3) 이는 여성 개화를 실현키 위한 方策의 하나로 주장되었던 것이다.

유길준은 『西遊見聞』에서 서양여성의 개화를 소개하고, 이는 여성교육에서 비롯되었음을 강조하였다. 그리고 서구의 예에 비추어 여성의 교육이야말로 여성에 대한 불평등한 제도를 타파하고 여권을 신장시키는 최양책임을 강조하고, 人性은 10세 이전에 결정이 되므로 여성교육이야말로 童蒙교육의 기본으로 국민교육의 기초라고 강조하였다.4)

이러한 초기 개화사상가들의 여성교육관은 여성의 개화를 실현하고 더 나아가 개화 자강을 실현하자는 목적에서 출발한 것이었다.

개화운동이 성숙되면서 발간(1896년)된 『독립신문』은 특히 여성교육에 관심이 컸다. 무엇보다도 여성들에게 공부하여 여성의 권리를 찾아 남녀평등을 이룰 것을 주장하고 있다. 또 나라를 흥왕케 하기 위해서는 교육밖에 그 방법이 없는데 국민교육을 널리 하기 위해서는 童蒙敎育과 女性敎育이 시급하다고 보았다. 그런데 여자를 가르치는 학교가 없으므로,

---

2) 『한성순보』, 1884. 2. 21. 「학교」난에서는 남녀 6세부터 교육을 실시하는 것으로 소개하고 있다.
3) 박영효, 「개화상소」, 『근대한국명논설집』(신동아 1966. 1월호 부록), 10쪽. 상소에서 박영효는 개화론을 8조목으로 나누어 논하고 있는데 여성교육에 대해서는 第6條 教民才德文藝以治本條에서 "設小中學校 使男女六歲以上 皆就校受學事"라고 함.
4) 유길준(1890), 제12편 「孩嬰撫育하는 規模」, 제15편 「女子 接待하는 禮貌」, 『서유견문』.

정부에서는 남자학교를 하나 지으면 여자들을 위해서도 학교를 지어야 한다고 강조하였다.5)

이러한 개화 자강파들의 여성교육에 대한 강조는 그들의 여성관에 근거한 것으로, 즉 여성은 가정에서는 교양 있고 능력 있는 현모양처로서 국가사회를 위해서는 새 사회건설에 유조한 일꾼으로서의 역할을 해야 한다고 생각하였다.

2) 국권회복기의 여성교육론

국권회복운동(1905-1910년) 시기의 여성교육론은 사회진화론적 시대인식을 바탕으로 한 실력양성론에서 비롯되었다. 계몽사상가들은 지금 우리나라가 국권을 빼앗기고 민이 위기에 처하게 된 원인을 궁극적으로 분석해 보면 과거 우리나라에 여자를 교육시키지 않아 현세계의 신문화를 받아들이지 못하고 開明進步에 이르지 못하였던 점에도 그 원인이 있었다고 인식하고, 나라와 민을 구하기 위해서는 무엇보다도 급선무가 여성교육임을 강조하였다.6)

이들의 이러한 여성교육의 강조는 여성을 남성과 같이 활용하여 실력을 양성하자는 국가경쟁력을 위한 것이었다. 이천만의 절반인 천만여성을 교육을 통해 야만에서 벗어나게 하여 실력을 갖게 하고 여성들도 노동을 통해 국가의 부강에 도움을 주도록 하자고 하였다.7) 그러나 실력양성

---

5) 『독립신문』 1896. 4. 21, 9. 5 논설, 5. 12, 1898. 9. 21.
6) 金河琰, 「女子敎育의 急先務」, 『서북학회월보』 제15호, 12-18쪽 : 「安岳郡女學校贊成會趣旨書」, 『대한매일신보』 1908. 8. 26 : 尹孝定, 「女子敎育의 必要」, 『大韓自强會月報』 제1호, 41쪽 : 「女子敎育論」, 『대한매일신보』 1908. 8.11, 寄書 : 金致淳, 「女子敎育에 대하여」, 『대한매일신보』 1909. 10. 28 : 「女校敎科書寄附」, 『만세보』 1906. 11. 1.
7) 朴殷植, 「女子普學院維持會趣旨書」, 『女子指南』 제1권 제1호(1908), 1-2쪽 : 金河琰, 앞의 글, 13쪽 : 『대한매일신보』 1908. 12. 19, 논설: 「여자교육이 부강지요」, 『대동보』 제3호(1907.7): 윤효정, 앞의 글, 42쪽.

중심의 여성교육론은 여성교육을 철저하게 국권회복 실력양성의 도구로서만 논의하고, 한 주체적 인격을 갖춘 여성을 길러내는 것에 대하여는 크게 중요시 하지 않았다.

그러면 여성교육이 어떻게 문명사회를 만들고 실력양성을 가져다주어 경쟁력을 키워주는가? 계몽사상가들은 여성 개인의 사회적 능력이 직접적으로 국가의 힘과 관련이 있다고 본 것은 아니고 여성의 역할을 대체로 가정 내에서의 어머니로서의 역할과 아내로서의 역할, 가정의 운영자로서의 역할에 강조점을 두었다.8)

그리하여 여성교육의 필요성과 실력 양성의 필요성을 무엇보다도 가정교육·아동교육·태교에서 찾았다. 결국 이들의 여성교육은 덕육을 담당할 가정교육과 아동의 정서를 길러주는 아동교육의 담당자, 어린이를 생산하는 태교의 담당자로서의 역할을 강조하였다. 때문에 이들이 여성교육의 내용으로 말하고 있는 것은 현재 문명한 사회의 가부장적 가정의 현모가 될 수 있는 그러한 교육이었다.

그리고 계몽사상가들은 여성을 국가의 가장 기본조직인 가정의 현명한 운영자로서 키우기 위해 여성교육을 강조하였다.9) 가정을 잘 운영하여 국가의 발전을 꾀하기 위해서는 주부인 여성교육이 무엇보다 필요하다고 보았다. 이렇게 볼 때 당시 계몽사상가들은 바로 자본주의 사회의 가부장적 가정의 현모양처를 길러내고자 여성교육을 그토록 강조하였던 것이다.

3) 여성해방교육론

1920년대 들어서면서 비로소 여성해방의 의미를 담은 여성해방교육론

---

8) 李沂,「家政學總論-家庭의 責任」,『湖南學報』제1호, 30-31쪽 : 태백산인,「結婚한 娘子에게 與한 書」,『大韓興學報』제5호, 47-51쪽.
9)「婦人職務」,『大韓日報』1906. 1. 1.

이 대두되었다.10) 이는 당시의 서구여성주의의 수용과 사회주의사상의 수용에 따른 여성해방론의 대두에 의한 것이었다.

당시는 여성억압의 원인을 기존의 전통적 가치관과 제도, 여성 자신의 인간으로서의 각성 부족, 정치·경제·법률 등 사회제도면에서의 불평등 조건, 자본주의적 사회경제구조 등의 관점에서 인식하고 있었다. 그리고 여성해방의 의미를 남성에 의한 노예적 삶과 노예적인 도덕에서 벗어나 자유와 권리를 갖는 하나의 인격체가 되는 것, 남성과 동등한 권리와 지위를 획득함으로서 자기를 실현하는 것, 여성을 억압하고 있는 사회구조 속에서 자유로워져 주체적 인간으로 서는 것 등으로 인식하였다.11)

이러한 1920년대의 여성해방론의 인식과 궤를 같이 하면서 전개된 여성해방교육론은 무엇보다 당시의 여성교육의 후진성과 또 여성교육이 현실적으로 빚어내고 있었던 많은 문제점을 지적하고 여성교육은 여성해방사상에 기초한 자아확립교육12)과 여권 동등교육13)으로 나아가야 한다고 주장하였다. 이러한 교육을 통해서만이 여성들이 한 인간으로서 남성과 동등하게 이 사회에서 살아나갈 수 있으리라고 보았던 것이다.

---

10) 1920년대의 교육론을 언급한 것으로는 이송희(1994), 「1920년대 여성해방교육론에 관한 일고찰」, 『부산여대사학』 제12집. 간단하게 언급하고 있는 것으로 몇 편의 논문이 있다. 김정희(1984), 「한말 일제하 여성운동 연구」, 효성여자대학교 대학원 석사학위논문: 이옥진(1979), 「여성잡지를 통해 본 여권사상-1906년부터 1929년까지를 중심으로-」, 이화여자대학교 석사학위논문: 오숙희(1988), 「한국 여성운동에 관한 연구」, 이화여대 석사학위논문.
11) 이송희(1994), 「1920년대 여성해방론에 관한 연구」, 『부산사학』 제25·26합집, 부산사학회.
12) 梁柱東, 「女子敎育을 改良하라」, 『동아일보』 1922. 11. 15. : 閔泰瑗, 「내가 여학교 當局者라면」, 『新女性』 제3권 제1호, 17쪽 : 鄭春溪, 「婦女解放運動에 대하여」(6), 『조선일보』 1923. 8. 27. : 張膺震, 「女子敎育問題」, 『조선일보』 1929. 1. 1, 사설.
13) 「여성의 교육적 해방을 위하야-만천하 동포에게 다시 일언을 고함」, 『조선일보』 1924. 4. 4, 사설 : 「부인야학문제」, 『조선일보』 1926. 12. 1, 사설: 유각경, 「나의 주의와 사업-배우고서야 해방과 동등이 있다」, 『중외일보』 1924. 4. 1. : 정춘계, 「부녀해방에 대하야」(7), 『조선일보』 1923. 8. 28.

그리고 이러한 여성해방교육을 위해서 내용면에서는 남녀평등주의 인격주의에 입각한 교육,14) 사회와 연계를 갖는 교육,15) 남성주의에 기초한 전통적 사고를 키우는 교육 배제,16) 실용적 교육17) 등을 강조하였다.

제도 면에서는 여성교육기관의 설치와 확대, 여성에 대한 고등교육 실시, 남녀공학 실시 등을 내세웠다.

이러한 개화기 이래의 여성교육론의 전개는 단계 단계마다의 특성을 갖고 민족문제와 여성문제를 동시에 풀어나가는 실마리로서의 역할을 하고자 하였다. 그리하여 많은 한계가 있는 것이었지만 여성교육이 전개될 수 있는 이론적 기반을 마련해 주었다. 그러나 일제강점기에 들어서면서 이 이론들은 현실 속에서 그대로 받아들여질 수 없었다. 오히려 여성교육론은 제도권의 교육이 아닌 여학생들의 생활이나 이념, 또한 여성 민족운동의 이론적 틀이 되었다.

2. 여성교육정책의 전개

1) 개화기의 여성교육정책

우리나라에서의 근대여성교육은 1886년 이화학당의 설립에서 비롯되

---

14) 「自己로 사는 婦人」(4), 『동아일보』 1920. 6. 24. : 安在鴻, 「自然스러운 人生을 짓도록」, 『신여성』 제3권 제1호, 22쪽 ; 鳳西山人, 「人權과 男女平等」(2), 『동아일보』 1920. 7. 9. : 張膺震, 「女子教育問題-女子도 個人으로 社會人으로 男子同樣教育을 바다야 한다」, 『조선일보』 1929. 1. 1.
15) 張膺震, 앞의 글 ; 閔泰瑗, 「내가 여학교 當局者라면 먼저 世上을 알리기에 힘쓰리라, 그리고 세상에 處할 길을 가르치자」, 『신여성』 제3권 1호, 17쪽.
16) 鄭春溪, 「婦女解放運動에 對하야」(7), 『조선일보』 1923. 8. 28. : 白波, 「所謂 新女性과 良妻賢母主義」, 『現代評論』 創刊號 (1927. 2), 161-170쪽.
17) 咸世豊, 「女子解放이 卽 社會進步」, 『開闢』 4호, 44-45쪽 ; 金明昊, 「朝鮮의 女性과 職業」, 『신여성』 제4권 제2호, 9-10쪽 ; 閔泰瑗, 「내가 女學校 當局者라면」, 『신여성』 제3권 제1호, 18쪽 ; 一記者, 「女性評壇-婦人職業問題」, 『신여성』 제4권 2호, 22쪽.

었다.18) 당시는 근대교육에 관한 법령이 마련되지 못한 상황으로서 선교사들이 자신들의 포교를 위해 그 하나의 방편으로 근대학교를 설립한 것이다. 정부에 의한 교육정책이 마련된 것은 그로부터 10년 뒤였다. 1895년 2월에는 「교육입국조서」가 내려졌고19) 8월에는 여성교육과 관련한 「소학교규칙대강」이 발표되었다.

당시의 소학교규칙에 의하면 소학교의 목적은 국민교육의 기초와 그 생활상에 필요한 보통지식 및 기능을 주는 것으로, 관립·공립·사립 등 3종으로 하고, 관립은 국고, 공립은 부 혹은 군, 사립은 사인의 부담으로 한다고 하였다. 그리고 소학교를 심상과와 고등과로 나누어, 심상과는 3개년 고등과는 2개년이나 3개년 과정으로 하였다.

심상과의 교과목은 修身, 讀書, 作文, 習字, 算術 및 體操 등으로 하고, 학부대신의 허가를 얻어 체조를 제외하고 한국지리, 역사, 도화, 외국어 등을 첨가할 수 있었으며 여학생을 위해서는 재봉을 할 수 있었다.

고등과의 교과목은 수신, 독서, 작문, 습자, 산술, 한국지리, 한국역사, 외국지리, 理科, 도화 및 체조 등으로 하되, 역시 여학생을 위하여 재봉을 할 수 있었다. 또한 학부대신의 허가를 얻어 외국어를 첨가하고 외국지리, 외국역사, 도화 중 한 과목 혹은 몇 과를 除할 수 있도록 하였다.20)

---

18) 이화학당의 설립연도에 대해서는 1885년 설도 있으나, 스크랜톤 부인이 학교를 창건한 것은 1885년이지만, 학생들이 오지 않아 학교가 가동되지 않았고 실제 첫 학생이 온 것이 1886년 5월 31일이기에 1930년대부터 창립연대를 1886년으로 잡고 있다. 이화여자대학교(1971),『이화 80년사』, 51-54쪽.
19) 이 조서는 재래의 經學 중심의 교육을 지양하고 세계정세에 눈을 뜨게 하는 새로운 교육의 중요성을 강조하였으며 교육의 3대강령으로서 德育 體育 및 智育을 내세워, 革新의 風敎를 세우고 사회를 향상시키며, 勤勞와 力行의 정신과 습성을 기르고, 사물의 연구를 철저히 함으로써 國家中興의 강력한 힘이 될 것을 역설하였다. 吳天錫(1975),『韓國新敎育史』(상), 光明出版社, 78쪽. : 이만규(1949),『조선교육사』(하) 신교육편, 44-47쪽.
20) 이만규(1949), 앞의 책, 52-53쪽 : 오천석(1975), 앞의 책, 81-82쪽.

그러나 이러한 소학교령 역시 여성교육에 관한 특별한 내용은 없었고, 다만 심상과나 고등과에서 여성을 위해 재봉시간을 따로 둘 수 있다는 정도만이 언급되었다.

이 때 소학교령 외에 많은 여러 학교관제들이 발표되었지만 여성교육은 대체로 그나마 소학교교육에 머물러 있었고 관제에서도 여성의 경우는 전혀 언급하고 있지 않다.

때문에 1905년까지 여성교육을 담당하였던 학교는 선교사들이 운영하는 기독교계열의 학교들이 많았다.

2) 통감부 시기의 여성교육정책

일제는 1904년 제1차 한일협약에 의하여 고문정치를 실시하여 재정·외교·경찰·군부에 고문을 파견하고 학부에는 幣原坦을 참여관으로 두었다.[21] 그리고 통감부를 설치하면서 통감부 서기관 俵孫一을 학부촉탁에 배치하여 학제의 개편을 단행케 하는 등 한국교육행정을 장악케 하고, 정미7조약 이후에는 俵孫一을 학부차관에 임명하였다. 그리하여 한국의 교육은 일제의 식민화교육으로 치닫게 되었다.

바로 이런 흐름 속에서 1908년(융희2년) 4월 4일에 이르러 학부는 여성의 중등교육을 위한 고등여학교령을 발표하고(시행세칙은 융희3년 1909년에 발표함) 관립 한성여학교를 설립하였다.

고등여학교령에 따르면 고등여학교의 목적은 여성에게 필요한 高等普通敎育과 技藝를 가르치는 것으로, 관립·공립·사립 등으로 하고, 수업연한은 3개년으로 하되 지방사정에 따라 이를 1년 내로 연장할 수 있도록 하였다. 본과와 예과, 기예전수과를 두게 하였다.

본과의 학과목은 수신, 국어 및 한문, 일어, 역사, 지리, 산술, 이과, 가

---
21) 高橋濱吉(1927), 『朝鮮敎育史考』, 제국지방행정학회, 123쪽.

사, 도화, 재봉, 음악, 체조 등이었으며 수예·외국어는 첨가할 수 있었다.22)(<표-1>참조) 여기에서의 특징은 국어 및 한문과 일어의 시수가 같다는 것이고 재봉 시수가 그에 못지 않다는 것이다. 이는 여성교육이 식민화교육으로 가고 있음을 보여줄 뿐 아니라, 부덕을 강조하는 교육으로 시작되고 있음을 알려 준다.

예과의 학과목은 수신, 국어 및 한문, 일어, 산술, 이과, 도화, 재봉, 음악, 체조 등이며 수예를 첨가할 수 있다고 하였다.

기예전수과의 학과목은 수신, 국어 및 한문, 산술, 재봉 및 수예에 속하는 것에서 한 과목 또는 몇 과목을 선택하고, 또한 일어·가사 중에 한 과목 또는 두 과목 다를 공부할 수 있다고 하였다.23) 기예전수과의 설치와 운영은 당시 통감부의 여성교육에 대한 태도를 적나라하게 보여주는 것이다. 말 잘 듣는 조신한 여성양성에 그 목적을 두고 있음을 알 수 있다.

<표-1> 高等女學校本科學科課程 및 每週敎授時數表

學　　年		第1學年		第2學年		第3學年	
學 科 目		時數	程度	時數	程度	時數	程度
修　　身		1	實踐道德	1	同 上	1	同 上
國語及漢文		5	講讀, 作文, 文法, 習字	4	同 上	4	同 上
日　　語		5	讀法, 解釋, 會話, 書藝	4	同上作文法, 文法	4	同 上
歷　　史		2	本國歷史	2	同 上	1	同上及地文
地　　理			本國地理		本國關係有ル 外國地理		

22) 高橋濱吉(1927), 앞의 책, 290쪽 : 이만규(1949), 앞의 책, 145-150쪽.
23) 高橋濱吉(1927), 앞의 책, 285-286쪽.

算 術	2	正數, 分數	2	分數, 少數, 珠算	2	比例, 步合算, 珠算
地 科	2	動物, 植物, 生物, 衛生	2	化學, 鑛物	2	物理
家 事	1	衣食住	2	同上及養老	2	育兒, 着護, 割烹, 家事, 經濟
圖 畵	1	臨畵, 寫生畵	1	同上	1	同上及老案畵
裁 縫	4	運針法, 普通衣服, 縫法, 裁法, 繕法	5	同上	5	同上及裁縫器械 使用法
音 樂	2	單音唱歌	2	同上	2	單音唱歌, 複音唱歌, 樂器使用法
體 操	2	遊戲, 學校體操	2	學校體操	2	同上
手 藝		編物, 造化, 刺繡		同上		同上及貸物 組絲
外 國 語				讀法, 解釋, 書藝, 習字		讀法, 解釋, 會話, 文法
敎 育						敎育ニ關スル事項
計	27		27		27	

출처: 高橋濱吉(1927), 『朝鮮敎育史考』, 290쪽.

그리고 1908년 8월 사립학교령[24]을 발표하였는데 이는 당시 일제가 조선인의 민족교육운동이 지나치게 활성화된 것을 경계하여 발표한 법령으로 사립학교의 교육을 정상화시킨다는 미명하에[25] 사립학교 교육의 내용을 통제하려고 한 것이었다.[26] 사실 당시 사립학교들이 한국 교육의 주

---

24) 송병기(외)(편)(1971), 「구한국관보」, 1908. 9. 1, 『한말근대법령자료집』 VI, 서울, 국회도서관, 279쪽.
25) 당시 학부대신은 사립학교령의 반포경위를 사립학교들의 내용이 불비하고 조직이 불완전하여 교육기관으로서의 실질을 갖추지 못한 경우가 많아 이 폐단을 시정키 위한 것이라고 밝히고 있다. 高橋濱吉(1927), 앞의 책, 제국지방행정학회, 310쪽.
26) 일제가 염려하였던 것은 사립학교의 설립이 교육에 의거하여 국권을 회복하려는

요 부분을 담당하고 있었다.

사립학교령은 첫째 사립학교가 학부대신의 인가를 받도록 하였다.[27] 이는 사립학교의 설립을 억제하고 기존의 사립학교를 정리 또는 학부의 통제 하에 두어 교육의 내용이 애국주의로 치우치지 못하게 하려는데 그 목적이 있었다.[28] 1910년 5월 인가받은 사립학교의 숫자는 종교학교를 포함하여 2,250개교였다. 선교사가 운영하는 학교는 반드시 사립학교령에 따를 필요가 없었으나 종교학교 823개교가 인가를 받았다.

사립학교령의 두 번째 주안점은 학부대신이 폐교조치 등 감독권을 갖겠다는 것이었다. (9조, 10조, 12조) 그리고 실제로 감독은 각 지방의 지방관이 하도록 규정하였다.

세 번째, 학부대신이 사립학교의 교과서를 통제하겠다는 것이다. 사립학교는 학부편찬교과서, 학부검정교과서, 학부인정교과용 도서만을 사용해야 했다.

이러한 사립학교법은 당시 무수히 설립되어 민족교육을 표방하고 있었던 사립학교들의 교육을 통제하고 구국교육운동을 저지하였던 것으로, 종교학교들의 경우에도 인가받지 않으면 안 될 정도의 통제력을 지녔던 것으로 보인다. 당시 여성교육기관들의 대부분이 사립학교에 속해 있었기에 사립학교령에 의해 영향 받은 바가 컸다. 1886년에서 1910년까지 사립여학교는 174개교가 설립 운영되고 있었는데 사립학교의 지역별 설립자별 실태를 살펴보면 다음 <표-2>와 같다.

의지에서 비롯되고 있고, 교육의 내용 방향이 애국주의교육 민족주의교육으로 흐르고 있다는 것이다. 국사편찬위원회(편)(1965),『독립운동사』제1권, 907쪽.
27) 高橋濱吉(1927), 앞의 책, 311쪽.
28) 국사편찬위원회(편)(1965),『독립운동사』제1권, 914쪽, 916쪽. 교과용 도서와 같이 직접 생도의 두뇌에 위험 불온의 사상을 주입하는 것과 같은 것은 제외하고 그 설비 교사 경비와 같은 것은 웬만하면 문제시 삼지 말고 인가하여 일단 많은 사립학교들을 사립학교령의 지배하에 두고자 하였다.

<표- 2> 私立女學校의 地域別 및 設立者別 實態 (1886~1910)

地方別	紳士 有志	現職 官人	前職 官人	社會團體 및 女性團體	基督 宣教會	宗教 團體	婦人	妓生 · 妾	其他	合計
서울	16	1	4	9	8	2	6	2	8	56
京畿道	2		1		1	2	2		7	15
黃海道	1	2				1	1		4	9
江原道	1									1
忠淸北道							1		1	2
忠淸南道				2					1	3
全羅北道		1			1					2
全羅南道				2	3				1	6
慶尙北道	1	1		1	1				2	6
慶尙南道	4			1	1	1	2	1	4	14
平安北道	4	3		2	5	3			1	18
平安南道	1	2	1	3			2		3	12
咸鏡北道	3			2	4	1	6		2	18
咸鏡南道	3	3		1	2				3	12
合計	36	13	6	23	26	12	18	3	37	174

출 처: 박용옥(1984), 『한국근대 여성운동사 연구』, 보부록 3, 218-219쪽.

3) 일제하 여성교육정책

(1) 조선교육령과 사립학교령

일제강점기에 들어서 일제는 1911년 제1차 조선교육령을 발표하였다. 이는 종래의 것을 계승하면서 일정하게 변경을 시도한 것이었는데 단 조선인에 대한 것이었다. 조선인은 보통학교(4년), 고등보통학교(4년), 여자 고등보통학교(3년) 등에서 교육을 받게 되었다.

여자고등보통교육에 관한 조항을 보면, 여자고등보통학교는 여자에게 고등한 보통교육을 하는 곳으로 부덕을 기르고 국민된 성격을 도야하며 그 생활에 유용한 지식과 기능을 가르친다고 하였다. 수업연한은 3년으로 하고, 입학자격은 나이 12세 이상으로 '수업연한 4년의 보통학교를 졸업한 자 또는 이와 동등 이상의 학력을 가진 자'로 하였다. 1학급의 정원은 약 50인으로, 교과목은 수신, 국어, 조선어 및 한문, 역사, 지리, 산술, 이과, 가사, 습자, 도화, 재봉 및 수예, 음악, 체조 등 13개 과목이었다. (<표-3> 참조)

그리고 기예과를 두어 나이 12세 이상의 여자에게 재봉 및 수예를 전수케 하였으며, 수업연한은 3년 이내로 하였다. 기예과의 교과목은 재봉 및 수예와 본과의 교과목 중 적당하게 정하도록 하였다.

<표-3> 여자고등보통학교 교과과정 및 매주 교수시수표 (1911년 제정)

교과목 \ 학년 과정 시수	제1학년 시수	과정	제2학년 시수	과정	제3학년 시수	과정
수신	1	수신의 요지	1	수신의 요지	1	수신의 요지
국어 (일본어)	6	읽기, 해석, 회화, 쓰기, 작문	6	읽기, 해석, 회화, 쓰기, 작문	6	읽기, 해석, 회화, 쓰기, 작문
조선어 및 한문	2	읽기, 해석, 쓰기, 작문	2	읽기, 해석, 쓰기, 작문	2	읽기, 해석, 쓰기, 작문
역사	2	일본역사	1	일본역사	1	일본에 관계 있는 외국 지리
지리		일본지리				
산술	2	정수, 소수	2	제등수, 분수, 주산	2	비례, 부합산, 구적, 주산
이과	2	식물	4	동물, 인신, 생리 및 위생		물리 및 화학 (광물 포함)
가사				의식주, 양로		

습자	2	해서, 행서	1	해서, 행서		
도화	1	자재화	1	자재화	1	자재화
재봉 및 수예	10	운침법, 보통의류 의재봉 재단수선 편물 조화 자수	10	운침법, 보통의류 의재봉 재단수선 편물 조화 자수	10	1, 2학년 과정 외에 재봉기계 사용법 조사, 염직
음악	3	단음 창가	3	단음 창가, 악기 사용법	10	단음 창가, 복음창가
체조		유희, 교련		유희, 교련		유희, 교련
계	31		31		31	

출 처: 부산직할시교육위원회(1987), 『釜山敎育史』, 116쪽.

관립여자고등보통학교에는 사범과를 두어 보통학교의 교원이 되려는 자에게 필요한 교육을 할 수 있는데 사범과의 수업연한은 1년으로 하고 사범과에 입학할 수 있는 자는 여자고등보통학교를 졸업한 자로 규정하고 있다.29)

여자고등보통학교의 교과과정에서 가장 두드러진 것은 일어교육이 국어로서 주당 6시간씩 강조되었다는 점이다. 규칙 10조에서는 국어는 국민정신이 머무르는 곳이며 또한 지식 기능을 습득케 하는데 불가결한 것이므로 어떤 교과목에 있어서나 국어의 사용을 정확하게 하고 그 응용을 자재케 할 것을 기하여야 한다고 규정하고 있는데30) 조선어 및 한문이 매학년 2시간임에 반하여 일어가 6시간이 배당되었던 것이다.

또한 교과과정에서 강조된 것이 수예로서, 이는 필수과목이 되었으며

---

29) 조선통감부(1911), 『施政年譜』, 369쪽 : 大野謙一(1936), 『朝鮮敎育問題管見』, 조선교육회, 36-37쪽, 57쪽 : 이만규(1949), 앞의 책, 184, 195쪽 : 오천석(1975), 앞의 책, 222쪽 : 여자고등보통학교에 관한 규정은 1908년의 고등여학교령의 골자를 따르고 있는 것으로, 그 특징을 보면 관립여자고등보통학교에 1년과정의 사범과를 두어 보통학교의 교원을 양성하겠다는 것이다. 高橋濱吉(1927), 앞의 책, 410-411쪽.
30) 高橋濱吉(1927), 앞의 책, 410-411쪽.

재봉 및 수예는 3개 학년에 주당 10시간씩 많은 시간을 배정받았다. 재봉 및 수예과에서는 재봉기계, 염색 및 기계 등을 가르치게 하였다. 이는 일제가 여성고등교육의 목적을 부덕을 기르는 것에 두었음을 드러내 준다. 규칙 제10조에서는 정숙하고 근검한 여자를 양성하는 것이 목적이므로 어떤 교과목이나 이에 유의하여 교수할 것을 강조하고 있다.[31]

이제 시작된 지 얼마 되지 않은 여성고등교육은 철저히 식민지교육으로 전개되었으며 부덕을 기르는 교육으로 강조되고 있었다.

그리고 1911년 일제는 사립학교에 대한 지도 감독에 힘을 쓰기 위해 앞서의 사립학교령을 개정한 사립학교규칙을 공포하였으며, 1915년(大正 4년) 3월에는 사립학교규칙의 대폭 개정을 통하여 종교학교 등에 관한 규정을 새롭게 마련하였다. 당시 여성교육기관들은 사립학교나 종교학교가 많았기 때문에 이 법령에 따라서 교육이 행해지게 되었다. 개정된 사립학교규칙의 핵심은 다음과 같다.[32]

첫째, 이 규칙은 모든 사립학교에 적용되는 것으로, 사립학교로서 보통학교·고등보통학교·여자고등보통학교·실업학교 및 전문학교로 인가받지 않은 학교는 전적으로 이 규칙의 지배를 받고, 위의 인가를 받은 각급 학교는 당해 학교 규칙과 사립학교 규칙의 적용을 더불어 받는다.

둘째, 사립학교를 설치하려 할 때는 이 규칙에 따라 조선총독의 인가를 받아야 하고, 인가 없는 사립학교의 경영은 절대로 금한다.

셋째, 각급 사립학교의 교과과정은 그에 해당하는 급의 규칙(보통학교규칙, 고등보통학교규칙, 여자고등보통학교규칙 등)에 규정된 교과과정에 준하여야 하며, 그 밖의 학과목은 일체 부가할 수 없다. 이 규정에 의하여 역사 지리는 보통학교에서 가르칠 수 없고, 성경은 선교계통학교에서 제외되어야 한다.

---

31) 앞의 책, 410쪽. 이만규(1949), 앞의 책, 195–96쪽.
32) 高橋濱吉(1927), 앞의 책, 423–426쪽.

넷째, 교과용도서는 당국에서 편찬한 것이나 또한 검정을 받은 것에 한한다. 그 외의 도서를 사용코자 할 때에는 정부의 인가를 받지 않으면 안된다.

다섯째, 각급 사립학교 교원은 국어(일어)에 통달하여야 하고 담당학과에 대한 학력이 있는 자라야 한다.

이러한 내용을 담고 있는 사립학교규칙은 많은 반발을 불러 일으켰다. 민족계 사립학교들의 경우 학교를 운영하려면 사립학교규칙에 따라야 하는데 일본어를 교수한다는 것과 학교명을 바꾸어야 한다는 것, 일본어에 능통한 교사를 채용해야 한다는 것, 수신·일어·역사·체조만은 자격자를 써야한다는 것, 또한 교과서를 마음대로 쓸 수 없다는 것 등은 받아들일 수가 없었다. 특히 종교학교들의 경우 성경을 가르칠 수 없으며 종교적 의식을 가질 수 없다는 총독부의 명령에 굴복할 수 없었다. 종교학교의 문제는 과외로 방과 후에 할 수 있다는 선에서 조정되었지만 선교회에서는 계속 사립학교의 자유를 위해 투쟁하였다. 이후 사립학교는 계속 감소 추세로 나갔다. 1910년과 1917년을 비교하면 1,973교에서 868교로 감소하였다.33) (<표-4> 참조)

<표-4> 私立學校統計(1910~1923)

年度\學校種類	一 般	二 般	計
1910	1227	746	1973
1911	1039	632	1371
1912	817	545	1362
1913	796	487	1283
1914	769	473	1242
1915	704	450	1154
1916	624	421	1045

---

33) 오천석(1975), 앞의 책, 245쪽.

1917	518	350	868
1918	461	317	778
1919	444	298	742
1920	410	279	689
1921	356	279	635
1922	352	262	614
1923	376	273	649
1924	364	271	635
1925	347	257	604

출처: 오천석(1975), 『신한국교육사(하)』, 245쪽.

(2) 제2차 조선교육령과 여성교육정책

위와 같은 사립학교에 대한 탄압은 1919년 3·1운동을 계기로 일부 완화되었다. 1919년 12월 고등보통학교와 여자고등보통학교의 규칙이 변경되어 그 교육내용이 수정되었다. 여자고등보통학교에서는 이제 새로 외국어를 선택 과목으로 하고 算術을 數學으로 고쳐 일본 내의 상급학교와의 연락을 편리하게 하였다. 이는 일본내의 학교와 비교할 때 지나치게 실업교육에 편중되었었던 교육내용에 대하여 한국인들이 크게 불만을 갖고 있었기에 이를 완화하기 위한 조처였다. 그리고 1920년 3월에는 사립학교규칙이 개정되어 정규의 보통학교·고등보통학교·여자고등보통학교로서 인가를 받지 않은 私立各種學校의 敎科目에 대한 제한이 철폐되고, 교원자격이 완화되었다. 이제 각종학교의 경우는 성경을 가르쳐도 좋다는 허락을 얻어냈다.[34]

그리고 1922년 2월에 이르러 새로운 교육령을 공포하였다. 이 신교육령에서 총독부는 일본 교육의 제도주의를 조선으로 연장하겠다고 내세웠는데, 즉 조선에 있는 국민은 일본인·조선인을 불문하고 동일한 교육을

---
34) 앞의 책, 251-52쪽.

시키겠다는 것을 표면에 내세웠다.

여성교육의 경우 여자고등보통학교는 종래 관립·사립에 한하던 것을 도지방비 혹은 학교비로써 설립할 수 있게 하였으며, 수업연한을 종래의 3년에서 4년으로 연장하고(고등보통학교는 5년), 입학자격은 수업연한 6년의 보통학교 졸업 정도로 하였다. 교과목의 경우 조선어와 한문을 나누어 조선어를 필수로 한문은 선택으로 하였으며, 역사 및 지리에 있어서는 조선에 관한 사항을 상세히 하고, 실과를 두지 않고, 기타는 일본의 고등여학교의 것에 준한다고 하였다. 그리고 사범교육의 경우 종래의 1년의 사범과제를 폐지하고 사범학교를 독립기관으로 설립하되, 여자사범학교는 5년제로 보통과 4년 연습과 1년을 두도록 하였다. (남자사범학교는 6년)35) 이로써 교육연한이 과거의 11년 내지 12년이던 것이 11년에서 16년 내지 17년으로 연장되었으며 일본의 학제와 비슷한 학제가 되었다.

(3) 1938년의 개정교육령

1927년에 부임한 山梨총독은 1922년의 완화책을 다시 수정하였다. 1922년의 교육령에서 축소되었던 실업교육의 강조가 되살아났다. 즉 1929년 보통학교규칙을 개정하여 종래 선택과목이었던 職業科를 필수과목으로 함으로써 寺內總督시대의 실과 훈련시대로 돌아가도록 하였다. 1931년 취임한 宇垣은 한국으로 하여금 일본의 충성스러운 동맹자가 되게 하고, 그 경제력을 증강시킴으로써 일본의 좋은 식량보급지가 되게 할 필요성을 절실히 느꼈다. 그리하여 1934년에는 농촌간이학교제도를 창설하기까지 하였다. 그러나 거기에 비하여 중등학교 교육에는 별다른 관심을 보이지 않아 자연히 저조 할 수밖에 없었다.36)

---

35) 조선총독부(1922), 『施政年報』, 160-162쪽 : 이만규(1949), 앞의 책, 270-71쪽 : 오천석(1975), 앞의 책, 255-256쪽 : 고교빈길(1927), 앞의 책, 482-83쪽.
36) 오천석(1975), 앞의 책, 261-263쪽.

이미 1931년 만주침략에서 시작된 일제의 전시지배정책은 1937년 중일전쟁이 일어나자 교육에서도 1938년 3월 개정교육령을 발표하였다.

여성고등교육도 이에 따라 몇 가지 변화가 있었다. 첫째, 여자고등보통학교의 명칭을 고등여학교로 칭하기로 하고, 고등여학교는 여자에게 필요한 고등보통교육을 하는 곳으로 특히 국민도덕의 함양과 부덕의 양성에 뜻을 두고 양처현모의 자질을 얻도록 하고 이로써 忠良至醇한 황국여성을 양성하는데 힘쓰도록 해야 한다고 하고 있다. 둘째, 고등여학교에는 고등과, 전공과, 보습과를 두며, 수업연한은 5년 또는 4년으로 하되 사정에 따라 3년으로 할 수 있다고 하였다. 셋째, 교수요지, 교과목, 교과과정 등에 관하여는 조선어 이외의 것은 양국인의 것을 같이 하기로 하였다. 넷째, 교과서는 총독부 또는 문부성 검정의 것을 총독부의 인가를 받아 사용하는 것을 원칙으로 하되, 한국의 특수한 실정에 비추어 총독부 편찬의 것을 사용하도록 하였다. 다섯째, 고등여학교의 학과목은 修身 · 公民科 · 교육 · 국어 · 역사 · 지리 · 외국어 · 수학 · 이과 · 실업 · 도화 · 가사 · 재봉 · 음악 · 체조 등으로 하고 조선어를 선택으로 하였다.37)

이러한 개정안은 외형상은 학교명칭을 바꾸는 것 정도인 것으로 보이지만, 목표와 내용에 있어서는 황국신민화를 철저히 추진하려는 의도가 역력히 나타나고 있다. 무엇보다도 조선어를 필수에서 선택으로 밀어내고 있는 것인데, 실제로 이는 선택으로의 변경이 아니라 이를 교과과정에서 제외시키기 위한 것이었다. 총독부는 사립학교에 자진하여 조선어과목을 폐지토록 강요하였다. 그리고 교수요지, 교과목, 교과과정 등을 한일 양국이 같이 한다는 것은 조선인의 교육의 질을 높이겠다는 의지가 아니라 바로 조선인을 황국신민으로 만들겠다는 의도인 것이다.

총독 南次郎은 개정교육령의 근본정신을 國體明徵, 內鮮一體, 忍苦鍛

---

37) 조선총독부 (편)(1940), 『조선법령집람』, 32-38쪽.

鍊에 있다고 밝히고 있는데,38) 이를 볼 때도 역시 교육의 목표가 황국신민화에 있었음을 알 수 있다.

또한 일제가 이러한 여성고등교육을 통하여 길러내고자 하는 황국여성은 황국신민으로서의 한 사람일 뿐 아니라 부덕을 함양한 양처현모였다. 제1조에서 양처현모의 자질을 키우는데 주력하자고 하였으며, 또한 제12조에서도 고등여학교가 생도를 교양시킬 때 유의할 점을 강조하고 있는데 품성의 도야, 정조의 함양에 주력하여 順良貞淑하고 溫良慈愛하며 醇風美俗을 숭상한 여성을 양성하여 가정에 대한 임무를 중시하고 국가사회에 봉사하도록 하자고 강조하고 있다. 궁극적으로 황국신민을 양성하는데 여성으로서 황국여성이 되어야 하는데 그 여성상은 주부와 어머니의 책무를 다하는 양처현모로 가정에 봉사하는 여성이다.

바로 이러한 교육정책이 우리 여성교육의 내용을 좌우하게 되었다. 여성교육론은 내면에서 드러나지 않게 또는 제도권 밖의 교육에서 그 기반이 되었으나, 제도권교육에서는 교육의 내용이 철저하게 교육정책에 의하여 좌우되었다.

1943년 조선총독부는 교육체제를 전쟁수행을 위한 군사목적에 맞게 개편하기 위하여 제4차 조선교육령을 발표하였다. 이는 수업연한의 단축과 동시에 '황국의 도에 따르는 국민연성'을 기본정신으로 하였다. 고등여학교도 이 때 수업연한을 4년으로 단축하였다.

III. 여성교육의 전개

일제하 부산지역에서 조선여성을 대상으로 하는 고등교육기관은 사립일신여학교39)와 부산공립여자고등보통학교40) 등이었다.

---

38) 오천석(1975), 앞의 책, 300-302쪽.

1. 사립 부산진 일신여학교

1) 설립과 목표

　부산지역에서의 포교를 목적으로 1891년 부산에 건너온 호주기독교장로회 선교부는 교육사업을 통하여 선교활동의 기반을 구축하려 하였다. 여자전도사 맨지스와 페리는 처음 3명의 한국 고아들을 집으로 데리고 와서 이들을 한국인 전도사로 만들기 위해 돌보며 가르쳤는데,41) 이후 많은 소녀들이 모여들었다. 그리하여 여자전도부가 중심이 되고 선교사회 관리 아래 1895년 10월 15일 좌천동의 한 초가에서 소녀들을 모아 수업연한 3개년의 소학교인 주간학교를 차리고 그 이름도 '날마다 새롭게'라는 뜻의 '日新(Daily-New)'이라고 지었다. 여자선교사들이 여성교육을 중시한 것은 "국가를 발전시키기 위해서는 부인들과 어머니들이 반드시 교육되어야 한다"고 생각하였기 때문이다.42) 이 학교의 설립목적은 한국인 목사와 교사양성에 있었으며 초대 교장은 여선교사 맨지스였다.43) 이렇게 하여 일신여학교는 부산·경남지역 여성교육의 효시가 되었다.

　그러나 초기 일신여학교가 그렇게 잘 운영되지는 않았으리라 생각되는데, 그것은 당시 근대교육의 필요성을 느끼고 있었던 인사들이 많지 않았고, 여성교육의 필요성은 일부 개화사상가들에 의해서만 주장되고 있었기 때문이다. 그리고 기독교나 서구인에 대한 인식이 좋지 않아 여자아

---

39) 1909년에 고등과가 설치되었으며, 1925년에는 동래로 옮겨 1940년까지 동래 일신여학교라 하였으며, 1940년 선교사들이 구산학원에 학교를 넘기면서 동래고등여학교라 칭하였다.
40) 1927년 4월 23일에서 1938년 3월 31일까지는 부산공립여자고등보통학교라 칭하고, 1938년 4월1일부터는 부산항공립고등여학교라 칭함.
41) 당시 이 고아원은 뮤러(The Myoora Orphanage)로 부산에서 가장 오래된 일신유치원과 시온유치원의 계기가 됨. 동래학원(1995), 『동래학원 100년사』, 40쪽.
42) 동래학원(1975), 『80년지』, 17쪽.
43) 부산진교회(1991), 『부산진교회 100년사』, 54-55쪽.

이를 기독교학교에 보내는 사람들이 많지 않았을 것으로 보인다. 1886년에 설립된 이화학당의 경우 10년 뒤인 1895년에 학생수가 40명 정도였던 것으로 보아 그 상황을 대략 짐작할 수 있다.44)

일신여학교의 설립은 사립학교이며 종교학교였기 때문에 어떤 법적인 제제를 받지는 않았을 것이다. 다만 1895년 2월「교육입국조서」가 내려졌고 8월에는「소학교규칙대강」이 발표되었으므로 이 규칙에 근거하였겠지만, 설립목표가 교역자양성과 교사양성에 있었던 종교학교였기에 그 특성을 갖고서 운영되었을 것이다. 당시 기독교학교의 설립상황과 그 영향을 살펴보면 일신학교의 성격을 잘 파악할 수 있다.

당시 기독교 여성교육기관으로는 梨花學堂(감리회, 서울, 1886), 正義女學校(감리회, 평양, 1894), 貞信女學校(장로회, 서울, 1895) 등이 설립 운영되고 있었고, 그 후 永化女學校(감리회, 인천, 1897), 培花女學校(감리회, 서울, 1898), 崇義女學校(장로회, 평양, 1903), 樓氏女學校(감리회, 원산, 1903), 貞明女學校(장로회, 목포,1903), 好壽敦學校(남감리교파, 개성, 1904), 進誠女學校(장로교파, 원산, 1904), 信明女學校(장로회, 대구, 1906), 紀全女學校(장로회, 전주, 1907), 須皮亞女學校(장로회, 광주, 1907) 등이 설립되었다.45)

개항 이래 1910년까지 종교학교로 30여개가 설립되었는데 그 중 절반이 앞서 제시한 학교들이었다. 당시 기독교는 한국이 근대교육을 모색하고 있을 때 근대식 학교를 설립하여 그 모형을 제시해 주었으며, 더욱이 근대여성교육이 전무했던 시절에 많은 여학교를 설립하여 여성교육에 깊은 관심을 보였다.

---

44) 이화여자대학교(1966),『이화 80년사』, 87쪽.
45) 한국여성사편찬위원회(1972),「私立女學校一覽」,『韓國女性史』附錄, 이화여자대학교, 135-136쪽 : 정세화(1972),「한국근대 여성교육」,『한국여성사』II, 291-292쪽.

당시 기독교학교들은 근대여성교육에 많은 영향을 끼쳤는데, 그 내용을 살펴보면 무엇보다도 남녀평등의 사상을 전파함으로써 여성들로 하여금 교육을 받게끔 유도하였다. 그리고 선교사들에 의한 신문화의 도입은 여성들을 세계정세에 눈뜨게 하여 과감하게 전통을 박차고 나올 수 있는 계기를 마련하여 주었다. 특히 여성교육이 여선교사들에 의해 이루어져 여성들로 하여금 그들을 모델로 한 사회진출의 의욕을 불러 일으켰다. 또한 여성들의 애국열을 불러일으키는데도 일조를 하였다. 그리고 한국의 여학교 설립에 큰 자극을 주었다.46)

일신여학교 역시 이러한 성격을 지닌 종교학교로서 근대 여성교육기관이 전혀 없었던 부산·경남지역에서 이제 새롭게 여성교육의 장을 펼치게 되었다.

2) 교육 내용

(1) 보통학교 시기

일신여학교는 처음 심상과로만 출발하였기 때문에 앞서의 소학교령에 의한 교과목 즉 수신, 독서, 작문, 습자, 산술 및 체조(체조를 제하고 한국지리, 역사, 도화, 외국어를 첨가), 재봉 등의 내용으로 교육이 이루어졌을 것이다. 하지만 종교학교로서 포교와 교역자를 양성하는데 그 목표를 두고 있었던 만큼 성경 등의 교과목에 비중이 있었을 것으로 보인다.

같은 종교학교인 이화학당의 경우 1896년경의 교과목을 보면 영어와 성경, 언문(읽기, 쓰기, 작문, 편지쓰기)과 생리학(1889년 첨가), 성악과 올겐(1891년 첨가), 反切 漢文 수학 지리 역사 과학(1892년 첨가), 체조,

---

46) 정세화(1972), 앞의 글, 292-293쪽. 기독교의 포교를 반드시 순수하게 받아들일 수만은 없으며, 실제 제국주의의 첨병으로서의 역할을 하기도 하였다. 그러나 한국 근대여성교육에서의 기독교의 역할은 매우 컸다. 무엇보다 여성들이 구각을 깨고 나서도록 적극적 계기를 마련해 주었기 때문이다.

가사(재봉, 자수:1896년 개설) 등이 개설되었다.47) 당시 소학교령의 교과목과 비교해 볼 때 상당히 다양한 내용을 가르치고 있었던 것을 볼 수 있고, 특히 영어와 성경·한문을 같이 가르치고 있었던 점이 두드러진다. 한문교육을 시작하였던 것은 학생 대다수의 요구에 따라 이루어진 것이라고 하는데, 그 만큼 당시의 기독교학교가 전통을 무시하지 않고 조심스럽게 교육을 전개하였음을 알 수 있다. 일신여학교의 경우도 종교학교로서 대략 이러한 내용의 교육을 하지 않았을까 생각된다.

1905년 통감부시기에 들어서면서 교육환경과 조건이 상당히 달라지게 되었다. 일제는 1904년 제1차 한일협약 이후 식민화교육으로 치닫고 있었으며 이러한 가운데 고등여학교령과 사립학교령이 공포되었다.

그러나 일신여학교는 사립학교이되 종교학교이었기에 학부의 통제를 강하게 받지 않았을 것으로 추측된다. 1908년 7월 부통감이 관공립 보통학교 교감들에게 교육방침을 알리는 자리에서 종교학교에 대해 "이 나라의 교육방침에 따라 학교 규칙에 의하여 정당하게 학교를 운영하고 있는 자는, 비록 그 학교가 종교에 관계를 가지고 있는 자라고 하더라도 일반학교와 동일하게 다룰 생각이다"라고 한 정황48)으로 보아 당시까지는 종교학교들이 별다른 문제없이 운영되었을 것으로 보인다. 따라서 교육내용 역시 종교학교로서의 특성을 유지하였을 것으로 보인다.

당시 교과용도서는 주로 외국교과서를 번역하여 등사해서 사용하였는데 사립학교들의 경우 일반적으로 학교가 출판시설을 갖추고 자체적으로 교과서를 편찬 출판하는 일이 많았다. 1906년 이후에는 많은 사립학교 설립에 자극되어 민간인에 의한 각종 교과서가 쏟아져 나왔다.49)

---

47) 이화여자대학교(1966), 『이화 80년사』, 65-66쪽.
48) 高橋濱吉(1927), 앞의 책, 140-141쪽. 당시 종교학교의 숫자가 엄청나게 많았고 그 영향력이 컸기 때문에 일제는 이에 관심을 갖고 있었다. 그러나 당시 선교사들은 치외법권을 갖고 있었고 외교관계 등의 문제가 있었기 때문에 일제가 쉽게 개입하지는 못하였다.

(2) 고등과 시기

일신여학교는 1909년 9월 8일에 가서 학부의 인가를 받아 3개년의 고등과를 설치하였다.50) 이 때 고등과를 설치했다는 것은 교육의 내용에서 고등여학교령과 그 세칙을 따랐다는 것이 되겠다. 그러나 종교학교에 대한 탄압은 아직 없었기에 고등여학교령에 준하면서 종교학교의 특성을 유지하였을 것으로 보인다. 1908년의 한성고등여학교와 이화학당의 교과과정을 보면, 한성고등여학교는 수신, 국어, 한문, 일어, 역사, 지리, 산술, 가사, 재봉, 도화, 음악, 체조, 수예, 외국어 교육 등이었으며, 이화학당은 성경, 한문, 대수, 기하, 삼각, 천문학, 지문학, 심리학, 교육학, 물리, 화학, 영문학, 만국지지, 고등생리, 경제, 역사 등이었다. 한성여학교는 일어를 가르치고 특히 가사·재봉·수예 등의 교육을 강조하고 있는 것이 두드러지며, 이화학당의 경우는 교육의 내용이 상당히 전문적이고 영어와 성경을 가르치고 있는 것이 특징이었다.51) 일신여학교 고등과의 경우도 같은 종교학교로서 대체로 이화학당과 유사한 교과과정으로 교육이 이루어졌을 것으로 생각된다.

1913년 3월 31일에 이르러 고등과 제1회 졸업생을 배출하였으며, 1913년에 4명, 14년에 2명, 15년에 1명, 16년에 3명, 17년에 3명, 18년에 2명, 19년에 2명을 내놓았다.52) 1916년에는 고등과가 4년제로 개편되었다.

식민지시대에 들어서면서 통감부시기의 교육원칙을 더욱 확대시킨 일제의 본격적 식민지교육이 시작되는데, 일신여학교 역시 여자고등보통학교령과 사립학교규칙·개정사립학교규칙 등의 제약을 받게 되었다.

---

49) 정세화(1972), 앞의 글, 316-317쪽.
50) 부산직할시교육위원회(1987), 『부산교육사』, 115쪽 : 김의환(1957), 『부산교육사』, 35쪽.
51) 정세화(1972), 앞의 글, 315-316쪽.
52) 부산시사편찬위원회(1989), 『부산시사』1, 908쪽.

1915년 개정 사립학교규칙에서는 사립학교규칙에서 정한 교과목만 개설할 수 있고, 성경을 정규교과목으로 가르칠 수 없으며, 일본어에 능통한 사람만 교사가 될 수 있는 것으로 규정하고 있기 때문에 이 문제로 다른 종교학교와 마찬가지로 어려움에 처하게 되었다. 그러나 일신여학교는 이미 인가를 받은 학교이기에, '이미 인가를 받은 학교는 10년의 유예를 둔다'는 규칙에 따라 유예학교로서 그나마 종교적 특성을 유지하고 기존의 학교성격을 계속 유지해 나갔다. 그리고 학제도 보통과 3년 고등과 3년으로 계속 운영하다가 1915년 8월 7일에 가서 각기 4개년으로 변경하였다.

(3) 동래 일신여학교 시기

1919년 사립학교령의 일부 개정으로 사립학교에 대한 탄압이 다소 완화되면서 부산진 일신여학교는 새로운 발전을 위하여 교사 이전을 계획하였다. 후보지를 물색하던 중, 동래주민들이 여자중등학교를 원하면서 고등과만 1925년 동래군 동래면 복천동으로 이전하였다.[53] 이 때 교명을 동래 일신여학교로 바꿨다. 1925년 12월에 총독의 인가를 받았는데, 재학생은 60명이었고 교직원은 6명이었으며 초대교장은 代瑪嘉禮였다. 그 동안 부산진 일신여학교는 고등과를 개설하여 1925년 3월까지 12회 총 51명의 졸업생을 배출하고 이제 동래 일신여학교로 바뀐 것이다.

일신여학교의 학교편제는 1922년 2월 4일에 공포된 조선교육령 제9조와 2월 17일 부령으로 공포된 여자고등보통학교규정, 또한 3월 28일 공포된 사립학교규칙의 개정 등을 준거로 하여 고쳐졌다. <표-5>는 동래 일신여학교 편제 및 교과교수시수표로 규칙의 을호학교(4년제)를 기준으로 비교 대조한 것이다.

---

[53]「新裝한 日新女校」,『동아일보』1925. 6. 23. 1925년 6월 20일 낙성식을 거행하였다.

<표-5> 동래 일신여학교 편제 및 교과교수시수표 (1925)

교과목 \ 학년 구분	제1학년 규칙	제1학년 동래	제2학년 규칙	제2학년 동래	제3학년 규칙	제3학년 동래	제4학년 규칙	제4학년 동래
수신	1	1	1	1	1	1	1	1
성경		3		3		3		3
국어(일어)	6	6	6	6	5	5	5	4
조선어	3	3	3	3	2	3	2	3
영어	3	3	3	3	3	3	3	3
역사·지리	3	4	3	4	2	4	2	3
수학	2	4	2	4	3	4	3	3
이과	2	2	2	2	3	3	3	3
도화	1	1	1	1	1	1		
가사					2	1	4	3
재봉·수예	4	3	4	3	4	3	4	3
음악	2	2	2	2	1	1		
체조	3	2	3	2	3	2	3	2
교육								1
법제 경제								1
계	30	34	30	34	30	34	30	34
학생수	41	41	35	35	26	26	12	12

출전: 부산시 교육위원회(1987), 『부산교육사』, 122쪽.

<표-5>를 보면 동래 일신여학교는 매주 교과교수시수를 규칙대로 따르지 않고 가사·체조·재봉 시수를 줄이고 조선어·역사·지리·수학 시간을 늘렸으며, 별도로 성경시간이 3시간씩 더 들어있고, 주 총 시수도 30시간보다 많은 34시간으로 하였다.[54]

가사·재봉 시수를 줄이고 있는 것은 당시 일제가 여성교육을 부덕을

---
54) 부산직할시 교육위원회(1987), 앞의 책, 122-123쪽.

강조하고 있었던 것에서 조금 벗어나 있는 것으로, 이는 기독교학교들이 여성의 자기발전이라는 측면에 강조점을 두고 있었음을 보여 준다.

조선어 시간을 늘리고 역사·지리 시간에 배려를 한 것은 일신여학교가 초기부터 민족문제를 존중하였던 것과 같은 맥락이라고 하겠다. 종교학교들은 사실상 포교과정이나 학교운영과정에서 민족의 문제를 도외시하고는 일을 추진해 나갈 수 없었기에 초기 설립부터 민족문제를 존중했다. 식민지하에서도 가능한 한 민족문제를 우선하면서 종교를 계속 포교하고자 하였던 것이다. 일신여학교도 대체로 같은 맥락에서 움직였던 것 같다. 부산지역의 여성민족운동가들이 대부분 일신여학교 출신이었다는 것은 바로 일신여학교 교육의 민족중시정책을 보여준다.

당시의 교사구성을 보면 더욱 확연해 진다. 공립여고보의 경우는 교장은 물론 일본인이고 10명 정도의 교원 중 조선인은 2명밖에 없었던 것에 비하여, 일신여학교는 교장은 선교사였고 1940년까지 재직한 교사 49명 중 일본인은 13명이었다.55)

1927년 동래 일신여학교의 입학규정을 보면 모집정원이 50명이었으며 자격은 수업연한 6년의 보통학교를 졸업했거나 심상소학교를 졸업한 경우, 또는 12세 이상으로 조선어·국어·산술·일본역사·지리·이과 등에 대한 자격시험에 합격한 자로 하였다. 시험과목은 국어·산술과·조선어·이과로 하였다.56) 1928년에 가면 다른 변화는 없고 다만 시험과목을 국어·산술로만 정하고 있다.57) 조선어가 빠진 것이다. 이 때의 입학규정은 공립학교인 대구여자고등보통학교와 같다.58) 1935년에 가면 모집정

---

55)「동래학원(1995), 앞의 책, 543-544쪽.
56)「각 여학교 입학절차」,『조선일보』1927. 2. 24. 같은 사립학교인 대구 신명여고의 경우 역시 조선어가 들어가 있고 지리가 한 과목 더 들어가 있다.「각 녀학교 입학절차 大邱 神明女高」,『조선일보』1927. 2. 26.
57)「東來 日新女校」,『조선일보』1928. 2. 24. :「동래일신여교」,『동아일보』1928. 2. 29.
58)「各 女學校 入學案內 大邱 女高普」,『조선일보』1928. 2. 21.

원을 35명으로 하였다.59)

　교과활동 외에 4학년은 수학여행 행사를 하였는데, 당시 공립학교들이 일반적으로 일본으로 수학여행을 떠났던 것과는 대조적으로 고도인 개성으로 수학여행을 갔으며 돌아오는 길에는 동아일보를 견학하였다.60) 여름이면 기장군 송정리에 가서 하계훈련을 실시하였고,61) 잡지 『日新』을 발간하였다.62)

　이전 초기에 동래 일신여학교 고등과 학생들은 학교의 시설과 관련하여 학교 측에 여러 차례 시정 요구를 하였으며, 특히 부산공립여고보의 설립 이후 정식학교로서의 인가문제를 줄기차게 요구했다. 그리고 드디어 1927년 6월 7일에 동맹휴학에 들어갔다.63) 이에 학부형위원들이 학교 당국과 교섭을 벌여 학교 측에서 학생들의 요구 중 운동장 건을 들어주기로 하고, 그 외의 건은 선교사회를 열어 즉시 시설하여 주겠다고 하였다. 그리하여 학생들이 다시 10일부터 수업에 임하였다.64)

　1933년 봄에는 신교육령에 의한 지정학교로 승격이 되었다.65) 그러자 입학정원자가 격증하여 모집정원의 삼 사배를 초과하게 되었다. 그러나 일신여학교의 사정은 교실이 협소하여 매년 35명밖에 수용할 수 없는 사정이라, 동래 지방 유지들이 교실축성기성회를 조직하기에 이르렀다. 당

---

59) 「동래일신여교」, 『동아일보』 1935. 3. 17.
60) 「일신여교 수학여행」, 『동아일보』 1926. 10. 16.
61) 「동래일신여학교」, 『동아일보』 1934. 7. 6.
62) 『동아일보』 1935. 3. 21. 이 때 제7권을 발행하였다.
63) 동래 일신여학교 생도 130명은 7일부터 동맹휴학을 단행하였는데 그 이유는 학교의 자격을 認定學校로 할 것과 내용·설비를 개선해 줄 것 등으로 특히 부산여자고등보통학교의 설립으로 상대적으로 일신여학교의 위상이 약화된 것을 우려한 것에서 행한 것으로 보인다. 「東萊 日新女學校 同盟休校 斷行설비개선과 지정학교로 맨들 것을 주요 조건으로 學校當局 對策에 苦心」, 『조선일보』 1927. 6. 9.
64) 「日新女校生 遂盟休」, 『동아일보』 1927. 6. 8. ; 「東萊日新 盟休妥結」, 『동아일보』 1927. 6. 12.
65) 「동래 일신여교 지정 축하식 관민유지 200여명이 회합」, 『동아일보』 1933. 10. 20.

시 교실 4개를 증축하려면 1만원이 드는데 5천원을 동래군을 중심으로 인근 읍에서 모집할 계획으로 일을 추진하였다.[66] 동래읍의 김봉상이 1천원을 제일 순위로 기부하였다.[67]

졸업생 상황을 보면 1927년에는 12인이 졸업하였고,[68] 1929년 4회에는 11명이 졸업하였다. 이 때 부산지역의 대표적 여성운동가인 박차정이 우등으로 졸업하였다.[69] 당시 신문에서는 졸업생의 대부분이 가사에 종사할 것이라고 보도하고 있다. 1935년에 이르면 졸업생수는 23명인데, 상급교지망자가 5명으로, 기타 실무가 18명으로 보도되었다.[70] 이러한 보도로 볼 때, 당시 졸업생들의 진로를 정확히 알 수 없지만, 상급학교로의 진학은 많지 않았던 것으로 보인다.

그러나 여성민족운동의 상황에서 볼 수 있듯이 상당수의 여성들은 사회활동 등에 참여한 것으로 보아야 할 것 같다. 특히 기독교학교였기에 가정에 돌아가거나 결혼을 한다고 하여도 교역자로 활동하는 경우가 많았다. 이러한 점에서 일신여학교는 나름대로 그 교육의 성과를 거두었다고 하겠다. 졸업생들은 동창회를 조직하여 졸업생 상호간에 또한 재학생들과 연계를 갖고 활동하였다.[71]

3) 동래 일신여학교의 존폐

1939년에 이르러 1938년의 교육령의 개정과 일제의 가중된 전시교육 정책, 신사참배문제 등과 관련하여 동래 일신여학교는 존폐의 위기에 놓

---

66) 「동래 일신여학교 증축기성회 조직」, 『동아일보』 1939. 3. 17.
67) 「동래 일신여학교 증축계획 확립 제일착으로 김봉상씨 천원 기부」, 『동아일보』 1936. 8. 12.
68) 「동래 일신」, 『동아일보』 1927. 3. 27, 동래 일신여학교 제2회 졸업생임.
69) 「동래 일신여교 졸업식」, 『동아일보』 1929. 3. 12.
70) 『동아일보』 1935. 3. 21.
71) 「일신여학동창회」, 『동아일보』 1926. 8. 25.

이게 되었다. 즉 호주선교회에서는 교육사업에서 손을 떼고 학교를 폐교하겠다는 입장을 내놓았다. 그러자 경남노회는 학교를 폐지하는 것보다는 재단을 만들어 운영하는 것이 바람직하지 않겠는가 하는 입장을 밝힌다. 이에 선교회에서는 현재와 같은 종교적 조건에서라면 인계하겠다고 하였다. 그러나 경남노회는 재력이 없었기 때문에 동래부호 오태환이 시가 25만원의 토지 25만평을 내놓고 후계재단을 완성하면 그 쪽에 넘기는 것으로 계획을 추진하였는데, 선교회는 현재와 같이 '조선인 기독교적 학교'를 경영해야 인계해 주겠다고 거듭 주장하였다. 재단육성에 마음을 두었던 오태환 쪽에서는 고등여학교로 나가기 위해 종교적 입장을 버리고 교육령에 의한 학교로 나가고자 하였는데, 타협안으로 성경과목을 선택으로 하고 기도시간을 종전과 같이 하며 교원의 3분의 1을 기독교신자로 채택하겠다는 정도를 제안하였다.72)

마침내 호주선교회 경남선교회는 경남노회 측 후계재단과 조건을 조정하였다. 신자 교원 3분의 1 채용, 15분간 기도시간 허용, 성경과는 수의과로 교수하고, 주일 예배를 용인한다는 것이다. 호주미션회 경남선교회 인퇴실행위원회에서는 동래 일신여학교의 경영권을 경남노회에 인계시키되 설비양도는 일단 호주미션회 본부에서 조사단이 와서 본 다음 결정하기로 하였다.73) 그리하여 1939년 7월 31일자로 동래 일신여학교는 보통과인 부산진 일신여학교와 같이 호주미션회와 관계를 끊고 설립자를 변경하였다. 설립자를 경남노회측의 金錫鎭씨로 정하였다.74)

그러나 문제는 그렇게 간단하지 않았다. 경남노회는 미션회에서 무상

---

72) 「일신여고 引繼 暗礁 引繼財團과 미션회 主張 對立 注目되는 慶南 老會 結果」, 『동아일보』 1939. 7. 1.
73) 「慶南노회에 위임경영 설비의 讓渡는 今秋 동래일신 후계재단과 諒解 성립」, 『동아일보』 1939. 7. 30.
74) 「40년 역사 남기고 동래일신을 인계, 昨日 慶南老會에서 인수」, 『동아일보』 1939. 8. 2.

으로 설비를 양도할 것을 기대하였는데, 선교사의 대부분이 무상양도를 반대하고 校舍를 다른 선교사업에 사용할 것을 주장하였다. 노회쪽에서는 학교를 후속재단에 매각하여 줄 것을 권하였다. 당시 호주미션회에서는 관계학교를 모두 폐교할 것인가? 적당히 매각 양여할 것인가? 혹은 무상으로 대여할 것인가? 등에 관해 논의한 결과, 폐교의 지경에까지 이르게 되었다.[75] 이에 도당국은 학생들을 부산항고등여학교로 다 옮기기로 하였다. 또한 여러 독지가들이 기부금을 30만원에서 50만으로 증가하기 위하여 활동하였는데 도당국은 미션회에서 학교설비를 양도한다면 모르지만 아니면 인가할 수 없다고 강경하게 나왔다.[76]

그러자 동래군에서는 존속문제에 대한 대책을 강구하기 위하여 1939년 11월 2일 동래읍민유지대회를 열고 吳泰煥·金明五 양씨가 기부한 30만원 외에 다시 15만원을 모집하여 학교를 존속시키기로 만장일치로 가결하였다. 그리고 동래 일신여학교 재단조성기성회를 즉석에서 조직하고 29명을 위원으로 선출하고 산회하였다.[77]

이에 구명운동이 주효하였던지 결국 미션회에서 학교설비를 5만원에 새로운 재단에 아무런 종교적 제한조건 없이 넘긴다고 통고하여 왔다. 동래 일신여학교는 이제 경남노회와도 관계없이 동래지역 유지들이 중심이 된 새로운 재단으로 넘어가게 되었다. 그리하여 동교후원회에서는 11월 14일 부산진에서 실행위원회를 개최하고 차후의 구체적 방침을 토의하였다.[78]

---

75) 『동아일보』 1939. 10. 21-22.
76) 「동래 日新校의 全生徒 釜山港高女에 수용」, 『동아일보』 1939. 10. 25.
77) 「재단조성기성회 조직 일신여학교 구명운동 동래읍민유지회 개최」, 『동아일보』 1939. 11. 6. : 「일신교의 구명운동 熾烈! 50만원 재단 목표로 조성위원회 조직 동래유지간담회 열고 결의」, 『동아일보』 1939. 11. 7.
78) 「일신여교 救命運動 주효 5만원에 무조건 양도 호주본부서 回電到着 수後로는 財團完成에만 邁進」, 『동아일보』 1939. 11. 8. : 「동래日新女校의 再生」, 『동아일보』

그 후 한성홍·김봉상·최진현·박길호·추종엽 등이 모두 1만원씩 내고, 원래 12만원 정도 되는 학교설비를 5만원에 넘겨받았기에 50만원이 거의 다 모아지게 되었다. 그리하여 동래 일신여학교는 재단법인 구산학원의 손에 의해 경영되게 되었다.[79]

2. 부산공립여자고등보통학교

1) 설립과 목표

1919년 3·1운동 이후 일제가 문화정치를 실시하면서 교육에 있어서도 완화정책을 썼다. 1922년에 새로운 교육령이 공포되었는데, 여자고등보통학교의 경우 종래 관립·사립에 한하였던 것을 道地方費 또는 學校費로서 설립될 수 있게 되었다.[80] 더욱이 1920년대에 들어서 민족운동의 부문운동의 활성화로 여성운동·지역운동이 활발해 지면서 각 지역에서의 여성교육에 대한 요구가 커져가고 있었다.

부산지역에서도 여성고등교육에 대한 요구가 지역유지들을 중심으로 커져 갔다. 1922년에는 호주 야소교선교회와 지역유지들이 연계가 되어 부산진에 여자고등보통학교 설립과 관련한 논의가 있었으며,[81] 1924년에는 대구와 전주에서 여자고등보통학교를 설치하기 위하여 운동한다는 소식이 전해지자, 경제적 문제로 유보 중이었던 여고보 설립에 관한 건으로 7월 14일 부산부청 회의실에서 학교평의원회를 개최하고 여자고보를 부산에 설치하기 위하여 각종의 협의를 하였다.[82]

1939. 11. 11, 社說.
79)「盤石우에 선 東萊日新校 50萬圓 財團完成 吳泰煥氏 外 諸氏 巨金을 喜捨 4월부터 高女校 實現」,『동아일보』1940. 3. 17.
80) 이만규(1949),『조선교육사』, 271쪽.
81)「부산진여고보계획」,『동아일보』1922. 9. 18.

그리고 드디어 1926년 道評議會시에 문상우가 수명의 연명으로 내년도 개교 건의안을 도평의회에 제출하였으며, 1926년 2월 23일 부산청년연맹회관에서 부산도립여자고등보통학교기성회가 창립되었다.83) 회원자격은 3종으로 100원 이상 납부자는 특별회원으로, 10원 이상은 찬조회원으로, 1원 이상은 기부자로 하였다. 임원은 전무위원으로 金局泰를, 회계위원으로 魚大成을, 그 외 평의위원 47인을 선정하여 기성회의 목적사업이 달성될 때까지 임무를 맡도록 하였다.84) 더욱이 당시 경남도청이 부산으로 옮겨와 있었기에 지리상으로 그 필요를 더 느끼고 있었으며, 부산진 일신여학교의 동래로의 이전 역시 더욱 부산지역에서의 여자고등교육기관의 필요를 요구하게 되었다.

이 후 기성회 평의회에서는 학교의 부지문제와 학교설립에 필요한 재원의 조달, 인근의 부호를 회원으로 모집하는 문제 등을 宋泰昇・文尙宇・吳南根・安熙濟・魚大成・徐相灝・金局泰 등 7인에게 위임하였다. 특히 부지로는 범일동 山坂과 佐川齊 基地, 수정동 산판 등이 거론되었고 재정으로는 水晶奬學契의 財産, 부민동有入魚料, 영도동유입어료 등이 거론되었다.85)

기성회의 구성원과 임원들은 당시 부산지역의 유지들로서 청년운동과 부르주아 민족주의운동에 앞장서고 있었던 인사들이었다. 金局泰의 경우는 개성학교 중등부를 졸업하고 동경고상을 나와 경남은행 지배인 등 은행원 생활을 하다가 시대일보 부산지국 기자로 일하면서 사회운동에 참여하기 시작하였다. 부산청년회 간부, 토산장려회 발기인(1923), 민립대학 부산지역발기인(1923), 금주동맹 회장(1923) 등을 역임하였고 양말직공

---

82) 「부산에서 여자고보운동, 학교 평의원회의 협의」, 『동아일보』 1924. 7. 19.
83) 「여고설립기성회 부산유지들이 조직」, 『동아일보』 1926. 2. 27.
84) 「女高期成會 創立 釜山有志 百餘人이」, 『조선일보』 1926. 3. 2.
85) 「釜山女高 期成會 評議會 決議」, 『조선일보』 1926. 3. 3.

조합의 간부로 활동하였다. 또한 신간회 부산지회의 초기 멤버로서 지회장을 역임하였다.[86] 魚大成의 경우는 미곡상으로 부산증권·부산신탄·삼산자동차 주주였으며, 후에 학교조합평의원(1927년), 부협의회원(1931년)을 지낸다. 오남근은 함남 북청 출신으로 개항후 부산으로 이주하여 초량객주조합장을 역임하고 무역상 오남근상회를 설립하여 운영한 자본가였으며 남선창고주식회사 취체역을 맡아보았다. 부협의원과 상업회의 소평의원(1918-22)을 지냈으며 부산청년회 회원이기도 하였다. 문상우는 경남은행지배인과 동성상회대표, 삼산자동차주식회사 주주였으며 부협의원과 관선 도평의원, 학교조합평의원, 상업회의소평의원으로 활동하였다. 例月會·기미육영회에서 활동하기도 하였다. 안희제는 백산무역회사 조선주조주식회사를 운영하고 기미육영회·대동청년단·예월회 등에서 활동하였으며 상업회의소 부회두를 역임하고 있었다. 이유석 역시 초량객주 출신으로 남선창고주식회사 감사를 역임하였으며, 부산청년회에서 활동하고 학교조합평의원(1924)으로 활동하였다.[87]

당시 일제의 문화정치 아래서 민족주의자들이 좌파와 우파로 나누어진 상황이었는데 부산지역의 경우도 마찬가지였다. 당시 지역인사들은 사실상 비타협적 세력(좌파 : 안희제·김용진)과 타협적 세력(우파 : 김준석·문상우)으로 나누어진 상황으로 이들은 부산도립여자기성회에서 평의원으로 같이 만나서 활동하고 있었으나 정치적인 문제에서는 그 입장들이 상당히 달랐다. 아마도 기성회에서 활동했던 시기가 같이 사회활동

---

86) 부산상고(1975),『釜商 80年史』, 42쪽.
87) 각 인물들에 대하여는 오미일(1995),「1910-1920년대 부산지역 조선인 자본가층의 존재양상과 민족주의운동의 전개」,『항도부산』제12호: 이양우,「부산의 선각자」,『부산일보』1981. 10. 22 : 애국동지원호회(1956),『한국독립운동사』: 권대웅(1993),「1910년대 경상도지방의 독립운동단체 연구」, 영남대학교 박사논문, 85-90쪽 : 조기준(1994),『한국의 기업가사』, 박영사 등 참조 : 부산상고(1975),『釜商 80年史』, 42쪽.

을 하였던 마지막 시기가 아닌가 한다.

이렇게 좌우가 망라한 기성회의 활동이 활발하였으나 당시 부산지역의 자산가들의 경제활동이 용이하지 않았고, 안희제의 백산상회는 이 당시 소송문제에 얽혀 상당히 어려움을 겪고 있었기 때문에 마음과 같이 재원을 확보하는 것이 용이하지 않았다. 그리고 가장 문제가 된 것은 부산수정장학계에서 재산 삼만 수천 원을 1924년에 여고보설치에 기증하기로 부산유지에게 승낙하였다가, 이제 와서는 줄 수 없다는 입장을 밝혔다. 그러다 여론 때문에 1만원을 기부하겠다고 밝히는 등 입장 변화가 이어지고 있었던 점이다.88)

실제로 학교 재원을 확보하는 것이 쉽지 않아 오히려 동래지역에서 유치하려는 분위기가 있었다.89) 그리하여 기성회에서는 수정장학계 사건 등 어려움에 처한 도립여자고등보통학교 문제를 해결하기 위한 방법으로 부산시민대회를 6월과 7월에 개최하고 실행위원 30인을 선정하여 장학계와 수십 차례 교섭하였다.90) 또한 상무위원으로 김국태·이유석·박동규 등 3인을 선출하여 이 일을 추진토록 하였다.91) 그리고 12월에 가서 다시 부민대회를 개최하고 실행위원을 문상우·윤병호·어대성·서상현·안희제·김하현·이유석·김장태 등으로 교체하고 기성회를 여고보개교일까지 존속시키기로 하였다.92)

---

88) 「女高普 기성회에 만원만 기부해 시민은 여전히 시민大會準備」, 『동아일보』 1926. 6. 3. 기성회에서는 일부 금액만 기부하는 것은 처음 약속과 다른 것으로 있을 수 없다고 주장하며 시민대회를 열어 악덕분자를 철저히 박멸하겠다고 함.
89) 「부산여고 위치이전운동 동래지방에서」, 『조선일보』 1926. 11. 17.
90) 「부산부민대회 장학계금사건으로 십삼일 유락관에서」, 『동아일보』 1926. 6. 9. 1926년 6월 13일 부민대회를 열고 수정장학계의 문제를 성토하기로 하였다 : 「여고기성문제로 부민대회준비」, 『동아일보』 1926. 12. 6.
91) 「女高普기성 실행委員會」, 『동아일보』 1926. 9. 28.
92) 「부산의 도립여고보 문제 시민대회를 열고 적극적으로 운동할 터」, 『조선일보』 1926. 12. 6 : 「道立女子高普 促成問題討議 釜山府民大會에서」, 『동아일보』 1926. 12. 15.

그러나 경남도평의회의 경우 1927년의 예산에 부산도립여고보의 설립 예산을 넣지 않고 오히려 부산제일고의 확장비로 5만원을 책정하였다. 이에 분개한 부산진 청년대표 8인은 1927년 1월28일 和田 경남도지사를 방문하고 4월부터 개교할 수 있게 해줄 것과 우선 부산청년회관을 가교사로 사용할 것이며, 기부금 조달은 기성회 측에서 책임지겠다고 주장하였다.93) 또한 부산지역의 유지인 서상호 · 崔泰旭 · 尹炳浩 · 李有石 · 丁士中 · 朴東柱 등이 도청을 방문하고 和田道知事와 沈參與官 · 松井內務課長 · 金學務課長과 만나 봄에 개교할 수 있도록 부탁하였다.94) 이에 道當局에서도 여고보 설립자금을 예산에 반영하는 등 적극성을 보였다.95)

1927년 4월 18일부로 인가를 받고 부산도립여자고등보통학교가 설립되었다.96) 부산도립여고보는 부산 초량청년회관을 가교사로 우선 1학급으로 개교하였는데 지원자는 300여명에 달하였다.97) 당시 지원자가 많았기 때문에 여론에서는 2학급 100명을 선발할 것이라고 전해지기도 하였지만 아직 교사가 마련되지 못하였고 여러 가지 시설이 불충분한 상황에서 50명 정원으로 입학식을 거행하였다.98)

이 학교는 지방의 유지들이 중심이 되어 재원을 확보하고 학교 건립을 추진하여 설립되었지만, 도립이었기에 사립학교와는 달리 정부와도 일정한 연계를 갖으면서 설립되었다. 때문에 일본의 식민화교육의 표본이 될

---

93) 기성회에서 열심히 노력하여 실제로 5만원이라는 기부금을 모집하였다. 「부산여자고보교 신학기부터 개교 기부금 성적양호로」, 『동아일보』 1927. 1. 19.
94) 「釜山道立女高 今春에 開校? 釜山鎭靑年들의 質問에 道當局에서는 假校舍채로 開校를 聲明」, 『조선일보』 1927. 2. 3.
95) 「釜山道立女高新年에 開校? 大體 諒解를 얻었다고」, 『조선일보』 1927. 2. 15.
96) 「釜山女高普 設立 認可 십팔일부로」, 『조선일보』 1927. 4. 18.
97) 「4月에 開校될 釜山女高普 벌써 志願者 殺到」, 『조선일보』 1927. 3. 6. : 「釜山에 新設될 女高普開校는 4월 20일경이 될 듯生徒募集은 來 十五日부터」, 『조선일보』 1927. 3. 11.
98) 경남여고(1987), 『경남여고 60년사』, 42쪽.

수 있는 소지가 강하였다. 그리고 도립은 사립보다는 우수한 인재들이 모여들 수 있는 여러 가지 조건을 갖추고 있었기에 자못 이제 막 시작한 여성교육을 잘못된 방향으로 빠뜨릴 수 있게 하는 위험스러운 것이었다.

당시 일본인들이 갖고 있었던 조선여성교육관은 교육 관료들의 경우에서도 드러난다. 어느 일본인 參事官이 京城女子高等普通學校를 시찰하고서 "경제적 융합과 사회적 융합이 식민정책의 근대가 되는데, 사회적 융합의 첩경이 바로 부인을 感化시키는 것이다. 主我心・自覺心이 적은 감정적인 부인이 남자보다 훨씬 感化시키기가 쉬우며 일단 感化하면 다시 그것을 고치기가 어렵다. 그런데 여자가 감화하면 남자는 저절로 감화되며 그리하여 조선 사회가 저절로 감화가 될 것이니, 여성교육에 있어서 선생을 될 수 있으면 일본인 여교사를 써서 앞으로 가정에 돌아갈 여학생들의 감화에 힘써 조선 사회 전체를 감화시키는데 주력해야 한다. 이것이 여자교육이 중요하고 심원한 이유이다."라고 하였다. 여기에서 일본인들이 공립여고보를 통해서 얻고자 하는 것을 알 수 있다.[99]

그런데 당시 학부모들의 비판 없는 사상과 보통학교 선생들의 강력한 권유로 우수한 여성들이 공립여고보에 많이 모여들었다. 그리하여 우수한 여성들이 머리를 싸매고 경쟁을 하여 들어갔는데, 배우는 것은 일어 중심주의였다. 그런 가운데 일어를 사립보다 잘 배우고 잘 한다는 것을 학교나 개인의 자랑으로 여기고 공립학교를 졸업한 것으로 자만심을 갖기까지 하였다. 이러한 것은 다 일제의 교육이 성과를 보았음을 말하여 준다.

2) 교육의 내용

(1) 부산공립여자고등보통학교 시기

부산공립여고보가 설립된 시기는 일제의 문화정치가 전개되고 있었던

---

99) 이만규(1949), 앞의 책, 327-328쪽.

시점으로 교육에서도 융화정책이 펼쳐지고 있었다. 오히려 과거보다도 교육이 유화적인 국면으로 흐르고 있었다. 그럼에도 부산공립여자고등보통학교의 교육방침은 일제의 식민교육정책에 철저히 맞춘 현모양처교육이었다. 공립여고보는 '선량 유위한 국민'을 양성하는데 그 목표를 두고, 순박·품위·근면 등을 교훈으로 하여 5항목의 실천을 강조하였다. 무엇보다도 여성의 본분을 깨달아 늘 부덕을 닦고 인격완성에 힘쓰며, 특히 온량·정숙·경애·근검한 미풍을 기를 것을 강조하고, 가정에서 여성의 天分을 발휘함과 동시에 더욱 더 조국의 발전에 힘쓰며, 세계 인류의 행복에 공헌할 것을 주장하였다.100) 즉 조선학생을 지도자로서 양성하는 것을 지양하고 가정주부로서 內鮮一體에 앞장 설 人材로 기르고자 하였다. 사실 당시의 교육은 피교육자의 자질을 발견하고 능력을 향상시켜 개인이 발전해 나갈 수 있는 길을 열어 준다던가 하는 것은 전혀 없었고 오로지 식민지하 신민의 자질을 키우고 식민지민의 어머니와 아내로서의 교육만이 강조되었다. 당시 졸업생들은 하나같이 자신들이 식민지교육과 현모양처교육의 희생자였음을 강조하였다.101)

개교 당시의 교과과정을 보면 1922년에 발표된 교육령의 여자고등학교규칙에 따라 수업연한은 4개년이었고, 교과목은 수신, 일어(강독, 작문 문법, 습자), 조선어, 외국어(영어), 역사, 지리, 수학, 이과, 도화, 가사, 재봉, 음악, 체조, 수예 등 16개 과목이었다. 단 가사는 3·4학년에만 개설토록 하였다. 이러한 교과과정은 동래 일신여학교의 교과과정과 비교해 볼 때 총독부의 교육령을 철저히 따른 것으로 보인다.

---

100) 경남여자고등학교(1977),『경남여자고등학교 50년지』, 41쪽.
101) 김홍수(제7회졸업생)(1957),「학창시절을 회상하면서」,『경여고 30년지』, 169쪽. "그때 우리들이 배웠다는 교육은 한갓 일본식민지교육을 받았던가 생각합니다. 다시 말하자면 우리들을 일본 황국신민의 어머니를 만들려고 교육을 시켰단 말입니다."라고 함.

그리고 구체적 생활지도에 있어서는 일본어를 항상 사용하게 하고 한복을 입지 못하게 하였다. 만일 한국어를 교내에서 사용한 것이 적발되면 정학처분을 내렸고 한복차림으로 사진을 촬영하여 무기정학을 받은 경우도 있었다.102) 또한 당시 일본교사들은 한국학생들과 선생들을 감시하였는데,103) 급장과 부급장을 매주 불러서 학급의 여러 가지를 탐지하였다. 학급의 사소한 일, 친구끼리의 농담과 장난까지도 기록하고 연구하였다.104)

그리고 인문계학교였음에도 불구하고 農業과 作法(일본 다도)에 많은 시간이 제공되었다. 이는 인문계고로서 진학을 지도하고 지도자를 양성하기 보다는 식민교육에 목표를 두고 실업교육을 강조하였던 때문이다. 4학년이 되면 영어반과 수예반으로 나뉘지만 기껏 官立京城師範에만 3·4명이 진학할 뿐 모두 가정에 들어갔으며 3학년 때부터 결혼하느라 몇 명은 중퇴하는 것이 예사였다고 한다.105) 실제로 공립학교에 있어서 일본인 교사들은 여고보를 졸업한 학생들이 고등교육을 받는 것을 한사코 금하였다. 겨우 허락하는 것이 교사가 될 사범학교의 강습과나 연습과 정도였고 일본유학도 여자고등사범 외에는 허락하지 않았다. 경성에 있는 이화전문에 입학하려고 하면 성적증명서 청구까지도 거부하는 경우가 많았다.106)

이렇게 철저한 식민교육과 현모양처교육을 받고 있었던 학생들은 당시 부산·경남지역의 인재들이었는데, 종교·사립학교와는 달리 부산·경남 일원의 지주로서 개명한 집안의 여식들이 주를 이루었던 것으로 보인다.

---

102) 오희순(1957), 「학창시절의 잊혀 지지 않는 일들」, 앞의 책, 98쪽. 오희순은 광주학생사건으로 무기정학을 당하였는데 위로 차 찾아 온 친구들과 한복을 입고 촬영을 한 것이 발각이 되어 또 다시 정학을 당하였다.
103) 方順京(1957), 「회상기」, 『慶女高 30年誌』, 147-151쪽.
104) 오희순(1957), 앞의 글, 96쪽.
105) 金達淑(3회졸업생)(1957), 「그 때 그 시절의 추억」, 앞의 책, 101쪽.
106) 이만규(1949), 앞의 책, 329쪽.

부산공립여고보의 제1회 졸업생 중 한사람인 안오경 여사가 초창기의 학교생활에 대하여 술회한 내용을 정리해 보면 대략 다음과 같다. "처음 입학할 때 친구들은 1학급 60명이었는데, 입학 시에는 가교사에서 공부하다가 3학년 때에야 비로소 본교사로 옮겼다. 기억하건대 친구들은 대체로 지주집안 출신이 많았던 것으로 기억된다. 교육목표는 정직·검소·근면 등으로 철저한 현모양처교육이었다. 공부했던 교과목은 수신·일어·산수·조선어·역사·물리·지리·영어·습자·도화·음악·체조·재봉·요리 등이었고, 정구·탁구·농구·수영 등 운동도 많이 했다. 학교에서는 반드시 일본어를 사용해야 하였다. 가장 힘들었던 것은 채소밭 가꾸기와 운동장 정지작업이었다. 운동장을 학생들의 힘으로 정리하였다. 그 어려웠던 시절에 한국인교사였던 안인묵 선생님과 방순경 선생님의 가르침은 학생들에게 힘이 되었다."

　안오경 여사(1912년 출생)는 백산 안희제 선생의 동생인 안국제의 여식으로 보통학교를 졸업한 후 개명한 집안의 분위기 속에서 자연스럽게 여고보에 1927년 4월 입학하였다. 당시는 여성들이 보통학교교육도 받지 못하는 상황이었기에 안여사는 졸업 후 별다른 일을 하지 않고 결혼하였다. 그러나 안여사는 평범한 학생은 아니었고 광주학생운동 시작 이후 여고보에서도 시위를 준비하다가 발각된 사건이 있을 때 주동자 중의 한 사람이었다.107) 이러한 안여사의 술회는 당시 교육의 내용을 잘 전달해 주고 있다.

　1920년대 후반에 이르러 세계공황이 도래하고, 1931년 만주사변의 시작으로 사실상 전쟁 상황에 돌입하게 되면서, 일제의 조선에 대한 정책은

---

107) 안오경 여사는 1997년 당시 미국에서 18년째 거주하고 있었는데 경남여고 개교 70주년행사에 초청되어 부산을 방문하였다. 필자의 인터뷰 요청을 흔쾌히 받아주시고 당시 학교생활 등에 관하여 구체적으로 말씀해 주셨다. 86세의 연세인데도 미국에서 혼자 한국에 올 수 있을 정도로 무척 정정하고 기억력도 좋고 말씀도 잘 하셨다.

다시 경직된다. 교육정책에서도 마찬가지였는데, 특히 교육에서는 황국신민화를 강화하는 작업을 한다. 1931년에 가면 영어 과목을 경시하여 하급학년인 1·2학년이나 3학년까지만 가르쳤으며 1943년에 가서는 영어 과목을 완전히 폐지하였다. 1932년부터는 公民科가 개설되어 상급학년에서 취급되었으며, 수학이 산술·대수·기하로 분과되어 대수·기하는 상급학년에서 취급되었다. 1935년에 가서는 敎育이 증과되어 최종학년에서 다루어졌다.

학생들은 교과활동 외에 여러 활동에 참여하였다. 무엇보다 매년 10월이면 운동회가 열렸으며, 3월 초순이 되면 교우회 각부별로 1년간의 활동상황을 전시하고 학예회를 개최하였다. 학예회에서는 음악과 유희가 주가 되었는데 출연학교는 부산시내 보통학교와 기타를 총망라한 것이었다. 학생들의 校友會활동은 총무부·학예부·도서부·원예부·경기부·구매부·정구부·탁구부·농구부·배구부·수영부 등으로 나누어졌는데 구매부를 제외하고 각부마다 각 학년에서 2명씩 참여하여 8명으로 구성되었다. 그리고 매년 5월이 되면 약 2주간의 일정으로 수학여행이 있었다. 수학여행은 거의 일본의 신궁·신사 등을 견학하는 것이었다. 이는 황국신민을 만들고자 하는 목적이었다고 할 수 있다.[108]

1927년부터 1937년까지의 교사구성을 보면 초창기에는 교장 이하 일본인교사가 7·8인이고 한국인교사는 단지 두 사람이었다. 조선어와 농업을 가르친 안인묵선생과 가사·재봉·수예를 가르친 방순경선생이 있을 뿐이었다. 당시 한국인교사들은 여러 가지로 어려움을 겪고 있었는데, 무엇보다도 학생들 지도에 중요한 비중을 차지하는 담임을 맡기지 않고, 힘든 일이나 귀찮은 일들만을 맡겼다. 더욱이 학교 당국은 한국인 교사들이 학생들에게 반일사상을 고취시킬까 두려워서 철저하게 이들을 감시하

---

108) 경남여자고등학교(1957), 『경여고 30년지』, 45-58쪽.

였다.109)

(2) 부산항공립고등여학교 시기

일제가 1936년에 중국을 침략하면서 사실상 전쟁상태에 들어가게 되었는데 1938년 교육령이 개정되면서 교명이 부산공립여고보에서 부산항공립고등여학교로 바뀌었다.

교육내용에 있어서 가장 큰 변화는 1938년의 교육령에 따라 朝鮮語가 완전히 廢止되었다는 점이다. 일제는 이를 통하여 우리의 문화를 완전히 말살시키려 우리의 학생들을 황국신민을 만들려고 하였던 것이다. 1943년부터는 이과를 물리·생물로 분리하여 취급하였고 실업으로는 상업과 농업을 다루었다. 1944년에는 修練·武道·被服이라는 교과목을 중과하여 황민화교육을 강조하고 일본제국주의 전쟁완수를 위한 체제를 갖춘 교육으로 지향해 갔다.110)

교과활동 외에 각종 활동의 경우에도 전시교육을 내용으로 하고 있었다. 무엇보다도 學生閱兵分列行進을 빈번하게 하였다. 분열행진에서는 그 모습이 일본학생을 능가할 정도였다고 하는데, 그것은 당시 교육이 철저히 군사교육으로 시행되고 있었음을 알 수 있다. 그리고 농장작업을 항고녀 초기에는 농업시간에만 하게 하였는데, 말기에 이르러서는 수업을 단축하여 심지어는 수업을 전폐하며 하였다.

---

109) 방순경(1957), 앞의 글. 방순경선생은 처음 일본인교장이 여자선생이고 하니 담임을 맡기겠다고 하고서도 나중에 일본인교사에게 맡겼고, 자신을 전출시키기 위해 사상불온이라는 이유를 붙여서 경찰에 조회하고 조사하기까지 하여 서울 진명여고로 전출 갈 생각을 하였으나 천주교의 신앙심으로 그 어려움을 극복하였다고 회고하였다. 그리고 학교에서 힘든 일들을 한국인선생들에게 부담시켰던 것이며 일본인교사들이 한국학생들에게 가혹하게 대하여 마음 아팠던 것을 술회하였다.
110) 경남여고(1957), 『경여고 30년지』, 118-132쪽.

또한 당시는 근로봉사작업을 강요하였는데 勞動報國이라는 명목 하에 학력 중심보다도 노동봉사 작업에 학생들의 정력을 쏟아 넣도록 하였다. 군복에 단추달기를 한 시간에 일인당 15벌씩 하였는데, 빠른 학생은 30벌에 가깝게 처리하는 작업을 연일 연속하였다. 때로는 운동장에 대기해 있는 트럭에 실려 기밀부대에 가서 銃分解掃除를 하였다. 송탄유솔방울 채취 작업을 위험을 무릅쓰고 준험한 산에 올라가 하였으며, 험한 산에서 장작을 새끼줄에 묶어 하산하기도 하였다. 공습 경보가 심하여지면서 4학년 학생들은 철도병원으로 가서 각과 간호 실습을 1주일씩 교대해서 2개월간 하였다.111)

<표-6> 1938년 이후 부산항공립고등여학교 교과목 및 수업시수

교과목	1학년	2학년	3학년	4학년
공 민	2	2	2	2
국 어	7	7	6	5
역사·지리	3	3	3	3
수 학	3	3	2	3
물리·화학·생물	3	3	4	4
가 사	2	2	4	4
재 봉	2	3	3	3
영 어	4	4	4	4
체 육	2	2	2	2
음 악	2	2	2	2
습 자	1	—	—	—
도 화	1	—	1	—
수 예	1	1	1	1
실 업	—	—	1	1
계	33	32	35	35

출전: 경남여고(2007), 『경남여자고등학교 80년사』, 265쪽.

111) 앞의 책(1957), 64-66쪽.

Ⅳ. 여성민족운동의 전개

부산지역의 여성교육은 당시 우리의 어려운 민족적 상황 속에서 많은 한계점을 갖고 전개될 수밖에 없었지만, 일제강점기에 들어서면서 민족문제와 성의 문제를 해결키 위해 전개되었던 여성민족운동의 모체가 되었다. 즉 부산지역의 여성민족운동은 여성교육의 산물이었으며 그 자체가 민족운동의 원동력이기도 하였다.112)

1. 송죽회 활동의 거점

1910년대 부산지역의 여성운동은 비밀결사단체인 송죽회의 활동으로부터 시작하였는데, 이 활동의 거점이 되었던 것이 당시 부산지역에 유일하게 존재하였던 여성교육기관인 일신여학교였다. 즉 일신여학교가 장로교회인 부산진교회 · 초량교회와 같이 송죽회의 거점이 되었다.

송죽회는 1913년 9월 평양의 숭의여학교 교사 黃愛德 · 李孝德 및 숭현여학교 교원 金敬熙, 교회부인 安貞錫 등이 당시 일제의 무단헌병통치 속에서 독립을 위한 비밀결사의 필요성을 인식하고, 朴惠淑 · 李馬大 · 蔡光德 · 宋福信 · 黃信德 등을 포섭하면서 약 20명의 여성들이 모여 松형제로 뭉치면서 창립되었다. 이 단체의 구체적 목표는 여성들에 대한 애국심과 우국적인 자각의 고취, 독립지사들 가족의 생활보조, 독립운동의 연락활동 등이었다.

이 단체는 비밀결사조직으로 점조직으로 운영되었는데, 학생회원들은

---

112) 부산지역의 여성운동은 바로 당시 여성교육의 현실을 알려줄 뿐 아니라, 여성교육의 원동력이기도 하였기에 본고에서 정리해 보았다. 현재 부산지역 여성운동에 관한 본격적 연구성과는 없으며, 필자의 발표문「일제하 부산지역의 항일여성단체」,『부산지역 독립운동 학술세미나』, 광복회 부산 제주연합지부(1996. 9. 20)가 있을 뿐이다.

방학을 이용하여 수놓기·편물 등으로 약간의 돈을 마련하여 월 회비 30전씩을 납부하였고, 송형제들은 매달 1번씩 정기 집회를 열고 각자가 포섭한 회원의 인물점검과 회비의 수납 성적, 재정의 처리 등을 논의하였다. 수납된 자금은 해외에서 활약하는 독립지사들의 생활비와 독립자금으로, 또한 국내에 들어온 독립운동가들의 생활비와 독립자금으로 쓰여졌고, 밀입국한 독립지사들의 활동에 필요한 숙박비·여행비·출국여비 등에 충당되었다.113)

1916년에 이르러 지방조직에 착수하였는데, 부산지방의 조직책임자로 서매물을 파견하였다.114) 서매물의 부산에서의 활동상이나 부산지역의 여타회원에 대한 구체적 사료를 찾아볼 수 없다. 다만 송죽회의 회원들이 숭의학교를 졸업한 다음 거의가 지방의 장로교계통의 학교에 취직되어 가서 학교를 중심으로 그 지방을 책임졌으며, 또한 장로교의 신자로 교회를 중심으로 자연스럽게 부인회를 결성하여 활동함으로써 그 지역의 조직책이 되는 것이 일반적이었기에,115) 부산의 경우에도 서매물이 장로교계통 여학교나 교회를 중심으로 죽회원을 포섭하고 자금을 모으는 활동을 하였을 것으로 생각된다. 당시 장로교계통의 교회는 부산진교회와 초량교회가 있었고 학교는 일신여학교가 있었다. 따라서 부산진교회와 초량교회,116) 일신여학교 등을 중심으로 교사, 학생, 주일학교교사 등이 송

---

113) 송죽회에 관한 직접자료는 찾기가 힘들고 식민지시대 조선일보의 기자를 지냈고 실제 여성운동을 하였던 최은희의 저술이 있다. 최은희(1991), 『한국근대여성사』 (상), 추계최은희전집 1, 조선일보사, 366-380쪽을 참고하여 정리하였다.
114) 서매물은 제주지역의 책임자이기도 하였다.
115) 송형제들은 지방에 나가 있는 사람들까지도 매월 정기적으로 평양에서 모여 자기들의 책임아래 매월 30전씩 수금한 회비를 정리하였다.
116) 초량교회는 미국 북장로회선교부가 파송한 윌리암 베어드목사에 의하여 1892년 11월에 설립되었다. 대한예수교장로회 초량교회(1994), 『초량교회100년사』, 70쪽. 부산진교회의 설립연도는 불분명하나 외국선교사들의 포교에 힘입어 설립된 것으로 보인다. 대한예수교장로회 부산진교회(1991), 『부산진교회 100년사』, 65-70쪽.

죽회의 회원이 되어 활동하였으리라 본다.

당시 일신여학교의 고등과 졸업생을 보면 1913년에 4명, 14년에 2명, 15년에 1명, 16년에 3명, 17년에 3명, 18년에 2명, 19년에 2명 등이었는데,117) 대체로 이들이 송죽회의 회원으로 활약하였을 것으로 보인다. 그리고 이러한 송죽회의 비밀결사활동이 실제 1919년 3·1운동의 기반이 되었다.

2. 3·1운동의 주도와 비밀결사단체 활동

1) 3·1운동의 주도

부산지역 3·1운동의 전개에서 빼놓을 수 없는 것이 일신여학교의 활동이다. 이 학교는 1919년 3·1운동 시에 부산지역에서의 초기운동 전개에 많은 공헌을 세웠다. 3월 10일 교사 朱敬愛·朴時淵 등이 고등과 학생 11명과 함께 11일 밤 9시 준비한 태극기를 손에 들고 독립 만세를 부르며 기숙사를 뛰쳐 나와 좌천동 거리를 누비며 만세시위를 전개하였다. 이에 대중들이 호응하여 군중 수백명이 힘찬 시위를 하였다. 이 사건이 바로 부산 경남 3·1 운동의 효시를 이루었다.118) 이 때 교사 주경애(초량교회 세례자)·박시연(일신 고등과 6회졸업생, 부산진교회 주일학교교사)과 학생 金蘭茁(9회졸업생), 金奉愛, 金班守(7회졸업생), 金福善, 金順伊, 金新福(9회졸업생), 金應守(8회졸업생), 朴貞守, 沈順義(7회졸업생), 李明施(10회 졸업생), 宋明進(10회 졸업생) 등이 보안법 위반으로 검거되었다.119)

---

117) 부산시사편찬위원회(1989),『부산시사』1, 908쪽.
118) 앞의 책, 150−151쪽 : 강덕상(편)(1983),『3·1운동 편(현대사자료 조선)』(1) (국학자료원 영인), 307쪽 : 국사편찬위원회(1983),『한국독립운동사』2, 302쪽, 323쪽, 804쪽.
119) 김정명,『朝鮮獨立運動』1, 321, 354, 367쪽.

한편 일신여학교 학생들은 3월 11일 의거계획에 참여하였다가 검거된 임말이·임망이 자매가 형사인 형부에게 모의사실의 전모를 진술하고 석방되어 등교하자, 이 사실을 알고 10일간의 동맹휴학을 통해 두 학생을 학교에서 추방하기도 하였다.

2) 비밀결사단체 활동

1919년 3·1운동의 전개과정에서 서울에서는 혈성단애국부인회와 대조선독립애국부인회가 결성되어 독립운동가를 돕고 자금을 모집하는 등의 활동을 시작하다가 이 두 단체는 대한민국애국부인회로 통합되기에 이르렀다. 비밀결사단체였던 대한민국애국부인회는 기존의 두개의 단체를 기반으로 김마리아·황애스더·이정숙·장선희·김영순·유인경·이혜경·신의경·백신영 등을 중심으로 재조직되어 전국적 조직망을 갖고서 연계하여 독립투사를 돕고 군자금을 모집하였다.

그리고 1919년 10월에는 김마리아·황애스더를 중심으로 결사부·적십자부를 신설하고 항일독립전쟁에 대비한 체제로 조직을 전환하였으며 본부와 지부를 통해 임시정부 국내 연통부의 역할과 대한적십자회 대한총지회의 활동을 대행하였다. 특히 결사부를 두어 직접적 투쟁이 있을 경우 제1선에 나설 전위부대로 편성하였다. 지부에도 결사부원 2인을 두었다. 본회의 결사부장은 전국의 결사부 사무를 총리토록 하였다.[120] 또한 독립운동자금 모집에 힘써 6천원의 군자금을 임시정부에 송금하였다.

이러한 이들의 활동상은 경찰의 주시의 대상이 되고 1919년 11월 28일

---

120) 최은희(1991), 『한국근대여성사』하, 『추계최은희전집』 4, 25-27쪽. 임원을 보면 회장에 김마리아, 부회장 이혜경, 총무부장 황애시덕(애스더), 재무부장 장선희, 적십자부장 이정숙, 결사부장 백신영·이성완, 교제부장 오현주, 서기 김영순·신의경 등으로 구성되었다.

전국에서 52명이 검거되었다. 이 중 9명이 출판법 위반으로 기소되어 각 1년 이상의 형을 받았다.121) 특히 김마리아와 백신영은 병보석을 받기도 하는 등 어려움을 겪었다.122)

　부산에도 지부가 설치되었는데 백신영이 지부장으로 활동하였다. 백신영은 기독교전도사로 활동하면서 대한민국애국부인회의 가장 핵심적 부서라고 할 수 있는 결사부장으로 활약하였다. 백신영의 판결문을 보면 주소는 경상남도 부산부 초량동 213번지로, 나이는 31세, 직업은 예수교 전도사로 기록되어있다. 부산지부의 백신영을 비롯하여 대한민국애국부인회의 주도층은 기독교세력이었으며 또한 한 두 사람을 제외한 거의 모두가 기독교계통의 여학교인 정신여학교의 출신이었고 교사였던 점으로 보아123) 부산에서의 대한민국애국부인회의 활동도 역시 당시 항일운동의 거점이 되고 있었던 교회와 교인, 학교를 중심으로 전개되었을 것으로 추정된다. 즉 대한민국애국부인회 역시 일신여학교가 그 중요한 활동지가 되었을 것으로 추정된다.

　당시 여성들만의 조직은 아니었지만 박덕술 등 여성이 그 주요 활동가로 활약하였던 의용단은 조선독립운동을 원조할 목적으로 부산진교회의 교인인 강영조·박갑선과 여신도 박덕술 외 3인이 공모하여 만든 비밀결사였는데 1922년 4월 11일 검거되었다. 박덕술은 바로 부산진 일신여학교의 1회 졸업생으로 당시 합법단체인 부산여자청년회에서 활동하고 있었고 더욱이 의용단에 참여했던 같은 시기에는 부산여자청년회의 회장을

---

121) 김마리아·황애시덕이 3년형, 이정숙·장선희·김영순 등이 2년형, 유인경·이혜경·신의경·백신영 등이 1년형을 받음.
122) 대한민국애국부인회의 공판에 관하여는 다음 신문기사 참조.『조선일보』1920. 6.10, 7.3, 12.18, 12.20. :『동아일보』1920. 4.24, 4.27, 5.19, 6.9, 6.10, 6.11, 6.30.
123) 최은희(1991), 앞의 책, 106〜119쪽. 황애시덕을 제외한 지도층들이 모두 정신여학교출신이었으며, 장선희·김영순·김마리아·이혜경·신의경은 당시 정신여학교의 교사로 학생들을 가르치고 있었다.

맡고 있었다. 그는 김해여자청년회의 창립에도 일정하게 영향력을 미치는 등 부산지역에서 많은 활약을 하고 있었다.124)

이처럼 일신여학교는 당시 여성민족운동의 거점으로서 역할을 하였고 그 곳에서 교육받은 여성들은 부산지역 민족운동의 여성지도자로서 역할을 하였다.

3. 부산여자청년회 활동

3·1운동속에서 자신들의 투쟁과정에서의 역량에 힘입어 여성들은 20년대에 들어서면서 활발한 대중활동을 전개하기에 이르렀다. 그 결과 전국 곳곳에서 많은 여자청년회가 설립되기에 이르렀다.125) 부산·경남지역의 경우는 여자청년회의 설립 활동이 가장 활발했던 지역으로 1920년에서 1923년까지 동래·마산·김해·밀양·부산 등에서 9개의 여자청년회가 조직되었는데,126) 부산 동래지역의 경우 여자청년회가 2개씩 설립되었다. 부산여자청년회와 초량여자청년회는 부산지역에, 동래여자청년회와 기장여자청년회는 동래지역에서 조직되었다. 그리고 바로 가장 활발하게 활동하였던 부산여자청년회가 일신여학교와 밀접한 관련을 갖고서 운영되었다.

---

124) 부산시사편찬위원회(1988), 『부산시사』 1, 1018쪽 : 「부산여청년회기념」, 『동아일보』 1922. 6. 15.
125) 여자청년회, 청년회 등 청년운동에 관한 연구로는 박혜란(1995), 「1920년대 여자청년단체의 조직과 활동」, 『한국근현대청년운동사』, 풀빛 : 안건호(1995), 「1920년대 전반기 청년운동의 전개」, 앞의 책 : 부산지역의 경우는 이귀원(1991), 「1920년대 전반기 부산지역 민족해방운동의 전개와 노동자계급의 항쟁」, 부산대학교 석사학위논문.
126) 1920년대 전국의 여청 조직상황은 박혜란(1995), 앞의 논문, 171쪽 참조. 경남지역은 1920-23년에 9개(전국 34개 설립), 1924-27년에 11개(전국 53개 설립)가 설립되었다.

부산여자청년회는 1921년 6월 13일에 부산진구락부에서 창립회를 가졌는데 이 때 출석회원은 60여명에 달하였다. 조직을 보면 문예부·사교부·위생부 등 3부로 나누어졌고, 임원은 회장 梁漢拿, 부회장 金基淑, 총무 오대련, 재무 이금옥, 손무년, 서기 박명애, 최수련, 간사 왕명룡, 문예부장 전매자, 사교부장 여운영, 위생부장 유창신 등이다.[127] 구성원의 성격을 보면, 지도층이 주로 기독교신자들이었으며 일신여학교와 밀접한 관련을 갖고 있었다. 양한나는 일신여학교출신으로 일신여학교의 교사였으며 초량교회의 신자였고 후에 부산 YWCA와 자매여숙을 창설하였다.[128] 전매자·여운영도 부산진교회의 주일학교교사로 활동하였다. 부산여청이 기독교여성단체는 아니지만 기독교의 역할이 컸음을 알 수 있고 교회가 모임의 장이었음을 알 수 있다. 부산여청의 2대 회장으로는 김기숙, 3대 회장으로는 여운영이 선출되었고, 4대 회장은 박덕술이 맡았다. 김기숙·박덕술은 일신여학교의 3회와 1회 졸업생이었으며, 김기숙은 일신여학교의 교사로도 활약하고 있었다.[129] 이들도 기독교신자였다. 회원수는 처음 60여명 정도였으나 1921년 10월에 가면 130여명에 달했다.[130]

부산여자청년회의 주요활동으로 문맹타파를 위한 야학설립과 운영을

---

127) 「부산여자청년회」, 『동아일보』 1921. 6. 17.
128) 양한나는 제1대 회장으로 활약하였으나 부산여청이 처음 회원 60-70명에서 10월에 가면 130여명으로 증가하는 등 그 활동이 어느 정도 자리를 잡자 10월 20일 다시 공부를 위해 중국으로 떠났다. 「梁漢孃蘇州登程」, 『동아일보』, 1921. 11. 3. 양한나는 당시 소주사범대학에 적을 두고, 임시정부의 의정단 대의원으로 활약하고 있었다. 국내 연락책으로 자주 왕래하면서 독립운동을 전개하였다. 이송희(2002), 「양한나(梁漢拿 : 1890-1976)의 삶과 활동에 관한 일고찰」, 『여성연구논집』 제13집, 16-17쪽.
129) 김기숙은 1922년 1월 포항으로 이사하면서 부산에서의 활동을 마감하였다. 「부산여자청년총회」, 『동아일보』 1922. 1. 4. 박덕술은 앞서 본 바와 같이 의용단에서 활동하였고 1922년 4대회장에 올랐으며, 앞서는 김해여자야학에서 활동하였다. 「여자야학회강연회」, 『동아일보』 1922. 6. 15. : 「부산여청년회기념」, 『동아일보』 1921. 6. 20.
130) 「釜山女子靑年總會」, 『동아일보』 1921. 10. 24.

들 수 있다. 여자야학은 학령기를 넘긴 여성청년은 물론 무지한 가정부인
까지를 대상으로 기초적인 문자습득을 위주로 하였다. 당시 여청의 활동
가들은 여성사회 더 나아가 조선사회의 후진성을 극복하기 위해서는 까
막눈 여성이 없어져야 민족의 살길이 열린다고 보았다. 부산여청은 조직
직후 부산진구락부의 후원으로 부산진구락부 회관 안에 부산진여자야학
을 개설하였다. 이 때 학생 60여명이 모집되고 의원금이 800여원이 모였
다. 선생은 명예직으로 회장인 양한나와 부회장인 金基淑 외 1인이었고,
수업은 학생을 3반으로 나누어 일주일에 4일 하루에 2시간씩 하기로 하
였다. 수업기간은 6개월로 하였다.131) 학생수는 10월에 가면 70명 정도로
증가하게 된다.132)

   부산여자청년회는 또한 주요사업으로 토론회와 강연회를 개최하였다.
이는 여성을 포함한 지역대중을 계몽하고 여성들로 하여금 자기 각성의
계기를 마련하는데 커다란 역할을 하였다. 11월 16일에 개최된 토론회를
보면 100여명이 참가한 가운데 개최되었는데 논제는「사회의 발전은 재
산이냐 노동이냐」로 재산쪽과 노동쪽 양쪽으로 나누어 토론자를 정하여
토론하였다.133) 그리고 조선여자교육회의 순회강연이나 여자유학생 순
회강연 시에는 같이 강연회를 개최하였다.134) 여자청년회의 임원들은 인
근 지역의 강연회를 주관하였다.135) 또한 지역의 다른 단체들과 공동으
로 연합토론회를 개최하기도 하였다.136)

---

131)「釜山鎭婦人夜學會」,『동아일보』1921. 7. 10.「釜山女子夜學開學」8. 19.
132)「釜山女子靑年總會」,『동아일보』1921. 10. 24.
133)「釜山女子討論會」,『동아일보』1921. 12. 3.
134)「女子留學生巡講團」,『동아일보』1921. 8. 18.「조선여자교육회 순회강연단출발」,
    『조선일보』1921. 7. 9. 여자유학생들은 8월 12일에 여자교육회는 8월 15일에 부
    산에 와서 강연을 하였다. 유학생들의 강연의 내용은 가정위생, 자유평등주의와
    남녀해방주 등이었고, 여자교육회의 강연의 내용은 조선여자의 고통과 그 해결
    책, 조혼, 이혼, 가정, 실력양성 등에 대한 것이었다.
135)「女子夜學會講演會」,『동아일보』1921. 6. 20.

4. 근우회 동래지회활동 주도

1924·5년경부터 민족해방운동 내 일각에서 논의되던 협동전선은 1926년 초부터 구체적인 움직임이 되어 나타나기 시작하였고 11월의 '정우회선언'이후 전체 운동계를 휩쓸었다. 여성운동계에서도 협동전선론이 논의되어 여성운동의 전국적 통일기관의 결성으로 나갔고 마침내 1927년 5월에 근우회가 설립되기에 이르렀다. 근우회는 기독교세력을 중심으로 하는 민족주의계열의 여성단체와 사회주의계열의 여성단체들이 모두 참여한 통일기관으로 출발하였다.[137] 근우회는 신간회와 같이 반제·반봉건운동을 자기 과제로 하고 그 강령을 "첫째, 조선여자의 역사적 사명을 수행키 위하여 공고한 단결과 의식적 훈련을 기하며, 둘째, 조선여성의 정치적·경제적·사회적 전적 이익의 옹호를 기한다"라고 하였다.[138] 행동강령으로는 1) 여성에 대한 사회적 법률적 일체 차별 철폐(정치적 차별 철폐는 후에 첨가), 2) 일체 봉건적 인습과 미신타파, 3) 조혼폐지 및 결혼의 자유(이혼의 자유 후에 추가), 4)인신매매 및 공창의 폐지, 5)농민부인의 경제적 옹호, 6) 부인노동자의 임금차별 철폐 및 산전 산후 임금 지불(후에 산전 4주간 산후 6주간의 휴양과 그 임금지불로 강화), 7) 부인 및 소년노동자의 위험노동 및 야업폐지, 8) 교육의 성적 차별 철폐 및 여자의 보통교육 확장, 9) 언론 출판 결사의 자유, 10) 노동자 농민 의료기관 및 탁아소 제정 확립(8조·9조·10조는 후에 첨가) 등이었다.[139]

---

136) 「부산연합토론성황」, 『동아일보』 1922. 4. 25.
137) 남화숙(1989), 「1920년대 여성운동에서의 협동전선론과 근우회」, 서울대학교석사학위논문, 38-41쪽. 한국여성연구회(편)(1992), 『한국여성사』, 풀빛, 149쪽.
138) 원래의 강령은 一. 조선여자의 공고한 단결을 도모함, 一. 조선여자의 지위향상을 도모함이었는데 이는 1929년 전국대회에서 수정된 강령이다.
139) 남화숙(1989), 앞의 논문, 43-44쪽 : 김준엽·김창순(1972), 앞의 책, 90-91쪽. 근우회 창립시의 행동강령은 7개 조항이었다. 8·9·10조항과 각 조항마다 후에 첨가하였다는 것은 1929년 전국대회에서의 수정된 행동강령이다.

근우회는 회장체제가 아니고 중앙집행위원회 제도였다. 제1기의 중앙집행위원 21인은 재경활동가로 채워졌으며 민족·사회 양 진영이 균형을 이루었는데, 지방에 지회들이 속속 설립되고 그 대의원들에 의해 전국대회가 치루어진 1928년부터는 사정이 달라지게 되었다. 지회 출신이 대거 참여하게 되고 사회주의 진영이 압도하게 된다.140) 당시 지회는 대략 64개 지역에 설립되었는데 사회주의계가 조직한 곳 60%, 사회·민족 양 진영이 협동하여 조직한 곳 19%, 민족주의계 조직 21%로 구분해 볼 수 있으며,141) 이는 지회가 사회주의계열에 의해 주도되었음을 말한다.

동래지회는 1928년 5월 10일에 결성되었으며 사회주의계가 결성한 지회였다. 당시 동래에는 1921년 5월에 결성되어 활동하여온 동래여자청년회가 활동하고 있었는데 1928년 4월 20일 제 7회 정기총회에서 여자청년회를 해체하고 근우회 지회를 설치하기로 결의함에 따라 지회가 조직되었다. 이때 여자청년회에서는 "동회의 강령과 목적이 근우회와 같은 이상 따로 한 단체를 만들어 둘 필요가 없음으로" 여자청년회를 해체한다고 하였다. 이는 당시의 근우회의 조직원칙을 충실히 이행한 대표적 사례로, 연령상 청년에 속하는 회원은 동래청년동맹(1928년 2월 26일 창립)에 입맹키로 결정하였다. 근우회 지회 설치 준비위원으로 권복해·김수선·金桂年·송말순·이가우·구필순·장갑수·이영희 등을 선출하였다. 이러한 결성과정에서 당시 여자해방운동 촉진을 목표로 1926년 1월 2일에 결성되어 활동하고 있었던 赤洸會의 간부였던 金水先·朴小守 등도 근우회 지회에 참여하였다.142)

---

140) 제2대 중앙집행위원에는 사회주의계열이 늘어나서 23인 중 18인(78%)이 사회주의계열이었고, 중앙집행위원(23명) 중 지회(12명)가 차지하는 비율이 52%로 지회의 진출이 괄목할 만 하였다. 이 같은 좌파집행부의 구성은 기독교계 명망가들의 반발을 불러 일으켰다. 한국여성연구회(1992), 앞의 책, 159쪽 : 남화숙(1989), 앞의 논문, 76-78쪽.
141) 남화숙(1989), 앞의 논문, 102-103쪽.

동래지회의 핵심적 인물로는 박차정, 김수선, 권복해, 김계년, 이가우 등 지회 설치위원들이었다.

특히 일신여학교출신인 박차정은 동래지회를 끌어 나갔을 뿐만 아니라 중앙에 진출하여 활동하였다.[143] 박차정이 근우회의 중앙집행위원에 선출되고 중앙회에서 본격활동을 한 것은 제2회 전국대회가 열렸던 1929년 7월부터였다. 이 대회의 중앙집행위원 선거에서는 지회의 세력에 따라 집행위원을 배분하였는데 각 도별로 대의원들이 모여 전형위원 1인씩을 선출하고 (지회가 많은 경남·함남은 각 2인) 그들이 집행위원을 정하는 방식을 택하기로 하였다. 이 때 박차정은 경남의 전형위원으로 선출되었고, 전형위원들에 의해 선출된 33인 중앙집행위원으로, 또한 33인 중에서 선정된 14인 상무집행위원으로 선출되었다. 즉 박차정은 중앙집행위원, 상무위원으로 선출되어 이제 근우회의 핵심멤버로서 활동하게 되었다. 담당했던 업무는 선전조직과 출판부문이었다.[144] 제2회 전국대회 때 김계년이 함께 대의원으로 참가하였으며, 김수선은 중앙집행위원 후보위원으로 선출되었다.

박차정이 주도하고 있었던 동래지회의 활동을 보면, 창립초기에는 부인상회를 설치하여 재정확보를 시도하였고[145] 1928년 6월 10일에는 동래의 영보단에서 회원모집 및 친목과 단체훈련을 목적으로 원유회를 가졌는데 100명가량이 참석하였다.[146] 조직이 어느 정도 안정된 후 7월 14일 기장분회를 설치하고,[147] 이를 통해 노동야학을 운영하였다. 기장분회

---

142) 『동아일보』 1926. 12. 27, 1928. 4. 26 : 『조선일보』 1928. 4. 24.
143) 박차정의 근우회활동에 대하여는 이송희(1996), 「朴次貞 여사의 삶과 투쟁」, 『지역과 역사』1, 81–85쪽 참조.
144) 이송희, 앞의 글, 79–81쪽 : 김준엽·김창순(1972), 앞의 책, 제3권, 91–98쪽 : 경성지방검사국(1929), 『사상문제에 관한 조사서류』, 1929. 7–9, 245쪽.
145) 「근우동래지회설치준비」, 『조선일보』 1928. 4. 24. 『동아일보』 1928. 4. 26.
146) 『동아일보』 1928. 6. 13.

는 1929년 7월 지회로 승격하였다. 1929년 전국대회에서는 '동일노동에 대한 임금차별 철폐건'을 건의하였다. 1929년에는 사무실을 수색당하면서 모든 문서를 압수당하기도 하였다. 1931년의 정기대회에서는 해소는 당분간 보류하되 "금후로는 특히 노동여성운동세력의 강대책을 주방침으로 하자는 결의"를 하였다.148) 이처럼 동래지회는 당시 많은 지회 중 가장 확실한 이념을 갖고 운동을 전개하였던 지회로서 중앙회에서도 인정을 받았다.

5. 광주학생운동 지원

1929년 11월 3일 광주학생운동이 일어나자 전국 곳곳에서 학생들이 이에 동조하여 동맹휴학에 들어가는 등 그 분위기가 고조되었는데, 부산지역에서도 각 학교 학생들 사이에 유인물이 돌고 동맹휴교에 들어갔다.

설립된 지 몇 년 되지 않은 공립학교인 부산공립여고보에서도 학생운동에 대한 열기가 치솟고 분위기가 고조되었다. 드디어 1930년 1월 11일 여고보의 3학년 47명이 牧島의 이말전 학생 집에 모여서 그 중 8인이 중심이 되어 12조항의 진정서를 작성하여 학교당국에 제출하고 일제히 동맹휴교를 하기로 결의하였다.149) 그러나 이것은 어느 한 학생이 학부형에게 알려 학부형이 학교당국에 고발함으로써 수포로 돌아가고 말았다. 학교당국은 이 사건을 와해시키고, 형사진을 동원하여 삼엄한 가운데 주모자 색출에 혈안이 되었다. 그 결과 조동수·조상달 등 2명의 학생이 퇴학을 당하였고, 강달순·박재선·김복념 등 3명의 학생이 무기정학처분

---

147) 『동아일보』 1928. 7. 18.
148) 『조선일보』 1929. 10. 27 : 『동아일보』 1931. 5. 6.
149) 「부산 여고보 거사전 발각, 조회시간 일어나랴다 발각 12개조의 결의문」, 『동아일보』 1930. 1. 17.

(1년 등교정지)을 받았다. 그리고 5·6명의 학생은 일주일 등교정지를 받았다.150)

부산공립여고보에서 광주학생운동을 지원하고 그 뜻을 따라 동맹휴교에 들어가려고 결정했던 것은 그나마 공립학교의 교육이 시작된 지 얼마 되지 않은 상황이었기에 가능하였던 것이 아닌가 생각된다.

V. 맺음말

본고에서는 현재의 여성교육의 올바른 방향정립을 위해 근대 이래의 여성교육의 구체적 실상을 고찰해보고자 일 시도로서, 특히 민족문제와 성의 문제를 동시에 담고 있으며 그 왜곡이 가장 심하게 이루어졌던 일제강점기의 여성교육을 살펴보았다. 더욱이 본고에서 부산지역의 문제만을 한정하여 살펴본 것은 무엇보다도 지역차원에서 아직 밝혀지지 않은 점들을 고찰하여 본다는 지역여성사 연구에 그 목적이 있으며, 또한 일제강점기 여성교육의 전체적 상을 좀 더 분명히 밝히기 위해서는 많은 지역의 사례연구가 있어야 하겠다는 생각에서였다.

본고에서는 먼저 여성교육의 실상을 밝히기 위해 여성교육론과 교육정책을 정리해 보았다.

개화기 이래의 여성교육론의 전개는 단계 단계마다의 특성을 갖고 민족문제와 여성문제를 동시에 풀어나가는 실마리로서의 역할을 하고자 하였다. 그리하여 많은 한계가 있는 것이었지만 여성교육이 전개될 수 있는 이론적 기반을 마련해 주었다. 그러나 일제강점기에 이 이론들은 현실 속에서 그대로 받아들여질 수 없었다. 오히려 여성교육론은 제도권의 교육이 아닌 여학생들의 생활이나 이념, 또한 여성민족운동에 이론적 틀이 되었다.

---

150) 경남여고 (1957), 『경여고 30년지』, 59-61쪽.

여성교육정책은 1895년 8월에 소학교규칙이 발표되면서 비롯되었으며, 1908년에는 고등여학교령이 발표되었다. 1911년 조선교육령으로 여자고등보통교육에 관한 조항이 마련되었는데, 이는 여성교육을 식민여성, 부덕을 갖춘 여성을 길러내는 것으로 규정하였다.

3·1운동 이후에는 이 내용이 약간 완화되어 여성의 상급학교로의 진학이 어느 정도 가능하여졌다. 1938년 개정교육령으로 명칭이 고등여학교로 바뀌었으나, 교과내용은 황국신민·황국여성을 양성하는 것으로 개정되었다. 조선어가 폐지되고 전쟁과 관련한 과목들이 개설되었다. 바로 이러한 교육정책이 우리 여성교육의 내용을 좌우하게 되었다.

여성교육론은 내면에서 드러나지 않게 또는 제도권 밖의 교육에서 그 기반이 되었으나, 제도권교육에서는 교육의 내용이 철저하게 교육정책에 의하여 좌우되었다.

일제하 부산에는 여성고등교육기관으로 사립 일신여학교와 부산공립여자고등보통학교가 있었다. 본고에서는 이 두 학교의 설립과 목표를 살펴보고, 운영 교과과정 등을 통하여 교육의 내용을 분석하여 봄으로써 당시의 여성교육이 지향한 바를 고찰하여 보았다. 이 두 학교는 1895년에 설립된 기독교 사립학교라는 점과 일제강점기에 설립된 공립학교라는 점에서 상당한 대조를 이루고 있음을 볼 수 있다.

일신여학교는 교역자와 교사양성을 목적으로 호주 장로교선교사들이 설립하여 종교학교와 사립학교의 특성을 갖고 교육을 할 수 있었다. 그리하여 1908년 사립학교령에서도 비켜갈 수 있었다. 그러나 1915년의 사립학교령의 개정으로 종교학교이지만 일정한 타격을 받게 되고, 1938년 교육령개정과 신사참배와 관련하여 1940년 재단이 호주선교회에서 일반재단인 구산학원으로 넘겨진다.

이 기간 동안에 때로는 일제의 관여로 교육이 일정하게 파행을 걷기도 하였고, 교과내용에 있어서도 교육령에서 규정한 과목들을 중심으로 교육을 하기도 하였지만, 원래의 교육 목표는 거의 변함이 없이 지속되었다. 그리하여 일신여학교는 부산지역 여성민족운동의 온상지로서의 역할을 하게 되었다. 비밀단체인 송죽회의 거점이 되었으며, 부산지역의 3·1 운동이 전개될 수 있는 기폭제의 역할을 하였고, 대한민국 애국부인회와 같은 비밀결사단체와 연계를 갖고 활동하였다. 또한 1920년대 초반에는 졸업생들이 부산여자청년회를 결성하고 그 활동을 주도함으로써 부산지역 부르주아 여성운동의 근거지가 되었다. 그리고 1927년 근우회가 결성되고 동래에 지부가 결성되는데 재학생 박차정이 주도적 역할을 하였고, 박차정은 1929년 졸업 후 근우회의 중앙위원으로 전국적 인사로도 활약하였다.

그러나 결국 올바른 교육을 시키고자 하였던 교육기관은 와해되었다. 구산학원으로 넘어가면서 일신여학교는 동래고등여학교로 명칭이 변경되고 교육의 내용 역시 일제의 요구대로 따르게 된다.

부산공립여자고등보통학교의 설립경위는 지역의 유지들이 나서면서 가능하였다. 특히 당시는 일제의 문화정치 아래서 민족주의자들이 좌파와 우파로 나뉘어지고 있었는데 여고보의 설립에는 좌파와 우파가 망라하여 참여할 정도로 지역민의 의지의 소산이었다.

그러나 공립학교이다 보니 학교의 교육이 황국신민을 육성하고 황국여성을 양성하는 일변도의 교육으로 진행될 수밖에 없었다. 총독부의 인정학교였기 때문에 경남지역의 우수한 여성들이 경쟁적으로 몰려들고 있긴 하였으나 교육의 내용은 이러한 여성들의 자기발전이나 자기개발과는 관련 없는 부덕과 황국신민으로서의 자질을 키우는 교육에 머물렀다. 실제로 상급학교의 진학을 권장하지도 않았고, 하더라도 사범학교 정도에 불과하였다. 일제는 공립학교 교육을 통하여 우수한 여성들을 일제의 정책에 순응하는 여성으로 바꾸어 가고 있었다. 그리고 실제 이 교육은 많은 성과를 거두었다. 일신여학교와는 대조적으로 공립여고보의 출신들의 경우 여성민족운동에의 참여를 찾아보기가 힘들다. 학교가 설립된 지 몇 년 되지 않았던 1930년 1월 광주학생운동을 지지하는 동맹휴교를 준비하였는데, 그 이후에는 그러한 활동을 찾아볼 수가 없다. 물론 체재 내의 개인적 차원에서의 능력발휘는 뒤지지 않았을 것이다. 일제의 철저한 교육정책이 주효하였음을 알 수 있다. 우수한 인력이라고 하더라도 어떻게 교육시키느냐에 따라서 결과는 전혀 다르게 나올 수 있는 것이다.

이렇게 일제하 여성교육은 일제의 정책에 따라서 사립학교로서의 특성을 지키고자 하는 학교는 와해될 수밖에 없었고, 공립학교는 일제의 정책에 따라 부덕을 강조하는 교육과 황국신민을 키우는 교육으로 일관되게 나가고 있었다.

이러한 일제강점기의 여성교육의 내용은 여성 자신들에게 또한 여성교육 담당자들에게 부지불식간에 전해져, 해방 이후 많은 내용들이 극복되었음에도 불구하고 또한 많은 것들이 계승·지속되고 있음을 볼 수 있다. 그리고 그러한 문제점들에 의해 지금의 여성교육이 새로운 틀을 갖고서 여전히 여성들에게 여성성을 강조하고 신현모양처의 길을 걷도록 강요하고 있다.

(『부산여대사학』 13·14집, 부산여대사학회, 1996년 12월)

참고문헌

사료

『개벽』 4호.
『가정잡지』 제4호.
『동아일보』 1920, 1921, 1922, 1924, 1925, 1926, 1927, 1928, 1929, 1930, 1933, 1934, 1935, 1936, 1939, 1940.
『기호흥학회월보』 제6호(1909).
『대동보』 제3호(1907).
『대한자강회월보』 제1호(1906).
『대한매일신보』 1908, 1909.
『대한일보』 1906.
『大韓興學報』 제5호(1909).
『독립신문』 1896, 1898.
『만세보』 1906.
『부산일보』 1981.
『서북학회월보』 15호(1909).
『신여성』 제3권 1호(1925.1), 4권 2호(1926.2).
『여자지남』 제1권(1908).
『제국신문』 1906.
『조선일보』 1920, 1921, 1923, 1924, 1926, 1927, 1928, 1929.
『중외일보』 1924.
『한성순보』 1884.
『湖南學報』 제1호.
『황성신문』 1908.
『현대평론』 창간호(1927.2).
『태극학보』 제1호, 제2호, 제16호.

단행본

강덕상(편)(1967), 『3·1운동편(현대사자료 조선)』(1), 국학자료원(영인).
『근대한국명논설집』, 『신동아』 1966년 1월 부록.
국사편찬위원회(1965), 『독립운동사』 제1권.
국사편찬위원회(1983), 『한국독립운동사』 2.
高橋濱吉(1927), 『朝鮮敎育史考』, 제국지방행정학회.
김정명(1967), 『朝鮮獨立運動』 1, 국학자료원(영인).
김의환(1967), 『부산교육사』.
경남여자고등학교(1957), 『경여고30년지』.
경남여자고등학교(1977), 『경남여자고등학교 50년지』.
경남여자고등학교(1987), 『경남여고60년사』.
경성지방검사국(1929), 『사상문제에 관한 조사서류』, 1929년 7월-9월.
동래학원(1975), 『80년지』.
동래학원(1995), 『동래학원 100년사』.
大野謙一(1936), 『朝鮮敎育問題管見』, 조선교육회.
대한예수교장로회 부산진교회(1991), 『부산진교회100년사』.
대한예수교장로회 초량교회(1994), 『초량교회100년사』.
송병기 (외)(편)(1971), 『구한국관보』, 『한말근대법령자료집』 VI, 국회도서관.
부산상고(1975), 『釜商 80年史』.
부산시사편찬위원회(1989), 『부산시사』 1.
부산직할시교육위원회(1987), 『釜山敎育史』.
박용옥(1984), 『한국근대 여성운동사 연구』, 정신문화연구원.
吳天錫(1975), 『韓國新敎育史』(상)(하), 光明出版社.
이만규(1949), 『조선교육사』(하) 신교육편, 서울신문사.
이화여자대학교(1971), 『이화 80년사』.

애국동지원호회(1956), 『한국독립운동사』.
유길준(1890), 『서유견문』.
조기준(1994), 『한국의 기업가사』, 박영사.
조선통감부(1911), 『施政年報』.
조선총독부(1922), 『施政年報』.
조선총독부(편)(1940), 『조선법령집람』.
한국여성연구회(편)(1992), 『한국여성사』, 풀빛.
최은희(1991), 『한국근대여성사』(상)(하), 추계최은희전집 1,4, 조선일보사.
한국여성사편찬위원회(1971), 「私立女學校一覽」, 『韓國女性史』附錄, 이화여자대학교.

학술논문 및 기타

권대웅(1993), 「1910년대 경상도지방의 독립운동단체 연구」, 영남대학교 박사학위논문.
김정희(1984), 「한말 일제하 여성운동 연구」, 효성여자대학교 대학원 석사학위논문.
남화숙(1989), 「1920년대 여성운동에서의 협동전선론과 근우회」, 서울대학교 석사학위논문.
노인화(1982), 「한말 개화자강파의 여성교육관」, 『한국학보』 27집, 일지사.
박혜란(1995), 「1920년대 여자청년단체의 조직과 활동」, 『한국근현대청년운동사』, 풀빛.
송병기 (외)(편)(1971), 『구한국관보』 1908년 9월 1일, 『한말근대법령자료집』 VI, 서울, 국회도서관.
안건호(1995), 「1920년대 전반기 청년운동의 전개」, 『한국근현대청년운동사』, 풀빛.
오미일(1995), 「1910-1920년대 부산지역 조선인 자본가층의 존재양상과 민족주의운동의 전개」,『항도부산』제12호.
오숙희(1998), 「한국 여성운동에 관한 연구」, 이화여자대학교 석사학위논문.
이귀원(1991), 「1920년대 전반기 부산지역 민족해방운동의 전개와 노동자계급의 항쟁」, 부산대학교 석사학위논문.
이송희(1994), 「1920년대 여성해방교육론에 관한 일고찰」,『부산여대사학』12집.
이송희(1994), 「1920년대 여성해방론에 관한 연구」,『부산사학』제25·26합집, 부산사학회.
이송희(1996), 「朴次貞 여사의 삶과 투쟁」,『지역과 역사』1.
이송희(1996), 「일제하 부산지역의 항일여성단체」,『부산지역 독립운동 학술세미나』, 광복회 부산 제주연합지부.
이옥진(1979), 「여성잡지를 통해 본 여권사상 - 1906년부터 1929년까지를 중심으로-」, 이화여자대학교 석사학위논문.
정세화(1972), 「한국근대 여성교육」,『한국여성사』II, 이화여자대학교.
최숙경(1983), 「한말 여성해방이론의 전개와 그 한계점」,『한국문화연구원논총』, 이화여자대학교.

■ 제2장
일제강점기 부산지역의
한국인과 일본인 여성교육

Ⅰ. 머리말

　일제강점기의 여성들은 식민지적 조건 하에서 자신들의 문제를 인식하고 분석하기 시작하였고 이를 바탕으로 여성운동·민족운동을 전개하였다. 이러한 배경에는 이미 1898년 「여권통문」으로 출발한 여성들의 교육에 대한 요구가 한 몫을 담당하였고, 이후 이어진 근대 여성교육이 그 기반이 되었다. 근대 여성교육을 출발점으로 여성들이 성장해 나갔다.
　때문에 그 동안 근대 여성교육에 관한 연구는 여성 연구의 기본이 되었고 많은 성과가 축적되었다. 하지만 여전히 다양한 연구가 부족한 편이고 더욱이 지역 여성교육 연구는 그다지 많지 않다.
　근대 이후 지역 여성교육은 큰 틀에서는 시대적 상황 속에서 같았지만, 지역의 특수성에 따라 그 양상은 다르게 나타날 수밖에 없었다.
　부산지역은 특히 특수한 부분이 있었다. 그것은 최초의 개항장으로서 일본인들이 가장 먼저 들어왔고 일제강점기 동안 많은 일본인들이 거주한 점이었다. 때문에 한편 부산은 그 문화가 일본 문화와 혼재되어 있었던 부분이 많았고, 또 한편 부산인들은 일본인들과의 직접적 접촉에서 차별 받는 경우도 많았다. 그리고 부산지역의 경우, 일본인 중등여학교가 전국에서 가장 먼저 설립될 정도로 일본인 여성교육의 선도지였다. 또한 일본인들이 많이 거주하였기에 일본 여성들의 교육 또한 한국 여성들의 삶에도 일정한 영향을 주었을 것으로 보인다.

따라서 일제강점기 부산지역 여성교육의 실상을 보기 위해서는 한국인 여성교육과 함께 일본인 여성교육을 살펴보지 않을 수 없다.

그러기 위해 본고에서는 먼저 일제강점기 여성교육정책의 변화를 중등교육과 초등교육으로 나누어 보려고 한다. 그리고 부산지역 중등교육과 초등교육의 현황을 한국인 교육과 일본인 교육을 통해 고찰하려 한다.

일제강점기 부산지역 여성교육에 관한 연구는 있었지만 한국인 여성교육과 일본인 여성 교육을 같이 고찰한 연구는 아직 발표된 바가 없었다.[1]

하지만 이 논문에서는 일본인 여성교육에 관한 구체적 자료들의 부족 등으로 여성교육의 내용을 철저히 분석하기는 어려울 것 같아 대표적 교육기관의 설립과 간략한 교육 내용의 소개 정도에 그치려 한다. 때문에 한국인 교육과 일본인 교육의 상호 연관성을 찾아내는 것 또한 어려울 것으로 예상되기에 차후 자료 발굴과 분석으로 이 부족한 부분을 보완해 나가려 한다.

---

1) 이송희(1996), 「日帝下 釜山地域의 女性敎育」, 『부산여대사학』 13·14 합집, 부산여자대학교 사학회, 45-100쪽. 부산지역 일본인 사회의 교육에 관하여 다음 논문이 있다. 이송희(2005), 「일제하 부산지역 일본인 사회의 교육(1)」, 『한일관계사학회』 23호, 203-250쪽. 이송희(2006), 「일제시기 부산지역 일본인의 초등교육」, 『지역과 역사』 19호, 163-202쪽.

II. 여성교육정책의 변화

1. 여성 중등교육 정책의 변화[2)]

1) 1911년 조선교육령과 여성교육

조선총독부는 1911년 8월 제1차 조선교육령을 발표하였는데,[3)] 이는 종래의 것을 계승하면서 일정하게 변화를 시도한 것으로 한국인에 한정한 것이었다. 일본인의 학제는 1910년의 통감부령에 이어 1912년 따로 정하여 복선형의 교육제도를 실시한 것이다.

한국인의 경우 보통교육, 실업교육, 전문교육으로 나누어, 보통교육은 보통학교(4년), 고등보통학교(남학생, 4년), 여자고등보통학교(여학생, 3년) 등의 과정을 두었다.

이 교육령에서 여자고등보통학교는 '여자에게 고등한 보통교육을 하는 곳으로 부덕을 기르고 국민된 성격을 도야하며 그 생활에 유용한 지식과 기능을 가르친다'고 그 목적을 명시했다. 수업연한은 3년으로 하고, 입학자격은 12세 이상으로 '수업연한 4년의 보통학교를 졸업한 자 또는 이와 동등 이상의 학력을 가진 자'로 하였다. 1학급의 정원은 약 50명으로, 교과목은 수신, 국어, 조선어 및 한문, 역사, 지리, 산술, 이과, 가사, 습자, 도화, 재봉 및 수예, 음악, 체조 등 13개 과목이었다.

그리고 여자고등보통학교에는 기예과를 두어 나이 12세 이상의 여성에게 재봉 및 수예를 가르치도록 하였으며 수업 연한은 3년 이내로 하였다. 기예과의 교과목은 재봉 수예와 본과의 교과목 중 적당하게 정하도록

---

2) 이송희(2005), 「한말 일제하 여성교육론과 여성교육정책론」, 『여성연구논집』 16집 참조.
3) 조선총독부(1935), 『시정 25년사』, 168쪽. 사내총독은 식민지 교육의 근본을 "조선은 아직 내지와 사정이 다르다. 그러므로 교육은 특히 그 힘을 덕성의 함양과 국어(일어)의 보급에 힘써 제국민으로서의 자질과 품성을 구비하여야 한다."고 하였다.

하였다. 관립 고등보통학교에는 사범과(1년)나 교원 속성과(1년 이내)를 두어 보통학교의 교원이 되려는 자에게 필요한 교육을 할 수 있게 하였는데, 사범과에 입학할 수 있는 자는 여자고등보통학교를 졸업한 자로 규정하였다.

여자고등보통학교 교과과정에서 가장 두드러진 것은 <표-1>에서 볼 수 있듯이 조선어 및 한문이 일주일에 2시간인 반면 일본어가 '국어'로서 6시간씩 배정되었던 점이다. 그리고 재봉 및 수예가 필수과목으로 3개 학년에 걸쳐 주당 10시간이 배정되었다. 이는 일제가 조선인 여성교육의 목적을 부덕과 실용성에 두었음을 말해 준다.

<표-1> 여자고등보통학교 교과과정 및 매주교수시수표

(1911년 19월 제정)

교과목\학년시수과정	제1학년 시수	제1학년 과정	제2학년 시수	제2학년 과정	제3학년 시수	제3학년 과정
수신	1	수신의 요지	1	수신의 요지	1	수신의 요지
국어 (일본어)	6	읽기, 해석, 회화, 쓰기, 작문	6	읽기, 해석, 회화, 쓰기, 작문	6	읽기, 해석, 회화, 쓰기, 작문
조선어 및 한문	2	읽기, 해석, 회화, 쓰기, 작문	2	읽기, 해석, 회화, 쓰기, 작문	2	읽기, 해석, 회화, 쓰기, 작문
역사	2	일본역사	1	일본역사		
지리		일본지리			1	일본에 관계 있는 외국지리
산술	2	정수, 소수	2	재등수, 분수, 주산	2	비례, 부합산 구적, 주산

이과	2	식물	4	동물, 인신, 생리 및 위생		물리 및 화학 (광물 포함)
가사				의식주, 양로		
습자	2	해서, 행서	1	해서, 행서		
도화	1	자재화	1	자재화	1	자재화
재봉 및 수예	10	운침법, 보통의류 의재봉 재단수선 편물 조화 자수	10	운침법, 보통의류 의재봉 재단수선 편물 조화 자수	10	1, 2학년 과정외에 재봉기계 사용법 조사, 염직
음악	3	단음 창가	3	단음 창가, 학기 사용법	10	단음 창가, 복음, 창가
체조		유희, 교련		유희, 교련		유희, 교련
계	31		31		33	

출전 : 부산직할시 교육위원회(1987), 『부산교육사』, 116쪽.

    그리고 1911년 사립학교령을 개정한 사립학교 규칙을 공포하였으며,4) 1915년 3월에는 이를 대폭 개정하여 종교학교 등에 관한 규정을 새롭게 하였다. 여성교육기관들은 사립학교나 종교학교가 많았기 때문에 이 법령에 따라 교육이 행하여졌다. 이 규칙은 모든 사립학교에 적용되었고 각급의 사립학교들은 규정된 교과과정을 따라야만했다.5) 그리하여 기독교학교에서조차도 성경을 가르칠 수 없었다. 단 이미 인가한 학교는 10년의 유예기간을 주었다.

---

4) 사립학교 규칙의 핵심은, 사립학교 설립은 조선 총독의 인가를 받아야 하고 인가없는 사립학교의 경영은 절대 금한다. 사립학교의 교과과정은 보통학교 여자고등보통학교 고등보통학교의 규칙에 규정된 것에 준하며 그 밖의 교과목은 일체 부과할 수 없다. 교과용도서는 당국에서 편찬한 것이나 또한 검정을 받은 것에 한한다. 사립학교교원은 일어에 통달하여여야 한다.
5) 高橋濱吉(1927), 『朝鮮教育史考』, 423-426쪽.

2) 1922년 조선교육령과 여성교육

조선총독부는 1922년 조선 신교육령을 공포하였는데, 이는 일본의 교육령에 준한 것이었다. 이 신교육령에서 총독부는 '일본교육의 제도주의를 조선으로 연장하겠다'고 주장하고 조선에 있는 국민은 일본인이건 한국인이건 모두 동일의 교육을 시키겠다는 것을 내세웠다.[6]

먼저 학교의 명칭을 일본어를 상용하는 학교와 상용하지 않는 학교로 나누어 다르게 칭하였다. 즉 일본어를 상용하는 학교는 소학교, 중학교, 고등여학교로, 그렇지 않은 학교는 보통학교, 고등보통학교, 여자고등보통학교라고 칭하였다.(제2조, 제3조)

그리고 여자고등보통학교의 경우, 종래 관립 또는 사립으로만 설립하도록 하였던 것을 도지방비 혹은 학교비로도 설립할 수 있게 하였다. 수업연한이 3년에서 4년으로 연장되었고(고등보통학교는 5년), 입학자격은 수업연한 6년의 보통학교 졸업정도로 정하였다.

교과목의 경우 조선어를 필수로 하고 한문은 선택과로 하였으며, 역사 및 지리 과목은 조선에 관한 사항을 상세히 가르치도록 하였다. 그리고 사범교육의 경우 종래의 1년의 사범과제를 폐지하고 사범학교를 독립기관으로 설립하도록 하였는데, 여자사범학교는 5년제로 보통과 4년, 연습과 1년 과정이었다.[7] 이로써 교육연한이 과거의 11년 내지 12년이던 것이 11년에서 16년 내지 17년으로 연장되었으며 일본의 학제와 비슷한 학제가 되었다.

---

[6] 조선총독부 학무국(1926), 『조선교육요람』, 21쪽.
[7] 조선총독부(1922), 『施政年報』, 160-162쪽 : 이만규(1949), 『조선교육사』(하), 270-71쪽 : 오천석(1975), 『한국신교육사』(상), 255-256쪽 : 高橋濱吉(1927), 앞의 책, 482-83쪽. 남자 사범학교는 6년제였다.

3) 1938년, 1943년 교육령과 여성교육

조선총독부는 황국신민화를 보다 철저하게 추진하려는 의도에서 제3차 조선교육령을 1938년 발표했다.[8] 이 교육령에서는 한국인 학교의 명칭과 일본인 학교의 명칭을 동일하게 하여 종래의 보통학교를 심상소학교로, 고등보통학교를 중학교로, 여자고등보통학교를 고등여학교로 바꾸도록 하였다.[9] 이제야 학교 명칭에서 '차별'이 없어졌다.

여성고등교육도 이에 따라 몇 가지 변화가 있었다. 여자고등보통학교의 명칭을 고등여학교로 칭하기로 하고(제1장 2조), 수업연한은 5년 또는 4년으로 하되 사정에 따라 3년으로 할 수 있다고 하였다. 그리고 조선어 과목 이외 교과의 교수요지, 교과목, 교과과정 등은 한국·일본 양국인의 것을 같이 하기로 하였다. 또한 교과서는 총독부나 문부성 검정의 것을 총독부의 인가를 받아 사용하는 것을 원칙으로 하되, 한국의 특수한 실정에 따라 총독부 편찬의 교과서를 사용하도록 하였다.[10]

이 개정안의 목표와 내용은 황국신민화의 적극 추진이었다. 무엇보다 조선어를 필수에서 선택과목으로 바꾼 것은 교과과정에서 퇴출시키기 위한 출발점이었다. 이 때 일제가 길러내고자 한 여성은 황국신민, 황국여성이었고 부덕을 함양한 '양처현모'였다.

그리고 조선총독부는 교육체제를 전쟁 수행을 위한 군사목적에 맞게 개편하기 위하여 1943년 제4차 조선교육령을 발표하였다.[11]

---

8) 조선총독부 학무국(1938),『조선에 있어서 교육혁신의 전모』, 23-24쪽 :『부산일보』, 1938. 3. 4, 3. 6. 6일자 신문에 조선교육개정령 칙령 제103호의 전문이 실렸다.
9) 일제는 명목상 '현재의 차별을 철폐하고 내선인 교육을 통일, 전부 소학교 중학교 여학교로 개칭한다'고 밝혔다.『부산일보』1937. 12. 11.
10) 조선총독부(편)(1940),『조선법령집람』, 32-38쪽.
11) 손인수(1975),『한국근대교육사』, 293-295. 일제는 이미 1937년부터 조선 내 각 학교에서 교련사열과 검열을 시작하였다. 부산중학과 동래고보에서 교련검열이

2. 여성 초등교육정책의 변화

1) 제1차 교육령

한국인의 초등교육을 담당하는 보통학교 교육은 이미 1906년 통감부에 의해 내려진 보통학교령으로 시작되었다. 그리고 1911년의 제1차 조선교육령에 따른 보통교육령으로 그 내용이 구체화되었다. 당시 보통학교의 교과과정을 보면 다음 <표-2>와 같다.[12] 여기에서 주목되는 것은 일본인 소학교와 구분하여 수업연한이 4년이었다는 것이고, 교과과정에서 일본어가 국어로 한문이 조선어로 바뀌었다는 점이다.

<표-2> 보통학교 교육과정과 매주 교수시간 수

과목 학년	수신	국어	조선어 및 한문	산술	이과	창가 체조	도화	수공	재봉공예	농업초보	상업초보	계
1	1	10	6	6	·	3	·	·	·	·	·	26
2	1	10	6	6	·	3	·	·	·	·	·	26
3	1	10	5	6	2	3	·	·	·	·	·	27
4	1	10	5	6	2	3	·	·	·	·	·	27

출전 : 손인수, 『한국근대교육사』, 51쪽.

이 시기 일제는 특히 초등교육에 역점을 두어, 보통학교 교육을 통해 한국인 아동들이 일본제국의 신민으로서의 자질과 성격을 기르고 일본어

있었고, 중학교 이상의 학교에 배속장교가 결원 될 시에는 조속히 보충토록 하였다. 『부산일보』 1937. 12. 5. 12. 6, 12. 11.
12) 이송희(2006), 「일제하 부산지역 일본인 사회의 교육(1)」, 『한일관계사연구』 23호, 221쪽.

를 습득하도록 하였다. 또한 한국인의 노동력을 착취하기 위한 저급의 실업교육을 장려하였고, 이른바 '시세'와 '민도'에 맞는 교육을 통하여 한국인을 우민화하고자 하였다.13)

그리고 공립보통학교의 비용은 1911년 10월 공립보통학교 비용령으로 정하였으며, 1912년부터 10원 정도의 수업료를 징수하기 시작하였다.14)

2) 일본인 소학교 교육과 유사한 교육 지향 - 제2차 교육령

1922년 제2차 조선교육령15)으로 보통학교 교육에도 일정한 변화가 일어났다. 보통학교의 수업기간을 6년으로 연장하고, 입학연령은 6세 이상으로 하였으며, 또한 수업기간 6년의 보통학교에 2년의 고등과를 둘 수 있다고 하였다. 교과과정은 일본어 수업을 많이 배정하고, 조선어 수업시간을 많이 줄였다. 그리고 5학년과 6학년의 경우 일본의 역사와 지리를 각 2시간씩 배정하였다. 또한 실업교육을 강화하도록 하였으며, 보통학교 졸업생 지도제를 마련하여 졸업생들을 체계적으로 지도하여 일제에 충실한 농촌 중견청년을 양성하려 하였다.16)

2차 교육령은 보통학교의 수업연한과 교육의 내용을 일본인 소학교와 거의 유사한 내용으로 바꾸었다.17) 그러나 재원의 경우 일본인 교육은 학

---

13) 손인수(1975), 『한국근대교육사』, 101-104쪽 : 고교빈길(1927), 『조선교육사고』, 355-358쪽.
14) 한우희(1998), 「식민지 전기의 보통교육」, 『근대 한국 초등교육연구』, 교육과학사, 72-73쪽.
15) 조선총독부(1935), 『시정25년사』, 478-479쪽.
16) 김영우(1999), 『한국초등교육사』, 한국교육사학회, 191-195쪽. 졸업생지도제도는 1927년 경기도가 처음 계획하여 도내 10개 보통학교에서 졸업생 110명을 지도한 것에서 비롯되었다.
17) 세계교육사연구회, 『일본 교육사』2, 147쪽. 조선어를 제외하면 거의 일본인 교과과정과 유사하였다.

교조합으로 조선인교육은 학교비로 충당하도록 하였다. 1931년에 가서 지방제도를 개정함에 따라 학교조합과 학교비와 지방행정단위를 통합하였다. 그러나 이후에도 조선인 교육은 제2특별경제가, 일본인 교육은 제1특별경제가 각각 담당하도록 하였다.18)

3) 제3차, 제4차 조선교육령

1938년 제3차 조선교육령의 소학교 규정은 한국인과 일본인의 초등교육을 '소학교' 라는 같은 명칭 안에서 이루어지도록 하였다. 즉 종래의 보통학교를 심상소학교로 하였다. 교과목은 수신, 국어, 산술, 국사, 지리, 이과, 직업, 도화, 수공, 창가, 체조 등으로 하였고 여학생들을 위해 가사, 재봉을 첨가할 수 있도록 하였다. 단 조선어는 선택과목으로 하였다. 이 때부터 일제는 각 학교에 조선어 사용을 금하고 일본어 사용을 강행하였다.19)

제3차 교육령으로 조선내의 일본인은 형식상 한국인과 같은 교육을 받게 되었다. 그러나 여전히 소학교·중등학교 등의 일본인 학교와 조선인 학교는 분리 운영되었다. 다만 보습학교나 일본인이 운영하는 각종 학교의 경우는 한국인이 다니는 경우가 늘어갔다.20)

1941년에 이르러 조선총독부는 국민학교령21)을 제정하여 소학교를 국민학교로 그 명칭을 변경하였다. 국민학교는 "황국의 도에 즉하여 초등보통교육을 실시함으로써 국민의 기초적 연성을 위함"을 목적으로 하였다.

---

18) 조선총독부 학무국 학무과(1939), 『조선 교육의 개관』, 19-20쪽.
19) 함종규(2004), 『한국교육과정변천사 연구』, 교육과학사, 154쪽.
20) 이송희(2006), 앞의 글, 180쪽.
21) 조선총독부, 『관보』, 1941. 3. 31. 국민학교의 명칭은 초등보통교육을 통한 황국신민의 양성이라는 측면에서 붙여진 이름으로 추측된다. 조연순(1995), 「초등교육」, 『한국근현대교육사』, 정신문화연구원, 104쪽.

그리고 학생들로 하여금 황국신민이라는 자각을 하도록 하였다.

또한 국민학교의 제도 개편을 단행하였다. 먼저 국민학교 내에 초등과, 고등과, 특수과를 두었다. 초등과는 6년제로 입학 자격은 6세 이상이었고, 고등과는 초등과 졸업자를 교육시켰으며, 특수과는 고등과 졸업자를 대상으로 직업교육과 그 외 당시 상황에 맞는 사항을 교육시켰다.22)

III. 여성중등교육

1. 한국인 여성중등교육의 현황

1) 공립학교 - 부산공립여자고등보통학교

(1) 학교의 설립

1919년 3·1운동 이후 일제가 문화정치를 시행하면서 교육에서도 완화정책을 썼다. 앞서 보았듯이 1922년의 교육령은 여자고등보통학교의 경우, 종래 관립 또는 사립으로만 설립토록 한 것을 道地方費 혹은 學校費로도 설립할 수 있게 하였다.23) 더욱이 1920년대에 들어서 민족운동의 부문운동의 활성화로 여성운동 지역운동이 활발해 지면서 각 지역에서의 여성교육에 대한 요구가 커져가고 있었다.

부산지역 역시 여성고등교육에 대한 요구가 지역 유지들을 중심으로 커졌다. 1926년 문상우가 몇 사람의 연명으로 내년도에 여성고등교육기관을 개교해 달라는 건의안을 도평의회에 제출하였다. 그리하여 1926년 2월 23일 부산 도립여자 고등보통학교 기성회가 창립되었다. 이는 특히

---

22) 藤井正昭(1998), 『식민지 시대 조선의 교육의 개요와 일본인 교사의 역할에 대한 연구서설』, 105-106쪽.
23) 이만규(1949), 앞의 책, 271쪽.

당시 경남도청이 부산으로 옮겨와 지리상으로 필요성이 있었기 때문이다. 또한 부산진 일신여학교가 동래로 이전한 것도 학교 설립의 요구로 이어졌다.

많은 어려움 끝에 1927년 4월 18일 부산도립여자고등보통학교가 설립되었다.24) 부산도립여고보는 부산 초량청년회관을 임시 교사로 우선 1학급으로 개교하였는데25) 지원자가 300명에 달하였다.

이 학교는 도립으로서 지방 유지들의 재원 확보와 추진으로 설립되었지만, 사립학교와는 달리 도립으로서 정부와도 긴밀한 연계를 갖고 있었다. 그래서 일본의 식민지화 교육의 표본이 될 수 있는 소지가 강했다. 그리고 이 학교는 사립보다 우수한 인재들이 모여들 수 있는 여러 가지 조건을 갖추고 있었기에 이제 막 시작한 여성교육을 잘못된 방향으로 빠트릴 수 있었다.

당시 학부모들의 욕심과 보통학교 교사들의 강력한 권유로 우수한 여성들이 공립여고보에 모여들기 시작하였다. 그리하여 우수한 여성들이 앞다투어 들어갔는데 실제 교육 내용은 일어 중심이었고 현모양처를 키우는데 목적이 있었다.

(2) 교육의 내용

부산공립여고보가 설립된 시기는 일제의 문화정치가 전개되고 있었던 시점으로, 교육이 유화적인 국면으로 흐르고 있었다. 그럼에도 부산공립여자고등보통학교의 교육방침은 일제의 식민교육정책에 철저히 맞춘 현모양처교육이었다. 공립여고보는 '善良 有爲한 國民'을 양성하는데 그 목

---

24) 「부산여고보 인가 18일부로」, 『조선일보』 1927. 4. 18.
25) 「4월에 개교될 부산여고보 벌써 지원자 쇄도」, 『조선일보』 1927. 3. 6. : 「부산에 신설될 여고보 개교는 4월 20일경이 될 듯, 생도모집은 래 15일부터」, 『조선일보』 1927. 3. 11.

표를 두고 순박, 품위, 근면 등을 교훈으로 삼았다. 그리고 무엇보다도 여성의 본분을 깨달아 늘 부덕을 닦고 인격완성에 힘쓰며 특히 온량, 정숙, 경애, 근검한 미풍을 기를 것을 강조하였다. 또한 가정에서 여성의 天分을 발휘함과 동시에 더욱 더 祖國의 발전에 힘쓰며, 세계 인류의 행복에 공헌할 것을 주장하였다.26) 즉 학생들을 지도자로서 양성하는 것을 지양하고, 가정주부로서 內鮮一體에 앞장 설 '國民'으로 기르고자 하였다. 당시 졸업생들은 자신들이 식민지교육과 현모양처 교육의 희생자였음을 강조했다.27)

개교 당시의 교육 내용을 보면 1922년 교육령의 여자고등학교 규칙에 따라 수업연한은 4년이었고, 교과목은 수신, 일어(강독, 작문 문법, 습자), 조선어, 외국어(영어), 역사, 지리, 수학, 이과, 도화, 가사, 재봉, 음악, 체조, 수예 등 16개 과목이었다. 단 가사는 3, 4학년에서만 개설하였다. 이러한 교과과정은 동래 일신여학교의 교과과정과 비교해 볼 때 총독부의 교육령을 철저히 따른 것으로 보인다.

인문계학교였음에도 불구하고 농업과 작법(일본 다도)에 많은 시간을 할애했다. 이는 인문계고로서 진학을 지도하고 지도자를 양성하기 보다는 식민교육의 목표 아래 실업교육을 강조하였던 것이다. 4학년이 되면 영어반과 수예반으로 나뉘지만 기껏 관립 경성사범에만 3-4명이 진학할 뿐 모두 가정으로 돌아갔으며 3학년 때부터 결혼하느라 몇 명은 중퇴하는 것이 예사였다고 한다.28) 실제로 공립학교의 일본인 교사들은 여고보

---

26) 경남여자고등학교(1977), 『경남여자고등학교 50년지』, 41쪽.
27) 김홍수(제7회 졸업생, 1957), 「학창 시절을 회상하면서」, 『경여고 30년지』, 169쪽. "그 때 우리가 배웠다는 교육은 한갓 일본 식민지 교육을 받았던가 생각합니다. 다시 말하면 우리들을 일본 황국신민의 어머니를 만들려고 교육을 시켰단 말입니다" 고 함.
28) 김달숙(제3회 졸업생, 1957)), 『경여고 30년지』, 101쪽.

를 졸업한 학생들이 고등교육을 받는 것을 한사코 금하였다. 겨우 허락하는 것이 교사가 될 사범학교의 강습과나 연습과 정도였고 일본유학도 여자고등사범 외에는 허락하지 않았다. 경성에 있는 이화전문에 입학하려고 하면 성적증명서 발급까지도 거부하는 경우가 많았다.[29]

1931년 만주침략을 시작으로 사실상 전쟁 상황에 돌입하게 되면서, 일제의 교육정책은 다시 경직되고 황국신민화를 더욱 강화하게 되었다. 영어 과목을 경시하여 1, 2학년이나 3학년까지만 가르쳤으며 1943년에 가서는 완전히 폐지하였다. 1932년부터는 공민과를 개설하여 상급학년에서 가르쳤으며, 수학을 산술, 대수, 기하로 나누어 대수, 기하는 상급학년에서 가르쳤다. 1935년 최종 학년에 '교육'과목이 개설되었다. 가장 충격적인 것은 1938년의 교육령으로 조선어를 폐지한 것이다.(<표-3>참조)

학생들은 교과 활동 외에 여러 활동에 참여하였다. 매년 10월에는 운동회가 3월에는 학예회가 개최되었다. 그리고 10월 또는 4월에는 2주간의 일정으로 수학여행이 실시되었다. 1930년부터 1943년까지 3년만 빼고 매년 수학여행을 떠났는데, 신궁, 신사 등의 견학을 목적으로 항상 일본으로 갔다.[30] 이는 황국신민을 만들고자한 때문이었다.

그리고 전시교육을 일상화하였다. 학생 열병 분열식을 자주 하였고 수업을 단축하고 농장 작업을 시켰으며 심지어는 수업을 전폐하면서까지 강요했다. 또한 勞動報國이라는 명목으로 노동봉사 작업에 학생들의 정력을 쏟아 넣도록 하였다.[31]

---

29) 이만규(1949), 앞의 책, 329쪽.
30) 방지선(2009), 「1920-1930년대 부산 지역 중등학교의 수학여행」, 『일제강점하 부산의 지역개발과 도시문화』, 357-362쪽.
31) 경남여고(1957), 『경여고 30년지』, 64-66쪽.

<표-3> 1938년 이후 부산항공립고등여학교 교과목 및 수업시수

교과목	1학년	2학년	3학년	4학년
공민	2	2	2	2
국어	7	7	6	5
역사·지리	3	3	3	3
수학	3	3	2	3
물리·화학·생물	3	3	4	4
가사	2	2	4	4
재봉	2	3	3	4
영어	4	4	4	4
체육	2	2	2	2
음악	2	2	2	2
습자	1	–	–	–
도화	1	–	1	–
수예	1	1	1	1
실업	–	–	1	1
계	33	32	35	35

출전: 경남여고(2007), 『경남여자고등학교 80년사』, 265쪽.

2) 사립학교 – 동래 일신여학교

(1) 일신여학교의 설립

부산지역의 근대 여성교육은 1895년 호주 선교사들이 설립한 일신여학교의 교육으로 시작되었다. 1891년 부산에 건너 온 호주 기독교장로회 선교부 여자전도사 맨지스와 페리는 세 명의 고아들을 집으로 데려 와 돌보며 가르쳤다. 그러다가 3년 교육과정의 소학교인 일신학교를 세웠는데 이것이 부산 경남지역 여성교육의 첫 출발이었다.

일신여학교는 사립이면서 종교학교였기 때문에 교육관련법에 크게 영향을 받지 않고 교역자와 교사 양성에 주력하고자 했다. 일신여학교는 당시의 기독교 여성교육기관들과 같이 남녀평등 사상을 전하며 여성들로 하여금 교육을 받도록 하였다. 이는 여성들이 전통을 박차고 나올 수 있는 계기를 마련하였다. 또한 여성들의 애국열을 불러일으키는 데에도 일조했다. 보통학교 시기의 교과목은 수신, 독서, 작문, 습자, 산술, 재봉, 체조 등과 성경과 같은 종교 관련 과목이었다.32)

(2) 부산진 일신여학교 고등과의 설립

일신여학교는 1909년 9월 8일에 가서 학부의 인가를 받아 3개년의 고등과를 설치하였다.33) 따라서 교육의 내용에서 고등여학교령의 세칙을 따라야만 하였다. 그러나 종교학교에 대한 탄압은 아직 없었기에 고등여학교령에 준하면서 종교학교의 특성을 유지하였던 것으로 보인다. 일신여학교 고등과의 교과목은 당시 이화학당과 같이 성경, 한문, 대수, 기하, 삼각, 천문학, 지문학, 심리학, 교육학, 물리, 화학, 영문학, 만국지지, 고등생리, 경제, 역사 등이었을 것으로 생각된다.34)

1913년 3월 31일, 일신여학교 고등과 제1회로 4명이 졸업하였다. 뒤이어 1914년에 2명, 1915년에 1명, 1916년에 3명, 1917년에 3명, 1918년에 2명, 1919년에 2명의 졸업생이 나왔다.35) 1916년에는 고등과가 4년 교육

---

32) 동래학원 100년사 편찬위원회(1995), 『동래학원 100년사』 참조. 이송희(1996), 앞의 논문, 149-160쪽.
33) 부산직할시교육위원회(1987), 『부산교육사』, 115쪽.
34) 정세화, 앞의 글, 315-316쪽. 이화학당의 경우는 교육의 내용이 상당히 전문적이고 영어와 성경을 가르치고 있는 것이 특징으로 보인다. 일신여학교 고등과의 경우도 같은 종교학교로서 대체로 이화학당과 유사한 교과과정으로 교육이 이루어졌을 것으로 생각된다.
35) 부산시사편찬위원회(1989), 『부산시사』 1, 908쪽.

과정으로 개편되었다. 부산진 일신여학교는 고등과를 개설하여 1925년 3월까지 12회 총 51명의 졸업생을 배출했다.

(3) 동래 일신여학교 시기

1919년 사립학교령의 일부 개정으로 사립학교에 대한 탄압이 다소 완화되면서 부산진 일신여학교는 새로운 발전을 위하여 교사의 이전을 계획하여 고등과만 1925년 동래군 동래면 복천동으로 이전하였다.36) 이 때 교명을 동래 일신여학교로 바꿨다. 1925년 12월에 총독의 인가를 받았는데, 재학생은 60명이었고 교직원은 6명이었으며 초대교장은 M.S. Davies (代瑪嘉禮)였다.

일신여학교의 학교편제는 1922년 2월 4일에 공포된 조선교육령, 여자고등보통학교규정, 또한 3월 공포된 사립학교규칙의 개정 등을 준거로 하여 고쳐졌다. 다음은 동래 일신여학교 편제 및 교과교수시수표로 규칙의 을호학교(4년제)를 기준으로 비교 대조한 것이다.(<표-4> 참조)

<표-4> 동래 일신여학교 편제 및 교과교수시수표(1925)

교과목 \ 학년 구분	제1학년 규칙	제1학년 동래	제2학년 규칙	제2학년 동래	제3학년 규칙	제3학년 동래	제4학년 규칙	제4학년 동래
수신	1	1	1	1	1	1	1	1
성경		3		3		3		3
국어(일어)	6	6	6	6	5	5	5	4
조선어	3	3	3	3	2	3	2	3
영어	3	3	3	3	3	3	3	3

36)「新裝한 日新女校」,『동아일보』1925. 6. 23. 1925년 6월 20일 낙성식을 거행하였다.

과목								
역사·지리	3	4	3	4	2	4	2	3
수학	2	4	2	4	3	4	3	3
이과	2	2	2	2	3	3	3	3
도화	1	1	1	1	1	1		
가사					2	1	4	3
재봉·수예	4	3	4	3	4	3	4	3
음악	2	2	2	2	1	1		
체조	3	2	3	2	3	2	3	2
교육								1
법제 경제								1
계	30	34	30	34	30	34	30	33
학생수	41		35		26		12	

출전 : 부산시 교육위원회(1987), 『부산교육사』, 122쪽.

 이 표를 보면 동래 일신여학교는 매주 교과교수시수를 정한 규칙대로 따르지 않고 가사, 체조, 재봉 시수를 줄인 반면 조선어, 역사, 지리, 수학 시간을 늘렸으며, 별도로 성경시간을 3시간 두었다. 주 총 시수를 30시간 보다 많은 34시간으로 정하였다.37) 가사, 재봉시수를 줄였다는 것은 당시 일제가 여성교육을 부덕에 강조하고 있었던 것에서 조금 벗어나 있는 것으로, 이는 기독교학교들이 여성의 자기발전이라는 측면에 강조점을 두고 있었던 점을 보여준다. 조선어 시간을 늘리고 역사, 지리시간에 배려를 한 것은 일신여학교가 초기부터 민족문제를 존중하였던 것과 같은 맥락이라고 하겠다. 부산지역의 여성 민족운동가들이 대부분 일신여학교 출신이었다는 것은 바로 일신여학교 교육이 민족중시정책을 기조로 했음을 보여준다.38)

---

37) 부산직할시 교육위원회(1987), 『부산교육사』, 122-123쪽.

졸업생 상황을 보면 1927년에는 12명이 졸업하였고, 1929년 4회에는 11명이 졸업했다. 1935년 졸업생 수가 23명에 이르는데, 상급학교 지망자가 5명, 기타 실무가 18명으로 보도되었다. 이 보도로 볼 때 당시 졸업생들의 진로를 정확히 알 수 없지만 상급학교로의 진학이 많지 않았던 것으로 보인다. 그러나 여성민족운동의 상황에서 알 수 있듯이 상당수의 여성들은 사회활동에 참여하였을 것이다. 특히 기독교 학교였기에 가정에 돌아가거나 결혼을 하여도 교역자로 활동하는 경우가 많았던 것으로 보인다.

1933년 봄에는 신교육령에 의한 지정학교로 승격이 되었다.[39] 1938년 교육령의 개정과 일제의 가중된 전시교육정책, 신사참배문제로 1939년 동래 일신여학교는 존폐의 위기에 놓이게 된다. 호주 선교회가 일제의 교육정책에 따를 수 없다며 교육사업에서 손을 떼고 학교를 폐교하겠다는 뜻을 내 놓았기 때문이다.[40] 여러 단계의 협의를 거쳐 동래 일신여학교는 동래지역 유지들이 중심이 된 새로운 재단으로 넘어가게 되었다.[41]

3) 각종학교 - 부산 공생여학교

한편 당시 부산에는 각종학교로 공생여학교가 있었다. 이 학교는 1931년 10월에 수정동에서 개교하였는데, 이의 실상을 말해주는 자료가 거의 없다. 그러나 설립시기가 1931년이었고 수정동에 설립된 것으로 보아 일신여학교가 1925년 동래지역으로 옮긴 이후 그 빈자리를 메워주는 역할을 했을 것으로 생각해 볼 수 있다.

---

38) 이송희(1996), 앞의 논문, 70-71쪽.
39) 「동래일신여교 지정 축하식 관민유지 200여명이 회합」, 『동아일보』 1933. 10. 20.
40) 동래학원 100년사 편찬위원회(1995), 앞의 책, 468쪽.
41) 이송희(1996), 앞의 논문, 74-76쪽.

『부산부세요람』에 몇 가지 자료가 나오고 있는데, 그 자료에 의거해 학교의 실상을 살펴보면, 1933년에는 4개 학급 192명의 학생이 교원 7명의 지도 아래 공부하였다. 1934년에는 9개 학급 303명이 14명의 교원의 지도를 받았다. 1936년에는 10학급 432명, 교원 20명 규모로 성장하였다.

이러한 통계로 볼 때 설립 시기는 늦지만 그 규모는 1936년 당시 동래일신여학교 (당시 6학급, 271명, 교원 8명)보다 더 컸음을 볼 수 있다. 교과의 내용은 살펴 볼 수 없지만, 아마 여성들을 위한 실용교육을 목적으로 하는 사립학교였을 것으로 추측된다.42)

2. 일본인 여성중등교육의 현황

1) 공립학교 - 부산공립고등여학교

(1) 일본인들, 부산 학교 교육의 시작

부산지역 일본인 교육은 1877년에 시작하여 정치적 상황과 맞물려 왔는데, 그 시작은 소학교 교육이었다. 부산 일본인 회의소는 학교 창립을 결의하고 회의소 내에 방 하나로 학교를 운영하였다. 이것이 한국 내 일본인 학교 교육의 시작이었다.43) 이 교육은 일본의 1872년 학제를 따른 것으로 심상소학을 중심으로 한 것이었다.

이 학교는 1888년 부산공립학교로 개명하였는데 일본의 소학교령(1886)에 근거하여 심상과와 고등과의 수업연한을 각 4년으로 하고 경비는 일반 거류민의 부담으로 하였다.

당시 한국 내의 일본인 교육기관으로는 부산 이외에 원산(1882), 인천

---

42) 홍순권(편)(2005), 『일제시기 재부산일본인사회 사회단체 조사보고』, 558-559쪽.
43) 부산부 부산교육회(1927), 『부산 교육 50년사』, 2쪽. 이 학교는 13명의 학생으로 출발하였고, 독서·산술·습자 등을 가르쳤다.

(1885), 경성(1889) 등에 각 1개의 학교가 있었다. 이 학교들은 일본의 소학교 교육을 모방한 것으로 체계가 갖추어진 것은 아니었다.

부산공립학교는 청일전쟁 이후 부산공립소학교로 명칭을 바꾸고, 학교의 교과 내용을 확대하면서 많은 학생들을 교육하기 시작하였다. 1905년에는 학생수가 1,180명에 이르렀다.44)

러일전쟁의 승리로 일본 내 소학교 교육에 변화가 있었다. 소학교령을 개정하여 의무교육연한을 6년으로 개정하였다. 이에 부산의 소학교 교육도 변화를 맞아 학교 수가 증가하였다. 이러한 변화를 뒷받침한 것은 재정적 지원이었다. 일제는 통감부 설치 이후 일본인의 격증과 함께 새롭게 학교 설립에 대한 보조금을 지급하였던 것이다.

이러한 조건 속에서 1906년 4월 부산공립소학교가 부산공립심상소학교, 초량심상소학교, 부산공립고등소학교, 부산공립고등여학교, 부산공립상업학교 등 5개 학교로 분산 확대되었다.45)

(2) 부산고등여학교

이렇게 부산고등여학교는 부산공립소학교 내에 여학생을 위해 설립했던 2개년의 보습과를 그 시초로 하여, 1906년 4월에 설립되었다. 목적은 여성에게 필요한 교육을 위한 것으로, 특히 국민도덕의 양성과 '부덕의 함양'에 힘쓰고자 한 것이었다. 고등여학교는 처음 정원 150명, 수업연한 3년으로 출발하여, 1906년 11월에는 부산거류민단립 부산고등여학교로 개칭되었고, 1907년 1월 재외지정학교가 되었으며, 4월에는 수업연한을 4년으로 연장하고 정원을 늘렸다. 1907년 9월에 문부성 고시

---

44) 이송희(2006),「일제시기 부산지역 일본인 사회의 교육(1)」,『한일관계사 연구』23집, 한일관계사학회, 210쪽.
45) 부산부 부산교육회(1927),『부산 교육 50년사』, 22-23쪽. 조선총독부 내무국(1919),『조선교육요람』, 116쪽.

제233호에 따라 일본의 부현립(府縣立) 고등여학교와 동등하게 인정받게 되었다.46)

이러한 부산고등여학교의 설립과 운영은 한국 내 일본인 교육의 중요한 기점이 되었다. 최초의 여성교육기관이었고 중등교육기관이었다는 점이다.47) 일본인 최초의 여성중등교육기관이 부산에 설립되었다는 것은 부산 여성사회사적인 면에서 볼 때 일본 여성들의 영향을 상대적으로 많이 받을 수 있었다는 것을 말해 준다. 부산지역 여성들이 다른 지역보다도 좀 더 개방적으로 근대화해 나갈 수 있었던 변수였다.

1909년에는 본과 외에 2년 과정의 기예전수과 1학급을 설치하였고, 점차 학급을 늘려 1913년까지 운영하였다. 원래 부산부인회가 경영하는 사립 성금학교(成錦學校)가 양잠, 여례식(女禮式), 수예 등을 가르쳤는데, 1907년 4월 여학교로 바뀌었다가, 1908년 폐교되면서 그 학생들이 고등여학교 전수과로 옮겨 왔던 것이다.48) 부산고등여학교는 1909년 학교 조합령 발포 이후에는 경성, 인천, 평양의 고등여학교와 함께 학교조합에 의해 경영되었고, 매년 국고보조금을 받았다.49)

(3) 부산공립고등여학교로 변화

부산고등여학교는 1912년 4월 부산공립고등여학교로 그 명칭을 변경하였다. 그리고 1914년에는 기예 전수과를 폐지하였다. 이제 부산공립고등여학교는 여성인재를 키우는 학교로 자리를 잡게 된 것이다. 그리고

---

46) 부산부 부산교육회(1927), 『부산교육 50년사』, 28쪽.
47) 경성고등여학교는 1908년, 경성중학교는 1909년에 설립되었다.
48) 조선총독부 내무부 학무국(1920), 『내지인 교육의 현상』, 16쪽 : 조선총독부 내무부 학무국(1915), 『조선교육요람』, 134-135쪽.
49) 조선총독부 내무부 학무국(1915), 『조선교육요람』, 106-112쪽. 학교조합령이 발포되고, 1914년 府制가 실시되면서 일반 공공사무는 부에, 교육사업은 학교조합으로 이관되었다. 기존의 교육과 행정자치를 담당하였던 일본거류민단은 해산되었다.

학생 정원을 400명으로 정하고 1학급을 늘려 8학급으로 운영하였다.50) 재학생을 보면 1915년 8학급, 337명이었으며, 1919년에는 8학급(4학년), 보습과 1학급 등 9학급으로, 357명의 학생과 16명의 직원으로 구성되었다.51)

<표-5> 1941년 5월 말 부산지역 일본인 학교

학교명	장소	학급	학생수 일본인	학생수 조선인
부산 제1, 2, 3, 4, 6, 7, 8, 9, 10 심상초등학교 (6년제)		145학급	7,249명	43명
부산 제5고등공립학교(2년제)	보수동	19학급	664명	178명
부산공립중학교(5년제)	초량동	15학급	782명	10명
부산공립고등여학교 (본과4년, 전공2년)	토성동	21학급	1,106명	10명
부산공립상업학교(5년제)	대신동	11학급	609명	6명
부산공립공업학교 (6년, 기계화, 화학과, 건축과)	보수동	6학급	157명	70명
부산고등수산학교(4년)	대연동	3학급	39명	15명
부산공립직업학교 (목공·목형3년, 가구과3년, 건축과3년, 기계과2년, 광산과1년)	보수동	7학급	43명	173명

50) 부산고등공립여학교(1915), 『부산고등공립여학교일람』, 8-9쪽 : 『부산일보』 1915. 2. 23.
51) 조선총독부 내무부 학무국(1919), 『조선교육요람』, 134-137쪽.

三島高等실업여학교 (본과4년, 전공과1년)		13학급	564명	76명
부산상업정상학교 (남-2년제, 여-3년제)	변천정	8학급	286명 (남70, 여216명)	209명 (남132, 여77명)
부산입정상학교(3년)	대신정	6학급	8명	352명
경남이발학교(본과2년)	대청정	2학급	·	17명
부산대곡여자전수학교(2년)	서정	2학급	45명	·
총계 21개교				

출처 : 조선총독부 학무국(1941), 『조선제학교일람』.

1920년에는 9학급 410여명이었다.52) 특히 부산공립고등여학교가 남자 중학교 보다 빨리 설립되고 활성화된 것은 학부형들이 여학생의 경우 중등학교부터 일본으로 보내는 것이 부담스러웠기 때문이다.

부산공립고등여학교는 1922년 제2차 조선교육령에 따라 5년제로 수업기간이 연장되었고,53) 1925년에는 14학급 604명(조선인 7인), 23명의 교직원 규모의 학교가 되었다.54) 고등여학교에서는 매년 음악회를 개최하였고55) 수학여행을 일본으로 떠났다.

1930년에는 20학급 939명 교직원 35명이었으며,56) 1936년에는 20학

---

52) 조선총독부 내무부 학무국(1920), 『內地人 敎育의 現狀』, 16쪽.
53) 부산부(1937), 「부산공립고등여학교 학칙」, 『釜山府例規類集』, 395-398쪽 : 『부산일보』 1925. 7. 15, 7. 22. 부산학교조합회에서 1925년부터 교육연한을 5년으로 연장하였다.
54) 조선총독부 내무부 학무국(1926), 『조선교육요람』, 68쪽 : 부산고등여학교는 학급증가가 결정되었고, 국고보조 700원, 200원급의 교원 한명이 증가하였다. 『부산일보』 1925. 2. 19.
55) 『부산일보』 1926. 3. 18, 3. 20.

급 982명 교직원 35명이었다.57) 1941년에는 본과 4년, 전공 2년 과정으로 바뀌었고, 21학급 1,106명으로 한국인 학생은 단 10명에 불과하였다. (<표-5> 참조)58)

(4) 부산공립고등여학교의 교육 내용

이 학교가 한국인 여학생을 받은 경우는 극히 드물었다. 교육의 내용은 일제가 조선 내의 일본인에 대한 교육령에 따라 조금씩 변동이 있었을 것으로 보인다. 자료를 볼 수 있는 것은 1925년에 발간된 『부산공립고등여학교일람』이기에 여기에서의 교과과정을 보려 한다. (<표-6>)59)

<표-6> 부산공립고등여학교 교육과정(1914년)

학년 교과목	1학년	시수	2학년	시수	3학년	시수	4학년	시수
수신	2		2		2		2	
국어	6		6		5		5	
역사	1		2		2		1	
지리	2		1		1		1	
수학	2		2		2		2	
이과	2		2		2		1	
도화	1		1		1		1	
가사					2		3	

---

56) 부산부(1930), 『부산부세요람』, 40쪽.
57) 부산시사편찬위원회(1965), 『釜山略史』, 276-277쪽 : 부산부(1936), 『부산부세요람』, 38쪽.
58) 조선총독부 학무국(1938, 1940, 1941), 『조선제학교일람』.
59) 부산공립고등여학교(1925), 『부산공립고등여학교 일람』, 18쪽.

재봉	5	5	2	5
음악	2	2	5	2
체조	3	3	2	2
교육			2	1
영어	3	3	3	3
계	29	29	31	29

출 전:『부산공립고등여학교일람 3회』(1925), 18쪽.

이 교과과정은 1914년의 것으로 추정되는데, 국어 수업과 재봉 수업이 가장 많이 배정되어 있음을 볼 수 있다. 당시 여자고등보통학교의 교과과정(<표-1>)과 비교하면 수업연한이 4년으로 1년 많고, 영어를 가르쳤으며, 수신과 역사, 지리가 1시간씩 많았다. 그리고 재봉 시간이 5시간 적었으며, 음악, 체조가 5시간 내지 4시간으로 고루 배정되어 있는데 반해 여자고등보통학교는 3학년에 10시간이 배정되어 있는 등 차이가 있었다. 이러한 교육의 내용은 1922년 교육령 이후에는 그 차이가 줄어들었다.

이렇게 볼 때 부산공립고등여학교의 경우 1914년 이후에는 잘 정비된 교과과정으로 교육을 하였음을 알 수 있다. 아쉬운 것은 해방 이후 지금의 부산여자고등학교가 이 학교의 후신으로 자리 잡았음에도 전혀 자료를 갖고 있지 않아 좀 더 교육의 내용을 볼 수 없다는 것이다.

다만 당시 발간된 졸업앨범을 볼 때 학교 행사 등을 유추할 수 있다.[60] 이 앨범은 1934년 3월 발간된 부산공립고등여학교 제28회 앨범으로 교직원 50명이 각 담당과목별로 소개되어 있고 학생들의 활동을 사진을 통하여 소개하고 있다. 먼저 졸업생들의 소풍 사진이 실렸고, 가사실습, 국어수업 등을 소개하고 있다. 재봉실습, 화학실습의 장면도 담고 있다. 특

---

[60] 이 앨범은 2003년(입시 홍보 차 삼성여고를 방문했을 때) 여자교장선생님께 빌려 본 자료이다.

히 일본으로의 수학여행 사진이 여러 장 실려 있다. 본원사, 사천왕사, 일광 등 일본의 명승지와 역사적 현장을 답사한 세일러 복을 입은 학생들의 수학여행의 사진 속에서 당시 일본 여학생들의 교외활동의 일면을 드러다 볼 수 있다. 학생들의 체육활동도 꽤 활발하였던 것을 볼 수 있는데 수영부, 궁도부, 농구부, 탁구부, 배구부, 경기부 등의 활동을 볼 수 있다. 매번 운동회 때는 매스게임이 있었다.61)

2) 사립학교

(1) 부산실습여학교(사립 삼도고등실업여학교)

사립 부산실습여학교는 미시마(三島) 개인이 경영한 사립학교였다. 처음 대청정에 재봉사숙을 열어 향양학원(向陽學園)이라고 하다가 1914년 3월 서정 4정목에 집을 한 채 사서 학원을 이전하였다. 그리고 '정숙한 여성'을 양성하는 것을 목적으로 학칙과 수업연한, 교과과정을 새롭게 정하고, 부산실습여학교라고 개칭하였다. 1915년에는 조선총독부로부터 중등정도의 학교로 인가를 받았다. 이후 부산학교조합과 경남지방비에서 매년 보조금을 받아 학교를 키우면서 입학생들이 늘어났다. 1915년 학생 218명이었고, 1920년에는 104명이었다. 신입생이 계속 늘어나면서 1922년 300여명을 수용할 수 있는 교사를 대청정에 신축하고 이전하였다.

1926년에는 삼도여자고등실습학교로 개칭하고, 수업연한도 4년으로 연장하여 중등학교 정도의 과정이 되었다. 1930년 7학급 학생수 290명이었다. 1931년에는 삼도(미시마)고등실업여학교로 교명을 바꾸었는데, 1936년에는 8학급 학생수 446명의 규모였다.62) 1938년에는 본과 4년 전

---

61) 「釜山 高女運動」,『조선일보』 1924. 10. 4.
62) 부산부(1927),『부산부세요람』, 40쪽 : 1930, 40쪽 : 1936, 38쪽. 매년 두 차례씩 음악대회를 개최하여 학생들의 정서를 순화하고자 하였다.『부산일보』 1925. 6. 14,

공과 1년으로 9학급을 두었으며 학생수는 493명(조선인 5명)이었다.63) 그리고 1941년에는 13학급으로 학생수 640명(조선인 76명 포함)이었다.64) (<표-5>참조)

이 학교는 실업학교였음에도 한국인의 숫자가 많지 않은 전형적 일본인 학교였다. 현재 남성여자고등학교의 위치에 있었다.

(2) 대곡(大谷)가정전수학교

대곡가정전수학교는 1935년 4월 2년 과정의 각종학교로서 설립되었다. 1936년 1학급, 직원 6명, 여학생 47명 규모의 학교였다.65) 1940년에는 부산 대곡여자전수학교로 개칭하였고, 1941년에는 2학급으로 일본인 여학생 45명의 수준이었다.66) 이 학교에 대한 자료가 남아 있지 않은데, 다른 각종학교와는 달리 조선인 학생이 전혀 없었다.

(3) 부산상업야학교

이 학교는 부산 거주의 香椎源太郎 福永政治郎이 상업인을 키우기 위해 설립하였다. 1919년 5월 인가를 받아 개교하였는데, 구 부산일보사의 건물을 개축하여 교사로 정하고, 1920년 1월 이전을 하였다. 1921년에는 학생수가 118명이었으며, 1924년에는 124명이었다.67) 당시까지는 남자학교였다.

1925년 2월에 이르러 교명을 부산상업실천학교로 바꾸고 동시에 여성교육을 위한 여자부를 신설하였다. 1년 과정으로, 수업은 매일 5시간씩이

---

11. 30.
63) 『부산일보』 1938년 3월 11일. 이 학교도 입학난이 있어 1학급을 증가하였다.
64) 조선총독부 학무국(1938),『조선제학교일람』, 143-144쪽 : (1941), 161-162쪽.
65) 부산부(1936),『부산부세요람』, 38쪽.
66) 조선총독부 학무국(1940),『조선제학교일람』, 221-222쪽 : (1941), 239-240쪽.
67) 부산부(1921),『부산부세요람』, 35쪽 : 부산부(1925),『부산부세요람』, 33쪽.

었다. 한편 남자부의 학제도 2년 과정, 하루 3시간 수업으로 변경하였다. 이렇게 하여 남녀 상업교육을 실시하는 실업학교가 되었다.

남학생들의 경우는 수신, 국어, 습자작문, 보통산술, 상업산술, 주산, 영어, 상사요항(商事要項), 부기(상업, 은행), 법규, 경제 등의 교과목을 배웠다. 여학생들은 수신, 국어, 습자작문, 상업산술, 주산, 상사요항, 부기(상업 은행), 사회과, 타이프라이터 등을 수강하였다. 즉 이 학교는 국어(일본어), 수신, 습자작문 등 일본인 중등학교의 기본교과를 몇 과목하고 나머지는 실제적으로 필요한 과목을 가르쳤다. 남학생들은 영어 수업이 있었지만 여학생들은 그 마저도 없었다.

1921년 학생수 118명이었으며, 1926년에는 5학급 157명이었고,[68] 1930년 5학급으로 남학생 112명 여학생 137명 합계 249명이었다. 1936년에는 5학급으로 남학생 167명 여학생 182명 합계 349명이었다.[69]

부산상업 실천학교는 사립 각종학교[70]로 분류되었는데, 1938년 남학생은 2년 과정 여학생은 3년 과정으로, 일본인이 227명이었고, 한국인이 162명이었다. 일본인 학교였지만 한국인 학생들이 40%를 넘게 차지하고 있다.

1941년에는 일본인이 286명으로 남학생 70명, 여학생 216명이었고, 한국인은 209명으로 남학생 132명 여학생 77명이었다.[71] 일본인의 경우 여학생의 숫자가 많았고, 한국인의 경우 남학생의 숫자가 많았던 점이 두드러진다.

---

68) 부산부 부산교육회(1927), 『부산교육 50년사』, 26-27쪽: 부산부(1921), 『부산부세요람』, 35쪽 : 부산부(1923), 『부산부세요람』, 33쪽
69) 부산부(1930), 『부산부세요람』, 40쪽 : 부산부(1936), 『부산부세요람』, 38쪽.
70) 각종학교는 법제상 별다른 규정이 없는 학교로서 1939년에는 중등 정도의 것이 38개교, 초등 정도의 것이 318개교로 사립학교들이었다. 조선총독부 학무국(1939), 『조선교육의 개관』, 18쪽.
71) 조선총독부 학무국(1931), 『조선제학교일람』, 205-206쪽. : 조선총독부 학무국(1936), 『조선제학교일람』, 239-240쪽.

(4) 여성교육의 내용

사립학교 여성교육은 첫째, 실업교육이 중심이 되었다. 일제가 공립고등여학교는 인재를 키우는 학교로 운영하였고 일반사립학교는 당시 상황에 따라 필요한 부분을 보충할 수 있는 노동력을 키우는 장으로 활용하였다. 상업 실천학교의 경우 처음 남자학교로 출발하였으나 1925년 남녀공학으로 바뀌었고 후에는 여학생의 숫자가 더 많았다. 그리고 이 학교는 한국인 학생의 숫자가 1938년 40%에 이르렀는데 이 역시 실업학교이기에 한국인에게도 공부할 수 있는 기회를 열어 주었다.

둘째, 일본인 사립학교 여성교육은 여전히 '정숙한 여성'을 키우는 여성성을 강조하는 교육이었음을 알 수 있다. 대곡가정전수학교, 삼도고등여자실업학교의 경우 실업교육이 진행이 되고 있음에도 일본인 여성만을 중심으로 교육을 하면서 일본의 전통적 여성상을 강조하고 있음을 볼 수 있다. 당시 각종학교에는 한국인도 교육을 받고 있었는데 여전히 조선인들과 분리하여 교육하면서 그러한 부분을 강조하였다고 보인다.

IV. 여성초등교육

1. 한국인 여성초등교육의 현황

1) 1910년대의 여성초등교육

1910년 당시 한국인 교육을 담당한 초등학교는 <표-7>에서 볼 수 있듯이 오로지 1909년에 설립된 부산공립보통학교로 학생수는 223명이었는데 모두 남학생이었다.[72]

---

[72] 이 학교는 1912년 남학생 250명, 1914년 남학생 220명, 1920년에 가서야 남학생 374명 여학생 144명으로 통계가 나오고 있다.

당시 부산부 거주 한국인의 경우 213명 당 1인의 초등학생이 있었다. 그러나 한국인의 경우는 따로 사립학교들이 있었다. 사립학교로는 옥성학교,73) 초량학교,74) 부산진 일신학교 초등부75) 등에 약 400명 정도의 학생이 있었다.76) 이 때 여학생의 숫자는 정확히 파악되지는 않으나 아직 여자아이들을 학교에 보내는 경우가 많지 않아 일신여학교를 제외한 경우, 10%에서 또는 많아도 20%정도의 여학생이 교육을 받았을 것으로 추정된다.

그 후 한국인 보통학교는 1911년 사립 좌천학교 등을 통합한 부산진 공립보통학교, 1920년 사립 옥성학교 등을 흡수한 목도공립보통학교가 설립되었고,77) 입학지원자가 많아짐에 따라 1921년에는 3,868명으로 증가하였다.78) 그리고 한국인의 경우 교육열이 높아 따로 사설의 강습소가 상당수 있었다.

---

73) 옥성학교는 영도의 유지들에 의하여 1908년 9월 설립되어 교장 허치오를 중심으로 운영되었다. 영도와 남포동을 잇는 도선 5척을 건조 운영하여 그 도선료로 학교를 운영하였다. 이 학교는 1920년 목도공립보통학교로 개편되었다. 부산시사편찬위원회(1989),『부산시사』1, 915쪽.
74) 초량학교는 1906년 초량의 유지들에 의해 설립되고 박영길 교장에 의하여 운영되어 왔으며, 처음 남자부만 교육하였으나 후에 초량부인회의 후원으로 여자부도 설치하였다. 1912년 부산공립보통학교로 흡수되었다. 부산직할시 교육위원회(1987), 『부산교육사』, 95쪽. 또 다른 주장에 의하면 이 학교는 재정난으로 바로 폐교되었다고 한다. 부산시사편찬위원회(1989),『부산시사』1, 916쪽.
75) 일신여학교는 1895년 호주장로회여자선교회연합회의 여자 전도사들이 좌천동의 한 초가에서 소녀들을 모아 주간학교를 차리면서 시작되었는데, 1909년에는 3개년 과정의 고등과를 설치하였다. 동래학원(1995),『동래학원 100년사』, 27-35쪽.
76) 부산직할시 교육위원회(1987),『부산교육사』, 82쪽.
77) 앞의 책, 549-552쪽.
78) 부산부 부산교육회(1927),『부산교육 50년사』, 101-102쪽. 부산시사 편찬위원회(1965),『부산약사』, 269-270쪽.

2) 1920년대 이후의 여성초등교육

1924년 5월부터는 부산, 부민, 목도 공립보통학교에 4년의 정규과정과 별도로 2년 과정의 '공립 속수학교'를 설립하였다. 1924년 당시 부산공립속수학교(釜山公立速修學校)는 135명(남학생 55명, 여학생 80명), 목도공립속수학교는 40명(남학생), 부민공립속수학교는 50명(남학생)으로 시작하였다.[79]

1926년 당시 공립보통학교는 <표-7>에서 볼 수 있듯이 부산, 부산진, 목도, 부민 등 4개 학교가 있었고, 전체 학생은 3,305명이었다. 그 중 여학생은 784명이었다. 즉 23.7%가 여학생이었다. 당시 부산의 인구는 일본인 40,803명이었고, 한국인은 64,928명이었기에,[80] 일본인은 8명 당 1인이 소학교 학생이었고, 한국인은 20명 당 1인이 보통학교 학생이었다.

<표-7> 1910년대, 1926년 초등학교 현황

연도	한국인(공립보통학교)	일본인(공립소학교)
1910년대	부산공립보통학교 (4학급) – 223명	부산공립신상소학교 (남-519, 여 – 411) 부산공립고등소학교 (남 – 288, 여 – 280) 초량심상소학교 (남 – 207, 여 – 215) 목도심상소학교 (남 – 155, 여 – 119)
	4학급 합계 – 223명	합계 – 2,194명

---

79) 부산부(1924), 『부산부세요람』, 34-36쪽.
80) 인구에 관하여는 홍순권(2004), 「일제시기 부산지역 일본인 사회의 인구와 사회계층구조」, 『역사와 경계』 51, 45쪽 참조.

연도	한국인(공립보통학교)	일본인(공립소학교)
1926년	부산공립보통학교 (1909)(18학급) 남 745, 여 357 - 1102명 부산진공립보통학교 (1911)(13학급) 남 652, 여 117 - 769명 목도공립보통학교 (1920)(12학급) 남 480, 여 128 - 608명 부민공립보통학교 (1921)(16학급) 남 644, 여 182 - 826명	부산제1공립심상소학교 (1877년)(16학급) - 813명 부산제2공립심상소학교 (1912)(15학급) - 815명 부산제3공립심상고등소학교 (1906)(15학급) - 858명 부산제4공립심상고등소학교 (1910)(14학급) - 551명 부산제5공립심상고등소학교 (1906)(11학급) - 486명 부산제6공립심상소학교 (1919)(18학급) - 967명 부산제7공립심상소학교 (1920)(12학급) - 648명 부산제8공립심상소학교 (1923)(4학급) - 191명
	59학급 계 - 3,305명 여 - 784명 인구 64,928명 20명당 1인	105학급 합계 - 5,329명 인구 40,803명 8명당 1인

출 전 : 부산부 부산교육회(1927), 『부산교육 50년사』.

3) 1930·40년대의 여성초등교육

그 후 한국인 공립보통학교로 1932년 남부민, 1935년 수정공립보통학교가 설립되었고, 성지공립보통학교가 추가되어 1936년에는 <표-8>과 같이 7개 학교, 100학급, 학생수 7,245명이었다. 공립보통학교의 여학생은 2,146명으로 29.6%에 달했다. 여학생들의 비율이 날로 높아지고 있음을 볼 수 있다. 그리고 한국인들은 따로 학술강습소를 운영하였는데, 16학급에 2,763명의 학생들이 공부하였다.

<표-8> 1936년 초등학교

	한국인(공립보통학교)	일본인(공립소학교)
1 9 3 6 년	부산공립보통학교(1909년)(24학급) 남 1122, 여 598 - 1,720명 부산진공립보통학교(1911)(18학급) 남909, 여 379 - 1,288명 목도공립보통학교(1920)(13학급) 남 681, 여 299 - 980명 부민공립보통학교(1921)(23학급) 남 1175, 여 468 - 1,643명 남부민공립보통학교(1932)(8학급) 남 398, 여 187 - 585명 수정공립보통학교(1935)(5학급) 남 255, 여 123 - 378명 성지공립보통학교(1922)(9학급) 남 490, 여 162명 - 652명	부산공립고등소학교(1906년) (17학급) - 798명 부산제1공립소학교(21학급) 남 496, 여 523 - 1,019명 부산제2공립소학교(24학급) 남 681, 여 649 - 1,330명 부산제3공립소학교(23학급) 남 566, 여 551 - 1,117명 부산제4공립소학교(13학급) 남 370, 여 330 - 700명 부산제6공립소학교(24학급) 남 673, 여674 - 1,347명 부산제7공립소학교(12학급) 남 360, 여 351 - 711명 부산제8공립소학교(6학급) 남 177, 여 162 - 339명 용남공립심상소학교(2학급) - 55명
	7개교 100학급 합계 - 7,246명 인구 147,372명 20명당 1인 학술강습회(16학급)- 2,763명	9개교 142학급 합계 - 7,416명 인구 59,014명 8명당 1인 학술강습회(3학급) - 48명

출전 : 홍순권(2005), 『일제시기 재부산일본인사회단체 조사보고』, 511-569쪽.

1936년 인구는 일본인 59,014명이었고, 한국인 인구는 147,372명으로 일본인은 8명당 1인이 소학교 학생이었고, 한국인은 20명당 1인이 보통학교 학생이었다.

<표-9> 1940년 초등학교 현황

	일본인(심상소학교)	한국인(공립소학교)
1940년	공립소학교 부산제1공립소학교(24학급) 부산제2공립소학교(24) 부산제3공립소학교(24) 부산제4공립소학교(18) 부산제6공립소학교(24) 부산제7공립소학교(15) 부산제8공립소학교(8) 부산제9공립소학교(2) 부산제10공립소학교(6) 9개교 145학급 일본인 - 7,083명 조선인 - 38명	봉래공립소학교(30학급) 부산진공립소학교(27) 목도소학교(26) 부민공립소학교(30) 남부민공립소학교(15) 수정공립소학교(24) 성지공립소학교(16) 초량공립소학교(14) 대선공립소학교(10) 남항공립소학교(2) 대연공립소학교(4) 11개교 198학급 13,834명
	고등소학교 부산고등소학교(19학급) 일본인 - 792명 조선인 - 103명 인구 54,266명 7명당 1인 1인당 경비 58원	인구 185,767명 14명당 1인 1인당 경비 26원

출 전 : 조선총독부 학무국(1940), 『조선제학교일람』.

1940년에 이르러서는 한국인 공립소학교는 봉래, 부산진, 목도, 부민, 남부민, 수정, 성지 등과 새로이 설립 또는 편입된 초량 공립소학교, 대신 공립소학교, 남항 공립소학교, 대연 공립소학교 등 4개 학교를 합하여 11개교, 198학급, 학생 수 13,834명이었다.(<표-9> 참조) 이 때 여학생의 숫자는 자료의 부족으로 명확히 알 수 없으나 점차 늘어나 30% 이상을 선회하였을 것으로 추정된다.

당시 일본인은 54,226명으로 7명당 1명이 소학교 학생이었으며 한국인은 185,767명으로 14명당 1명이 소학교 학생이었다. 그리고 일본학생은 1인당 경비가 심상소학교는 59원, 심상 고등소학교는 63원, 고등소학교는 52원이었다. 한국인 학생의 경우는 1인당 경비가 26원이었다.

소학교의 명칭이 공립국민학교로 바뀐 1941년 (<표-10> 참조)의 상황을 보면, 한국인 학교는 11개교, 226학급으로, 학생수 15,828명이었다. 여학생의 숫자가 명확하지 않으나 약 5,000명 정도는 되었을 것으로, 매년 830명의 여성들이 초등교육을 받고 학교를 졸업하여 사회에 나갔을 것으로 추정된다. 1인당 경비는 19원이었고, 한국인 인구가 223,472명이었기에 14명당 1인이 초등학교 학생이었다. 일본인 학교의 경우 10개 학교에 170학급, 학생수 7,923명 (한국인 학생은 221명)으로 1인당 경비는 59원이었고, 일본인 인구가 57,688명이었기에 7명당 1인이 초등학교 학생이었다.

<표-10> 1941년 초등학교 현황

일본인(공립국민학교)	한국인(공립국민학교)
부산제1공립국민학교(24)	봉래공립국민학교(32)
부산제2공립국민학교(24)	부산진공립국민학교(30)
부산제3공립초등학교(24)	목도공립국민학교(30)

1 9 4 1 년	부산제4공립국민학교(13) 부산제5공립국민학교(24) 부산제6공립국민학교(16) 부산제7공립국민학교(10) 부산제9공립초등학교(3) 부산제10공립초등학교(8) 9개교 151학급 일본인 - 7,259명 조선인 - 43명	부민공립국민학교(32) 남부민공립국민학교(17) 수정공립국민학교(25) 성지공립국민학교(19) 초량공립국민학교(18) 대신공립국민학교(14) 남항공립국민학교(4) 대연공립국민학교(5) 11개교 226학급 15,828명
	고등소학교 부산제5공립초등학교(19) 일본인 - 664명 한국인 - 178명 인구 57,688명 7명당 1인 1인당 경비 59원	인구 223,472명 14명당 1인 1인당 경비 19원

출 전 : 조선총독부 학무국(1941), 『조선제학교일람』.

이렇게 보았을 때 부산지역에서는 일제강점기 1935년에 초등교육을 받은 사람이 약 80배로 증가하였다고 볼 수 있는데 여성들의 경우도 대략 그렇다고 할 수 있다.

<표-11> 부산부 총인구 및 일본인 호구수의 연도별 현황 (단위 : 명, 호, %)

	총인구(A)	일본인 호구수			
		호수(B)	인구수(C)	남(D)	여(E)
1910	71,353	6,171	23,900	12,539	11,361
1911	99,833	6,528	24,794	12,886	11,908
1912	103,737	6,826	26,586	13,570	13,016
1913	111, 356	6,956	27,610	14,202	13,408

1914	55,094	7,115	28,254	14,479	13,775
1915	60,804	7,369	29,890	15,355	14,535
1916	61,047	6,869	28,012	14,363	13,649
1917	61,506	7,177	27,726	14,126	13,600
1918	62,567	6,993	27,895	14,151	13,744
1919	74,138	7,575	30,499	15,480	15,019
1920	73,885	7,689	33,085	17,023	16,062
1921	76,126	7,897	33,979	17,496	16,483
1922	78,161	8,111	34,915	17,993	16,922
1923	79,552	8,281	35,360	18,221	17,139
1924	82,393	8,902	35,926	18,477	19,449
1925	103,552	9,364	39,756	20,105	19,651
1926	106,323	9,584	40,803	20,674	20,129
1927	113,092	9,533	41,144	20,892	20,252
1928	116,207	9,822	42,246	21,460	20,786
1929	119,655	9,931	42,642	21,670	20,972
1930	130,397	10,347	44,273	22,269	22,004
1931	139,538	10,836	45,502	22,815	22,687
1932	148,156	11,531	47,836	24,171	23,665
1933	156,429	12,358	51,031	26,152	24,879
1934	163,814	12,699	53,338	27,617	25,721
1935	202,068	13,142	56,512	29,548	26,964
1936	206,386	14,026	59,014	29,571	29,443
1937	213,142	14,048	59,231	29,665	29,566
1938	213,744	13,352	55,767	27,174	28,593
1939	222,690	12,060	51,802	25,046	26,756
1940	240,033	12,464	54,266	26,591	27,675
1941	281,160	12,787	57,688	27,910	29,778
1942	334,318	14,064	61,436	29,558	31,878
1943	325,312				
1944	328,294				

출 전 : 홍순권(2004), 「일제시기 부산지역 일본인 사회 인구와 사회계층구조」, 『역사와 경계』 51, 45쪽.

4) 일제강점기 여성초등교육의 의미

이러한 일제의 초등교육에서 여성들에게 강조하였던 것은 제2차 교육령 이후 교과과정에서 따로이 재봉시간을 4·5·6학년에 2시간씩 넣어 강의하였다는 점이다. 또한 3차 교육령에서도 가사와 재봉을 3(4학년), 4(5학년), 4(6학년)시간씩 배정하였다. 이는 일본인들의 여성교육관이 양처현모교육에 있음을 일정하게 보여주는 것이다.

이처럼 식민지하 여성들에 대한 초등교육의 방향이 일본의 황국신민화 양처현모 교육을 중심으로 이루어졌지만, 이는 이제 최소한의 교육받은 여성들의 증가를 가져다 주었다. 중등교육, 고등교육을 받은 단계로 나아가지는 못하였지만 이제 초등 보통교육을 받은 여성들의 증가는 여성들의 발전에 일정한 영향을 주었다. 양면의 칼날이었다고 할 수 있다. 한편 일본이 요구하는 황국신민화가 이루어질 수 있는 바탕이 되기도 하였지만, 또 한편 여성들의 자각을 불러일으킬 수 있는 계기를 가져다 주었다고 보인다.

2. 일본인 여성초등교육의 현황

1) 초등교육기관의 설립

1910년 한국이 일본의 식민지가 되었을 때, 부산의 일본인 초등학교는 부산공립심상소학교(1906년 설립 - 1877년 최초의 학교로 설립), 부산공립고등소학교(1906년 설립), 초량심상소학교(1906년 설립), 목도심상소학교(1910년) 등 4개교였고, 학생은 2,194명이었다.(<표-7>참조)

일본인 인구의 증가에 따라 취학 아동수가 많아지면서 소학교는 계속 늘어났다. 1912년 부산제2공립심상소학교(보수정)[81], 1919년 부산제6공립심상소학교(토성정), 1920년 부산제7공립심상소학교(대청정), 1923년 부산제8공립심상소학교(범일정)가 설립되었다.[82] 그리하여 1926년에 이르면(<표-7>참조) 부산내의 일본인 소학교는 제8학교까지로 증가하였고 105학급에 학생수는 5,329명이었다.

이 시기 특징으로 꼽을 수 있는 것은 급작스러운 인구의 증가와 총독부의 교육에 대한 본격적인 재정 후원으로 소학교가 증가하였던 점이다. 이는 총독부의 일본인에 대한 적극적 정책에서 비롯된 것으로, 식민지 인재 양성과 관련된 것이었다.

일본인 소학교는 1930년 부산제5공립심상고등소학교(보수정 위치, 1906년 설립)가 부산공립고등소학교로 바뀌었고, 1936년(<표-8> 참조[83]) 일본인 소학교는 별다른 변동 없이 용남공립심상소학교[84] 2학급 55명이 증가하여 9개교 142학급 학생수 7,416명이었다.

1940년에 이르면(<표-9>참조[85]), 일본인 초등학교는 학교 명칭을 심상소학교에서 공립소학교라고 하여 부산제1공립소학교, 부산제2공립소학교, 부산제3공립소학교, 부산제4공립소학교, 부산제6공립소학교, 부산제7공립소학교, 부산제8공립소학교, 부산제9공립소학교, 부산제10공립소학교 등으로 명칭이 변경되었고, 부산공립고등소학교만 그대로의 명칭으로 유지되었다. 10개 학교, 164학급, 학생 수 7,875명이었다.

당시 일본인은 54,226명으로 7명당 1명이 초등학교 학생이었다. 그리

---

81) 1912년 소학교 아동이 2,900명이 되었다. 즉 8학급이 늘어나서 1912년 4월에는 제2공립소학교를 개설하였다. 총독부는 부산교육비로 1915년 22,800원을 보조하였다.『부산일보』1915. 6. 29.
82) 홍순권(2005),「일제시기 재부산일본인사회 사회단체 조사보고」, 511-528쪽.
83) 부산시사 편찬위원회(1965),『부산약사』, 275-276.
84)「용남소학교 개교식」,『부산일보』1915년 6월 9일. 대연리에 위치한 학교로 1915년에 설립되었다.
85) 조선총독부 학무국(1940),『조선제학교일람』.

고 1인당 경비가 심상소학교는 59원, 심상고등소학교는 63원, 고등소학교는 52원이었다.

소학교의 명칭이 공립국민학교로 바뀐 1941년(<표-10> 참조)[86]의 상황을 보면, 일본인 학교의 경우 10개 학교에 170학급, 학생수 7,923명 한국인 학생 221명으로 1인당 경비는 59원이었고, 일본인 인구가 57,688명이었기에 7명당 1인이 초등학교 학생이었다.

2) 초등교육과 여학생교육

(1) 한국인 초등교육과의 차별

일제하 부산지역의 공립소학교와 한국인 보통학교의 교과과정과 내용의 변화를 살펴보았을 때 몇 가지 점으로 정리해 볼 수 있다. 이는 여성초등교육에도 그대로 적용되는 것이다.

첫째, 일제는 부산지역 일본인 교육을 한국인 교육과는 별개로 전개하였지만 1938년 교육령에서부터는 명칭을 소학교로 같이 하여 교육을 전개해 나갔고, 초등학교로 개칭한 후에는 거의 같은 내용의 교육을 하였다. 즉 일제는 일본의 교육을 확대하여 한국인을 일본의 교육 속으로 끌어 들인 것이다.

둘째, 부산지역 초등학교의 교과서를 보면, 한국인에 대하여 처음에는 총독부에서 발간하거나 인가한 것으로 사용하였는데 일본의 교육 속으로 한국인의 교육을 끌어 오면서 차츰 일본 문부성의 것으로 교체하였다. 교육을 통하여 한국인을 일본인으로 만들어 가는 것을 볼 수 있다.

셋째, 그러나 여전히 장을 달리하여 부산지역 일본인 교육과 한국인 교육을 차별하는 정책을 폈다. 이는 일본인과 한국인을 철저히 구별하여 식

---

86) 조선총독부 학무국(1941), 『조선제학교일람』.

민지 지배자와 피지배자로서의 관계를 정립하고, 이를 통하여 부산에 있는 일본인들을 식민통치의 주체로서 인식케 하고자 한 것이라고 하겠다.

넷째, 일제는 이러한 분리된 교육의 장에서 일본인 아동들에게 수신을 일주일에 2시간씩 두어서 한국인 1시간 보다 많은 시간을 할애하였다. 그리고 일본어와 일본 역사 등에 많은 시간을 할애하고 있다. 이는 소학교 교육의 목적을 충군애국의 지기를 발양하여 충량한 국민을 육성한다는 목적과 부합한 것이라 하겠다.

다섯째, 일본인 초등학교는 교육연한이 6년이고 한국인은 4년이었다. 한국인 학교가 6년제로 바뀐 뒤에도 4년제가 많았다. 이는 시세와 민도에 맞는 교육을 시키고자한 일제의 속셈을 드러낸 것이라고 하겠다. 한국인들은 식민지민으로서의 저급한 교육만이 필요하다고 보았던 것이다.

여섯째, 기본적으로 일본인 교육과 한국인 교육은 재원을 달리하여 운영하였다. 1931년까지는 학교조합과 학교비로 분리되어 지원되었고, 그 후는 부 제1경제와 제2경제로 나뉘었다. 이는 교육의 내용을 일체화한다고는 하지만, 여전히 일본인 교육과 한국인 교육의 분리가 필요했던 것이다.

(2) 초등교육 속에서의 여학생교육

초등교육은 1910년대 당시부터 여학생의 숫자가 남학생과 거의 같았다는 점이다. 부산에 거주하고 있었던 일본인 여성들은 남성들과 동등하게 초등교육을 받았다고 할 수 있다. <표-7>에서 볼 수 있듯이 1910년 이전에 설립된 4개 학교를 보면 남학생 1,169명 여학생 1,025명임을 알 수 있다. 1936년을 보면 거의 같은 숫자이고 제1공립소학교와 제6공립소학교는 여학생이 더 많은 것을 볼 수 있다.

교과내용을 보면 앞서 보았듯이 1910년대는 수신·역사·지리 등에서 한국인의 보통교육과는 차이가 있었고, 소학교 남학생들과는 거의 같은 교과 내용으로 교육을 받았다. 제2차 교육령 이후에 일본인 소학교 여학생들에게는 가사와 재봉 시간이 많이 배정되고, 남학생들에게는 직업 시간이 많이 배정되었다. 이렇게 여학생들의 경우에도 '충군애국의 지기를 키워 충량한 국민을 육성한다'는 것이 교육의 목적이었고, 더 나아가 '양처현모' 로서 키우고자 하였다.

V. 맺음말

본 논문에서는 일제강점기 부산지역의 여성교육을 보고자 한국인 여성교육, 그리고 일본인 여성교육을 중등교육과 초등교육으로 나누어 살펴보았다.

먼저 여성교육 정책의 변화를 살펴보았다.

1911년의 교육령에서는 조선의 여성을 부덕과 실용성을 갖춘 교육으로 무장시키고자 하였고, 특히 사립학교 종교학교까지 규제하여 민족교육이 실시되지 못하도록 하였다. 보통학교의 경우 일본어를 국어로 하여 아동들이 일본제국의 신민으로서의 자질을 갖추도록 강요하였다. 특히 교육연한에서는 여자고등보통학교는 3년, 보통학교는 4년으로 하여 일본인의 고등여학교 4년과 소학교 6년과는 다른 체계로 그 틀을 짰다. 일본인 학제는 1912년 따로 정하여 조선인들과는 다른 교육제도 하에서 교육시켰다.

1922년 신교육령에서 총독부는 '일본교육의 제도주의를 조선으로 연장하겠다'고 하여 조선에 있는 국민은 일본인이건 조선인이건 모두 동일의 교육을 시키겠다는 것을 내세웠다. 하지만 학교의 명칭을 일본어를 사용하는 학교는 소학교, 중학교, 고등학교로 그렇지 않은 학교는 보통학교, 고등보통학교, 여자고등보통학교라고 칭하였기에 한국인과 일본인은 전혀 다른 장에서 교육을 받았다.

여성교육의 경우도 마찬가지였다. 단 여고보의 설립이 도비나 학교비로 설립할 수가 있게 되었고, 수업연한이 3년에서 4년으로 연장되었다. 그리고 사범교육의 경우 사범학교를 독립기관으로 설립하도록 하였는데 여자사범학교를 5년제 과정으로 허가하였다.

보통학교도 수업연한이 6년으로 확장되었고, 2년의 고등과를 둘 수 있도록 하였다. 그리하여 보통교육의 수업연한과 교육내용이 일본인 소학교와 거의 유사한 내용으로 바뀌었다.

1938년 교육령은 조선총독부의 황국신민화 정책을 보다 철저하게 드러낸 것으로 한국인 학교의 명칭과 일본인 학교의 명칭을 동일하게 하여 종래의 보통학교를 심상소학교로, 고등보통학교는 중학교로, 여자고등보통학교는 고등여학교로 바꾸도록 하였다. 여고보는 명칭의 변화와 함께 수업연한은 5년 또는 4년으로 하되 사정에 따라 3년으로 할 수 있도록 하였다. 그리고 조선어는 선택과목으로 바꾸었고 조선어를 제외한 교과목, 교수요지, 교과과정 등은 양국인이 같이 하기로 하였다.

그러나 여전히 소학교·중학교·고등여학교 등의 한국인 학교와 일본인 학교는 분리 운영되었다. 다만 보습학교나 일본인이 운영하는 각종학교의 경우는 한국인이 다니는 경우가 증가하였다.

먼저 부산지역의 여성중등교육을 보면 한국인 학교는 부산공립여자고등보통학교, 사립 일신여학교, 공생학교가 있었고, 일본인 학교는 부산공립고등여학교, 사립으로 부산실습여학교(삼도고등실업여학교), 대곡가정전수학교, 부산상업야학교 등이 있었다.

한국인 교육에서 볼 수 있는 것은 일신여학교가 일찍이 설립된 사립학교로서 많은 인재를 양성하였다. 특히 한국인 교육에서는 어느 정도 자율성을 가졌던 종교학교가 일제에 의해 철저하게 감독 받는 공립학교보다도 민족교육에서 우위를 점하였다고 볼 수 있다. 부산의 많은 민족운동가 여성운동가를 배출한 것은 일신여학교였다.

그리고 한국인 공교육은 전문적 여성을 키워 내는데 유리한 점을 갖지 못하였다. 특히 후에 한국인 인재가 많이 몰렸던 부산공립여자고등보통학교는 상급학교 진학에 힘쓰지 않아 진학에 어려움이 있었다. 이 학교는 실습 등 작업 활동으로 교육을 몰아가 여성인적 자원을 개발하고 그것을 키워야 할 여성교육의 역할을 제대로 해 내지 못하였다.

일본인 교육은 상대적으로 전문화되어 있었다. 부산공립고등여학교는 일찍이 1906년 조선에서 최초로 설립된 여성 중등교육기관으로 많은 부분이 정비되어 있었다. 물론 일제의 부덕을 강조하고 양처현모를 지향하는 교육관에는 변함이 없지만, 많은 선배들이 일본으로 건너가 상급학교에 진학을 하고, 새로운 사상을 받아들인 선배들이 있었기에, 여성들이 자율성을 키워 가고 인간적으로 성장해 갈 수 있는 기회가 한국인 여성들보다는 많았을 것으로 보인다.

나머지 여성교육기관들은 직업학교로서의 특수성을 갖고 조선인도 받아들이면서 교육을 전개해 나갔다.

이렇게 볼 때 부산에서의 여성중등교육은 전문가를 키우는 부분에서는 한국인과 일본인의 경계가 뚜렷하여 한국인이 일본인의 영역으로 진입할 수 없음을 알 수 있다. 한국인들은 그나마 사립교육에서 그 부분을 취하였는데 이 역시 한계가 있었다. 다만 실업교육에서는 그 진입이 가능했음을 할 수 있다.

부산 여성초등교육은 공립교육이 주를 이루었기에 일본이 요구하는 교육내용으로 이루어질 수밖에 없었다. 특히 여학생들에게는 가사와 재봉 시간을 4·5·6학년에 주당 각기 2시간씩 배정(제2차 교육령)하였고,

이후 제3차 교육령에서는 3 · 4 · 5 시간씩 배정하였다.

일본인 여성들을 보면, 교육 내용에서는 1910년대는 수신 · 역사 · 지리 등에서 한국인 보통교육과 차이가 있었고, 소학교 남학생들과 거의 같은 교과내용으로 교육을 받았다. 제2차 교육령 이후에 일본인 소학교 여학생들에게는 가사와 재봉시간이, 남학생들에게는 직업시간이 많이 배정되었다. 여학생들의 경우에도 '충군애국의 지기를 키워 충량한 국민을 육성한다'는 것이 교육의 목적이었고, 더 나아가 '양처현모'로 키우고자 하였다.

일제강점기 한국인과 일본인은 초등교육에서도 별개의 학교에서 교육을 받았다. 단 1940년대 가서 한국인들 중 몇몇이 일본인 학교에서 공부하였는데, 고등소학교의 경우 한국인 학생이 13%(1940년) - 30%(1941년)정도였다.

(『여성연구논집』 24집, 신라대 여성문제연구소, 2013년 12월)

참고문헌

자료

『조선일보』1927. 3.6, 3.11, 4.18.
『동아일보』1933. 10. 20.
『조선일보』1924. 10. 4.
『부산일보』1915. 6. 9.
『부산일보』1915. 6. 29.
『부산일보』1925. 2. 19.
『부산일보』1925. 7.15, 7.22.
『부산일보』1938. 3.4, 3.6.
『부산일보』1915. 2. 23.
『부산일보』1937. 12.5, 12.6, 12.11.
부산공립고등여학교(1925), 『부산공립고등여학교 일람』.
부산부 부산교육회(1927), 『부산교육 50년사』.
부산부(1921), 『부산부세요람』.
부산부(1924), 『부산부세요람』.
부산부(1925), 『부산부세요람』.
부산부(1927), 『부산부세요람』.
부산부(1930), 『부산부세요람』.
부산부(1936), 『부산부세요람』.
부산부(1937), 「부산공립고등여학교 학칙」, 『釜山府例規類集』.
조선총독부 내무부 학무국(1920), 『內地人 敎育의 現狀』.
조선총독부 내무부 학무국(1915), 『조선교육요람』.
조선총독부 내무부 학무국(1919), 『조선교육요람』.
조선총독부 내무부 학무국(1926), 『조선교육요람』.
조선총독부 학무국(1938), 『조선에 있어서 교육혁신의 전모』.
조선총독부 학무국(1931), 『조선제학교일람』.

조선총독부 학무국(1936), 『조선제학교일람』.
조선총독부 학무국(1940), 『조선제학교일람』.
조선총독부 학무국(1941), 『조선제학교일람』.
조선총독부(1922), 『施政年報』.
조선총독부(1935), 『시정 25년사』.
조선총독부(편)(1940), 『조선법령집람』.

단행본

경남여자고등학교(1957), 『경여고 30년지』.
경남여자고등학교(1977), 『경남여자고등학교 50년지』.
高橋濱吉(1927), 『朝鮮敎育史考』.
김영우(1999), 『한국초등교육사』, 한국교육사학회.
동래학원 100년사 편찬위원회(1995), 『동래학원 100년사』.
부산시사편찬위원회(1965), 『釜山略史』.
부산시사 편찬위원회(1989), 『부산시사』1.
부산직할시 교육위원회(1987), 『부산교육사』.
세계교육사연구회(편)(1976), 『일본 교육사』2, 암파서점.
손인수(1975), 『한국근대교육사』.
여성가족개발원(2009), 『부산여성사 1 – 근현대 속의 부산여성과 여성상』.
오천석(1975), 『한국신교육사』(상).
이만규(1949), 『조선교육사』(하).
함종규(2004), 『한국교육과정 변천사 연구』, 교육과학사.
홍순권(편)(2005), 『일제시기 재부산일본인사회 사회단체 조사보고』, 선인.

학술논문 및 기타

藤井正昭(1988), 『식민지 시대 조선의 교육의 개요와 일본인 교사의 역할에 대한 연구서설』.
방지선(2009), 「1920-1930년대 부산지역 중등학교의 수학여행」, 『일제강점하 부산의 지역개발과 도시문화』, 선인.
이송희(1996), 「일제하 부산지역의 여성교육」, 『부산여대사학』 13,14집, 부산여대 사학회, 45-100쪽.
이송희(2005), 「한말 일제하의 여성교육론과 여성교육정책」, 『여성연구논집』 16집, 187-221쪽.
이송희(2005), 「일제시기 부산지역 일본인 사회의 교육(1)」, 『한일관계사 연구』 23집, 한일관계사학회, 203-250쪽.
이송희(2006), 「일제하 부산지역 일본인의 초등교육」, 『지역과 역사』 제19집, 부경역사연구소, 163-202쪽.
조연순(1995), 「초등교육」, 『한국근현대교육사』, 정신문화연구원.
한우희(1998), 「식민지 전기의 보통교육」, 『근대한국초등교육연구』, 교육과학사.
홍순권(2004), 「일제시기 부산지역 일본인 사회의 인구와 사회계층 구조」, 『역사와 경계』 51.

제3장
일제강점기 부산지역의 여성단체
-1920년대를 중심으로-

I. 머리말

　근래 일제하 민족해방운동에 관한 연구가 활발하여지고 또한 여성문제가 중요 이슈로 등장하면서 부문운동으로서의 여성운동, 여성문제를 해결하기 위한 대전제로서의 여성운동에 관한 연구가 활발하여졌다. 그 결과 많은 성과들이 나오게 되어 일제하 여성운동에 관한 내용들이 밝혀지고 있는데, 특히 운동이 활발하였던 1920년대에 관한 연구가 집중적으로 이루어지고 있다.
　그러나 연구들이 대체로 중앙의 활동에 집중되어 있으며, 또한 역시 명망가 중심으로 정리가 되어 왔다. 때문에 각 지역에 살고 있었던 여성들의 구체적 활동상과 그들의 삶을 드러내주지는 못하고 있다. 그런데 당시의 여성들은 대체로 농민여성이나 무명의 여성으로 지역에 뿌리를 내리고 살고 있었다. 따라서 지역여성과 지역여성의 운동을 연구하지 않고는 여성문제의 본질을 파헤칠 수가 없고 여성운동의 실상을 밝힐 수가 없다.

필자는 몇 년 전부터 지역여성들의 현재의 삶에 관심을 가지면서 자연이 거슬러 올라가 가장 어려웠던 시기의 일제하 지역여성들은 어떻게 살았을까 하는 궁금증을 갖게 되었고 조명해 보고자 시도하였다. 그 과정에서 정리해 본 글이 이 논문이다.

본 연구에서는 1920년대 부산지역의 여성운동을 이끌었던 여성단체들에 대하여 고찰하여 보았다. 그것은 부산지역에서 여성단체가 등장한 것은 애국계몽운동시기 국채보상운동에서였으며 그 후 송죽회의 활동 등이 있었으나, 본격적 여성단체의 설립과 활동은 1919년 이후부터였기 때문이다. 처음 여성단체들은 독립운동단체로서 출발하였지만, 차츰 여성의 문제를 인식하게 되고, 이후에 가면 여성문제를 본격적으로 논의하는 단체들이 설립되기에 이른다. 바로 1920년대 부산지역의 여성단체들은 일제하 부산지역 여성운동의 핵심에 해당되기에 연구대상으로 하였다.[1]

연구에 들어가 보니 문제는 역시 자료 발굴의 어려움이었다. 그래서 결국 신문자료에 의존할 수밖에 없었다. 반가웠던 것은 지역사 연구가 많은 관심의 대상이 되고 있어서 앞으로 여성운동을 포함한 다양한 부문운동사가 전체적으로 엮어질 수 있겠다는 것이다.

본 연구는 이러한 한계 속에서 일제하 부산지역 여성운동의 복원이라는 목적을 갖고서 시작했는데, 사실들을 끌어내 짜 맞추는 작업을 하는데서 그치고 말았다. 앞으로의 연구에서 미비한 부분을 보충하도록 하겠다.

---

[1] 식민지하 부산지역 여성독립운동에 관한 연구는 다음과 같다. 이송희(1996), 「박차정 여사의 삶과 투쟁」, 『지역과 역사』 창간호 : 김정희(1996), 「일제하 동래지역 여성독립운동에 관한 소고-근우회 동래지회를 중심으로」, 경성대석사학위논문 : 1996년 광복회 부산 제주연합지부가 주최한 〔부산지역 독립운동 학술세미나〕에서의 강대민(여성독립운동가-박차정), 이송희(항일여성단체-1910년 1920년대를 중심으로), 최경숙(여성독립운동전개) 등의 발표.

II. 여성단체 활동의 배경

1920년대 부산지역에서 여성단체 활동이 활발히 이루어진 것은 1910년대의 운동이 계승되고 소수에게 이기는 하지만 여성교육이 이루어지고 있었던 점에 바탕을 두고 있었다.2) 그러나 무엇보다도 1920년대에 들어서 각기 부문운동이 활성화되고 新思想이 보급된 것이 중요 배경으로 작용하였으며 또한 女性解放의 이론이 본격적으로 대두되고 논의되었던 것에 힘입은 바가 컸다.

1. 부문운동의 활성화와 신사상의 보급에 의한 여성운동의 다변화

일제하 민족해방운동은 1920년대에 접어들면서 새로운 단계에 접어들게 되었다. 그것의 중요한 계기는 물론 근대이래 민족적 과제를 해결하려 했던 민족운동과 그것의 총결산인 1919년 3·1운동의 경험이었다. 특히 3·1운동에 참여하여 민족대연합전선을 폈던 各界各層의 사람들은 운동의 경험 속에서 차츰 각기 자신들의 입장에서 민족해방의 문제를 직시하게 되었으며 기초를 닦아나갈 수 있는 저력을 키우게 되었다. 그리하여 1920년대에 접어들면서 부문운동이 그 기초를 닦아가기 시작하였다. 즉 청년운동을 비롯하여 노동·농민·학생·형평 등 부문운동이 활성화되기 시작하였으며 여성운동도 다른 부문과 궤를 같이하여 활성화되기 시작하였다.

그리고 이러한 부문운동이 좀 더 본격적으로 전개될 수 있게끔 그 사상

---

2) 여성들의 활동에서 가장 중요한 기반이 되는 것은 여성교육이다. 본고에서는 따로 이 교육문제를 다루지 않았는데 필자가 쓴 논문을 참조하면 될 것이다. 이송희 (1996),「日帝下 釜山地域의 女性教育」,『釜山女大史學』제13·14집, 부산여자대학교 사학회, 45-56쪽.

적 뒷받침을 해 주었던 것은 社會主義思想 이른바 신사상이었다. 사회주의사상은 1921년을 전후하여 일본유학생들을 통해 우리사회에 소개되기 시작하였다. 일본에서 신사상연구·노동문제 연구에 몰두하였던 일본유학생들 특히 朝鮮 苦學生同友會의 회원들은 1922년 1월 신사상의 보급을 위해 서울에 들어와서 2월 4일자『조선일보』지상에「全國 勞動者 諸君에게 檄함」이라는 이른바「同友會宣言」을 발표하여, 계급투쟁의 직접적 행동기관임을 선언하였다.[3] 이즈음 국내에서는 無産者同志會의 결성(1922.1.19),[4] 新生活社의 발족(1922.1.15)[5] 등 사회주의적 색채를 띤 단체들이 태동하였다. 그리고 이후 사회주의사상을 수용한 무수히 많은 단체들이 결성되었으며 코민테른 극동기관에서는 1923년 꼬르뷰로 국내부를 설치키 위해 사회주의자들을 국내에 잠입시켰다. 이러한 새로운 사상의 수용과 운동의 전개는 이제 막 기초작업을 하고 있었던 부문운동에 커다란 영향을 주어 부문별 단체의 결성, 운동의 활성화로 이끌어 주었다.

또한 일제의 문화정치 속에서 그나마 합법적 공간을 마련하여 운동이 원활히 전개될 수 있었다. 물론 문화정치의 목적은 민족의 분할통치에 목적을 둔 것이었지만 이러한 유화정책 속에서 투쟁공간이 마련되었던 것이다.

여성운동의 경우에도 다른 부문운동과 같이 1920년대의 분위기와 사회주의사상의 수용 속에서 활성화되고 다변화되었다.

1920년대 초에 이르러 여성운동은 3·1운동의 경험을 토대로 특히 그동안 교육받은 신여성들이 중심이 되어 초보적인 의식계몽운동을 통해

---

[3] 朝鮮總督府警務局(1922),『朝鮮治安狀況』, 17쪽. 京畿道 警察部(1925),『治安槪況』, 6쪽. 이것은 한국 초유의 階級鬪爭文書로 金若洙, 金思國, 鄭泰信, 鄭泰成, 李龍基, 李益相, 朴錫胤, 박열, 원종린, 洪永魯, 黃錫禹, 林澤龍 등 12인이 연서한 것이다.
[4] 尹德炳, 金翰, 申伯雨, 元貞龍(元友觀), 李爀魯, 李準泰, 白光欽, 陳炳基, 金達鉉, 金泰煥 등 각 사회단체의 지도적 인물 19명이 결성.
[5] 朴熙道, 李承駿이 발기하고 金明植, 辛日龍, 李星泰, 鄭知鉉, 申伯雨 등이 발족.

그 대중적 기반을 마련하는데 주력하였다. 그리하여 1920년 한해에만 30여개의 여성단체가 조직되었으며 1923년까지 존재했던 여성단체 수는 130여개가 넘었다. 이들은 여자청년회·기독여자청년회·부인회 등으로, 이러한 계몽단체와 기독교·불교 등 종교단체 중심의 민족주의계열의 여성운동은 1923년을 절정으로 이후는 조금씩 쇠퇴하였다.

이즈음 당시 사회주의사상의 풍미와도 관련하여 무산여성의 해방을 규약과 강령으로 직접 내세움으로써 계급해방을 표방한 여성단체 朝鮮女性同友會가 등장하였다. 여성동우회는 여성운동의 방향을 "婦人의 解放은 결국 經濟的 獨立에 있다. 현재의 경제조직 하에서 경제적 독립은 절대 불가능하다. 그것은 남자노동자도 마찬가지다. 그러므로 女性解放運動은 無産階級解放運動과 같은 것이며 현재의 帝國主義 經濟組織을 새로운 經濟組織으로 變革하는 運動이 아니면 안 된다."고 제시하였다. 여기에서 분리한 세력들이 따로 여성해방동맹을 설립하였고, 이 중 화요회 북풍회계는 경성여자청년동맹을, 서울청년회계는 경성여자청년회를 설립하였다. 그리고 지방에서도 유사한 성격을 가진 조직들이 설립되었다.6)

그러나 이러한 사회주의계열의 여성단체들도 한계에 부딪치게 되었다. 그것은 이들이 압도적으로 다수를 차지하는 농촌여성의 문제에 실천적으로 눈을 돌리고 있지 못했으며, 아직 주체적 역량이 미약했고, 식민지 조선사회의 특수성을 충분히 인식하지 못한 상태에서 사회주의사상을 급격히 수용하여 조직적 대립 분열이라는 결과로까지 가게 되었던 것이다.

이러한 가운데 여성단체들이 자신들에 대해 반성을 하게 되고 합동으로 일을 추진하면서 차츰 여성운동통일에 대한 의견을 교환하다가 1926년 12월 사회주의 여성단체들이 中央靑年同盟이라는 통일조직을 탄생시

---

6) 사회주의계열의 여성운동에 대해서는 박혜란(1993), 「1920년대 사회주의 여성운동의 조직과 활동」, 이화여대 석사학위청구논문. 김준엽·김창순(1972), 『한국공산주의운동사』 2권, 고대 아세아문제연구소, 149-160쪽.

컸고 여기에 종교단체의 사회주의파·민족주의파가 통일전선의 요청에 부응함으로써 1927년 5월 槿友會의 창립으로 발전하게 되었다. 이후의 여성운동은 근우회를 중심으로 전개되었다.

부산지역 여성단체들의 활동 역시 이러한 전국적 여성운동의 전개과정과 함께 하였으며 또한 지역적 특수성으로 하여 나름대로의 독특한 면을 지니기도 하였다.

2. 여성해방론의 전개

1920년대에 들어서서 앞서와 같은 여성운동의 변화와 활성화 또한 부산지역의 여성단체 활동의 전개에 뒷받침이 된 것은 무엇보다도 당시 본격적으로 대두된 여성해방론이었다. 여기에서는 여성단체 활동의 전제로서 여성해방론에서는 여성억압의 원인을 어떻게 보았고 여성해방이라는 것을 어떻게 이론화하고 있는가를 보겠다.

1) 여성억압의 원인

그러면 1920년대에는 여성을 억압하는 것이 무엇이라고 보았는가? 즉 여성문제의 원인제공이 어디에 있다고 보았나? 논의를 몇 가지로 정리해 볼 수 있다.

첫째, 기존의 전통적 가치관과 제도, 즉 전통적인 도덕, 윤리 그리고 가족제도, 결혼제도 등이 여성을 억압하는 장본인이라고 보고 있다. 남자중심의 전통적 도덕과 윤리가 가정에서는 물론이고 사회통념으로 자리잡고 있어서 여성들은 항상 남성의 소유물로 간주되어 왔다는 것이다. 그리고 이러한 가치관에 기반하여 가족제도·결혼제도 등은 바로 여성을 억압하는 기제였다는 것이다.

둘째, 여성 자신의 인간으로서의 각성이 부족한데 그 원인이 있다고 보는 시각이다. 즉 여성 자신들이 기존의 가치관과 가족제도를 비롯한 사회제도에 젖어있으면서 그것을 문제 삼지 않고 당연시하고 있으며, 교육의 기회를 잘 활용하지 않고, 자신들의 권리를 주장하지 않는 등 여성 자신에게 문제가 있다는 것이다.7)

셋째, 정치·경제·법률 등 사회제도 면에서의 불평등한 조건이 바로 여성 억압의 원인이라고 보고 있다. 당시 사회에서의 제도가 모두 남성 중심으로 되어 있어서 여성들은 이 제도 속에서 억압받고 있다는 것이다. 즉 경제·정치적인 면에서 여성들이 인간답게 살 수 있는 권익을 찾아볼 수 없다는 것이다. 여성의 부자유는 바로 경제적 독립력이 없었던 데 있었으며8) 또한 정치적으로 법률적으로 불평등한 위치에 처해 있음9)으로 해서 비롯되었다고 강조하였다. 아무리 여성 자신이 자각을 하고 여성해방을 부르짖는다 하더라도 경제적인 면에서 뒷받침이 되지 않고 정치적으로 선거권 등의 권한을 갖지 못하고, 또한 민법·형사법 등에서 법률적인 뒷받침이 없이는 여성은 계속 굴종적인 삶을 살아갈 수밖에 없다는 것이다.

---

7) 부인해방운동은 부인들의 自身의 覺醒에서 출발해야 한다고 강조하였다(「日本의 婦人運動」, 『동아일보』 1923. 3. 2.) : 여자는 스스로 壓迫과 拘束과 輕蔑을 타파치 아니하면 안된다고 하였다. (「女子의 責任」, 『시대일보』 1925. 8. 6) : 「朝鮮女子여 太陽에 面하여 잎하라」, 『동아일보』 1922. 1. 8, 社說.
8) 오늘날 여자가 진실로 解放을 요구하려면 먼저 經濟的으로 男子와 同一한 勢力을 얻어야 할것이지 男性에게 經濟的으로 寄生하는 생활을 해서는 안된다고 하고 있다 (李根芯, 「解放을 바라는 여성들에게 – 經濟的으로 獨立하여 享樂의 結婚을 폐하라」, 『동아일보』 1927. 2. 5) ; 婦女의 사회상 지위를 참으로 향상시키는 진정한 女子解放과 男女平等을 기도하려면 무엇보다 먼저 그의 경제적 평등과 경제적 解放을 얻도록 노력하여야 할 것이다(燕京學人, 「婦人과 經濟」, 『동아일보』 1927. 7. 21, 婦人講座).
9) 「英國女性의 選擧權擴張」, 『동아』 1927. 6. 16, 時評 ; 朗山生, 「法律상으로 본 女子의 地位」(1-3), 『동아일보』 1927. 7. 29-7. 31, 婦人講座.

넷째, 여성억압은 바로 사회구조적인 것이라는 시각이다. 사회경제구조의 변화 속에서 여성의 현실적 위치가 결정되어왔다고 보고 바로 당시의 자본주의적 사회경제구조가 여성을 억압하는 장본인이라는 시각이다.10) 즉 여성이 교육을 통하여 자각을 하게 되고 그리고 그것을 기반으로 경제적 독립력을 갖거나 또 선거권을 갖게 된다고 하더라도 사회 전반적 구조가 바뀌지 않는 한 그것은 개별적 사항으로 그치고 근본적 해결을 가질 수 없다는 것이다.11)

2) 여성해방의 의미

당시는 여성억압의 원인을 위와 같이 정리하고 이 억압을 풀어내는 여성해방의 논리를 다음과 같이 세 가지로 전개하였다.

첫째, 여성해방이란 여성들이 재래의 남성에 의한 노예적인 삶과 노예적인 도덕에서 벗어나12) 자유와 권리를 갖는 하나의 인격체가 되는 것이라는 관점이다. 즉 여성이 개인으로서의 각성과 인생으로서의 각성을 통해서 진정한 인격체 - 자유인이 되는 것이라는 관점이다.13) 특히 이 관점에서는 여성의 개인으로서의 각성과 인생으로서의 각성이 성적도덕에 대

---

10) 여성문제의 근원을 추구하면 자본주의 조직에서 찾아볼 수 있다.(「婦人運動과 新女性」,『동아일보』1926. 1. 4.) ; 여성을 억압하는 장본인은 資本主義라고 하고 있다.(山川菊榮,「東洋婦人의 解放」,『동아일보』1925. 1. 3. : 李賢卿,「經濟狀態의 變遷과 女性의 地位」(1)-(5),『現代評論』1927. 2-6).
11)「女性解放運動에 대하여」『시대일보』1924. 5. 16. :「經濟獨立이냐 知識向上이냐」, 『동아일보』1927. 10. 23, 婦人時評.
12) 權九玄,「女性運動의 一考察」,『中外日報』1927. 8. 30. :「朝鮮女子여 太陽에 面하여 立하라」,『동아일보』1922. 1. 8.
13)「婦人問題의 槪觀」(1)『동아일보』1922. 6. 12. 이 글(1회-16회:22. 7. 4까지)은 서구 부르주아 여성운동을 소개하고 있는데, 이는 生田長江 本間久雄의 저술 "社會問題12강" 중에서 수집 소개한 것이다. 여기에서는 부인의 문제로 新道德, 自由離婚, 參政權, 職業, 母性保護, 戰爭 등에 관한 것을 소개하고 있다.

한 혁명적인 신도덕의 형성을 가져다준다고 보았다. 그리고 그 구체적 내용으로 연애의 자유, 연애 결혼, 자유 이혼 등을 들기까지 하였다.14)

둘째, 여성해방이란 여성들이 남성과 동등한 권리와 지위를 획득함으로서 자기를 실현하는 것이라고 보는 관점이다. 즉 구체적으로 지적 능력, 생존권, 정치적인 면에서 여성들도 남성과 동등한 권리와 이익을 획득하는 것이라고 보는 것이다. 이는 당시 서구여성들을 완벽한 것은 아니지만 지향해야 할 바로 보고 그것을 모델로 하여 여성문제를 풀어나가고자 하였던 인식이다.15)

이 관점에서 무엇보다 중요시 하고 있는 권리가 지적 능력에 관한 것으로 교육상의 권리와 자유였다. 그리하여 여성교육이 강화되어야 한다고 보았다.16) 이어 강조한 것이 여성들의 사회적 진출, 직업문제였다. 이는 여성을 독립된 인간으로 만드는데 필수적 조건일 뿐만 아니라 여성 자신의 생존권 문제 또 사회적인 지위와도 관련하여 중요한 문제라고 보았다.17) 또한 참정권의 획득을 크게 강조하였다. 특히 서구의 부르주아 여

---

14) 신영숙(1986),「日帝下 新女性의 戀愛 結婚問題」,『韓國學報』제45집. 이 논문에서는 20년대 30년대의 新女性들의 戀愛와 結婚에 대하여 다루고 있다.
15) 一記者,「婦人問題의 槪觀」,『동아일보』1922. 6. 12-6. 30. : 鄭春溪,「婦女解放運動에 對하여」,『조선일보』1923. 8. 22-23. : 天華散人,「世界婦人運動의 史的考察」,『조선일보』1929. 1. 1-1. 9. : 鄭權,「女權運動의 史的 考察」,『조선일보』1929. 12. 4-12. 11.
16) 교육에서 동등권을 갖기 위해서 남녀공동적 교육을 실시해야 하는데 이는 남녀동교의 실행을 말함이라. 정춘계의 앞의 글(1923. 8. 28일자) : 여자들은 남자와 같이 동일한 생활을 그 질과 양에서 分有하여야 한다. (「自己로 사는 婦人」,『동아』1920. 6. 23) : 조선여자기독교청년회 연합회장이었던 유각경은 男女同權이니 婦人解放이니 하고 떠들기 전에 먼저 實力을 養成해야 한다고 하고 교육을 위해 여자 기숙사를 건립할 계획이며 우선 여자전용도서관을 건립하려 한다고 하고 있다. (兪珏卿,「나의 主義와 事業-배우고서야 해방과 동등이 있다」,『시대일보』1924. 4. 1): 張應震,「먼저 敎育問題를 解決함이 急務」,『開闢』4호, 29쪽, 朝鮮 女性이 取할 바는 공부할 기회를 得하는 것이다 :「朝鮮女子여, 太陽에 面하여 立하라」,『동아』1922. 1. 8.

성운동이 교육·직업의 권익 획득투쟁과정에서 참정권 획득 운동으로 귀결되었다는 것을 면면히 증명해가며 강조하였다.18)

셋째, 여성해방이란 기존의 구조 속에서 남성에 대항하여 여성의 이익과 지위를 획득하는 것만으로는 이루어지지 않고 여성을 억압하고 있는 사회적·경제적 불평등을 초래하는 그 근본적 원인에서 벗어나는 것이라고 보는 시각이다.19) 이는 단순히 남성의 억압에서 벗어나 자기실현을 하는 것이 여성의 진정한 해방은 아니라는 시각으로, 사회구조 속에서 자유로워져 주체적 인간으로 설 때 진정한 해방이 이루어진다는 것이다. 여기에서는 여성문제가 남성과의 갈등구조 속에서만 나온 것으로 보는 시각에 대하여 극히 경계하고 인간 전체의 문제로 볼 것을 강조하고 있다.

따라서 이 시각에서는 경제적 독립이라든가 생활에서의 불평등 등 몇몇 문제를 해결한다고 하여 여성해방이 이루어지는 것이 아니고 여성문제를 유발하는 사회적 근본적 변혁에서만이 여성해방이 이루어진다고 보

---

17) 여성들의 不自由는 바로 經濟的 獨立力이 없었던데 있었다고 지적하고 있다. C. Y.생,「寡婦解放論」,『學之光』1920. 7, 186-187쪽 : 崔東旿,「中國女子界를 보고 우리 女子界를 봄」,『開闢』, 19호(1922. 1), 59-60쪽 : 李大偉,「여성의 經濟的 獨立」,『青年』, 1922. 1월호, 9-10쪽 : 一記者,「離婚問題」,『青年』1922. 6월호, 24쪽.
18) 一記者,「婦人問題의 槪觀」(7)(8)(9)(10)(11),『東亞日報』, 1922. 6. 19-24. : 天華山人,「世界婦人運動의 史的 考察」(1)-(5),『朝鮮日報』1929. 1. 1-1. 9. : 日本 中國에서의 參政權運動에 대해서도 소개하고 있다.「日本婦人과 參政權」,『동아』1926. 3. 1. :「日本의 婦人 參政權 問題」,『중외』1928. 6. 21, 社說. :「中國女性運動槪觀」,『중외』1928. 12. 4.
19)「女性解放運動에 대하여」,『시대일보』1924. 5. 16. 필자는 이 글에서 女性을 無産女性과 有産女性으로 구분하여 그들의 抑壓을 분석하고, 女性解放運動의 두개의 조류로 하나는 남성에 대한 反抗만을 목표로 하여 男女의 平等과 戀愛의 自由와 參政權의 獲得을 주장하는 부르주아 중산계급 여성의 것이 있고, 또 하나는 이 보다 일보 나아가 經濟的 社會的 生活에 대한 그러한 不平等이 緣由되는 그 기원을 교정하려는 無産女性의 것이 있다고 정리하고 있다. 그런데 여성 隸屬의 기원은 經濟的 동기에서 구할 수 있으므로 여성의 참다운 해방은 경제적으로 독립하는 것이고 경제적으로 독립하기 위하여는 사회적 生活의 樣式을 바꿀 수밖에 없다고 보고 있다.

고 있다.[20] 즉 자본주의적 생활양식이 근본적으로 변개되기 전에는 여성들이 그 예속의 지위에서 벗어나지 못한다고 강조하였다.[21]

이 시각은 당시 서구의 부르주아 여성운동 즉 교육 및 직업의 자유, 참정권의 획득과 같은 것은 재래의 여권론적 여성운동이라고 정의하고, 새로운 부인운동은 無産階級女性이 주체가 되어 전개하는 목전의 문제에 목적을 두지 않고 참된 인류의 자유 평등을 실현하고자 하는 운동이라고 강조하였다.[22]

이러한 여성억압에 관한 분석과 여성해방의 이론은 바로 1920년대 여성운동이 활성화될 수 있는 이론적 기반이 되었고 부산지역에서 여성단체 활동이 활발히 이루어질 수 있는 전제였다.

III. 비밀결사단체의 설립

1. 대한민국 애국부인회 지부

1919년 3·1운동의 전개과정에서 운동의 자금모집을 위하여 서울에서는 血誠團(일명 혈성애국부인회)이 조직되었다. 혈성단은 장선희(정신여학교 교사), 이정숙(세브란스병원 간호원), 吳玄洲(재령 명신여학교 교

---

20) 「經濟獨立이냐 知識向上이냐」, 『동아』 1927. 10. 23. 여성문제를 해결하기 위하여는 私有財産制度를 해결함이 선결문제로, 經濟的 獨立이 女性解放의 근본조건이라 할 수 있는데 경제적 독립을 순전히 社會制度 하에서 法律上으로 財産權을 승인한다든지 또는 職業婦人으로서의 독립생활, 단순한 재산소유자로서의 독립생활을 의미한다면 이는 부인의 해방과는 아무런 관계가 없다고 강조하고 있다.
21) 앞 글 : 앞으로 올 新社會에서는 婦人의 幸福을 약속할 수 있다고 강조하였다. 尹狂波, 「無産運動과 婦人運動」, 『동아』 1924. 12. 8.
22) 李鵑坡, 「전환기에 임한 조선의 여성관」, 『신사회』 1926. 2월호, 38~39쪽. : 박원희, 「부인운동이란 무엇인가? - 그 대강에 대한 일반적 상식」, 『중외일보』 1926. 12. 19.

사), 吳玄觀(군산 메리블렌 여학교 교사), 李誠完(정신여학교 출신) 등이 중심이 되었으며 오웅선(33인 중의 한사람인 오화웅 목사의 딸)과 차숙경 (이갑성의 부인)이 참가하였다.23) 또 한편 대조선 독립애국부인회가 결성되어 독립 운동가를 돕고 자금을 모집하는 등의 활동을 시작하였다. 이는 경성여자고등보통학교 출신 金元慶이 최숙자 등과 더불어 임득산·임창준 등의 협조를 얻어 결성된 것으로 청년외교단 이병철 등이 적극 후원하여 60여명의 회원이 모집되었고 이들은 자수품을 만들어 그 판매대금을 헌납하였다.

그러다가 이 두 단체는 임시정부의 수립을 앞두고 상해에 김원경을 대표로 파견하는 것을 계기로 통합하고 대조선 독립애국부인회라고 칭하기로 하였다. 명칭은 상해임시정부에서 감사장을 보내며 대한민국 애국부인회라고 칭하여 그대로 부르기로 하였다.

위와 같은 경위로 통합 설립된 대한민국 애국부인회는 기존의 두개의 단체를 기반으로 김마리아·황애스더·이정숙·장선희·김영순·유인경·이혜경·신의경·백신영 등을 중심으로 재조직되어 府·郡에 지부를 설치하는 등 전국적 조직망을 갖고서 연계하여 독립투사를 돕고 군자금을 모집하였다.

특히 비밀결사단체인 만큼 지부설치에도 어려움이 따랐는데 당시 지부장을 보면, 京城 李貞淑, 興水院 鄭根信, 載寧 金聖姆, 鎭南浦 崔梅智, 平壤 邊淑卿, 大邱 兪仁卿, 永川 金三愛, 釜山 白信永, 慶尙南道 金弼愛, 晋州 朴寶艶, 淸州 李順吉, 全州 柳寶敬, 群山 李瑪利亞, 元山 李惠卿, 城津 申愛均, 咸興 韓日浩 등이었다.24) 바로 이 때 부산에도 대한민국 애국부인회 지부가 설치되었음을 알 수 있다.

---

23) 최은희(1991), 『한국여성사』(하), 18-19쪽.
24) 최은희(1991), 앞의 책, 22-23쪽.

그리고 1919년 10월에 이르러서는 김마리아·황애스더를 중심으로 체제를 새롭게 정비하였다. "본회의 目的은 大韓民國의 國憲을 확장하는데 있다"고 밝히고, 본부의 규칙과 지부규칙을 제정하였으며, "人權을 찾고 國權을 회복할 최대의 목표를 향하여 우리에게는 다만 前進이 있을 뿐이오, 추호의 후퇴를 용허할 수 없다"는 취지서를 발표하였다. 또한 임원을 선출하였는데 회장에 김마리아, 부회장에 이혜경, 총무부장에 황애스더, 재무부장에 장선희, 적십자부장에 이정숙, 결사부장에 백신영·이성완, 교제부장에 오현주, 서기에 김영순·신의경 등으로 하였다.25)

새로운 조직에서는 본부의 총무부 안에 특별히 통신부를 두어 상해임시정부와 국내 독립투사들 간의 연락, 해외 망명지사와 그 가족들 간의 상호연락을 취하는 중간역할을 비밀히 수행할 통신기관이 되게 하였다. 재무부는 각 지부장을 통하여 매달 1원씩 회원의 의무금 수납과 경향 각지의 유지들로부터 희사금을 받아 상해임시정부를 지원하고, 적십자부는 독립운동으로 투옥된 이와 해외에 망명한 독립지사들의 가족의 생활구제를 책임졌다. 특히 결사부는 일제에 항거하여 직접적 투쟁이 있을 경우 제1선에 나설 전위부대로 편성되었다. 본부에 2명의 부장을 두고 지부에도 결사부원 2인을 두었으며 본회의 결사부장은 전국의 결사부 사무를 총리토록 하였다.26) 또한 애국부인회는 독립운동자금 모집에 힘써 6천원의 군자금을 임시정부에 송금하였다.

이러한 이들의 활동상은 경찰의 주시의 대상이 되고 1919년 11월 28일 전국에서 52명이 검거되었다. 이 중 9명이 출판법위반으로 기소되어 각 1

---

25) 최은희(1991), 앞의 책, 25쪽.
26) 최은희(1991), 『한국근대여성사』 하, 『추계최은희전집』 4, 25-27쪽. 임원을 보면 회장에 김마리아, 부회장 이혜경, 총무부장 황애스더, 재무부장 장선희, 적십자부장 이정숙, 결사부장 백신영·이성완, 교제부장 오현주, 서기 김영순·신의경 등으로 구성되었다.

년 이상의 형을 받았다.27) 특히 김마리아와 백신영은 병보석을 받기도 하는 등 어려움을 겪었다.28)

앞서 언급하였듯이 부산에서는 일찍이 백신영이 지부장으로 활동하였다. 원래 백신영은 기독교전도사로 활동하며 지회를 이끌어가고 있었는데 조직 재편 시에 대한민국 애국부인회의 가장 핵심적 부서라고 할 수 있는 결사부장으로 임명되어 활약하게 되었다. 백신영의 판결문을 보면 주소는 경상남도 부산부 초량동 213번지로, 나이는 31세, 직업은 예수교전도사로 적혀있다. 비밀결사조직이었기에 지회장인 백신영 이외의 인물들의 활동에 대해서는 알 수가 없다. 백신영을 비롯하여 대한민국 애국부인회의 주도층이 기독교세력이었으며 또한 한두 사람을 제외한 거의 모두가 기독여학교인 정신여학교의 출신이었고 교사였던 점으로 보아,29) 부산에서의 대한민국 애국부인회의 활동도 역시 당시 항일운동의 거점이 되고 있었던 교회와 교인, 학교를 중심으로 전개되었을 것으로 추정된다.

그렇게 보았을 때 장로교계열의 일신여학교와 부산진교회·초량교회가 그 활동의 장이 되었을 것으로 추정된다. 부산진 일신여학교는 1895년 호주장로교 여자선교회연합회의 여자전도사들이 포교활동의 일환으로 좌천동의 한 초가에서 소녀들을 모아 주간학교를 차리면서 시작되었다. 이 학교의 설립목적은 한국인목사와 교사양성에 있었다. 1909년에는 3개년 과정의 고등과를 설치하여 1913년에 4명, 14년에 2명, 15년에 1명, 17년

---

27) 김마리아·황애스더 등이 3년형, 이정숙·장선희·김영순 등이 2년형, 유인경·이혜경·신의경·백신영 등이 1년형을 받음.
28) 대한민국 애국부인회의 공판에 관하여는 다음 신문기사 참조.『조선일보』1920. 6.10, 7.3, 12.18, 12.20. :『동아일보』1920. 4.24, 4.27, 5.19, 6.9, 6.10, 6.11, 6.30. : 경상북도경찰부(1934),『고등경찰요사』, 192쪽.
29) 최은희(1991), 앞의 책, 106-119쪽. 황애스더를 제외한 지도층들이 모두 정신여학교출신이었으며, 장선희·김영순·김마리아·이혜경·신의경 등은 당시 정신여학교의 교사로 학생들 가르치고 있었다.

에 3명, 18년에 2명, 19년에 2명 등이었다. 이 학교는 3·1운동 시에 부산지역에서의 초기운동 전개에 많은 공헌을 세웠다. 때문에 일신여학교는 민족운동의 장으로서의 기반을 갖추고 있었다.30) 부산진교회와 초량교회는 호주장로교선교회와 미국장로교선교회가 부산지역에서 포교활동을 하면서 설립된 장로교 교회들31)로 당시 많은 민족 운동가를 배출하는 민족운동의 장이었다. 일찍이 1916년 부산지역에서 송죽회의 활동이 있었을 때도 송 형제들이 바로 이 교회들을 중심으로 교회에서 자연스럽게 부인회를 결성하여 자신들의 목표를 추구해 갔던 것으로 보이며 애국부인회의 경우도 부산진교회와 초량교회가 바로 그 활동의 장이 되었을 것으로 추측이 된다. 실제 일신여학교 3·1운동의 지도교사였던 주경애는 일신여학교 고등과 6회 졸업생으로 초량교회의 세례자였으며, 박시연 역시 6회 졸업생으로 부산진교회 주일학교의 교사였다.

즉 당시의 부산지역의 여성들은 3·1운동의 맥락에서 기독교세력을 중심으로 민족독립운동에 주력하였던 것을 알 수 있다. 아직은 여성들의 문제를 구체적으로 끌어내지는 않은 채 여성도 민족독립에 역군이 되어 독립에 기여하자는 입장에 있었다.

2. 의용단

義勇團은 여성들만의 조직은 아니었지만 박덕술 등 여성이 그 주요활동가였기에 여기에 언급을 하는데, 이 단체는 부산진교회의 교인인 姜永祚·朴甲善 외 7인과 여신도 박덕술 외 3인이 공모하여 만든 비밀결사단

---

30) 이송희(1994), 『일제하 부산지역의 여성교육』, 21-32쪽.
31) 초량교회는 미국 북장로회 선교부가 파송한 윌리암 베어드목사에 의하여 1892년 11월에 설립되었다. 대한예수교장로회초량교회(1994), 『초량교회 100년사』, 70쪽. 부산진교회의 설립연도는 불분명하나 외국선교사들의 포교에 힘입어 설립된 것으로 보인다. 대한예수교장로회부산진교회(1991), 『부산진교회 100년사』, 65-70쪽.

체였다. 의용단은 조선독립운동을 원조하기 위하여 불온선전과 군자금모
집을 기획하였는데 1922년 4월 11일 勅令 제7호 위반으로 검거되었다.32)

　핵심멤버인 박덕술은 부산진 일신여학교 고등과 1회 졸업생으로 당
시 합법단체인 부산여자청년회에서 활동하고 있었는데, 더욱이 의용단에
참여했던 같은 시기에는 부산여자청년회의 회장직을 맡고 있었다. 그는
김해여자청년회의 창립에도 일정하게 영향력을 미치는 등 부산지역에서
많은 활약을 하고 있었던 대표적 여성운동가였다.33)

　또한 부산진교회가 이 활동의 기반이 되었던 것으로 보아 당시 교회가
민족운동의 장이 되었음을 알 수가 있고 여성들이 활동할 수 있는 공간을
마련해 주고 있음을 볼 수 있다. 이렇게 당시 비밀결사운동의 경우 기독
교의 역할이 컸음을 알 수 있다.

　비밀결사운동에서의 여성들의 활약을 보았지만, 이 운동에서는 여성
들이 자신들의 문제를 거론하고 있지는 않다. 다만 여성들이 주체가 되어
서 운동을 전개하였다는데 그 의미가 있고, 여성들이 자신들의 활동 속에
서 자연히 여성에 대한 문제를 생각할 수 있는 기회를 갖게 되었다는 점
에서 다음의 여성운동의 기반을 마련하였다고 하겠다.

IV. 여자청년회의 설립과 활동

1. 여자청년회의 설립배경과 출현

　한편 3·1운동 속에서 자신들의 투쟁과정에서의 역량에 힘입어 여성
들은 1920년대에 들어서면서 활발한 대중 활동을 전개하기에 이르렀다.

---

32) 慶尙南道警察部(1936),『高等警察關係摘錄』, 37쪽.
33) 부산광역시 시사편찬위원회(1989),『부산시사』1, 1,018쪽 :「부산여청년회기념」,
　　『동아일보』1922. 6. 15.

그 결과 많은 여자청년회가 설립되기에 이르렀다.34) 이러한 여자청년회의 출현을 가능하게 하였던 것은 당시의 몇 가지의 요인에 의한 것이라고 하겠다.

무엇보다도 3·1운동에의 여성들의 대중적 참여는 여성 자신들에게 자신감을 획득케 하였다. 이를 계기로 여성들의 의식수준이 크게 향상되었다.

그리고 3·1운동은 사회전반에서의 여성에 대한 평가를 새롭게 하는데 일조를 하였고 새로운 여성상을 기대하도록 하였다. 더욱이 당시의 지적 풍토는 여성문제를 사회개조의 일부분이라는 시각 하에 관심을 갖고서 잡지·신문 등을 통하여 다양한 내용의 여성관계 기사와 논설들을 싣고 있었다.

1920년대에 들어서면서 많은 부르주아 민족단체들이 설립되고 있었으며 특히 청년층의 사회인식의 심화로 각 지역에서 청년단체가 전국적으로 설립되고 있었던 것도 중요한 계기로 작용하였다. 청년회의 설립은 여자청년회 설립의 기초가 되었다. 경남지역의 경우도 1923년 2월에 이르면 75개의 청년단체가 활동하였는데 부산에는 4개, 동래에는 12개의 청년단체가 설립되어 있었다.35)

또한 학교교육과 교회나 사찰 등 종교기관을 통해 교육받은 여성들이 이 때 오게 되면 운동의 지도층으로 성장할 정도에 이르게 된다. 물론 숫자가 많은 것은 아니다. 또한 종교여성단체의 교육 계몽활동과 야학, 조

---

34) 여자청년회, 청년회 등 청년운동에 관한 연구로는 박혜란(1995), 「1920년대 여자청년단체의 조직과 활동」, 『한국근현대청년운동사』, 풀빛 : 안건호(1995), 「1920년대 전반기 청년운동의 전개」, 앞의 책. 부산지역의 경우는 이귀원(1991), 「1920년대 전반기 부산지역 민족해방운동의 전개와 노동자계급의 항쟁」, 부산대학교석사학위논문.
35) 金勝(1997), 「1920년대 경남지역 청년단체의 조직과 활동」, 『지역과 역사』제2호, 143쪽.

선여자교육회의 순회강연회 등 계몽활동은 여성대중의 눈을 뜨게 하는데 큰 몫을 하였다.

이러한 조건은 선진적인 여성들이 여성대중을 끌어내어 조직화를 시도하는데 좋은 토양을 제공하였다.

2. 초기 여자청년회의 설립과 활동

경남지역의 경우는 여자청년회의 설립 활동이 가장 활발했던 지역으로 1920년에서 1923년까지 동래·마산·김해·밀양·부산 등에서 9개의 여자청년회가 조직되었는데,36) 부산·동래지역의 경우 2개 이상씩 설립되었다. 부산여자청년회와 초량여자청년회, 중앙여자청년회는 부산지역에, 동래여자청년회와 불교여자청년회, 기장여자청년회는 동래지역에서 조직되었다.

1) 부산여자청년회

부산지역의 대표적 여자청년회인 부산여자청년회는 1921년 6월 13일 부산진 구락부에서 창립회를 가졌는데 이 때 출석회원의 숫자는 60여명에 달하였다. 조직을 보면 문예부·사교부·위생부 등 3부로 나누어졌고, 임원은 회장 梁漢羅, 부회장 金基淑, 총무 오대련, 재무 이금옥·손무년, 서기 박명애·최수련, 간사 왕명룡, 문예부장 전매자, 사교부장 여운영, 위생부장 유창신 등이었다.37) 설립을 주도한 인사들을 보면, 주로 기독교와 관련을 갖고 있었음을 알 수 있다. 양한나는 일신여학교 출신으로 상

---

36) 1920년대 전국의 여청 조직상황은 박혜란(1993), 앞의 논문, 171쪽 참조. 경남지역은 1920-23년에 9개(전국 34개 설립), 1924-27년에 11개(전국 53개 설립)가 설립되었다.
37) 「부산여자청년회」, 『동아일보』 1921. 6. 17.

해임정에서 활동하다 돌아왔으며, 초량교회의 신자였다. 그는 후에 부산 YWCA와 자매여숙을 창설하는데 공헌하였다.38) 전매자·여운영도 부산진교회의 주일학교교사로 활동하였다. 이렇게 부산여청은 기독교여성단체는 아니었지만 기독교가 조직의 설립과 활동에 기초가 되었음을 알 수 있고, 교회가 모임의 장의 역할을 하였음을 알 수 있다. 그리고 부산여청의 2대 회장에는 김기숙이, 3대 회장에는 여운영이 선출되었고, 4대 회장은 박덕술이 맡았다.39) 김기숙은 일신여학교의 3회 졸업생으로 당시 일신여학교의 교사로 재직하고 있었으며, 여자청년회에서는 설립 시 부회장을 시작으로 많은 활동을 하였다. 박덕술 역시 일신여학교의 1회 졸업생이었는데, 일찍이 김해여자청년회에서 활동하였고, 앞서 보았듯이 의용단의 핵심멤버로서 활동하고 있었다.40) 이들도 물론 기독교신자였다. 회원 수는 처음 60여명 정도였으나 1921년 10월에 가면 130여명,41) 1922년 6월에 가면 200여명에 달하였다.42)

부산여자청년회의 주요활동은 문맹타파를 위한 야학설립과 운영이었다. 여자야학은 학령기를 넘긴 여성청년은 물론 무지한 가정부인까지를

---

38) 양한나는 제1대 회장으로 활약하였으나 부산여청이 처음 회원 60-70명에서 10월에 가면 130여명으로 증가하는 등 그 활동이 어느정도 자리잡자 10월 20일 다시 공부를 위해 중국으로 떠났다. 「梁漢羅孃蘇州登程」, 『동아일보』 1921. 11. 3.
39) 박덕술이 회장을 하였던 4대의 임원을 보면 부회장에 姜世玉, 총무 洪桂華, 문예부 文福淑·吳大淵, 사교부 金聖道·朴鳳龍, 위생부 李明施·金蘭茁, 회계 禹素淑·孔武年, 서기 徐鳳善·金鼎, 간사 尹德眞·辛鼎順 등이었다. 「부산 여청년회 기념」, 『동아일보』 1922. 6. 15.
40) 김기숙은 1922년 1월 포항으로 이사하면서 부산에서의 활동을 마감하였다. (「부산여자청년총회」, 『동아일보』 1922. 1. 4.) 박덕술은 앞서 본 바와 같이 의용단에서 활동하였고 1922년 4대회장에 올랐으며, 김해여자야학에서도 활동하였다. 「부산여청년회기념」, 『동아일보』 1922. 6. 15. : 「여자야학회강연회」, 『동아일보』 1921. 6. 20.
41) 「釜山女子靑年總會」, 『동아일보』 1921. 10. 24.
42) 「부산 여청년회 기념」, 『동아일보』 1922. 6. 15.

대상으로 기초적인 문자습득을 위주로 하였다. 당시 여청의 활동가들은 여성사회 더 나아가 조선사회의 후진성을 극복하기 위해서는 까막눈 여성이 없어져야 한다고 보았다. 즉 당시 민족주의계열의 여성운동에서 가장 중요시 되었던 것이 야학이었다.

부산여청은 조직 직후 부산진구락부의 후원으로 부산진구락부 회관 안에 부산진여자야학을 개설하였다. 이 때 학생 60여명이 배우기 위해 왔으며, 야학설립과 운영을 위한 의연금이 800여원이 모였다. 학생지도는 명예직으로 일신여학교 출신으로 회장인 양한나와 부회장인 김기숙 외 1인이 담당하였고, 학생은 3반으로 나누어 일주일에 4일, 하루에 2시간씩 수업을 하기로 하였다. 수업기간은 6개월로 하였다.43) 학생 수는 10월에 가면 70명 정도로 증가하게 된다.44) 1922년 6월 1주년에 가면 야학생이 100여명에 이르렀고 이에 부산지역에서의 여청의 열성에 대한 칭송이 자자하였다.45)

그러나 시간이 흐르면서 야학운영이 어려워져 1923년 3월 6일에는 그 돌파구로서 음악과 연극으로 일반인들의 관심을 끌기 위해 노력하였는데 다행히 성과를 얻었다.46)

야학운영은 계속되어 1929년에 이르면 200여명으로 학생 숫자도 늘어났다. 야학에서는 학예회를 열기도 하였고, 당시 경북에서 한해가 있자 야학생들이 주체가 되어 구제책을 강구하여 의연금을 내기도 하고 의복도 모아 재해민을 도왔다.47)

---

43) 「釜山鎭婦人夜學會」,『동아일보』1921. 7. 10. :「釜山女子夜學開學」,『동아일보』 1921. 8. 19.
44) 「釜山女子靑年總會」,『동아일보』1921. 10. 24.
45) 「부산 여청년회 기념」,『동아일보』1922. 6. 15.
46) 「女子音樂會」,『조선일보』1923. 3. 11.
47) 「釜鎭女夜學 兒童學藝會」,『조선일보』1929. 3. 16. :「釜山 女子夜學 旱災同情 募集 의복도 받는다고」,『조선일보』1929. 5. 28.

부산여자청년회는 또한 주요사업으로 討論會와 講演會를 개최하였다. 이는 여성을 포함한 지역대중을 계몽하고 여성들로 하여금 자기 각성의 계기를 마련하는데 커다란 역할을 하였다. 11월 16일에 개최된 토론회를 보면 100여명이 참가한 가운데 개최되었는데 논제는 「社會의 發展은 財産이냐 勞動이냐」로서 재산쪽과 노동쪽 양쪽으로 나누어 토론자를 정하여 토론하였다.48) 1922년 6월 10일 창립 1주년 기념식에서는 부모의 책임이라는 주제의 강연을 慶南女聖經學院에 재학중인 이경애양이 하였다.49)

그리고 조선여자교육회의 순회강연 때와 여자유학생 순회강연회 때에는 같이 강연회를 개최하였다.50) 여자유학생들의 강연내용은 가정위생, 자유평등주의와 남녀해방주의에 관한 것이었고, 여자교육회의 강연 내용은 조선 여자의 고통과 그 해결책, 조혼, 이혼, 가정, 실력양성 등에 대한 것이었다. 다루어진 주제들은 조선여성을 억압하고 있는 여러 봉건적 인습에 대한 것과, 거기에서 벗어나기 위해 우리 여성들이 어떻게 해야 할 것인가 하는 여성들의 의식을 깨우치는 계몽적인 것들이었다.

또한 여자청년회의 임원들은 인근 지역의 강연회를 주관하기도 하였다.51) 때로는 지역의 다른 단체들과 공동으로 연합토론회를 개최하기도 하였다.52) 1922년 4월 14일 부산청년회의 주최로 연합토론회가 부산청년회관에서 열렸는데 부산여청에서도 참여하였다. 이 때 토론의 주제는 「社會發展에는 相互扶助냐 生存競爭이냐」는 것이었는데 500명 이상에 달하는 청중의 다수결 결과 생존경쟁편이 승리하였다. 무정부주의자 크

---

48) 「釜山女子討論會」, 『동아일보』 1921. 12. 3.
49) 「부산 여청년회 기념」, 『동아일보』 1922. 6. 15.
50) 「女子留學生巡講團」, 『동아일보』 1921. 8. 18. : 「조선여자교육회 순회강연단출발」, 『조선일보』 1921. 7. 9. 여자유학생들은 8월 12일에 여자교육회는 8월 15일에 부산에 와서 강연을 하였다.
51) 「女子夜學會講演會」, 『동아일보』 1921. 6. 20.
52) 「부산연합토론성황」, 『동아일보』 1922. 4. 25.

로포트킨의 사회부조론이 토론의 주제로 올랐다는 것은 신사상이 수용되고 있음을 말하여주는데, 청년대중의 다수가 사회발전의 요소로서 상부상조를 인식하였으면서도 여전히 생존경쟁을 우위에 두고서 실력양성의 문제에서 벗어나지 못하고 있었음을 말해 준다. 즉 당시 청년들이 아직은 사회주의사상을 많이 수용하지 않고 있었음을 알 수 있다. 그리고 운동회를 개최하여 단체 내의 친목을 도모하고 지역에 자신들의 활동을 알리고 일반여성들을 대상으로 계몽활동을 하였다.53)

부산여자청년회의 설립과 그 주체들 그리고 활동의 내용을 볼 때, 여성계몽을 목표에 두고 야학과 강연회·토론회를 전개한 전형적 계몽단체였음을 알 수 있다. 그러나 무엇보다도 중요한 것은 부산지역에서 여성들의 문제가 여성들에 의해 논의되고 토론되기에 이르렀으며, 여성들의 계몽을 위해 활동하는 단체가 설립되었다는 것이다.

2) 초량여자청년회

초량여자청년회는 1922년 2월 25일 창립총회를 부산공립보통학교 여자부에서 개최하였는데 임시의장 오영식의 개회사와 김세환의 취지 설명이 있은 후 임원을 선정하였다. 출석인원은 65명이었다. 임원을 보면 회장 김한순, 총무 이금옥, 재무 崔南伊·李富鶴, 서기 최명술·金敬順, 간사 이세몽·尹仙伊·李芝宇·李鳳順·文德珍, 고문 鄭箕斗·吳潛植·金世煥·梁道淵 등이었다.54) 이들 주도층은 일신여학교 출신도 아니었고, 기독교세력과도 크게 관련되지 않은 것으로 보아 부산지역 자산가의 여성들로 보인다. 그런데 이 초량여자청년회는 1921년 9월 7일에 개학한 부산초량부인야학에서 출발한 것이 아닌가 생각된다. 이 야학은 金世煥

---

53) 「여자청년 운동회」, 『조선일보』 1923. 5. 17.
54) 「여자청년회창립회」, 『동아일보』 1922. 3. 1.

등 유지들에 의해 설립되어 부산공립보통학교여자부에서 수업을 하였는데 수업 연한은 2년으로 입학생은 60인이었다. 담당교사는 金世煥, 鄭在昊, 安仁煥 등이었다.[55] 전후사정으로 볼 때 이 야학이 여자청년회로 발전한 것으로 보인다. 김해여자청년회의 경우도 야학을 먼저 시작하고 후에 여자청년회로 발전하였다. 그렇게 볼 때 초량여청에서 특이한 점은 남성들의 발의에서 야학이 시작하고 여자청년회로 갔다는 점이다.

초량여청은 주요사업으로 야학을 계속 운영하였다. 그리고 연설회를 개최하는 등 계몽사업에 주력하였다. 1922년 4월 1일에 있었던 대연설회에서는 김경순이「新生活」로, 김태순이「今日의 女子」로, 대구에서 특별히 온 李善愛는 "依賴치 말고 自發的으로, 階級을 打破하고 平等으로, 懶怠하지 말고 努力으로"라는 내용의「自由生活」이란 연제로 연설하였다. 이 때 청중이 600명이 몰렸다고 한다.[56] 연설의 내용에 계급타파를 외치고 있는 것으로 보아 사회주의사상이 여자청년회운동 속에 조심스럽게 전파되고 있음을 볼 수 있다. 당시 부르주아 민족주의 운동 속에 사회주의자들이 있었고 스스로 문화운동의 공간 속에서 사회주의사상을 전파시키고 있었다.[57] 또한 초량여자청년회도 1922년 4월 14일 부산청년회 주최로 열렸던 연합토론회에 참석하였다. 특히 김경순은「相互扶助」편의 연사로 참여하였다.

3) 부산중앙여자청년회

중앙여자청년회는 초량여자청년회의 후신인데[58] 1924년 7월에 이르

---

55)「부산부인야학회」,『동아일보』1921. 9. 11.
56)「釜山 女子 大講演」,『동아일보』1922. 4. 5.
57) 이귀원(1991), 앞의 논문, 46쪽.
58) 명칭변경 경위는 찾아볼 수 없으나 내용으로 볼 때 후신이라고 할 수 있다. 그러나 항을 따로 설정하여 고찰하였다.

러는 회장 김한순의 사회로 회칙을 강화하였다. 즉 멀리 출타한 경우를 제외하고 3차 이상 출석치 않으면 회원이 아니고, 지금부터 입회하고자 하는 이는 원서를 접수하여 임원회에 통과한 후 들어올 수 있다고 하였다.59) 1925년 4월 7일 부산청년회관 내에서 例會를 개최하고 제반 중요 사항을 협의하였다.60) 1925년 5월 7일 부산청년회관에서 제7회 정기총회를 열고 임원을 개선하였는데 새 회장에는 이금옥, 부회장 최명술, 총무 이부학, 서기 이순성·노복명, 재무 윤선이·이규중, 간사 이지우 등이었다.61)

중앙여자청년회의 활동을 보면 무엇보다도 강연회를 개최하는 등 계몽에 앞장섰다. 1923년 7월 27일 강연회를 개최하였는데 회장 김한순의 사회로 김말봉은「여자권리주의」라는 주제로 김성국은「위생」이라는 주제로 강연을 하여 청중들로부터 큰 호응을 받았다.62) 이 강연의 내용으로 볼 때 중앙여자청년회 역시 다른 여자청년회들과 마찬가지로 당시 관심의 대상이 되었던 문제들을 논의하였음을 알 수 있다.

그리고 중앙여자청년회는 1923년 8월 15일 부산서부청년회 조선일보 부산지국과 함께 朝鮮女子苦學生相助會 순회 강연단을 부산에 초청하여 대신동 서부청년회관에서 강연회를 개최하였다. 강연회에서는 崔聖三양이 여자고학생상조회 상황을 보고하고, 張一善은「현대여자와 사회」라는 주제로, 한선화는「여자독립의 제일보」라는 주제로 강연을 하였다. 이때 청중 수가 오백여명에 이르렀다.63) 조선여자고학생상조회는 1922년에 설립되었는데 서울로 공부하러 온 가난한 여성들이 자립적으로 공부

---

59)「中央女子靑年 例會」,『조선일보』1924. 7. 19.
60)「부산여청예회」,『동아일보』1925. 4. 10.
61)「釜山 女靑年 總會」,『동아일보』1925. 5. 9.
62)「여자청년회 강연」,『조선일보』1923. 7. 31.
63)「女子苦學生에게 同情」,『조선일보』1923. 8. 20.

할 수 있도록 한집에 모여 바느질 등으로 돈도 벌고 함께 숙식을 하는 모임이었다. 이렇게 시작한 여자고학생상조회는 차차 사회문제에도 눈을 돌려 사회운동단체의 하나로 성장해 갔다. 이러한 상조회의 존재는 여성운동의 방향이 자유주의적 여권론에 기반한 의식계몽운동에서 여성해방 문제를 사회구조와 관련시켜 이해하는 사회주의 여성운동으로 변해가는 過渡期의 모습을 보여 준다.64) 특히 여자고학생상조회는 1923년 7-8월과 1924년 2-3월 두 차례에 걸쳐 전국강연을 실시하였는데 부산에도 바로 이 때 왔다. 이 단체는 당시의 순회강연을 통해 여성억압의 근원을 해결하기 위해 자본주의제도의 타파와 무산계급여성의 역할에 주목하기 시작하였다.65) 중앙여자청년회가 여자고학생상조회를 초청하는 주체였다는 것은 중앙여자청년회의 성격이 단순히 계몽적 성격에서 벗어나 있음을 말해준다.

그리고 중앙여자청년회는 동아일보 부산지국 주최로 婦人見學團을 조직하여 명승고적을 답사하고 학교 또는 기타 지역을 견학하는데 있어서 후원을 하기도 하였다.66)

또한 중앙여자청년회는 회원친목·회원확보·단체홍보 등을 목적으로 1924년 5월 5일 영주동 복호산 정원에서 春季大運動會를 개최하였다. 3주기를 기념하는 행사이기도 하였는데 많은 관람자들로 성황을 이루었다.67)

1925년 여름, 낙동강 연안에 홍수가 나 많은 이재민이 생기자 중앙여청은 즉시 활동을 개시하여 사방으로 동정금을 모집하였다. 한편으로 의복과 위문대를 만들어서 7월 25일 이부학·황학용·윤선이 등 간부 10인

---

64)한국여성연구회(1992), 『한국여성사 - 근대편』, 풀빛, 155쪽.
65)박혜란(1995), 앞의 글, 177-178쪽.
66)「부산지국주최 동래부인견학」,『동아일보』1925. 5. 8.
67)「女子青年運動」,『조선일보』1924. 5. 6.

이 구포청년회를 방문하고, 다음날 대저도를 방문하기 위해 하룻밤을 지낸 후 아침 일찍 대저도를 시찰하고 위문품을 전달하였다.68)

중앙여자청년회의 성격을 보면 역시 계몽단체로서 출발하고 있었지만 청년운동의 변화와 여성운동의 변화 속에서 그 성격도 다양화해가고 있었다. 계몽운동을 꾸준히 해 나가면서 한편으로 사회주의 사상도 어느 정도 받아들이고 있었던 것이 아닌가 싶다.

4) 동래여자청년회

동래여자청년회는 1921년 5월에 이 지역의 신진여성 수십명이 중심이 되어 설립되었다. 동래지역은 당시 청년운동을 비롯한 사회운동이 활발히 일어나고 있었는데 이러한 분위기에서 설립된 것으로 보인다. 주체가 되었던 여성으로는 金水先, 李琪年, 金秀範, 朴小壽 등이었다. 이들은 후의 활동에서도 나오지만 강력한 추진력을 가졌던 여성들이었다. 설립목적은 風紀攘作과 사회적 지식증진이었다.

동래여자청년회에서는 주 활동으로 야학을 운영하였다. 1925년 5월 구가정부인의 문맹을 타파하고 지식을 증진시키고 사회문제·여성문제에 대해 계몽하기 위하여 야학교를 설치하였다. 야학교는 초등과와 보통과 2부로 나누어 운영되었다. 교장 겸 이사는 김수선이 맡았고, 교사로는 이기년, 김수범, 박소수 등이 활동하였다.69)

그리고 동래여자청년회는 대중강연회를 통해 계몽활동을 전개하였다. 1922년 8월 12일에는 동래청년회관에서 일반회원을 소집하고 趙熙守를 초대하여 「사람의 사는 뜻」으로 강연회를 개최하였다.70) 8월 28일에도

---

68) 「釜山女靑慰問」,『동아일보』1925. 8. 2.
69) 「東萊女靑總會」,『조선일보』1925. 5. 19.
70) 「여자청년회강연」,『동아일보』1922. 8. 21.

동래청년회관에서 강연회를 개최하였는데 연사 朴座洵이「우리가정에 대한 여자직분」으로, 朴雨潤은「가정교육」이라는 주제로 강연하였다.71) 이러한 강연회는 당시 여성들의 삶의 문제를 조명한 것으로 여성들의 가정 내에서의 역할에 강조점을 둔 것이었다.

동래여자청년회는 주로 동래청년회와 같이 활동을 하였던 것으로 보이는데, 1926년 말에 이르면 회원이 60여명이었다.72) 동래여자청년회의 놀라운 점은 1926년에 이르러 적광회와 같은 사상단체를 내놓았다는 점이다. 그리고 1927년 근우회가 설립되면서 그 지회 설립에 적극성을 띠어 마침내 자신을 해체하고 근우회 동래지회로 발빠르게 변신하였다.

5) 불교여자청년회

불교여자청년회는 1922년 7월 30일 동래 여성유지들에 의해 설립되었다. 물론 이는 당시 활동하고 있었던 불교청년회 후원도 주효하였다. 설립세력은 다른 여자청년회와 마찬가지로 여성유지들이 중심이 되었고, 불교 역시 기독교와 같이 대중계몽에 관심을 가졌기에 여자청년회를 설립하였다고 보인다.

창립목적은 女子의 智識發達에 있었다. 여성들의 현실을 개선하기 위해서는 여성들의 지식을 발달시키는 길 밖에 없다는 생각에서 비롯된 것이다.

창립행사는 복천동 포교당에서 장소순의 사회로 진행되었다. 이 때 선출된 임원은 회장에 李佑善, 부회장 李德守, 총무 尹梅子, 포교부장 朴良順, 교육부장 朴明花, 교풍부장 姜鳳仙, 음악부장 尹梅子, 문예부장 金世振, 評議部長 金茂秀, 理財部長 張興順 등이었다.73)

---

71)「동래여자청년강연」,『동아일보』1922. 9. 2.
72)「동래여자청년회」,『동아일보』1926. 12. 27.

조직은 포교부와 교육부·교풍부·음악부·문예부·재무부 등으로, 다른 청년회와는 달리 포교부 등을 두었으나 그 내용에서는 크게 다르지 않았다.

활동상을 보면 1928년에 이르러 동래 일반가정부인들에게 일상생활에 필요한 상식보급을 목적으로 여자학원을 설립하였는데, 8월 10일에 입학한 부녀가 70여명에 달하였다.[74] 이로 볼 때 불교여자청년회도 계몽단체로서의 성격을 가졌다고 하겠다.

6) 기장여자청년회

기장여자청년회는 1921년 6월 권은해의 주도아래 창립되었는데, 박차순을 회장으로 오경원을 총무로 교회를 중심으로 조직되었다. 특히 기장여자청년회는 여자야학을 목적으로 모임을 결성하고 야학을 운영하였는데, 권은해는 당시 여자청년회의 결성에 대해 다음과 같이 술회하고 있다.

> "우리도 단체가 있어야겠다, 여성도 이래서는 안되겠다 라고 생각해서 청년회를 만들려고 했습니다. 그리고 하는 일로는 여자야학을 하려고 했습니다. 그런데 야학을 하려고 하니까 돈이 필요했습니다. 마침 그 때 기장에 있었던 '대한부인회'의 적립금이 있었습니다. 적립금 중에서 옛날 돈 300냥을 서류를 꾸며서 받아 내왔고, 예배당에 유지들을 모아놓고 기부금도 받았습니다. 우리들의 주장은 '지금까지 우리나라는 아들 위주로 남자만 공부시키고 여자는 가르치지 않는' 절름발이사회다. 여자들도 공부를 해야 한다."[75]

---

73) 「佛敎 女靑年會 創立」, 『동아일보』 1922. 8. 8.
74) 「동래여학원 개원」, 『동아일보』 1928. 8. 19.
75) 한상구(1990), 「일제시기 해방직후 경남지역 사회주의 운동의 맥」, 『역사비평』 8호, 375-376쪽.

그리고 부서 결정은 일신여학교 출신으로 기장에 자주 왔던 박순천의 도움을 얻었다. 박순천은 계몽강연도 하는 등 도움을 주었던 것으로 보인다. 조직은 회장 아래 총무, 서기, 회계, 평의원 5인, 간사를 두고, 덕육부·지육부·체육부 등 3부서로 나누어 활동하였다.

회장 박차순은 3·1운동 시 시위로 복역한 바 있었으며, 권은해 역시 당시 명정의숙[76] 출신으로 3·1운동 시 시위에 참가했다. 권은해는 명정의숙의 동기인 박필순, 김묘생, 고려상회 박인표의 제수인 오경원과 함께 실제 기장여자청년회설립을 주도하고 야학에 힘을 썼다. 그러다 1922년 5월 결혼으로 양산으로 옮겨갔으며 그 후 양산부녀회, 근우회 양산지회를 주도하였다. 명정의숙 출신인 박필순·김묘생은 3·1운동 이후 권은해와 함께 서울로 상경했던 인물들이며, 오경원은 1919년 4월 8일 기장지역 만세운동 주동자의 한사람이었다. 이들 모두가 권은해와 함께 기장여자청년회의 설립을 주도하고 야학을 이끌어갔다.

이처럼 기장여자청년회의 설립자 구성원은 지역에서 민족문제에 관심을 가졌던 여성들이었음을 알 수 있고, 당시 다른 경우와 비슷하게 기독교가 그 기반이 되었음을 볼 수 있다. 특히 재정문제를 해결하는데 기독교에 기반을 두었던 대한부인회(대한애국부인회)의 자금을 얻어 쓰고, 예배당에서 유지들을 모아 야학자금을 얻기도 하는 등 기독교의 지원을 많이 받았던 것으로 보인다.

1923년 1월 15일 제5회 정기총회에서는 회장 오경원, 총무 김정순·박

---

[76] 한상구(1990), 앞의 논문, 371-372쪽. 한일 합방기를 전후하여 권은해의 아버지인 권상준은 지역내 지주들과 함께 사재를 털어 기장의 첫 사립학교인 보명학교와 명정의숙을 설립하였다. 명정의숙은 여자학교로 보명학교와 같은 건물에 있었다. 보명학교의 출신으로는 金枓奉·朴쭁善·김도엽 등으로 이후 기장출신의 유명한 사회운동가들이었다. 보명학교와 명정의숙 출신들이 기장지역 3·1운동을 주도하였을 뿐 아니라 1920년대 사회운동을 이끌어 나갔다.

경상, 서기 구명순, 회계 오경원, 덕육부장 이동천, 지육부장 권영전, 체육부장 오봉선, 평의원 김덕유 외 5인, 간사 이귀비·박필순·김난생 등을 선출하였다.77) 이 조직에서 여전히 덕육·지육·체육 등으로 조직체계를 나누고 있음은 기장여자청년회가 야학을 중심으로 활동한 문화계몽단체였음을 다시 한번 확인시켜준다.

1924년 2월 9일 금성예배당에서 열린 제6회 정기총회에서는 회장 오경원, 총무 김정순·박경상, 서기 오주숙, 회계 오경원 등으로 임원개선이 이루어졌다.78) 이 때 주요간부진에는 별다른 변화가 없고 후일 근우회 동래지회 기장분회 집행위원장으로 활동하는 오주숙이 새로 간부진으로 진출하고 있다. 1926년 12월에는 회원수가 95명으로 집계되었다.79)

활동은 설립목적에서 밝힌 바와 같이 야학을 중심으로 한 여성의 계몽활동에 중점을 두었다. 기장여자청년회는 1921년 6월부터 기장기독교청년회와 함께 여자 야학을 설립하여 운영하였다. 1922년 10월에는 기장여자야학회 창립 1주년 기념 추계 대운동회를 열었다. 이날 행사에는 기장여자야학회 학생 80명과 기장공립보통학교 및 인근 지역의 사립강습소 또는 야학회 남녀 학생들이 참가하여 성황을 이루었다.80) 1923년 초에 이르러 정화여자야학으로 명칭을 변경하고 여자청년회가 독자적으로 운영하였다. 기장여자야학은 정규학교와 마찬가지로 6년제로 운영되면서 지역 여성들을 위해 정규 보통교육기관의 역할을 대신하였던 것으로 보인다.81)

---

77)『동아일보』1923. 3. 11.
78)『동아일보』1924. 2. 12.
79)『동아일보』1926. 12. 27.
80)『동아일보』1922. 11. 1.
81) 기장여자야학이 6년제로 운영된 것은 제4회 졸업식이 1928년 3월에 기장공립보통학교 강당에서 거행된 사실에서 알 수 있다.「기장여자야학 졸업」,『동아일보』1928. 3. 31.

1928년 7월에는 기장여자청년회가 해체되면서 창립된 근우회기장분회로 야학의 운영권이 넘어가고, 형태도 노동야학으로 바뀌었다. 야학 교장인 오주숙이 근우회 동래지회·기장분회 창립 당시 집행위원장으로 활약한 사실이 이를 입증해 준다. 1929년에는 60명의 학생과 3명의 교사가 있었다.[82]

기장여자청년회는 1925년 11월 동래여자청년회·수영여자청년회와 함께 동래청년연맹에 참가하였다.[83] 기장여자청년회 역시 계몽단체에서 시작하였으나 1925년 11월 동맹에 참여한 것을 볼 때 단순히 계몽단체는 아니었고 이 때 사회주의사상을 조심스럽게 받아들이고 있었던 것으로 보인다. 이는 기장지역 사회운동 전반적 방향과 관련된 것으로 보인다.

7) 기타 부인회

먼저 동래부인회를 보면, 동래부인회는 1922년 서희숙·염치일·한동년 등의 발기로 창립되었다. 회의 목적은 회원간의 친목도모, 지식의 계발, 풍속개선으로 이른바 계몽단체의 성격과 친목도모의 성격을 동시에 갖고 있었다. 회원은 160여명에 이르렀는데, 동래군 안에 주소를 두고 연령이 10세 이상된 여성은 누구든지 입회할 수 있었다.[84] 회원들은 사회사업에 공헌하기 위하여 크게 노력하였다. 1923년 11월 11일 제1회 창립기념식을 동래 공립학교 여자부 운동장에서 개최하는데 여자에 한하여 관람을 허용하였다.[85]

---

82) 김동철·강재순(1996), 「1920−30년대 초 기장지역 사회운동」, 『한국민족문화』8, 부산대학교 한국민족문화연구소, 146쪽.
83) 『동아일보』 1925. 11. 26.
84) 『조선일보』 1926. 12. 21.
85) 「동래부인회 창립기념」, 『조선일보』 1923. 11. 11.

기장부인회 역시 친목도모와 계몽을 목적으로 설립된 것으로 보인다. 임원을 보면 회장 김경아(金庚牙), 총무 유금순(劉順今), 회계 오신숙(吳新淑) 등이었다.86) 활동상을 보면 부인회는 기장여자청년회와 조선일보 기장분국과 함께 여자고학생상조회를 초청하여 강연회를 개최하였다.87) 공립보통학교 강당에서 열린 이 강연회에는 700여명의 청중이 몰렸는데, 박일형의 사회로 정종명은 「현대 여성의 생활」이라는 주제로 2시간에 걸쳐 열변을 토하였다.

이러한 강연회 외에도 계몽을 위해 부인강좌를 개설하고 견학회를 시행하였다. 특히 상조회의 활동이 활발하였는데 1925년 3월 7일 춘기 정기총회에서는 종래 회원 사망시 露尊制를 폐하고 위자료로 현금 5원을 상가에 지급하기로 할 것과 적립금은 개인에게 고리로 대출 할 것이 아니라 확실한 금융기관에 정기 예금하기로 하는 등의 사항을 결정하였다.88)

8) 초기 여자청년회의 성격

이처럼 지역 차원에서 최초로 여성들이 주체가 되어 여성문제를 논의하고 여성을 계몽시키고자 하였던 초기의 여자청년회는 주로 민족 부르주아라고 할 수 있는 교사나 언론인·학생·종교단체 종사자 등 식자층이나 기독교인에 의해 설립되고 주도되었다.

이들은 각기 지역에서 중앙으로부터의 후원이나 지원 없이 독자적으로 활동하고 있었다. 다만 지역의 청년회나 일간신문의 지방지국, 지역유지들이 여청의 조직과정과 사업 활동을 후원하였다. 특히 지역 청년회들은 장소를 제공하거나 각종 공식회의 찬성원이나 행사 내빈으로 참석

---

86) 「機張婦人總會 婦人講座를 開催」, 『조선일보』 1925. 3. 15.
87) 「女苦 巡講團을 歡迎! 盛況! 機張에서 熱鬧」, 『조선일보』 1925. 3. 7.
88) 「機張婦人總會 婦人講座를 開催」, 『조선일보』 1925. 3. 15.

하였고, 야학교사 강연회 연사 등으로도 활동하였다.

또한 지역유지들로부터 후원을 얻어 재정문제를 해결하기도 하였다. 이러한 후원은 한계가 있었기에 여청의 활동이 1923년 이후 침체국면을 맞게 된 것도 이와 관련이 있었다.

활동의 내용은 문화운동노선에 입각하여 여성의 지육·덕육·체육 등의 함양을 위한 교육과 문화사업을 중심으로 여성대중을 각성시키는 계몽활동에 역점을 두었다. 즉 당시 여성운동은 소수의 여성들만이 주체가 되고 대중여성은 여성운동의 주체이기 보다는 교화의 대상이었다. 인식에서는 처음 주로 계몽주의적 시각을 가졌으나 일부 여자청년회에서는 차츰 사회주의사상을 받아들이기 시작하였다.

이러한 여자청년회들의 설립과 활동은 초보적인 수준에서 여성을 각성시키고 의식화하였다는 점에서 의의가 있었다. 그리고 많은 한계가 있기는 하지만 여성문제를 거론하는 여성들만의 지역 여성단체가 설립되었다는 것은 여성운동사상에서 매우 의의있는 것이라 하겠다.

3. 여자청년회의 변화와 적광회의 출현

이러한 여자청년회의 계몽 중심의 활동은 시대적 분위기가 바뀌면서 또한 지역의 특성에 따라 그 성격이 달라지게 되었다.

그러한 이유는 무엇보다도 여성운동계에 朝鮮女性同友會 등 사회주의 여성단체가 설립됨으로써 전반적인 여성운동이 변화해 나가고 있었다는 것이다. 기존의 여자청년회활동은 이 때에 이르게 되면 활력을 잃고, 그 가운데 지역명망가나 유지층 여성들은 자동탈락해가고 있었다.

또 하나의 큰 이유는 1924년 4월 朝鮮靑年總同盟의 結成이다.[89] 이후

---

89) 1924년 조선청년총동맹은 새로운 전국적 청년조직으로 "대중 본위의 신사회 건설

에는 사회주의사상을 지표로 삼는 열성적이고 젊은 활동가들이 자연히 여청의 지도권을 장악해갔다. 그러면서 기존의 여청이 사회주의적 여청으로 변모해가는 경우가 나타나게 되었다. 그리고 사회주의적 여청이 설립되기 시작하였다. 최초의 사회주의 여청으로 경성여자청년총동맹(1925. 1.21)이 설립되었으며 1925년 이후 각 지역에서도 사회주의를 지도이념으로 하는 여청이 본격적으로 출현하기에 이르렀다.

이 시기의 여청들은 이전의 분산성에서 벗어나 자기 지역의 청년단체와 긴밀히 연결되어 활동하였다. 1924년 조선청년총동맹의 결성으로 지역에도 청년동맹이 결성되었는데 기존의 여청이건 신설의 여청이건 청년동맹에 가입하여 다른 부문의 단체들과 연결하여 활동하고 있었다. 일반적으로 이들은 신사회 건설을 위한 여성 세력의 단결과 그를 위한 지식의 보급, 무산계급운동과의 결합을 강령으로 하였다.

당시의 여청도 여성계몽과 야학에 중점을 두었으나, 초기 여청이 여성의 개인적 각성과 의식적 자각에 초점을 맞추고 있는데 비하여 이 시기 여청은 사회주의적 여성해방이론을 선전 보급하고 여성대중으로부터 설득력을 확보하고자 하였다.

또한 일부 여청의 선진적인 활동가들은 지역 여성운동을 사상적으로 지도하는 단체를 결성하기도 하였다.[90]

을 기도함, 조선민중해방운동의 선구가 되기를 기도함"이라는 사회주의적 강령을 내걸고 탄생하였는데 "타협적 민족운동은 절대 배척하지만 … 적 민족운동에 있어서는 협동전선을 취함"이라 하여 타협적 조류는 포용하였다. 이로써 청년운동은 사회주의세력의 지도하에서 전국적 결집을 보았는데 창립당시의 가맹단체는 227개였으며 회원수는 40,170명이었다. 실제 유명무실한 단체가 많았는데, 이 조직의 결성은 창립 자체만으로 전국의 청년대중에게 큰 자극을 불러 일으켰다. 이귀원(1991), 「앞의 논문」, 59쪽 : 안건호 · 박혜란(1996), 「1920년대 중후반 청년운동과 조선청년총동맹」, 『한국근현대 청년운동사』, 86-94쪽.
90) 「東萊女性團體 創立」, 『동아일보』 1926. 1. 9 : 박혜란, 앞의 논문, 176-184쪽.

1) 부산지역의 변화

당시의 이러한 분위기에서 부산지역의 여청들도 변화과정을 겪었다. 먼저 기존의 여청들이 변화하고 있었다. 1925년 하반기에 접어들면서 부산지역에서도 사회주의운동의 대두를 보게 된다. 1925년 9월 6일에는 국제청년일 기념식이 6개 단체 연합으로 개최되었는데 부산여자청년회와 부산중앙여자청년회가 참여하였다.[91] 이 기념식에서는 시위운동·선전비라 살포·기념강연 등을 실행키로 했으나 경찰의 금지로 기념강연만 개최하였다. 즉 이는 기존의 여성단체들의 성격이 변화하고 있었음을 말해 준다.

더 나아가 부산여자청년회와 부산중앙여자청년회는 1925년 12월 8일에 발기한 부산청년연맹에 가입하였다.[92] 당시 창립총회에서의 강령을 보면 "아등은 조선민중의 해방을 기함, 아등은 합리적 사회생활의 획득을 기함, 아등은 민중이 승리를 얻음에 필요한 교양을 도모함"으로 조선청년총동맹의 강령과 기본 입장을 같이 하였다. 이는 부산청년연맹의 성격을 정확히 알려준 것으로 부산여자청년회와 중앙여자청년회가 이에 가입하여 활동하였다는 것은 이제까지의 성격에서 벗어나 새롭게 변신한 것이라 하겠다. 부산청년연맹은 창원측(서울파)의 경남청년연맹에 가입하였다.

2) 새로운 여청의 창립

그리고 새로운 여청이 설립되었다. 1925년 5월 12일 수영여자청년회가 설립되었다. 수영에서는 여자청년회를 조직하기 위하여 4-5명의 부인이 활동하였는데 그 결과 5월 12일 수영의 예배당에서 창립총회를 열어

---

91) 『동아일보』1925. 9. 8. 참여단체는 두 여청 외에 부산청년회 부산진청년회 서부청년회 목도청년회 등이었고, 연사는 沈斗燮(부산진청년회), 金七星(서부청년회), 盧相乾(동아일보 부산지국장) 등이었다.
92) 부산청년연맹 결성에 관한 것은 이귀원(1991), 앞의 논문, 77-81쪽.

임원을 선거하고 몇 가지 사항을 결의하였다.93) 즉 무엇보다도 회원을 모집할 때 同志의 회원을 모집키 위해 임원이 순회하도록 결의하였으며, 특히 청년회를 후원하며 老幼의 친목을 도모하기 위하여 노년 부인부를 두기로 하였다. 또한 무산여성을 위하여 예배당에서 5-6년간 운영하여 왔던 야학을 인수 경영하기로 하였다. 이에 따라 수영여자청년회에서는 중요 사업으로 야학을 운영하였는데 야학의 성격은 노동야학이었다.

또한 구포여자청년회가 1925년 8월 28일 청년회관에서 창립총회를 개최하였다. 이은자의 사회로 회의를 진행하고 위원을 선출하였는데, 임원의 구성을 보면94) 위원장에 이은자, 서무부 盧淑子·朴敬子, 재무부 金漢淳·文鳳煥, 矯風部 尹明淑, 체육부 金小守·李仁淑, 社交部 尹今淑, 文藝部 李貞子 등이었다. 부서는 서무·재무·교풍·체육·사교·문예 등 6부서로 구성되었다. 특이한 것은 조직이 회장체제가 아니고 위원회 체제라는 것이며, 임원 중 이은자·김한순·김소수는 기존의 단체에서 또는 후의 사상단체에서 활동한 이들이었다. 즉 위원장 이은자는 후에 적광회의 집행위원이었으며 체육부의 김소수의 경우도 마찬가지이다. 재무부의 김한순은 오랫동안 부산중앙여자청년회의 회장을 역임하였던 인물이다.

이 때 신설된 수영여자청년회와 구포여자청년회는 설립시기도 그렇고 조직 활동상 등을 볼 때 특히 무산여성을 여성운동의 주요세력으로 인식하고 있었던 점에서 상당히 사상적으로 사회주의계열로 기울어진 단체였다고 보인다. 이 두 단체는 기존의 동래여자청년회·기장여자청년회와 함께 1925년 11월 22일에 창립된 동래청년연맹에 가입하였다.95)

---

93) 「水營女靑組織 老年部를 두며 女子夜學 經營」, 『조선일보』 1925. 5. 24.
94) 「龜浦에 女子靑年 새로 創立」, 『조선일보』 1925. 9. 1.
95) 『동아일보』 1925. 11. 26.

3) 동래지역의 변화

동래지역에서는 1925년 11월 1일 동래군청년단체 연합육상경기대회를 가진 후 동래지역 각 청년단체의 대표들이 모여 동래청년연맹을 발기하였다.96)

朴文熺·金亨重·金孕龍 등을 창립준비위원으로 하여 11월 22일에 창립하였는데 선출된 위원을 보면 박문희·이상진·김수선·이은자·김잉룡·오태근·김철규·박홍주·이방우·전윤영·최명수·김수용·오경원·이일영·김진홍 등 15인이고, 검사위원으로는 박명수·오석환·윤금수·김연수·강남석·박소수 등이 선출되었다. 여성위원으로는 이은자(구포)·오경원(기장)·김수선(동래) 등이 선발되었으며 박소수(동래)가 검사원으로 선발되었다.

다음날 개최된 집행위원회에서는 서무부 박문희·김철규, 교양부 김수선·오태균, 조사부 김잉룡, 조직부 박문희가 선정되었다. 이 때 사회운동에 관한 여러가지 사항, 즉 경남도연맹에 파견할 대표를 선정하고 (박문희·윤병인·허영호·김잉룡·이은자), 청년문제(조직 촉성, 내용 충실, 순회강연회 수시 개최), 여성문제 (단체의 조직 촉성, 수시로 강좌 개최, 부인 야학 설치), 소년문제 (단체 조직 촉성, 청년운동의 기초사상 배양, 무산소년의 교양기관 설치), 노동문제 (부류단체의 조직 촉성, 강연 연극 수시 개최, 노동야학 설치), 사회문제 (사회 병폐 적발과 匡正, 사회운동을 저해하는 자와 단체를 매장, 빈민생활의 조사와 구제 노력), 형평문제 (운동 적극 원조), 종교문제 등을 결의하였다.97)

동래여자청년회·기장여자청년회·수영여자청년회·구포여자청년회는 개별단체의 활동은 그대로 유지하면서 한편으로는 동래청년연맹과 궤

---
96) 『동아일보』 1925. 11. 12.
97) 『동아일보』 1925. 11. 26.

를 같이 하면서 활동하였다.

동래청년연맹에서는 1926년 여름 경성에 유학하는 남녀학생으로 조직된 재경 동래학생친목회의 송원찬·김규엽·윤경규·정인조·장사노 등을 초청하여 각 면에서 강연회를 개최하였다.[98]

청년연맹에서의 활동을 보면[99] 1926년 8월의 회의에서 볼 때, 풍기문제에 관한 강연회, 마산축구 원정단과의 회담, 군연맹위원 보선, 추기시민위안대운동회, 영업부 신설건 등에 관한 것이 논의되었다.

이처럼 동래지역 청년단체들은 연맹 결성 후 이전 시기에 비해 청년들의 역할을 보다 깊이 인식하면서 청년대중의 교양과 훈련을 위한 자체연구반을 조직하고 독서회·강연회 등 교양활동을 보다 강화하였다.

이러한 가운데 기존의 여청이건 신설의 여청이건 여자청년회는 각기 자신의 활동을 하면서 한편 연맹을 통하여 다른 단체들과 연계를 갖고 활동을 해나갔다. 여성문제 뿐만이 아니고 당시 사회에서 요구되어지는 활동을 같이 추진해 나가게 되었다. 이는 여성문제의 해결은 몇 몇 제도개선에서가 아니고 사회구조 속에서만이 가능하다는 인식으로의 전환을 말하여 준다고 하겠다.

4) 적광회의 설립

특히 가장 두드러진 변화는 적광회라는 사상단체가 설립되었다는 것이다. 부산 동래의 김수선·박소수 등은 1926년 1월 2일 赤洸會를 조직하였는데, 집행위원은 김수선·박소수와 이은자였다.[100] 김수선·박소수는 동래여자청년회에서 계속 활동하여 왔던 인물들이고 이은자는 구포여자청년회의 위원장으로 활동하고 있었다. 지역에서 이러한 단체 설립의 예

---

98) 『동아일보』 1926. 7. 28.
99) 「동래청년위원회」, 『동아일보』 1926. 8. 21.
100) 「東萊女性團體 創立」, 『동아일보』 1926. 1. 9 : 박혜란(1995), 앞의 논문, 176-184쪽.

는 별로 찾아 볼 수 없는데 이는 부산지역 특히 동래지역의 여성들이 사상적으로 상당히 변화했다는 것을 생각하게 해준다.101) 적광회의 활동사항에 대하여는 자료의 부족으로 더 이상의 사항을 알 수 없다.

이러한 변화 속에서 여자청년회는 여성문제만을 주요관심으로 생각하지 않고 다른 사회문제들을 동시에 연계시켜가며 생각하였다. 여성들의 인간적인 삶이 현실적으로 드러나고 있는 몇 가지의 여성문제만을 해결함으로써 얻어지는 것이 아니고 사회구조가 바뀌어야만 여성의 문제가 해결될 수 있다는 인식이 여자청년회 운동 속에서도 자리를 잡아가고 있었다. 그러나 모든 여청들이 똑같은 실정은 아니었고 각기 지역에 따라 조금씩 내용을 달리하였다. 이 때 각 여자청년회의 야학이나 강연회 · 토론회 · 운동회 등 자체 활동은 크게 바뀌지 않았고 운동의 중심을 어디에 두느냐와 여성문제를 어떻게 해결할 것인가 등 인식의 문제가 크게 변하고 있었다. 여성운동의 중심이 부르주아 여성에서 차츰 무산여성에게로 옮겨가야 한다고 보는 시각이 대두되었다. 그러나 그렇다고 하여 모든 여자청년회가 사회주의단체라는 것은 아니다. 이러한 부산지역 여자청년회의 활동은 근우회 지회의 설립으로 이어졌다.

V. 근우회의 창립과 활동

1. 근우회의 창립

1924-1925년경부터 민족해방운동내 일각에서 논의되던 협동전선 논의는 1926년 초부터 구체적인 움직임이 되어 나타나기 시작하였고, 11월

---

101) 이 때 동래에 革波會라는 사상단체가 있었다. 혁파회의 창립일자에 대해서는 1926년 1월 4일(『동아』 26. 12. 27)과 1924년 10월 1일(『동아』 29. 1. 4) 설이 있다. 김 승(1996), 「1920년대 경남지역의 청년단체의 조직」, 『지역과 역사』 제2호, 161쪽.

의 '정우회선언' 이후 온 운동계를 휩쓸었다.

여성운동계에서도 1926년도에 들어서 전선통일이 시급하게 요청되었다. 1926년 8월 李賢卿・黃信德 등이 귀국 활동을 시작하면서 더욱 가속되었다. 1926년 11월 14일 재경운동자부인간친회를 계기로 경성여자청년회와 경성여자청년동맹이 합동을 결의하여 12월 5일에 중앙여자청년동맹이 창립되었다. 중앙여청은 "무산계급의 해방과 여성해방을 위해 청년여자의 단결과 분투를 기함, 청년여자의 대중적 교양과 조직적 훈련을 기함"을 강령으로 내걸고 청년운동의 통일을 촉진하였다. 이로써 사회주의 여성운동의 지도단체들은 사상적 지도체인 여성동우회와 여성청년운동의 지도체인 중앙여청으로 정돈되었다.102)

일단 전선이 정돈되자 사회주의 여성운동은 종전의 운동방향에 커다란 수정을 가하였다. 이들은 여성의 "封建的 拘束에 대한 싸움은 階級的 解放運動을 위한 일보 前進"이며 "여자의 性的 解放運動과 階級的 解放運動은 그 본질상으로 서로 떨어질 수 없는 관계상 연결되어야 한다"고 하여 반봉건을 여성운동이 직면한 중대과제로 보았다. 그리고 이제까지 반목하여온 민족주의 여성운동과 반제의 깃발 아래 제휴할 것을 선언하였다.103) 이에 따라 金活蘭・兪珏卿 등 민족주의진영과 함께 여자해외유학생친목회(1927.4.16)를 조직하고 전국적인 단일여성조직의 결성을 결의하였다.

---

102) 사회주의 여성운동 단체들의 통합에 대하여는 박혜란(1995), 앞의 논문, 188-189쪽 참조.
103) 사회주의 여성운동과 민족주의 여성운동이 제휴하게 된 것은 <근우회선언>에서 잘 나타난다. 그 일 부분을 보면, "조선여성에게 얽크러져 있는 각종의 불합리는 그것을 일반적으로 요약하면 봉건적 유물과 현대적 모순이니 이 양 시대적 불합리에 대하야 투쟁함에 있어서 조선여성의 사이에는 불일치가 있을 리가 없다. 오직 반동층에 속한 여성만이 이 투쟁에 있어서 회피낙오할 뿐이다"고 하고 있다. 「근우회선언」, 『근우』, 4쪽.

그 결과 1927년 5월 27일 근우회가 창립되었다. 근우회는 기독교세력을 중심으로 하는 민족주의계열의 여성단체와 사회주의계열의 여성단체들이 모두 참여한 통일기관으로 출발하였다.104) 발기인은 약 41인이었는데 그 구성을 보면 사회주의계열이 10명, 민족주의계열이 16명, 그 나머지는 이전에 여성운동에 나섰던 적이 없었던 인물들이었다.105)

창립대회에서는 의안으로 선전조직에 관한 건(순회강연, 부인간담, 개인방문), 기관지에 관한 건(당분간 회보를 월 1차 발행함), '여자 날'에 관한 건 (4월 16일로 정하여 기념하기로 함), 교양에 관한 건(자체교양으로 講書會, 강좌, 일반교양으로 강습소, 야학), 무산여성의 직업적 단결 촉진에 관한 건(우선 직업별 무산여성의 간담회 개최), 인신매매에 관한 건(기회 있는 데로 강연회 기타 방법으로 여론 환기에 노력), 여자의 생활상태 조사에 관한 건(통계작성) 등을 토의하였고 조원숙의 발의로 女子職業紹介所를 설립하기로 하였다. 집행위원을 선출하는 데는 먼저 전형위원 7인을 뽑고 이들이 21인의 집행위원을 선출하였다. 창립시의 집행위원은 사회주의계 9인 (박신우, 박원희, 우봉운, 이덕요, 이현경, 정종명, 정칠

---

104) 남화숙(1989),「1920년대 여성운동에서의 협동전선론과 근우회」, 서울대학교석사학위논문, 38-41쪽: 한국여성연구회(편)(1992),『한국여성사』, 풀빛, 149쪽.
105) 사회주의계는 강정희(여성동우회, 중앙여청맹), 박신우(모스크바 공대 출신), 박원희(여성동우회, 경성여청, 중앙여청맹), 이덕요(의사), 이현경(삼월회, 여성동우회), 정종명(여자고학생동우회, 여성동우회), 정칠성(대구여청, 여성동우회), 조원숙(여성동우회, 경성여청맹, 중앙여청맹), 주세죽(여성동우회, 경성여청맹), 황신덕(3월회, 여성동우회, 중앙여청맹) 등이고 민족주의계는 김미리사(조선여자청년회, 조선여자교육협회), 김선(조선여자교육협회, YWCA), 김영순(조선여자교육회, YWCA), 김영순(대한민국애국부인회본부, YWCA), 김활란(YWCA), 김원주(문필가, 신여성운동), 방신영(조선여자교육회), 신숙경(반도여자청년회장), 신알베트(조선여자청년회, 조선여자교육협회), 유각경(YWCA), 이은혜(조선 간호부협회), 이효덕(조선여자기독교절제회, YWCA), 차사백(해주여청, 해주부인회), 최활란(조선여자절제회, 기독교조선감리회), 현덕신(YWCA), 홍애시덕(기독교절제회, 기독교조선감리회) 등 16인이었다. 남화숙(1989), 앞의 논문, 69-70쪽.

성, 조원숙, 황신덕), 민족주의계 8인 (김선, 김영순, 김활란, 방신영, 유각경, 차사백, 현덕신, 홍애스더), 중립 4인 (김동준, 박경식, 유영준, 최은희) 등이었다.

근우회는 신간회와 같이 반제 반봉건운동을 자기 과제로 하고 그 강령을 "첫째 조선여자의 역사적 사명을 수행키 위하여 공고한 단결과 의식적 훈련을 기하며, 둘째 조선여성의 정치적 경제적 사회적 전적 이익의 옹호를 기한다"라고 하였다.[106]

행동강령으로는 1) 여성에 대한 사회적·법률적 일체 차별 철폐 (정치적 차별 철폐는 후에 첨가), 2) 일체 봉건적 인습과 미신타파, 3) 조혼폐지 및 결혼의 자유(이혼의 자유 후에 추가), 4) 인신매매 및 공창의 폐지, 5) 농민부인의 경제적 옹호, 6) 부인노동자의 임금차별 철폐 및 산전 산후 임금 지불(후에 산전 4주간 산후 6주간의 휴양과 그 임금지불로 강화), 7) 부인 및 소년노동자의 위험노동 및 야업폐지, 8) 교육의 성적 차별 철폐 및 여자의 보통교육 확장, 9) 언론 출판 결사의 자유, 10) 노동자 농민 의료기관 및 탁아소 제정 확립 (8조·9조·10조는 후에 첨가) 등이었다.[107]

조직의 부서를 보면 서무부·재무부·선전조직부·교양부·조사부·정치연구부 등 6부서로 구성되었는데 각 부서는 집행위원들이 담당하였다.[108] 근우회는 앞서 보았듯이 회장체제가 아니고 중앙집행위원회에 의해 움직였는데 제1기의 중앙집행위원 21인은 재경활동가로 채워졌으며 민족·사회 양 진영이 균형을 이루었는데, 지방에 支會들이 속속 설립되고 그 대의원들에 의해 전국대회가 치루어진 1928년부터는 사정이 달라

---

106) 원래의 강령은 ㅡ. 조선여자의 공고한 단결을 도모함. ㅡ. 조선여자의 지위향상을 도모함이었는데 이는 1929년 전국대회에서 수정된 강령이다.
107) 남화숙(1989), 앞의 논문, 43-44쪽: 김준엽·김창순(1972), 『한국공산주의운동사』 3권, 90-91쪽. 근우회 창립시의 행동강령은 7개 조항이었는데 8·9·10조항과 각 조항마다 후에 첨가하였다는 것은 1929년 전국대회에서의 수정된 행동강령이다.
108) 김준엽·김창순(1972), 『한국공산주의운동사』 3, 79쪽.

지게 되었다. 지회출신이 대거 참여하게 되고 사회주의 진영이 압도하게 된다.109) 당시 지회는 대략 64개 지역에 설립되었는데 사회주의계가 조직한 곳 60%, 사회·민족 양 진영이 협동하여 조직한 곳 19%, 민족주의계 조직 21%로 구분해 볼 수 있으며,110) 이는 지회가 사회주의계열에 의해 움직여졌음을 말한다.

2. 근우회 동래지회의 설립과 활동

1) 근우회 동래지회의 설립

부산지역에서는 동래지회가 제일 먼저 1928년 5월 19일에 결성되었는데, 이른바 사회주의계가 결성한 지회로 분류된다. 그것은 설립과정과 관련된 것으로, 당시 동래에는 1921년 5월에 결성된 동래여자청년회가 활동하고 있었는데 1928년 4월 20일 제7회 정기총회에서 여자청년회를 해체하고 근우회 지회를 설치하기로 결의함에 따라 지회가 조직되기에 이른 것이다. 이 때 여자청년회에서는 "동회의 綱領과 目的이 근우회와 같은 이상 따로 한 단체를 만들어 둘 필요가 없음으로 조선여성의 단일동맹인 근우회에 가입하기 위해 동래여자청년회를 해체시키고 근우회 동래지회를 설치하기로 한다"고 하였다.111) 이는 당시의 근우회의 조직원칙을 충실히 이행한 대표적 예라고 할 수 있는데, 한편 연령상 청년에 속하는 회원은 東萊靑年同盟(1928.2.26일 창립)에 입맹키로 결정하였다.112)

---

109) 제2대 중앙집행위원에는 사회주의계열이 늘어나서 23인 중 18인(78%)이 사회주의계열이었고, 중앙집행위원(23명)중 지회(12명)가 차지하는 비율이 52%로 지회의 진출이 괄목할만 하였다. 이같은 좌파집행부의 구성은 기독교계 명망가들의 반발을 불러일으켰다. 한국여성연구회(1992), 앞의 책, 159쪽 : 남화숙(1989), 앞의 논문, 76-78쪽.
110) 남화숙(1989), 앞의 논문, 102-103쪽.
111) 「槿友 東萊支會 設置準備」,『조선일보』1928. 4. 24.

동래청년동맹에서는 제2회 집행위원회가 열렸던 1928년 3월 4일 동래여자청년회에 근우회 동래지부를 설치하도록 건의할 것을 토론하였다.113) 근우회 지회 설치 준비위원으로 權福海·김수선·김계년·송말순·이가우·구필순·장갑수·이영희 등을 선출하였다.114) 이들 준비위원들은 여자청년회와 동래청년연맹에서 활동하여 온 인물들이었으며 이제 막 활동하기 시작한 동래청년동맹과도 일정하게 관련을 갖고 있었고, 사상단체인 적광회와도 관련을 갖고 있었다.

드디어 5월 19일 동래유치원에서 근우회 동래지회 설치대회를 가졌는데 이가우의 개회사로 시작되었다. 먼저 李命壽의 지회설치에 대한 경과

---

112) 「동래청년해체 근우지회발기」, 『동아일보』 1928. 4. 26.
113) 「동래 청년동맹 집행위원회」, 『조선일보』 1928. 3. 9. : 당시 청년운동은 청년연맹에서 청년동맹으로 전환하고 있었다. 신간회가 창립되고 청년운동진영에서도 전민족적 청년운동으로서의 방향전환론이 수립되어, '순무산계급 청년만을 본위'로 했던 과거 청년운동의 경향을 비판하는 가운데 기존의 조직을 해체한 위에서 각 계급 계층의 청년대중에게 문호를 개방하고 힘을 합할 수 있는 중앙집권적 단일조직을 건설하자고 하였다. 그리하여 중앙에는 청년총동맹이 설립되고, 동래청년연맹도 동래청년회를 중심으로 연맹을 동맹으로 전환하는 작업에 착수하였다. 동래청년회는 자신의 해체를 결정하고 일을 추진하여 1928년 2월 26일 동래신달야학에서 동래청년동맹창립대회를 개최하였다. 동래청년동맹 아래에는 사하지부·기장지부·좌천지부·여고지부·동래지부·구포지부 등이 설립되었다. 청년동맹들은 대체로 신간회 근우회에 대해서는 절대적 지지를 표명하고 공동전선을 형성하고자 하였다. 청년동맹원이 신간회나 근우회의 회원이 되어 활동하였다. 동래청년동맹 기장지부의 경우도 근우회 분회 설치 등을 촉구하였다. 「東萊靑年同盟 2月 26日 創立大會」, 『조선일보』 1928. 2. 29. : 나철희(1997), 「1920년대 동래지역 청년단체의 조직과 활동」, 『문화전통논집』 제5집, 경성대학교 한국학연구소, 16–23쪽.
114) 이 때 안건으로는 동래 여청 해체의 건, 근우회 동래지회 설치의 건, 강연회 개최의 건, 회원 모집의 건, 矯風에 관한 건, 원족에 관한 건 등이 논의되고 근우지회 설치준비위원이 선정되었다. 「근우 동래지회 설치준비」, 『조선일보』 1928. 4. 24. : 동아일보 기사는 조선일보의 기사와 약간 세부적인 면에서 차이가 있는데, 동아일보에서만 연령에 따라 청년연맹에 가입하자는 토의 기사를 싣고 있다. 「東萊女靑解體 槿友支會發起」, 『동아일보』 1928. 4. 26.

보고가 있은 후, 진주·밀양 등 인접지역 근우회 지회에서의 축전과 김해 근우지회 외 7개 단체의 축문이 발표되었다. 이어 동래 신간회지회 대표 許永鎬와 동래청년동맹대표 金仁浩·朴日馨, 기장청년회 權鐘哲, 부산청년동맹의 黃命碩의 근우회 동래지회 창립을 축하하는 축사가 있었고 임원선출이 있었다.115) 이로써 근우회 동래지회는 기존의 여자청년회를 해체하고 여성운동의 단일단체로서 동래지역에서 창립되기에 이른 것이다. 부산지역에서는 어떠한 지부보다도 그 설립에 아무런 장애 없이 쉽게 이루어졌다.

1929년 발간된 『근우』에 의하면 1929년 당시 회원의 총수는 116명이었고 연령은 18-30세 사이로 여자고등보통학교 정도의 여성이 많았고 직업을 가진 여성이 31명, 가정에 있는 여성이 85명으로 다른 지부에 비하여 직업여성이 많다는 것이 두드러진다. 임원을 『근우』에 근거하여 보면 서무부에 권복해, 재무부에 李永福, 선전부 金周仲, 교양부 李琪年, 조사부 崔聖愛, 政硏部 이가우 등이 활동하였음을 알 수 있다. 그리고 1929년 3월 10일 제1회 정기대회에서는 신임 위원장에 김수선, 위원에 조이수·구소연·이기연·이명수·최성애·권복해·장갑수·백순용·김경수·이가우·이봉연·김옥숙·박소수·하덕술 등이 선출되었다.116) 또한 1930년 제2회 정기대회에서는 집행위원장에 李賢舜, 위원에 田富念·具守連·韓龍·박소수·金命守·권복해·河德述 등이 선출되었다.117) 이 새로운 집행위원회에서는 서무재정부에 하덕술·한용순, 조직선전부에 김명수·구수련·전부념, 조사부에 박소수, 교양부에 권복해를 배정하였다.

이처럼 동래지회의 핵심적 인물은 박차정, 김수선, 박소수, 권복해, 김계년, 이가우 등이었다.

---

115) 「權友東萊支會 - 5월 19일 創立」, 『동아일보』 1928. 5. 23.
116) 『조선일보』 1929. 3. 15.
117) 「동래 근우대회」, 『조선일보』 1930. 4. 8. : 「동래 근우대회」, 『조선일보』 1930. 4. 26.

박차정의 경우 창립주체로 활동하거나 지역 활동에 앞장섰던 것은 잘 드러나지는 않는다. 그러나 동래를 대표하여 중앙에 진출하여 활동하였다.118) 박차정은 애국주의자였던 아버지와 기장출신의 어머니 (김약수와는 육촌, 김두봉과는 사촌) 사이에서 태어나 어렸을 때부터 강한 항일의식을 가졌다. 오빠인 朴文熺는 동래지역의 청년운동 민족운동을 주도하였고, 숙부인 朴日馨 역시 동래의 사회운동을 주도하였는데, 이들로 부터 크게 영향 받았다. 일신여학교출신 (1929년 3월 9일 졸업)으로 재학시부터 동래청년동맹의 집행위원을 맡아 보았고 동래노동조합원, 신간회 동래지회원으로도 활동하였다.

박차정이 근우회의 中央執行委員에 선출되고 중앙회에서 본격 활동을 한 것은 제2회 전국대회가 열렸던 1929년 7월부터였다. 이 대회의 중앙집행위원 선거에서는 지회의 세력에 따라 집행위원을 배분하였는데 각 도별로 대의원들이 모여 전형위원 1인씩을 선출하고(지회가 많은 경남과 함남은 각 2인) 그들이 집행위원을 정하는 방식을 택하기로 하였다. 이 때 박차정은 경남의 전형위원으로 선출되었고, 전형위원들에 의해 선출된 33인 중앙집행위원으로, 또한 33인 중에서 선정된 14인 상무집행위원으로 선출되었다. 즉 박차정은 중앙집행위원, 상무위원으로 선출되어 이제 근우회의 핵심멤버로서 활동하게 되었다. 담당했던 업무는 宣傳組織과 出版部門이었다.119)

중앙에서 활동하면서 1929년 12월 박차정은 광주학생사건(1929.11)에 이어 서울에서 학생시위사건이 일어나자 배후세력으로 주목되어 허정숙·정종명 그리고 신간회 인사들과 함께 검거되었다 풀려났다.120)

---

118) 박차정의 근우회활동에 대하여는 이송희(1996), 「朴次貞 여사의 삶과 투쟁」, 『지역과 역사』 창간호, 95-100쪽 참조.
119) 남화숙(1989), 앞의 글, 79-81쪽 : 김준엽·김창순(1972), 앞의 책, 제3권, 91-98쪽 : 경성지방검사국, 『사상문제에 관한 조사서류』, 1929년 7월-9월, 245쪽.

이 사건 후 구속학생의 석방과 학생들에 의한 보다 구체적 행동과 민중적 봉기를 목적으로 한 제2차 시위운동이 1930년 1월 여학생들을 중심으로 전개되었는데 근우회가 바로 리더 학생들을 지도하였다. 사건 발생 직후 일제는 근우회를 그 배후로 지목하여 간부들에 대한 일제검거에 들어갔다. 이에 박차정을 비롯하여 정종명·박호진·정칠성·한신광·허정숙·백덕수·류덕희 등이 검거되었으며, 최종적으로 박차정과 허정숙이 보안법 위반으로 구속되었다.121) 이후 세 차례의 심문 후 기소되지 않고 석방되었으나, 모진 고문으로 오랫동안 병석에 있다가 의열단에서 활동하고 있었던 오빠 박문호의 부름을 받고 북경으로 가서 김원봉의 의열단에 합류하였다.

金桂年의 경우도 2회 전국대회 때 박차정과 함께 대의원으로 참가하였으며, 김수선은 중앙집행위원 후보위원으로 선출되었다.

권복해는 기장사람으로 아버지는 기장의 지주인 권상준이며 명정의숙을 세웠던 인물로 광복회에 비밀장소와 자금을 대기도 하였다. 언니인 권은해는 앞서 보았듯이 기장 여성운동의 지도자였다. 친척들로 김두봉·박용선·김도엽·김약수 등과 같은 인물들이 있었다.122) 권복해 역시 명정의숙에 다니면서 민족의식을 갖게 되었고 3·1운동에 참여하였다. 언니와 함께 기장에서 여자청년회 조직에 힘을 기울이다가 결혼과 함께 동래에 와서 근우회 동래지회 설립에 참여하였다.

김수선·박소수는 사상단체인 적광회의 핵심인물이었고 동래청년연

---

120) 『조선일보』 1929. 12. 4, 12. 5. : 『동아일보』 1929. 12. 4. 이 때 오빠 박문희도 같이 검거되었다.
121) 『동아일보』 1930. 2. 11.
122) 김도엽은 오빠의 처남으로 부산노우회에서 활동하였고 그의 동생인 김규엽은 동래청년동맹원으로서 1928년 국제무산데이기념강연건으로 검거되기도 하였다. 맏조카 권동수는 1931년 동래반제동맹사건으로 옥고를 치루었다. 김약수(김두전)는 아버지의 외사촌이었다. 한편 김약수와 김두봉은 박차정의 어머니와 육촌간 사촌간이었다.

맹 등에서 집행위원 등으로 활동하여온 대표적 여성운동가들이었다.

동래지회의 주도층들은 이렇게 오랫동안 여성운동과 사회운동을 하여온 인사들이었으며, 사상적 지향성이 뚜렷한 인물들이었다. 이러한 임원들의 성격을 볼 때 동래지회는 역시 사회주의계열로 분류할 수 있다. 이들은 역량면에서 또한 명망이 있었기에, 박차정·김계년·김수선 등의 경우와 같이 중앙에 진출하여 집행위원 등 핵심적 인사로 활동하기까지 하였다.

지회의 운영을 보면 주목되는 것은 執行委員制를 실시하였다는 점이다. 동래지회는 매년 정기총회를 통해 연간 운동의 기본방향을 세우고, 지회 총회에서 집행위원장, 집행위원, 검사위원, 본회 총회에 파견할 대의원을 선출하였다. 지회의 구체적 활동사업 및 그 집행은 집행위원에게 일임되었다. 지회활동을 담당하는 부서는 중앙의 6부서제를 기본으로 서무부·재무부·선전부·교양부·조사부·정치연구부 등이었는데 후에 가서는 서무재정부·조직선전부·조사부·교양부 등으로 정리되었다.

2) 동래지회의 활동

동래지회의 활동을 보면, 창립초기에는 婦人商會를 설치하여 무엇보다도 재정확보를 시도하였다.[123] 그리고 회원모집 및 친목과 단체훈련을 목적으로 1928년 6월 10일에는 동래의 영보단에서 園遊會를 가졌는데 100명가량이 참석하였다.[124] 이 행사는 회원모집과 단체의 훈련 등 조직의 활성화에 기본이 되는 것이었기에 자주 개최되었다. 또한 白色衣服着用을 금지하는 계몽활동을 펴기도 하였다.[125] 이는 생활개선이라는 측면

---

[123]「槿友 東萊支會 設置準備」,『조선일보』1928. 4. 24. :「東萊女靑解體 槿友支會發起」,『동아일보』1928. 4. 26.
[124]「근우회 동래지회 원유회」,『동아일보』1928. 6. 13.

이 강하다. 이처럼 창립초기에는 재정확보·회원확보·회원친목 또는 계몽에 치중하여 활동을 전개하였다.

그러다 조직이 조금 안정된 후인 7월 14일 機張分會를 설치하기에 이른다.126) 기장분회의 설치는 기장지역의 역량에 따른 것이기는 하지만 일단 동래지회가 어느 정도의 기반을 닦은 후 허락되었다. 기장분회는 기존의 기장여자청년회가 운영하였던 여자야학을 노동야학으로 운영하였다. 기장분회는 1929년 7월 지회로 승격하였다.127)

한편 근우회 중앙회에서는 1929년에 들어서면서 근우회의 기반확보를 위해 地方巡廻講演會를 조직하여 각 지회나 또는 순회강연단을 요청하는 지방에서 강연회를 개최하였다. 동래지회에는 5월 朴昊辰이 내려와 강연을 하였다.128)

이 시기부터 동래지회의 대표들이 중앙에 진출하였다. 1929년 7월 27일부터 29일까지 열린 근우회 제2회 전국대회에서 동래지역을 대표하여 박차정과 김계년이 참가하였는데 박차정이 중앙집행위원에 김수선이 중앙집행위원후보에 선출되었으며, 7월 30일 열린 중앙집행위원회에서는 박차정이 중앙상무위원으로 선출되어 선전조직부원과 출판부원이 되었다.129) 이는 당시 동래지역의 위상이 상당히 높았음을 말하여준다고 하겠다. 즉 강한 힘을 가진 지회로서 중앙에서 인정받고 있었다고 하겠다.

동래지회의 활동에서 두드러진 것은 무산여성인 노동여성에 대한 것이다. 동래지회는 1929년 3월 정기대회에서 '同一勞動에 대한 賃金差別撤廢件'을 전국대회에 건의하기로 결정하였다.130) 이는 동래지회가 주로

---
125) 「東萊女靑解體 槿友支會發起」, 『동아일보』1928. 4. 26.
126) 「槿友東萊支會 分會設置大會」, 『동아일보』1928. 7. 18.
127) 기장분회 기장지회에 대해서는 따로 살펴보겠다.
128) 「근우회 地方巡廻 三隊로 分隊 活動키로 순회규정을 아래와 가티 결정」, 『조선일보』1929. 5. 9.
129) 『동아일보』1929. 7. 31. : 『조선일보』1929. 8. 28.

교육받은 여성들로 구성되어 있었지만, 그들의 기본관심이 무산여성인 노동여성에게 있었음을 알 수 있으며, 기본방향이 마르크스주의 여성해방에 있었음을 말해 준다.

이러한 입장에 있었기에 동래지회는 1930년에 들어서 1월 10일부터 21일까지 일어났던 朝鮮紡織 罷業에 일정하게 지원을 하였던 것으로 보인다. 직접적 지원에 관한 기사나 사실을 발견할 수는 없으나 신간회 동래지회를 통하여 간접적 지원을 하지 않았을까 생각된다. 이는 기존의 활동에서부터 동래지회가 노동여성의 문제를 핵심과제로 생각하였고, 후일 1931년에 이르러 "금후로는 특히 勞動女性運動勢力의 强大策을 주방침으로 하자는 결의"를 하였는데[131] 이는 동래지회가 기본 관심을 노동여성에 두었음을 알 수 있다.

그 외 동래지회는 활동의 활성화를 위한 독자적 공간을 확보하기 위해 회관건립을 추진하였으며, 회원 확보를 위해 노력하였다. 1930년 4월 3일의 집행위원회에서는 정기대회소집의 건, 회관건축기성회의무금징수에 관한 건, 회원증모에 관한 건 등을 논의하였다.[132] 1930년 4월 19일 제2회 정기대회에서는 전국대회에 제출할 의안작성의 건, 본부 의무금 납입 및 지회 의무금 징수의 건, 이재민 구제의 건, 부인야학의 건 등을 논의하였다[133]. 이 때 새롭게 구성된 집행위원회에서는 임시사무소에 관한

---

130) 『조선일보』 1929. 3. 15. 동래지회는 1929년 3월 10일 오후 1시에 제1회 정기대회에서 신임 위원장에 김수선, 위원에 조이수·구소연·이기연·이명수·최성애·권복해·장갑수·백순용·김경수·이가우·이봉연·김옥숙·박소수·하덕술 등을 선출하고 본부대표회원 선거와 본부대회 건의안 작성을 논의하여 전국대회에 "동일노동에 대한 임금차별 철폐" 문제를 제기하기로 하였다.
131) 『동아일보』 1931. 5. 6.
132) 「東萊 槿友大會 오는 십삼일에」, 『동아일보』 1930. 4. 8.
133) 근우동래지회 집행위원회에서는 4월 13일에 제3회 정기대회를 동래유치원 내에서 개최하기 위하여 많은 준비를 하였는데 실제는 19일에 하게 되었다. 「동래 근우대회」, 『조선일보』 1930. 4. 8. : 「동래 근우대회」, 『조선일보』 1930. 4. 26.

건을 토의하였다.134) 이 처럼 당시 논의되었던 것들은 주로 조직운영과 관계된 것들이었고, 부인야학과 같은 지속적으로 해 온 사업에 대해 논의하고 있었다. 1930년 5월 13일에도 園遊小運動會를 동래 영보단에서 성황리에 개최하였다.135)

동래지회의 해소 시기는 알 수 없으나 1931년 4월 25일의 정기대회에서 동래지회는 해소는 당분간 보류하되 "금후로는 특히 노동여성운동세력의 강대책을 주방침으로 하자는 결의"를 한 것으로 보아136) 이는 동래지회가 당시 논의되고 있었던 해소론에 대하여는 일단 보류를 하되 農民組合·勞動組合 속에서 여성운동을 강화해 나가자고 하는 해소론자들의 입장을 일정하게 수용한 것이 아닌가 싶다. 당시 일제의 탄압과 합법적인 활동조차 불가능하게 만드는 정세 속에서 근우회의 조직적 위상에 대한 비판과 함께 해소론이 등장하였다. 근우회 해소론은 근우회가 소부르주아적 단체이고, 노동여성을 조직화해내지 못하였으며, 투쟁성을 확보하지 못하여, 창립 후 아무런 역할을 하지 못하였으므로, 해체하고 노동조합·농민조합 운동 속에서 여성운동을 강화해 나가자는 것이었다.

이후 활동 흔적을 전혀 볼 수 없는 것으로 보아 결국 근우회 동래지회는 해소된 것 같다.

위와 같은 동래지회의 활동상을 볼 때, 이전의 여성운동이 상당히 변화해가고 있음을 알 수 있다. 무엇보다도 여성문제를 본격적으로 거론하고 있다는 것이다. 특히 동일노동에 대한 임금차별철폐안의 제기는 여성들의 생존권과 관련된 중요한 사항이었다. 그리고 조선방직파업에의 지원이나 여성노동세력의 강대책을 주방침으로 하자는 주장에서 볼 수 있듯이 동래지회는 부르주아 여성들도 아우르고 있었지만 차츰 기본관심을

---

134) 「동래 權友委員會」, 『조선일보』 1930. 4. 28.
135) 「동래근우 園遊」, 『조선일보』 1930. 5. 23.
136) 『동아일보』 1931. 5. 6.

무산여성인 노동여성에게 두려고 하였음을 알 수 있다. 여성야학을 노동야학으로 운영한 점도 이를 뒷받침한다. 또한 동래지회는 여성문제의 해결을 사회구조의 변화 속에서 풀어나가고자 하였기에 타 단체와의 연계활동도 활발하게 하였는데, 신간회지회·동래청년동맹 등과 계속 연계하여 활동하였다.

3. 근우회 기장지회의 설립과 활동

근우회 기장지회는 처음 동래지회의 기장분회로 출발하였다. 이 지역에서는 1921년 9월 기장여자청년회가 일찍이 설립되어 여성운동이 활발히 전개되어 왔으며, 1925년 말에는 기장여자청년회가 동래청년연맹에 가입함으로써 동래지역의 다른 단체들과 연계하여 운동을 전개하고 있었다. 바로 이 기장여자청년회를 모태로 근우회 기장분회가 설치되기에 이르렀다.

1928년에 이르러 기장여자청년회에서는 2월 12일 회장 김정순의 사회 아래 제8회 정기총회를 개최하였는데, 회장에 오주숙, 총무에 김필주·김정순, 회계 오경원, 서기 오봉선 등이 선출되었다.137) 오경원·김정순·오봉선 등은 창립 때부터 활동하여온 인물들로, 기장여자청년회가 창립 시부터 큰 변화 없이 활동하여 왔음을 알 수 있다.

그런데 근우회가 설립되면서 근우회 분회설치 문제가 대두되게 되었다. 1928년 3월 正進靑年會는 여자부회원을 분리하여 근우회 동래지회 기장분회를 설치할 것을 주장하였다.138) 당시 기장지역에서는 청년운동

---

137) 「경남 기장 여자청년회 정기총회」, 『조선일보』 1928. 2. 17.
138) 「機張 正進靑年 定期 總會」, 『조선일보』 1928. 3. 23. 1920년대 중반 이후 기장지역 청년운동은 정진청년회를 중심으로 전개되었다. 정진청년회는 1925년 3월 문화운동적 청년운동을 비판하면서 대중본위의 사회운동을 촉진할 목적으로 창립되어 노동 농민문제에 많은 노력을 기울이고 있었다. 창립 시부터 회원을 성별의

의 대중적 기반 확대와 운동의 통일을 위해 기존단체의 해소와 부산청년동맹 지부의 창립(1928. 5. 27)이 있었는데,139) 바로 이러한 맥락에서 근우회 분회설치에 대한 촉구가 계속있었다.

그리하여 기장여자청년회와 기장 청년단체의 여성회원들이 함께 동래지회 기장분회를 설치하기에 이르렀다. 1928년 7월 14일 오후 3시 오형근의 집에서 기장분회의 설치대회가 열렸는데 먼저 임시집행부를 선거하고 준비위원회의 경과보고가 있은 후 타단체로부터 온 축문 축전을 낭독하고 규약을 통과한 후에 집행위원 11인을 선정하고 여러 안을 토의하였다. 위원장에는 오주숙, 서무부에 鄭命子・金靜海, 재무부에 朴英愛・金必秀, 조사부에 文福茁・李潤命, 교양부에 崔德鶴・金德順, 정치연구부에 金弼珠・尹貞松 등이었다.140) 이처럼 기장분회는 기존의 여성단체와 단체의 여성부를 해체한 위에서 설립되었다. 즉 전형적 사회주의계열의 유형이라고 하겠다.

임원진을 보면 오주숙은 1924년 2월 기장여자청년회의 간부로 선임된 이래, 1928년 2월에는 회장직을 맡고 있다가 집행위원장으로 선출되었다. 김필주도 오주숙과 같은 시기에 기장여자청년회 간부직에 진출한 인물이다. 이를 볼 때 기장분회가 기장여자청년회를 모태로 하였음을 다시 한번 말하여 준다. 김덕순의 경우는 후에 동래청년동맹 기장지회(1928년 7월)와 동래소년동맹 기장지부의 집행위원(1919년 2월)으로도 활동하였

구분 없이 유지해온 정진청년회는 1928년 3월 정기총회에서 여자부 회원의 분리 문제를 검토하고 있다. 이는 기장분회 설립의 사전 정지작업이었다. 기장분회의 창립은 기장여자청년회와 정진청년회 여자부가 발전적으로 해소되어 창립한 것이다. 김동철・강재순(1996), 「1920-30년대 초 기장지역 사회운동」, 『한국민족문화』8, 부산대학교 민족문화연구소, 152-155쪽.
139) 1928년 2월 동래청년동맹이 창립되었으며 1928년 5월에는 기장지부가 결성되었다. 집행위원으로 후에 근우회 기장분회의 핵심인물인 김귀조가 선출되었으며 이 창립대회에서 근우회 분회설치가 논의되었다. 앞글, 158-159쪽.
140) 「槿友東萊支會 分會設置大會」, 『동아일보』 1928. 7. 18.

다. 즉 기장분회의 임원들은 기장여자청년회에서부터 오랫동안 활동하여 온 인사들로 특히 정진청년회·동래청년동맹 기장지회에서도 활동하고 있었다. 정진청년회와 동래청년동맹은 사회주의적 성향이 강한 단체였으므로 근우회 기장분회의 임원들 역시 그런 인물들이었음을 알 수 있다.

특히 주목되는 것은 근우회지회는 65개정도에 이르렀지만 분회는 동래지회와 홍원지회에만 설치되었다는 점이다. 이는 기장지역의 활동이 같은 규모의 어느 지역보다도 활발하였다는 것을 말하여준다. 근우회의 지방조직은 지회도연합회 - 지회 - 분회 - 반의 체계로 정비되었다. 기장분회는 1929년 7월 지회로 승격하였다.

분회의 조직을 보면 서무부·재무부·조사부·교양부·정치연구부 등으로 이루어져 있었는데 지회로 승격된 1929년에도 조직은 그대로 지속되었다. 1929년에 발간된 『근우』에 의하면 서무부에 오주숙, 재무부에 정명자, 조사부에 박영애, 교양부에 문복줄, 정연부에 윤정송 등이 배치되었다.

근우회 기장분회의 주된 활동은 여자야학운영이었다.[141] 근우회 동래지회 기장분회설치대회에서 논의되었던 내용을 보면 첫째 교양문제, 둘째 여자야학운영, 셋째 회관문제, 넷째 회비 및 의무금 작성 등에 관한 것이었다.[142] 역시 설립 시부터 논의된 것이 여자야학운영이었다. 이는 기장여자청년회가 여자야학을 가장 중요시한 것과 입장이 같다. 그리하여 기장여자청년회에서 운영하였던 여자야학을 근우회 기장분회에서 인수하여 勞動夜學으로 운영하였다. 노동야학의 성격을 띠게 된 것은 근우회 기장분회의 설립 시 정진청년회의 여자부가 참여한 것과도 관련된 것으로 기장분회의 지향성을 강하게 드러내 준다. 1928년 2월에는 학생이

---

141) 『근우』에서도 근우회 기장지회의 주요사업으로 야학을 꼽고 있다.
142) 「근우동래지회 분회설치대회」, 『동아일보』 1928. 7. 18.

100여명이나 되는 無産子女를 위해 없어서는 안 될 교육기관이 되었다. 학교교실을 빌어 사용하였는데 12월 6일 교장이 사용을 금지하여 폐교의 위기에 처하기도 하였다.[143] 분회 집행위원장인 오주숙은 1929년 기장여자야학의 교장을 역임하였다. 1929년 학생이 60여명에 이르렀으며 교사 3인이 지도하였다.[144]

그러나 노동야학 운영 이외에 별다른 활동은 보이지 않는다. 1929년 2월 19일에는 제1회 정기대회를, 1930년 3월 10일에는 執行委員會를 열었다.[145] 3월 10일의 집행위원회에서는 정기대회 의안 작성권과 본부회관 건축부담금, 본부에 대한 부담금에 관한 것이 논의되었을 뿐이다.[146] 1930년 3월 19일 기장분회는 제4회 정기대회를 개최하기로 하였으나 일제경찰 기장주재소의 대회금지조치로 좌절되었다.[147] 당시는 광주학생운동과 조선방직파업으로 일제의 탄압이 노골화하고 있었는데, 일제는 지역사회운동을 탄압하기 위해 기장분회 정기대회 뿐만 아니라 지역사회 운동단체의 모든 집회를 금지시켰다.

기장지회의 해소 시기는 명확히 드러나지 않은데 1931년 4월이나 5월 이후 동래지회와 거의 같은 시기에 해소되지 않았을까 추측된다.

이상과 같은 기장분회(지회)의 활동을 볼 때 자료가 많이 남아 있지 않아서 자세한 분석은 어려우나, 야학을 노동야학으로 운영한 점과 동래청년동맹지부와의 관계 등으로 보아 동래지회와 유사한 성격의 지회로 볼 수 있다.

---

143) 『조선일보』 1928. 12. 10.
144) 『동아일보』 1929. 1. 4.
145) 『동아일보』 1929. 3. 1. : 1930. 3. 15.
146) 「機張槿友 定期大會 召集 委員會 決議案」, 『중외일보』 1930. 3. 18.
147) 「槿友 機張支會 定期大會 延期 警察의 干涉으로」, 『중외일보』 1930. 3. 23.

4. 근우회 부산지회의 설립과 활동

1) 근우회 부산지회의 설립

　부산지회는 1928년 6월 16일 결성되었는데 동래지회와 같은 방식이 아니고 기존의 여성단체를 그대로 둔 상태에서 새롭게 창립되었다. 창립 과정을 보면 1928년 6월 1일 부산의 여성활동가 30여명이 부산청년동맹 회관에서 집합하여 근우회 부산지회 발기회를 개최하고 창립에 관해 장시간 토의하면서 비롯되었는데, 이 때 준비위원으로 홍순남·강홍숙·최유금·朴淳子·郭貞愛·吳琪烈·崔今述·金弘植·徐貞順 등 15인이 선정되었고, 이들이 창립을 준비했다.148) 준비위원들은 여러 사항을 토의하고 결정하였는데 설치대회는 6월 16일에 개최하기로 하였다.149) 그런데 이보다 먼저 부산청년동맹에서는 1928년 4월 7일에 열린 제1회 정기총회에서 근우회 부산지회를 결성할 것을 결정하였다. 즉 부산청년동맹은 부산지역 여성운동의 통일과 운동의 진전을 위해 근우회 부산지회를 결성하려 한 것이다.150)

　드디어 6월 16일 부산중앙유치원 안에서 부산지회 설립대회를 尹在詢의 개회로 열었는데, 100여명의 회원이 참여했다. 임시집행부로 의장 呂運英 서기 李必連이 선출되었다. 여운영이 규약을 낭독하여 통과시키고 집행위원을 선출하였다. 집행위원대표로 윤재순, 서무부 洪順南·徐貞順, 재정부 千斗里·朴貞愛, 조직선전부 崔今述·辛永喜, 교양부 郭貞愛·

---

148)「근우부산지회 설립준비회」,『동아일보』1928. 6. 7. :「釜山 槿友會發起」,『中外日報』1928. 6. 4.
149)「근우 부산지회 준비위원회」,『동아일보』1928. 6. 13.
150)「釜山靑盟委員會」,『동아일보』1928. 4. 14. : 부산청년동맹과 근우회 부산지회의 관계에 대해서는 강재순(1996),「신간회 부산지회와 지역사회운동」,『지역과 역사』제2집, 48-60쪽 참조. 강재순은 이 논문에서 부산청년동맹과 근우회 부산지회가 밀접한 관계를 갖고서 활동하였다고 주장하고 있다.

姜興淑, 조사부 韓勝淑·金善玉, 정치연구부 여운영·兪德珍, 학생부 李必連·朴英子 등이 선출되었다.151) 이로써 근우회 부산지회가 탄생하였는데, 부산여자청년회와 중앙여자청년회는 그대로 둔 채 설립되었다. 당시 사회주의계열의 지회는 일반적으로 기존의 여성단체들을 모두 흡수하여 설치되었기에 부산지회는 사회주의계열과 민족주의계열이 협동하여 조직한 곳으로 분류된다. 그러나 조직이 새롭게 만들어졌지만 설립시의 임원을 보면 이들 중 대부분은 기존의 여성단체인 부산여자청년회와 중앙여자청년회를 중심으로 활동하였던 인사들이었다. 그리고 이들은 부산청년동맹과도 일정한 연계를 가지며 활동하고 있었다.

1929년에 발간된 『근우』에 의하면 당시 회원의 총수는 127명이었고 연령은 18세에서 30세 사이로 중등정도의 여성도 있고 무식의 여성도 있었다. 직업별 구성을 보면 가사종사자가 72명으로 가장 많고, 직업여성이 20명, 무직이 24명이었으며, 학생 6명, 노동이 9명에 이르고 있다. 회원구성이 아주 다양함을 알 수 있다. 특히 학생이 6명, 노동이 9명에 이르고 있는 것과 지식정도에서 무식인 경우가 있었다는 것은 동래지회의 경우나 여타 지회의 경우에 찾아보기 힘든 양상이었다. 근우회운동이 인텔리층만의 운동이 아니라 광범위한 대중층 속에 파고들었던 예를 여실히 드러내 준 것이고, 이는 부산지회가 확실하게 노동문제 등을 풀어나가고자 하는 의지를 보여준다.

임원은 앞서의 창립 시에 이어 1929년의 『근우』에 의하면 윤재순·홍순남·천두리·강홍숙 등이 활약하였다. 1929년 3월 제2회 정기대회에는 의장 신필애 서기 김순옥으로 진행되었는데,152) 회장에 여운영이 선출되었다.153)

---

151) 「성황으로 설치된 근우부산지회」, 『동아일보』 1928. 6. 21.
152) 「근우 釜支開催」, 『동아일보』 1929. 4. 2.
153) 「근우 부산지회 2회 정기대회」, 『조선일보』 1929. 4. 4. : 「근우 釜支開催」, 『동아

1929년 10월에 열린 부산청년동맹 부산진지부 설치대회에서는 근우회의 대중적 기반의 확대를 위해 부산진분회를 설립할 것을 결의하기도 하였는데,[154] 1929년 10월 29일에는 회원이 122명으로 초기보다도 회원의 숫자가 감소하고 있었다. 이는 이 시기 집행위원들의 활동부진으로 인한 것이어서, 10월에 종래의 회장제도를 집행위원장제로 바꾸었다.[155]

1929년 11월 23일 임시대회에서는 사무부진을 정리하고 임원진을 개선하였다.[156] 11월 27일 임시대회에서는 朴受愛가 집행위원장으로, 金貴祚가 집행위원장 후보가 되었다.[157] 그리고 1929년 12월 집행위원회에서는 서무부에 김귀조·정귀인, 재무부에 최유금·임기봉, 선전조직부에 김귀조·서달순, 노동부에 이정례·박복남, 정치문화부에 박복명·서달순, 조사연구부에 김염이·박소순 등이 선출되었다.[158]

1930년 3월 16일 정기대회에서는 집행위원장에 黃庚任, 후보에 朴受愛, 집행위원 金廉伊·朴福南·李英子·林基鳳·文貴珍·朴福命·金福順·朴道德·金永順·尹慈模 등이 선출되었다.[159] 1930년 8월 15일 제3회 임시대회가 열려 임시의장 柳福任과 서기 黃庚任으로 진행되었는데, 집행위원장에 崔小男, 후보에 趙尙達, 위원에 趙東洙·鄭德先·朴學今·金思

일보』1929. 4. 1. 당시 정기대회에는 전국 각처에서 온 축문과 축전의 낭독이 있었는데, 부산청년동맹, 경남청년동맹, 근우회본부, 목포신간지부, 울산신간지회에서 온 축문은 낭독 금지를 당하였고, 부산신간지회장과 부산지국장의 축사도 역시 사복경관에 의해 금지당하였다.

154) 『중외일보』1929. 10. 27.
155) 「근우회 부산지회」,『중외일보』1929. 10. 29. 위원장을 여운영으로 하였다.
156) 『조선일보』1929. 11. 23.
157) 『조선일보』1929. 11. 27. 김귀조는 원래 기장의 정진청년회에서 활동하였는데 이 때 오면 근우회 부산지회의 주요임원으로 활동하기 시작한다.
158) 『조선일보』1929. 12. 2.
159) 「부산근우지회 지난 십륙일에」,『동아일보』1930. 3. 18. :「槿友 釜山支會 定期大會」,『조선일보』1930. 3. 21. :「부산 근우지회 제2정기대회 성황리에 원만히 진행」,『중외일보』1930. 3. 18.

祚·柳福任·鄭수祚·김귀애, 검사위원에 황경임·유복임·윤자모 등이 선출되었다. 바로 집행위원회가 열리고 서무부장에 조상달, 부원 유복임, 재정부장 정금조, 부원 박학금, 정치조사 교양부장에 조동수, 부원 정덕선, 조직선전 노동부인부장에 김은주, 부원 김귀애로 결정되었다.160) 1930년 9월 10일 제4회 집행위원회에서 위원장에 최소남, 서기에 조상달을 선출하였다.161) 1931년 3월 17일 제4회 정기대회에서 집행위원장에 趙定壽, 집행위원에 林基鳳·鄭玉順·金廉伊·朴福南·鄭德先·尹命奉·金小·金思祚 등이 선출되었으며, 검사위원에 金貴愛·申彌愛·朴敬德 등이 선출되었다.162)

부산지회에서 1929년 말까지 활동하였던 이들은 부산여자청년회·중앙여자청년회 시기부터 활동하였던 인물들이 다수를 차지하였고, 1929년 10월 이후 집행위원장제 이후로는 대체로 새로운 세력들이 등장하고 있다. 임원들의 두드러진 특징은 부산청년동맹에서 동시에 활동하고 있는 이들이 많다는 점이다. 1929년 4월 7일 부산청년동맹 제2회 정기대회에서 심재순·천두리·김선옥 등이 집행위원으로 선출되었고,163) 김선옥은 특히 여자부장을 맡게 되었다.164) 김귀조의 경우는 1929년 10월 21일에 열린 부산청년동맹 중부지부 창립대회에서 집행위원으로 선임되었으며 12월에 가서는 청년동맹의 핵심부서인 서무부와 선전조직부의 일을 맡고 있다.165) 박수애의 경우도 부산청년동맹 부산진지부에서 활동하고

---

160) 「槿友 釜山支會 臨時大會 성황으로 맞쳐」, 『조선일보』 1930. 8. 18.
161) 「부산 근우위원회」, 『조선일보』 1930. 9. 16.
162) 「부산 근우대회 지난 17일에」, 『동아일보』 1931. 3. 21.
163) 『동아일보』 1929. 4. 10.
164) 『중외일보』 1929. 4. 10. : 『동아일보』 1929. 4. 18.
165) 『동아일보』 1929. 10. 26. : 김귀조는 1923년 10월에 창립한 사회주의적 영향이 강한 대구여자청년회 창립발기인으로 참여하였으며 이후 정진청년회(1928. 3), 기장노농회(1928. 5), 동래청년동맹 기장지부(1929. 2), 신간회 기장지회(1929. 3), 부산청년동맹(1929. 10), 근우회부산지회(1929. 11), 기장농민조합(1930. 5), 기장

있었다.

지회의 운영은 처음 회장제로 운영되다가 1929년 10월에 이르러 집행위원제로 바뀌었다. 부산지회는 매년 정기총회를 열고 연간 운동의 기본 방향을 세웠으며, 실제적인 일은 집행위원회에서 일임하여 처리하였다.

부서는 중앙의 6 부서 제도를 기본으로 창립 시에는 서무부 · 재정부 · 교양부 · 조사부 · 조직선전부 · 정치연구부(후에 정치문화부로 개칭) 등을 두었으며, 특별히 학생부를 두었다. 1929년 127명의 회원 중 학생이 6명이었던 것도 이와 관련된 것이라 볼 수 있는데, 부산지회는 여학생을 여성운동의 주요세력이라고 보고 따로 학생부를 설치하였던 것으로 보인다. 실제 근우회 중앙회의 경우에도 1929년 광주학생운동과 관련하여 서울에서의 학생들의 시위를 사실상 지도하였다. 학생부를 따로 설치한 경우는 많지 않았다.

1930년 1월에 발생한 부산여자고등보통학교 맹휴를 주도한 조상달과 조동수는 맹휴 이후에 부산지회의 임원으로 활동하였는데, 이렇게 볼 때 이들이 이미 학생회원으로 활동한 것이라고 보여진다.

1929년 12월에 열린 집행위원회에서는 부서를 6부로 개편하였는데 기존의 학생부와 교양부가 없어지고 노동부가 신설되었다. 근우회 부산지회가 신간회 부산지회와 부산청년동맹에도 없는 노동부를 개설한 것은 당시 부산지역 공장노동자의 대다수를 차지하고 있는 여성노동자를 대상으로 여성운동의 방향을 잡기 위한 것이었다고 보인다. 회원 중에 노동자가 9명이었던 것도 바로 이러한 입장을 대변한다.

1930년 3월 제2차 부산지회 정기대회에서는 경남지회 도연합회 발기와 분회조직 촉성의 건이 토의되었다.

군(1932. 3)에서 활동한 대단히 의욕적 여성으로 사회주의적 성향이 강한 여성으로 평가된다.

2) 부산지회의 활동

부산지회는 동래지회와는 달리 기존의 단체를 그대로 둔 채 근우회 부산지회를 창립하였다. 따라서 부산지회는 설립 이후 무엇보다도 꾸준히 여성운동통일에 관한 건을 중요사업으로 추진하였다. 즉 근우회지회가 설립되었음에도 여전히 부산여자청년회와 중앙여자청년회가 활동하고 있는 문제를 고민하고 있었다. 매년 열렸던 정기대회의 중요안건에서는 물론이고 따로 간담회를 개최하여 각 사회단체의 대표자들과 이 문제를 논의하였다.[166]

그리하여 1929년 5월 19일 부산여자청년회, 중앙여자청년회와의 제1회 연합운동회 개최를 시작으로 여성단체끼리의 연계활동을 추진하였다. 이후 1930년과 1931년에도 해마다 부산지역 여성운동의 통일을 위해 부산여성대운동회를 개최하였다.[167] 즉 부산지회는 중앙여자청년회·부산여자청년회와 함께 연합운동회를 개최하였던 것이다.

제1회 운동회는 1929년 5월 19일 부산공립보통학교 교정에서 열렸는데 회장 홍순남의 개회사를 시작으로 참가회원은 500명에 달하여 이십칠종의 경기로 자못 성황을 이루었다. 이는 단순히 운동회가 아닌 여성들의 단합대회로서의 의미를 지녔으며 여성운동의 홍보의 역할이 컸다.[168] 특

---

166) 「근우 부산지회 2회정기대회」, 『조선일보』1929. 4. 4. : 「부산근우지회 신춘간담회 지난팔일에」, 『조선일보』1930. 2. 12. : 제3차 정기대회에서도 여전히 여성운동 통일의 건을 주요안건으로 다루고 있다. 「槿友 釜山支會 定期大會」, 『조선일보』1930. 3. 21. : 「부산근우지회 제2회 정기대회 성황리에 원만히 진행」, 『중외일보』1930. 3. 18.
167) 『조선일보』1929. 5. 18, 5. 24, 1930. 10. 18, 1931. 11. 4. : 『동아일보』1930. 9. 19, 10. 21. : 『중외일보』1929. 5. 18, 5. 25.
168) 「부산여성단체 聯合運動會 來19日 開催」, 『조선일보』1929. 5. 18. : 「부산여성단체 연합운동 대성황리 종료」, 『조선일보』1929. 5. 24. : 「부산여성단체의 연합운동을 개최」, 『동아일보』1929. 5. 15. : 「삼단체 주최 여자운동대회」, 『동아일보』1929. 5. 22. : 「全釜山女子大運動會 來십구일에」, 『중외일보』1929. 5. 18. 「무려

히 참가자의 대부분이 구식 가정부인이고 더욱이 60노인까지 많이 참가할 정도로 그 호응이 컸다.

제2회 부산여자대운동회는 30년 10월 19일 부산공립보통학교에서 열렸는데 경기종목은 30여종에 이르렀고 참여자는 수천명에 이르렀다고 한다.169)

근우 부산지회가 여성운동의 통일 못지 않게 관심을 가졌던 문제가 회원의 증모였는데,170) 부산여성대운동회 개최가 부산지역 여성들의 이목을 집중시켜 근우회를 알리는 계기를 가져다 주었고 이를 통해 회원 확보에 일정한 성과를 거두었다. 근우 부산지회는 회원활동을 독려하고 근우회의 활동을 대외적으로 알려 신입회원을 증가시키기 위한 목적에서 遠遊會를 개최하기도 하였는데171) 이 사업은 1928년부터 꾸준히 지속적으로 추진되었다. 그리고 회원의 활동을 독려하기 위해 끊임없이 회원들에 대한 재교육을 실시하였다.172) 또한 신년에는 음악회를 개최하여 일반인들의 시선을 끌었다.173)

부산지회는 계몽활동을 중요사업으로 추진하였다. 계몽활동은 이미 여자청년회에서부터 지속되어 온 것이기도 하였는데 근우회에서는 중앙의 강령이나 의안에서의 내용을 각 지회에서 계몽하기 위해 노력하였다. 여성교양을 위해서 부산지회에서는 특히 부인강좌를 개설 운영하였

　　　수만의 大盛況을 이뤄 全釜山女子 活動」,『중외일보』1929. 5. 25.
169)「부산 근우지회 운동대회 성황」,『조선일보』1930. 10. 24. :「부산지회 주최의 부산 여성운동 부산 여성대중의 이목 집중」,『동아일보』1930. 10. 21.
170)「權友 釜支開催」,『동아일보』1929. 4. 2. :「근우 부산지회 2회 정기대회」,『조선일보』1929. 4. 4.
171)「근우 부산지회」,『동아일보』1928. 8. 5. :「근우 부산지회 원유」,『동아일보』1928. 8. 15. :「부산 근우대회」,『조선일보』1931. 3. 24.
172)「근우 부산지회 임시대회 성황으로 맛처」,『조선일보』1930. 8. 18. :「부산 근우대회」,『조선일보』1931. 3. 24.
173)「釜山에서 新年音樂大會 槿友支會 主催」,『중외일보』1930. 1. 27.

다174). 그리고 연설회 등을 통해서 여성을 계몽하고자 하였다. 또한 강연회를 개최하기도 하였다.175)

특히 당시 근우회 본부에서는 지방 순회대를 조직하여 경부선·경의선·경함선·호남선 등으로 나누어 순회위원을 파견하였는데, 부산지회에도 朴昊辰이 내려왔다.176) 정종명도 강연회의 강사로 1930년 10월 부산에 내려 왔는데, 부산경찰서의 금지로 부득이 연기되었다.177) 또한 계몽활동의 일환으로 춘기·추기 운동회를 개최하였다.178)

이러한 부인강좌나 연설회를 통하여 부산지회에서 계몽하였던 내용들을 보면 허례와 미신타파, 문맹퇴치, 이중과세폐지, 색의복착용 실행, 인신매매금지, 공창폐지 등에 관한 것이었다.179) 문맹퇴치, 이중과세폐지, 색의복착용 등과 같은 사항들은 1920년대 초 계몽주의에서 이미 논의되고 강조되었던 것들인데, 근우회 지회들이 지회차원에서 실천하고자 하였던 사항들이다. 미신타파, 인신매매금지, 공창폐지 등은 근우회 강령의 내용이기도 하였다.

부산지회는 이러한 계몽운동에서 그치지 않고 실제 여성들의 삶을 구체적으로 향상시켜주어 진정한 인격체로서 성장할 수 있는 기회를 주고자 하였다. 무엇보다도 부인직업소개문제를 논의하고 이를 추진하였

---

174) 「근우 釜山支會 臨時大會 盛況」, 『중외일보』 1929. 11. 26.
175) 「근우 부산지회 정기대회」, 『조선일보』 1930. 3. 21.
176) 「근우회 지방순회 삼대로 분대 활동키로 순회규정을 아래와 같이 결정」, 『조선일보』 1929. 5. 9. : 박호진은 5월 28일 오후 8시에 부산청년동맹회관에서 여성문제를 주제로 강연을 하기로 하였는데 경관의 무리한 금지로 강연회는 열리지 못하였다. 「槿友巡講 釜山서도 禁止」, 『중외일보』 1929. 5. 28.
177) 「부산 근우지회 강연회를 금지」, 『조선일보』 1930. 10. 22. 정종명은 이 때 여성운동의 근본문제를 갖고 강연회를 개최하려고 하였다.
178) 「釜山 槿友委員會」, 『조선일보』 1930. 9. 16.
179) 「근우 釜支開催」, 『동아일보』 1929. 4. 2. : 「근우부산지회 2회 정기대회」, 『조선일보』 1929. 4. 4. : 「근우 부산지회 정기대회」, 『조선일보』 1930. 3. 21. : 「부산근우지회 제2 정기대회 성황리에 원만히 진행」, 『중외일보』 1930. 3. 18.

다.180) 여자직업소개소 설립은 근우회 본부가 창립대회에서 결정한 사항이기도 하였다. 부산지회는 1928년 바로 설립하였다. 또 이러한 사업의 일환으로 재봉강습회를 개최하였다.181)

그리고 부산지회는 아동교육에 크게 관심을 갖고 있었다.182) 이는 교육에 관한 관심이기도 하지만 여성들의 사회활동과도 관련된 것으로 그 구체적 방법으로 1930년부터는 유치원 운영이 중요 사업으로 대두되었다.183)

근우회 부산지회의 활동에서 두드러진 것이 여성노동운동에 관한 지원이다. 당시 근우회 본부에서는 노동여성·농민여성 등에 관해 크게 관심을 갖고 그들의 노동조건을 개선하고 인권을 지키는 점을 행동강령으로 제시하였는데, 부산지회에서 이 문제를 중요사항으로 여기고 많은 노력을 하였다. 다른 지회에서는 찾아볼 수 없었던 점인데, 1929년 12월부터 부서에 勞動部를 따로 설치하였다. 회원 중 노동자가 9명이었던 점도 부산지회의 성격을 드러내 주는 것이다.

두드러진 활동으로 드러난 것은 釜山女工組合組織을 구상하고 논의하였던 점이다.184) 이러한 활동은 1930년 1월 조선방직여공들의 파업 시에 근우 부산지회가 다른 지역단체들과 함께 이를 적극 지원하였던 점에서 극에 이른다.185) 이 외에도 신용조합설립운동이나 旱災民의 구제를 위하여 활동하였다.186)

---

180) 「근우 부산지회」, 『동아일보』 1928. 7. 12.
181) 「근우 부산지회 임시대회 성황으로 맛쳐」, 『조선일보』 1930. 8. 18.
182) 「근우 釜支開催」, 『동아일보』 1929. 4. 2. : 「근우부산지회 2회정기대회」, 『조선일보』 1929. 4. 4.
183) 「부산 근우위원회」, 『조선일보』 1930. 9. 16. : 「부산 근우대회」, 『조선일보』 1931. 3. 24.
184) 「槿友 釜支開催」, 『동아일보』 1929. 4. 2. : 「근우 부산지회 2회 정기대회」, 『조선일보』 1929. 4. 4.
185) 「사회단체도 활동을 개시」, 『동아일보』 1930. 1. 15. : 박재화(1993), 「1930년 조선방직노동자들의 파업연구」, 부산여대 석사논문, 31-34쪽.
186) 「근우 부산지회 임시대회 성황」, 『중외일보』 1929. 11. 26.

이렇게 적극적으로 활동하였던 부산지회는 경찰의 주시의 대상이 되어 활동을 저지당하거나 회원들이 조사를 받는 등의 수난을 겪었다. 경찰의 활동저지는 이미 1929년 박호진의 강연회 저지에서 드러난 바 있으며, 1929년 10월에는 근우회 부산지회 사무실이 경찰에 의해 수색당하고 일체의 문서를 압수당하였다.187)

그리고 1930년에 이르면 더욱 본격화된다. 1930년 3월 16일 제2회 정기대회에서 부산청년동맹 林國熙회원이 국제 정세보고를 하였는데 경찰에 의해 저지당하였고, 축문 6통도 경관에 의해 압수당하였다.188) 임국희는 고등계의 취조를 받고 사법계로까지 넘겨져 조사를 받았다.189) 또한 1930년 10월 정종명의 부산지회에서의 강연이 경찰에 의해 저지되었다. 1930년 8월에는 집행위원장인 최소남의 가택이 수색당하기도 하였다.190)

그러나 1930년 후반에 이르면서 운동은 차츰 활기를 잃어갔다. 1931년 4월 부산지회의 제4차 정기대회에서의 토의사항을 보면, 사회전반에 관한 안건은 축소되고 주로 회원정리, 회원교양, 회관수리 등 자신들의 문제만으로 관심이 집중되고 있다. 물론 유치원에 관한 건이나 원유회에 관한 건도 있기는 하지만 그리고 해소문제에 관한 사항이 논의되었다.191)

부산지회의 해소시기에 대하여는 구체적으로 알 수는 없다. 단 1931년 4월에 열렸던 제4차 정기대회에서 해소문제를 비판하기 위해 집행위원들에게 연구를 하도록 하고 있다. 그러나 부산지회의 이후의 활동의 흔적을 찾아볼 수 없는 것으로 보아 결국 해소된 것 같다.

---

187)「동래 각단체 가택 대수색 근우회 문부를 전부 압수 사건내용은 절대로 비밀」, 『조선일보』1929. 10. 27.
188)「부산 근우대회 지난 16일에」,『동아일보』1930. 3. 18. :「부산 근우지회 제2회 정기대회 성황리에 원만히 진행」,『중외일보』1930. 3. 18.
189)「근우회 대회서 靑盟 幹部 被捉」,『동아』1930. 3. 26.
190)「부산서 활동하야 근우회원을 검거 모신문 기자도 취조중」,『조선일보』1930. 9. 4.
191)「釜山槿友大會」,『조선일보』1931. 3. 24.

위와 같은 부산지역의 활동을 볼 때, 여성운동의 내용이 크게 달라졌음을 알 수 있다. 즉 여성문제를 본격적으로 해결하기 위해 노력하고 있다. 부산지회는 부인강좌·연설회 등을 통하여 계몽활동을 계속하였는데 중요 주제로서 문맹타파·인신매매금지·공창폐지 등을 제기하였으며, 여성의 생존권과 관련하여 부인직업소개소를 설치하고 재봉강습회를 개최하였다. 특히 부산지회의 여성노동운동에 대한 지원은 어느 지회보다도 활발하였다.

또한 두드러진 점은 여성운동의 대중화에 노력하였다는 점이다. 회원에 노동자와 학생을 포함시켰을 뿐 아니라 광범한 세력을 여성운동에 끌어들이기 위해 운동회·원유회 등을 개최하는 등의 노력을 끊임없이 하였다. 운동의 핵심을 무산여성에 두는 것과 같은 맥락에서 여성문제를 사회구조 속에서 풀어나가려 하였기에 타단체와의 연계활동도 활발하였다.

VI. 맺음말

본고에서는 일제하 부산지역 여성들의 삶을 조명해 보기 위한 일 연구로 1920년대 부산지역 여성단체들의 설립과 활동, 그 역사적 의의를 분석하여 보았다.

1920년대 부산지역에서 여성단체들이 활발히 활동할 수 있었던 것은 1910년대의 운동이 계승되고 여성교육이 활발히 이루어지고 있었던 점에 바탕을 둔다. 그러나 무엇보다도 1920년대에 들어서 각기 부문운동이 활성화되고 신사상이 보급된 것이 중요 배경으로 작용하였으며 또한 여성해방의 이론이 본격적으로 대두되고 논의되었던 것에 힘입은 바가 컸다.

먼저 대표적 단체로 대한민국 애국부인회지부, 의용단 등의 비밀결사단체를 들 수 있다. 1919년에 설립된 대한민국 애국부인회는 독립투사를 돕고 군자금을 모으는 비밀결사단체였는데 부산에도 지부가 설립되어 백신영이 지부장으로 활동하였다. 백신영은 기독교인으로 교회와 교인, 학교를 중심으로 활동하였다. 의용단은 박덕술을 중심으로 한 부산진교회의 교인들이 중심이 되어 활동한 비밀결사단체였다.

이렇게 초기의 활동은 독립운동자금을 모으고 독립운동을 지원하는 비밀결사운동이 주가 되고 있었다. 이 비밀결사조직은 전자의 경우 여성단체로서 후자는 여성주도의 단체이기는 하지만 이 두 단체는 여성문제가 아닌 민족의 문제를 전면에 내걸고 있으며 여성의 문제를 본격적으로 거론하고 있지는 않다. 또한 이들은 비밀결사조직이기에 대중적 조직이 되기는 힘들었다.

3·1운동의 성과로 1920년대에 들어서면서 여성에 대한 평가가 새로워지고 새로운 여성상이 기대되었으며, 많은 부르주아 민족단체들이 설립되고 있었다. 특히 청년층의 사회인식의 심화로 각 지역에서 청년단체가 전국적으로 설립되고 있었던 것을 기화로 부산지역에도 여자청년회가 설립되었다. 초기의 여자청년회로는 부산여자청년회, 초량여자청년회, 부산중앙여자청년회, 동래여자청년회, 불교여자청년회, 기장여자청년회, 동래부인회, 기장부인회 등이 설립되었다.

초기의 여자청년회는 주로 교사나 언론인·학생·종교단체종사자 등 식자층이나 종교인들에 의해 주도되었고 활동상은 여성을 위한 야학의 운영과 강연회·연설회·운동회 등을 통한 여성대중의 계몽에 역점을 주었다. 이 때는 여성대중이 여성운동의 주체이기 보다는 교화의 대상이었다. 여자청년회들은 중앙과 연계를 하지 않았으며 지역의 여청끼리의 연계도 미약해 여성운동의 힘을 강화시킬 조직적 원동력이 되지 못하였다.

그러나 이는 초보적 수준에서 여성의 각성과 의식화라는 점에 의의가 있었다. 그리고 선진적 여성들이 여성대중을 끌어내어 조직을 시도하여 여성문제를 거론하는 여성들만의 조직을 설립하였다는 것은 여성운동사상에서 매우 의미 있는 것이라 하겠다.

1924년 여성동우회가 창립되고 조선청년총동맹이 결성되면서 여자청년회의 성격도 변화한다. 새로운 여자청년회가 설립되었으며 기존의 여청들도 변하고 있었다. 이 시기의 여청은 사회주의적 여성해방이론에 입각하여 이를 선전 보급하고자 하였다. 여성운동의 핵심을 무산여성으로 하여 야학도 무산여성 중심의 야학을 운영하는 등의 변화를 보인다. 그리고 여성문제만이 아닌 사회의 전반적인 문제를 동시에 보고자 하는 입장으로 가면서 다른 단체들과의 연계를 통해 여성운동의 지평을 넓혀 나가기 시작하였다. 이전의 분산성에서 벗어나 자기지역의 사회단체와 긴밀한 관계 속에서 활동하였다. 기존의 여청이건 신설의 여청이건 청년동맹에 가입하여 다른 부문의 단체들과 연결하여 활동하고 있었다.

동래지역의 선진적 활동가들은 지역 여성운동을 사상적으로 지도하는 단체 적광회를 설치하였다. 지도층은 역시 초기 여자청년회에서부터 활동하여 온 이들이 많았고, 새롭게 등장한 이들도 있었다.

여자청년회의 변화는 근우회의 설립으로 이어진다. 먼저 동래에서 1928년 5월 근우회지회가 설립되었는데 이는 기존의 단체 동래여자청년회를 해체한 위에서 이루어졌다. 동래지회 안에 기장분회가 설립되었는데 기장분회 역시 기존의 단체인 기장여자청년회와 정진청년회 여자부를 해체하면서 만들어졌는데 1929년에 가서 지회로 승격되었다. 부산지회는 6월에 설립되었는데, 동래와는 달리 기존의 단체를 그대로 두고 설립되었다. 때문에 동래지회·기장분회는 사회주의계열지회로, 부산지회는 사회주의와 민족주의가 혼합한 지회로 분류된다.

인식면에서 여자청년회 후반에 가면서 서서히 변하고 있었던 '여성문제가 해결되기 위해서는 무산여성의 문제를 풀어나가야 한다는 것'이 자리를 잡아간다. 활동상을 보면, 이 때 부산지역의 여성운동이 상당히 대중적 운동으로 전개되어간 것을 볼 수 있으며 무산여성인 노동여성에 대한 관심이 고조되고 있다. 먼저 회원의 구성이 일반가정부인이나 학생 노동자 등으로 다양해지고 있다는 것이며, 야학은 무산여성을 위한 야학으로 운영되는 것이 일반적이었다. 여성노동자층에 대한 관심이 극히 높아 파업에 대한 지원이 이루어졌고 부산여공조합조직을 구상하는 단계에까지 이르렀으며, 여성들의 경제적 자립 지원에 관한 활동도 부각되었다. 운동방법에 있어서 중앙의 근우회활동과 함께 하면서도 지역의 특성에 맞게 운동을 전개하는 등 연계와 독자성을 같이 하였다. 그리고 청년동맹과 신간회지부와 힘을 합하여 지역차원의 문제를 해결해 나갔다.

　근우회 지회들의 설립과 활동에 이르러 부산지역의 여성운동은 비로소 여성의 문제를 핵심으로 하면서 사회구조를 바꾸어 나가는 또한 무산여성을 핵심으로 하면서 다양한 층의 여성을 포괄하는 진정한 여성운동으로서의 면모를 갖추어 나가게 되었다. 그리고 문제제기나 해결에 있어서 필요한 부분은 중앙과 함께 하면서 또한 독자성을 유지하는 등 지역단체로서의 진가를 충분히 발휘하였다. 또한 지역주도인사들이 중앙에까지 진출하여 활동할 정도로 많은 인재들이 배출되었다. 전국적 차원에서도 빠지지 않는 여성단체들로서 성장하기에 이르렀다.

　그러나 이러한 많은 발전이 있었음에도 당시 우리의 현실적 여건 속에서 여전히 부산지역 근우회지회들은 한계를 가질 수밖에 없었다.

　첫째, 주도층의 경우 폭이 많이 넓어지기는 하였지만 여전히 지역의 명망가 중심에서 벗어나지 못하고 있다. 대중성의 확보로 다양한 층을 포괄하고, 실제 넓혀가고 있었지만 주도층은 그러하였다. 이는 여성교육이나 현실의 여건 속에서 어쩔 수 없었다. 둘째, 여성문제에 대해 다양한 관심을 갖고 많은 사업을 추진하고자 하였지만 실제 당시의 여건이 그 사업을 추진하는데 필요한 재정이나 뒷받침이 될 수 없었다는 것이다.

  이렇게 1920년대 부산지역의 여성단체운동은 전개되었고, 이는 부산지역 여성들이 좀 더 나은 삶을 살 수 있는 터전을 마련해 주었다. 물론 이러한 운동의 성과가 당시의 어려운 조건에서 그대로 드러나기는 어려웠지만, 이러한 터전의 마련은 이후 여성들의 삶 속에 묻혀 들어가 중요 활력소로서 작용하였다.

  (『국사관논총』제83집, 국사편찬위원회, 1999년)

참고문헌

자료

『동아일보』 1921, 1922, 1923, 1924, 1925, 1926, 1928, 1929, 1930, 1931.
『시대일보』 1924, 1925, 1927.
『조선일보』 1920, 1923, 1924, 1925, 1926, 1928, 1929, 1930, 1931.
『중외일보』 1928, 1929, 1930.
『青年』 1922.
『신사회』 1926.
경상북도경찰부(1934), 『高等警察要史』.
경상북도경찰부(1936), 『高等警察關係摘錄』.
朝鮮總督府警務局(1922), 『朝鮮治安狀況』.
京畿道 警察部(1925), 『治安槪況』.

단행본

김준엽·김창순(1972), 『한국공산주의운동사』 2권, 3권, 고대 아세아문제연구소.
대한예수교장로회초량교회(1994), 『초량교회100년사』.
대한예수교장로회부산진교회(1991), 『부산진교회100년사』.
동래학원(1995), 『東萊學園 100年史』.
박용옥(1984), 『한국근대여성운동사 연구』, 한국정신문화연구원.
부산광역시 시사편찬위원회(1989), 『부산시사』1.
윤정란(2003), 『한국 기독교 여성운동의 역사: 1910-1945년』, 국학자료원.
최은희(1991), 『한국근대여성사』하, 『추계최은희전집』 4, 조선일보사.
한국여성연구회(편)(1992), 『한국여성사 - 근대편』, 풀빛.
한국여성사편찬위원회(1971), 『한국여성사』 부록, 이화여자대학교.

학술논문 및 기타

강대민(1996), 「여성독립운동가-박차정」, 광복회 부산 제주연합지부 (부산지역 독립운동 학술세미나).
강재순(1996), 「신간회 부산지회와 지역사회운동」, 『지역과 역사』 제2집.
김동철 · 강재순(1996), 「1920-30년대 초 기장지역 사회운동」, 『한국민족문화』 8, 부산대학교 한국민족문화연구소.
김　숭(1996), 「1920년대 경남지역 청년단체의 조직과 활동」, 『지역과 역사』 제2호.
김정희(1996) 「일제하 동래지역 여성독립운동에 관한 소고-근우회 동래지회를 중심으로」, 경성대 석사학위논문.
김철자 · 조찬석(1980), 「1920년대 영남지역의 여성운동」, 『인천교대 논문집』 13.
나철희(1997), 「1920년대 동래지역 청년단체의 조직과 활동」, 『문화전통논집』 제5집, 경성대학교 한국학연구소.
남화숙(1989), 「1920년대 여성운동에서의 협동전선론과 근우회」, 서울대학교 석사학위논문.
박혜란(1993), 「1920년대 사회주의 여성운동의 조직과 활동」, 이화여자대학교 석사학위청구논문.
박혜란(1995), 「1920년대 여자청년단체의 조직과 활동」, 『한국근현대청년운동사』, 풀빛.
송연옥(1984), 「1920년대 조선여성운동과 그 사상- 근우회를 중심으로」, 『1930년대 민족해방운동』, 거름.
신영숙(1986), 「日帝下 新女性의 戀愛 結婚問題」, 『韓國學報』 제45집.
이귀원(1991), 「1920년대 전반기 부산지역 민족해방운동의 전개와 노동자계급의 항쟁」, 부산대학교 석사학위논문.
이배용(1996), 「일제시기 여성운동의 성과와 과제」, 『한국사론』 26, 국사편찬위원회.

이송희(1996), 「朴次貞 여사의 삶과 투쟁」, 『지역과 역사』 창간호.
이송희(1996), 「日帝下 釜山地域의 女性敎育」, 『釜山女大史學』 제13·14집, 부산여자대학교사학회.
이송희(1996), 「항일여성단체-1910년 1920년대를 중심으로」, 광복회 부산 제주 연합지부 (부산지역 독립운동 학술세미나).
이송희(1998), 「일제하 부산지역의 여성운동」, 『부산사학』 제34, 부산사학회.
안건호(1995), 「1920년대 전반기 청년운동의 전개」, 『한국근현대청년운동사』, 풀빛.
안건호·박혜란(1996), 「1920년대 중후반 청년운동과 조선청년총동맹」, 『한국근현대청년운동사』, 풀빛.
최경숙(1996), 「여성독립운동전개」, 광복회 부산 제주연합지부 (부산지역 독립운동 학술세미나).
한상구(1990), 「일제시기 해방직후 경남지역 사회주의운동의 맥」, 『역사비평』 8호.

■ 제4장
일제강점기 부산지역 여성노동자들의 노동운동
―고무공장 여성노동자들을 중심으로―

Ⅰ. 머리말

　일제강점기에 들어서면서 일제의 자본주의적 침략의 가중으로, 조선 내에서의 경제활동은 민족경제로서의 의미를 전혀 갖지 못하고 식민지적 구조 내에서의 경제활동으로 고착화되었다. 이른바 외형의 근대화·산업화가 이루어지고 있었지만 조선 민족경제와는 무관한 경제구조를 이루게 되었다.
　이러한 과정에서 농가경제가 해체되어 많은 농민들은 소작인으로 전락하거나 빈농 또는 무전농민이 되었다. 그리고 차츰 이러한 농민들은 도시로 나가 도시빈민층으로 전환하였다. 이에 남성들은 가족의 부양을 위해 자유임금노동자가 되거나 공장노동자가 되었다. 또한 대부분의 도시빈민가족들은 얼마 되지 않은 남성의 수입만으로는 살아갈 수가 없었기에 여성과 아동들이 노동에 참여하지 않을 수 없었다. 농촌 가족의 여성들도 빈농으로서의 궁핍한 가족의 생계를 위해 도시와 공장지역으로 나와 공업노동자로 변신하게 되었다.

특히 1920년대에 본격화된 일제의 식민지에서의 산업화는 여성과 아동들의 노동력 착취가 가능하였던 업종들에 주력하였다. 즉 방직업·제사업이나 고무공업 등이 주종을 이루었다. 따라서 자연이 여성노동자와 미성년노동자들의 고용이 증가하였고, 이러한 구조 속에서 여성들과 아동들은 값싼 임금으로 그 노동력을 제공하여 일제의 자본축적에 동원되었다.

일제강점기의 여성들은 민족문제, 성의 문제와 관련하여 가장 억압받는 존재로서의 삶을 살아가고 있었는데, 더욱이 여성노동자들의 경우 자본의 문제까지 첨가되어 가장 열악한 존재로서 살아가고 있었다. 때문에 일제하 여성의 삶을 조명해 보기 위해서는 여성노동자들의 삶을 고찰하지 않을 수 없다.

부산지역의 경우도 입지적 조건과 관련하여 방직공장과 고무공장이 집중적으로 설립되었으며, 각지에서 공장에 일하러 온 여성들이 몰려와 공장노동자로 취업하였다. 고무공장의 경우 1933년 서울·평양·부산 등이 81.4%를 차지하였다. 이 처럼 부산지역은 어떤 다른 지역보다도 여성 공장노동자들이 많았다. 때문에 일제하 부산지역의 여성들의 삶을 조명하려 할 때 이러한 공장노동 여성들의 삶을 배제할 수 없다.

본고에서는 일제하 부산지역 여성들의 삶을 밝히기 위한 일 시도로서 부산지역 여성노동자들의 삶을 고무공장 여성노동자들의 노동운동을 통하여 조명해 보려고 한다.

먼저 여성노동운동의 배경으로 식민지하에서 여성 공장노동자들의 형성을 살펴보고, 여성 공장노동자들의 실태를 고용방식·임금·노동시간·노동통제 등과 열악한 생산 환경 등을 통하여 고찰하려 한다. 그리고 부산지역 고무공장 여성노동자들의 노동운동을 밝혀보려 한다.[1)]

II. 여성노동운동의 배경

1. 여성 공장노동자의 형성[2]

일제강점기 산업별 구성을 보면 식민지 전 기간 동안 농업인구가 압도적으로 많았고 여성들의 경우도 대부분 농업부문에 참여하고 있었다. 즉 농림목축업이 90%, 상업 4%, 공업 1% 내외었다. 1930년대 공업화가 실시되면서 남성들의 경우 농업에서 많이 빠져나갔지만 여성들은 거의 변동이 없었다.

이렇게 공업부문의 여성노동자는 양적인 면에서 매우 적었고 전체 취

---

1) 일제강점기 여성노동운동에 관하여는 다음의 연구를 들 수 있다.
강이수(1991), 「일제 면방 대기업의 노동과정과 여성노동자의 상태」, 『한국사회사연구회논문집』 28, 문학과 지성사.
강이수(1992), 「1930년대 면방 대기업 여성노동자의 상태에 관한 연구 ― 노동과정과 노동통제를 중심으로」, 이화여대 박사학위논문.
서형실(1990), 「식민지 시대 여성노동운동에 관한 연구」, 이화여대 석사학위논문.
안연선(1988), 「한국식민지 자본주의화 과정에서 여성노동의 성격에 관한 연구 ― 1930년대 방직공업을 중심으로」, 이화여대 석사학위논문.
이정옥(1990), 「일제하 한국의 경제활동에서의 민족별 차이와 성별 차이」, 『한국사회사연구회논문집』 20, 문학과 지성사.
이정옥(1990), 「일제하 공업노동에서의 민족과 성」, 서울대 박사학위논문.
이효재(1989), 「일제하의 한국노동상황과 노동운동」, 『한국의 여성운동』, 정우사.
정진성(1988), 「식민지 자본주의화 과정에서의 여성노동의 변모」, 『한국여성학』 4, 한국여성학회.
한국여성사연구회 여성사분과(편)(1992), 『한국여성사 ― 근대편』, 풀빛.
전국적인 고무공장의 쟁의와 관련하여서는 김경일(1987), 「일제하 공업 고무노동자의 상태와 노동운동」, 『일제하의 사회운동』, 한국사회사연구회논문집 9.
전국 여성고무노동자에 대하여는 서형실의 논문이 있다.
2) 당시 임금노동자 형성에 관하여는 다음의 연구를 들 수 있다.
문윤걸(1990), 「일제 초기 임금노동자 계급의 형성과정과 그 존재형태에 관한 연구」, 『노동계급의 형성이론과 한국사회』, 한국사회사연구회논문집 19.
부산지역에 관하여는 강재순(1991), 「일제하 부산지역에서의 노동자계급의 형성」, 부산대 석사학위논문.

업인구 중 차지하는 비율이 1920년 1.1%, 1930년 1.0%로 그 비중이 낮았다. 그러나 공업에서 차지하는 직종비는 <표-1>에서 볼 수 있듯이 1920년 31.7%, 1930년 25.2%로 높았다.

<표-1> 조선인의 직종별 여성비(%)

	농업	공업	상업	공무자유	기타
1915	45.3	36.1	39.4	33.6	39.2
1920	41.0	31.7	34.0	17.2	36.1
1925	43.6	29.2	34.6	20.9	35.6
1930	43.6	25.2	33.4	20.8	33.2
1935	42.2	18.3	30.6	15.4	26.6
1940	43.7	27.0	27.1	16.6	23.1

자료 : 조선총독부 통계연보, 각 연도.

이것은 일본자본주의의 조선으로의 진출과 관련한 것으로 일제강점기 산업고조가 주로 여성들의 저임을 기반으로 한 방직, 정미 등의 공업을 중심으로 발달하였기 때문이다.[3]

일본자본주의는 1920년을 전후하여 조선을 자본수출 시장으로 개척할 필요를 느껴 1920년 회사령을 철폐하고 기업등록제를 시행하는 등 일본 독점자본의 진출을 용이하게 하고 예속자본의 육성에 박차를 가하였다.

그리하여 1921년부터 1930년까지 10년간 조선에 설립된 회사 수는 약 4배 정도 증가하였다. 그러나 공업생산구조에서 중심을 이루는 것은 일제의 농산물과 원료약탈의 근간을 이루는 정미업·제사공업·제면업·제철 제련업 등이었다.

그리고 산업은 급속히 성장하였지만 기술수준은 극히 낙후한 상태에

---

3) 한국여성연구회 여성사분과(편)(1992), 앞의 책, 47-50쪽.

있었고, 일제의 조선 강점 후 20년 동안에 공장수는 252개에서 4,261개로 증대하였지만 사용노동자 50명 미만의 소공장이 공장수의 95%를 차지하는 규모의 영세성을 보여주고 있다. 즉 소규모 생산과 수공업적 기술이 상당한 부분을 차지하고 있었다.[4]

부산지역의 경우 공업발달 정도를 보면 다음 <표-2>와 같다.

<표-2> 부산항 공장표

종별 년차	공장수	자본금	생산액	종업원수					합계		총계
				내지인		조선인		중국인			남여
				남	여	남	여	남	남	여	
1918년	110	3,119,339	22,535,310	636	64	876	1,920	-	1,503	1,984	3,487
1919년	148	5,731,399	30,096,264	791	96	1,274	2,131	-	2,065	2,227	4,293
1920년	176	8,546,479	24,330,097	635	80	1,602	2,003	-	2,237	2,083	4,320
1921년	194	7,943,480	22,286,025	667	90	1,909	1,474	-	2,376	1,564	3,940
1922년	219	18,348,738	22,069,888	853	87	2,130	2,060	-	2,982	2,147	5,129
1923년	241	20,601,132	24,340,788	886	30	2,606	1,891	-	3,503	1,922	5,425
1924년	274	13,392,880	27,918,679	993	38	2,431	743	23	3,447	781	4,328
1925년	281	14,365,550	34,200,530	999	59	2,197	2,090	27	4,223	2,149	6,372
1926년	315	20,594,400	39,707,213	1,036	71	3,399	1,778	38	4,773	1,849	3,322
1927년	343	21,121,080	43,356,173	930	33	3,426	1,640	30	4,386	1,673	6,059
1928년	376	21,934,182	42,615,698	984	45	3,885	2,344	62	4,931	2,389	7,320
1929년	408	26,694,660	40,295,485	1,067	48	4,420	2,744	46	5,523	2,792	8,315

비 고 : 본 표는 자본금 500원 이상 또는 종업원 5인 이상 대상.
출 전 : 釜山商業會議所(1927·1929),『釜山港 경제통계요람』,
　　　　釜山府(1922)『釜山府勢要覽』.

---

[4] 앞의 책, 98-99쪽.

이 도표에 따라 회사령 철폐 직후인 1921년에서 1929년까지의 사정을 보면 공장 수는 2배, 자본금은 3배로 늘어나고 있다. 그러나 이에 비해 생산액은 1.7배, 종업원 수는 2배로 그 증가비율이 상대적으로 적은 것은 부산지역의 공업이 중소기업 위주임을 말한다. 1920년대 부산지역에서 100명 이상의 노동자를 고용하는 대규모 근대적 공장이라 할 수 있는 곳이 加藤精米所 釜山支店, 大和고무공업소, 日榮고무공장, 丸大고무주식회사, 日本硬質陶器 주식회사 부산공장, 福島製鋼撚絲工場, 조선방직주식회사 등 7개뿐이었다.5) 이는 이 시기 부산지역의 공장 상황이 영세기업 위주임을 의미한다. 7개 중 3개가 고무공장이고 1개가 방직공장이었다.

당시 고무공장의 경우 다른 지역에서 조선인 자본이 압도적인 것에 비하여 부산지역은 일본인 자본이 대등 내지 우월하였다. 그리고 고무제조업의 경우 고무화가 차지하는 비중이 압도적이었고 남성노동자와 여성노동자의 비율을 보면 처음 1:2 였다가 후에 1:3으로 여성노동자가 다수였다. 부산지역의 경우도 자연히 여성 공장노동자의 비율이 높을 수밖에 없었다.

그런데 당시 방직업·제사업·고무공업 등은 비숙련노동이 큰 비중을 차지하였다. 방직공업의 경우 기계제적 생산이 확대되고 있어서 미숙련 노동이 많이 투입되었으며, 고무공장의 경우 고무신 제조가 비중이 컸기에 고무신 만드는 공정에서 간단한 도구를 사용하여 신의 성형을 붙이거나 손으로 깎는 등의 수공작업은 약간의 경험을 통해서도 할 수 있는 미숙련 노동이었다. 이러한 미숙련 노동은 값싼 여성노동으로 가능하였기에 <표-1>에서와 같이 여성들의 공업에서 차지하는 직종비가 높을 수밖에 없었다.

---

5) 강재순(1991), 앞의 논문, 4-7쪽.

2. 여성 공장노동자들의 실태[6]

앞서 보았듯이 일제의 경제정책은 농민의 몰락을 초래하여 노동후보자의 숫자를 급격히 증가시켜서 노동력을 풍부하게 하였고, 이는 고용에의 치열한 경쟁을 초래하여, 조선인 노동자의 노동조건을 열악하게 하였다. 더욱이 조선인 여성근로자에 대한 대우와 기타 노동조건은 봉건적 가부장제 가치 이데올로기의 온존 또는 강화로 가장 차별적이며 억압적이었다.

1) 고용방식

여성노동자에 대한 고용방식을 보면 자유로운 계약이 아니라 상당히 강제성을 띠우고 있었다. 당시 사정으로는 여성들이 가족의 생계를 위해 사회적 노동에 참여하지 않을 수 없었지만, 봉건적 관습이 남아있었기 때문에 공장주들의 값싼 여성노동력 수급이 쉽지는 않았다. 그리하여 공장주들은 여성노동자를 모집하기 위해 연고자의 소개, 모집원에 의한 모집 등 다양한 방법을 동원하였고 행정관청을 동원하기도 하였다.[7] 특히 연고자에 의한 모집은 통제가 쉬웠기에 선호되었다.

이 경우 대부분의 여성노동자들은 선금을 받고 3-5년의 고용기간으로 취업을 하였는데 당시의 계약서에 따르면 고용기간의 자의적 연장, 다른 공장으로의 이동 제한, 노동조합가입 금지, 해약되어 다른 공장으로의 이동시 회사의 승낙을 얻을 것, 공장의 규칙 위반과 업무태만, 기타 본 계약

---

6) 일제강점기 임금 노동자의 존재형태에 대하여는 문윤걸(1990), 앞의 논문. : 김영근(1988), 「1920년대 노동자의 존재형태에 관한 연구」, 『일제하 한국의 사회계급과 사회변동』, 한국사회사연구회논문집 12집, 문학과 지성사. : 강동진(1977), 「일제 지배하의 한국노동자의 생활상」, 『한국근대사론』 3, 지식산업사.
7) 방직공장의 여공모집은 연고소개 문전모집 모집종사자에 의한 것 등 다양한 방법으로 이루어졌는데, 모집원은 가급적 파견하는 지방의 연고자를 택하여 최상의 구연과 설득공작으로 끌어들였다. 안연선(1990), 앞의 논문, 57-60쪽.

위반 시 즉시 해고되더라도 이의 제기 못함 등을 강요하는 등 여성노동자 일방만의 의무를 요구하는 것으로 현대판 노비문서였다.8) 특히 고무공장의 경우 보증금제도를 두어 고용 시부터 이를 통해 통제하였다.

더구나 당시 여성들은 독립적인 법률행위를 할 능력이 없는 존재로 규정되어 독자적인 경제권을 인정받지 못하였기에 계약은 당사자가 아닌 부모 친척과 회사 사이에 체결되었다.

2) 임금

여성노동자의 임금은 여성노동자에 대한 자본의 차별화정책으로 값싸게 책정되었다.

여성노동자는 남성과 노동시장이 분리되어 제조업에서도 저임금 직종인 방직업·정미업·고무공업 등에 집중되었다. 또 같은 사업장 내에서도 일이 분리되어 여성노동자들은 미숙련 단순직에 몰려 있었다.

방직업의 경우 방적부분에서는 연조·조방·정방·연사·인조 등의 기본공정은 여성이 담당하고 혼타면·하조·기계보수·원동부 등의 보완부문을 남성이 담당하였다. 직포 부문에서는 정경과 호부 등 육체적 힘이 많이 드는 일은 남공이 담당하고 직포는 여성이 담당하였다. 즉 단순 업무는 여공이 담당하였다. 방직업의 경우 미혼의 여성과 연소 노동자의 비율이 높았다.9)

고무공업의 경우를 보면 고무화 제조가 주를 이루었는데, 배합부나 롤러부는 가장 중요하고 숙련된 기술을 요하는 것이기 때문에 남성들이 맡았고 여성들은 張部에 속하여 成型 등의 일에 종사하였는데 간단한 도구를 사용하여 붙이거나 손으로 깎는 등의 일을 하였다. 또한 유년공을 많

---

8) 『중외일보』 1929. 6. 23. 이 경우는 제사공장의 예였는데 당시 제사공장은 특히 유년(42%)의 여성노동자를 고용하는 경우가 많았다.
9) 강이수(1991), 앞의 논문, 70쪽.

이 사용하였다.10)

이러한 직종별 직능별 성별분업에 의해 자연이 여성들의 임금은 낮을 수밖에 없었다. 여기에 첨가하여 중요하게 민족적 차별이 있었고, 또 자본가들의 여성의 노동을 부차적으로 간주하는 이데올로기에 의해 여성노동자의 저임금은 합리화되었다. 그리하여 여성근로자들의 임금은 남성근로자의 2분의 1이나 3분의 1에도 미치지 못하였다. 즉 조선인 성년남자의 임금은 일본인 성년남자의 2분의 1, 조선인 성년여자의 임금은 일본인 성년남자의 4분의 1, 그리고 조선 유년여자의 임금은 일본인 성년남자의 6분의 1도 못 미치는 것이었다.11)

여성들의 취업이 많았던 방직업 중 직물업의 임금을 살펴보면 다음과 같다.12)

<표-3> 직물업의 임금 (단위:원)

			1929년	1930년	1931년	1936년	1937년
일본인	남	성년	2.00	2.00	1.50	2.01	2.15
		유년	–	–	–	–	–
	여	성년	0.96	(3.12)	0.95	1.10	1.18
		유년	–	–	–	–	–
한국인	남	성년	1.00	0.95	0.95	0.59	0.66
		유년	0.54	0.50	–	0.31	0.38
	여	성년	0.70	0.66	0.50	0.31	0.43
		유년	0.43	0.42	0.37	0.31	0.31

자료 : 『조선총독부 조사월보』, 「工場賃銀調」, 각 연도.
* 주 : 1937년은 방적 및 직물업.

---

10) 김경일(1987), 앞의 논문, 87-88쪽.
11) 이효재(1989), 앞의 논문, 93쪽.
12) 강이수(1991), 앞의 글, 74쪽.

<표-3>에 의해 보면 직물업의 경우 30년 이후에 가면 다른 공장노동자들의 평균임금과 비교하여 볼 때 훨씬 적은 액수였으며 특히 방직업의 경우 유년공이 많았기에 그 임금이 극히 낮았음을 알 수 있다.13) 이는 50인 이상의 사업장을 기준으로 한 것이기 때문에 전체 방직공업 여성의 임금은 더 낮은 수준이었을 것으로 보인다. 또한 면방 대기업의 여성노동자의 임금 역시 결코 이 수준을 넘지 않았을 것으로 보인다.14) 부산의 조선방직의 경우를 보면 1930년 성인 여공은 60전, 유년 여공은 25전으로 직물업의 경우 66전 42전과 비교하여 낮은 수준이었다.15)

고무공업의 경우를 보면 여성들은 주로 성과급제였는데, 다수의 직공을 사용하는 공장은 일급제가 성과급제보다 저렴하여 일급제를 채택하는 경우도 있었다. 일제의 공식적 통계로 그 임금을 보면 다음 <표-4>와 같다.16)

<표-4> 고무 제품 제조업의 成年工 賃金

	고무제품 製造業				全工場 平均			
	남자 성년공		여자 성년공		남자 성년공		여자 성년공	
	賃金	指數	賃金	指數	賃金	指數	賃金	指數
1929	92錢	95.8	74전	91.4	100전	106.4	59전	96.7
1930	96	100.0	81	100.0	94	100.0	61	100.0
1931	85	88.5	74	91.4	93	98.9	56	91.8
1932	84	87.5	70	86.4	90	95.7	55	90.2

13) 서형실(1990), 앞의 논문, 104쪽.
14) 1931년의 통계에 의하면 방직업의 조선여성 성인공은 보통 41전, 여성 유년공은 29전으로 나타난다. 안연선(1990), 앞의 논문, 67쪽.
15) 박재화(1993),『1930년 조선방직 노동자들의 파업 연구』, 부산여대 대학원 석사학위논문, 13쪽.
16) 김경일(1987), 앞의 논문, 94쪽.

1933					92	97.9	50	82.0
1934					90	95.7	51	83.6
1935					90	95.7	49	80.3
1936	80	83.3	62	76.5	92	97.9	47	77.0
1937	79	82.3	65	80.2	95	101.1	48	78.7
1938	81	84.8	63	77.8	102	108.5	47	77.0

資料:『조선총독부 조사월보』, 각호.
* 1938년의 수치는 제 2기 (4-6)의 것임.

그러나 이는 일제의 공식적 통계일 뿐이고 실제의 임금수준은 매우 다른 양상을 나타냈다고 볼 수 있다. 노동자들의 임금은 주로 능률에 의한 성과급제로 노동자 한 사람이 1일 15-16足의 신발을 만들었는데 경성의 경우 1923-25년 경에 1족의 신발공임이 6.5-7전이었던 것이 1933-35년 경이 되면 2.5-3전으로 인하하였다. 부산의 경우는 1929년에 5전이던 것이 1935년 무렵이 되면 2전 남짓으로 인하하였다. 따라서 1930년 이후의 경우 실제와 상당한 차이가 드러난다.[17] 그리고 성과급제의 경우 동일한 임금수준에서도 숙련 비숙련의 여부에 따라 전체 임금이 큰 차이를 보인다. 보통 여성노동자들은 숙련에 따라 6-7족에서 20족까지 만들었다. 또 제품 등급에 따라서도 차이가 났다.

그리고 고무제품 제조업의 경우 95%이상이 고무신 제조업이었는데 이는 주로 주문에 의한 생산방식을 택하고 있어서 수요의 증감에 따라 생산량이 책정되었다. 때문에 조업이 불규칙하였고 1월에서 3월까지는 한산기로 작업일수가 극히 줄어들었다. 1932년 경성 지방의 고무공장의 조사에 의하면 1개년 작업일수가 206일(제사공장의 경우 277)로 1년 중

---

17) 김경일(1987), 앞의 논문, 95쪽.

1/3기간 동안은 거의 일거리가 없어 아무런 소득이 없었음을 알 수 있다. 특히 불경기 이후에는 지역에 따라서는 하루에 제작할 수 있는 양을 제한하거나 혹은 교대 근무제를 택하여 격일, 3일, 혹은 4일에 한번 씩 취업하는 경우도 있었다. 또는 조업을 단축하거나 일정기간 휴업하는 경우도 있었다.[18]

이러한 구조적 저임금에다가 여공들의 임금은 벌금제와 불량품배상제도 또 강제저축에 의해 많은 부분을 빼앗겼기에 실제 받을 수 있는 임금이 더욱 적어지게 되었다. 벌금제는 방직공장이나 고무공장에서 흔히 사용되었던 생산관리의 한 방식이었다.[19] 방직공장에서는 쟁의시 벌금제 철폐가 가장 자주 등장하는 요구였다.[20] 고무공장에서의 불량품배상제도는 제조과정에서 불량품이 나오는 경우 다른 정품 1족의 임금을 지불하지 않는 제도로 고무공장의 쟁의에서 임금문제와 같이 자주 쟁의의 원인이 되었다.

3) 노동시간

일제는 노동자들을 보호할 공장법이나 노동법을 제정하지 않아 노동시간을 기업주들의 자유재량에 맡겼다. 때문에 노동자들의 노동시간은 손쉬운 착취의 대상이 되었다. 먼저 <표-5>[21]를 보면 1930년의 경우 조선인 공장노동자의 46.9%가 12시간 이상의 노동을 강요당하고 있었으며, 8시간 미만의 노동시간을 가진 노동자는 1%도 되지 못하였다.

---

18) 서형실(1990), 앞의 논문, 103-104쪽, 123-24쪽.
19) 강이수(1991), 앞의 논문, 84-95쪽.
20) 경성방직 파업(1926. 5. 9), 조선방직 파업(1930. 1. 11), 경성방직 파업(1931. 5. 30)에서 벌금제도 폐지가 요구되었다.
21) 이효재(1989), 앞의 글, 96쪽. : 강이수(1991), 앞의 논문, 83쪽.

<표-5> 업종별 노동 시간별 노동자 수의 비율 (단위 : %)

		8시간이내	10시간이내	12시간이내	12시간이상	부정
조선	방직공업	0.0	8.4	8.0	82.2	–
	금속공업	2.8	64.1	14.0	13.4	–
	기계기구	–	69.8	17.5	7.1	–
	요업	–	19.7	24.5	22.0	0.7
	화학공업	1.8	24.4	9.1	23.0	0.5
	제재 및 목재	–	5.2	27.3	67.2	–
	인쇄 및 제본	6.3	81.7	2.2	0.3	–
	식료품	–	9.8	23.1	10.4	55.7
	와사 및 전기	–	1.2	34.9	–	31.4
	기타	–	50.2	20.5	25.5	–
	평균		28.7	11.9	46.9	0.3
일본	기계기구	2.7	88.3	9.0	–	–
	방직	0.0	38.3	61.2	0.4	–
	음식료품	4.5	80.0	18.6	0.2	–
	평균	1.4	45.3	43.6	0.39	

자료 : 다까하시 가네요시, 『현대조선경제론』, 423쪽 ; 강동진, 「일제지배하의 한국노동자의 생활상」, 『역사학보』 43집, 54–55쪽.

그 중 가장 장시간 노동을 강요당하였던 부문이 방직공업이었다. 대부분 12시간 이상의 장시간 노동을 강요당하였다. 기계화된 면방 대기업의 경우 연속적이고 직선적인 생산 공정이라는 기술적 특성으로 인하여 기계의 24시간 가동을 원칙으로 하였다. 그리하여 보통 면방 대기업의 노동시간은 2교대로 주업은 오전 6시에서 오후 6시까지, 야업은 오후 6시에서 다음날 6시까지 12시간 노동이었다. 2교대제는 일주일에 주업만 쉬었기 때문에 주업은 72시간 야업은 84시간의 장시간 노동을 해야만 했다. 조선방직 같은 경우는 이 12시간 내에 점심시간 30분, 오전 오후 각 15분씩의 휴식시간이 포함되어 있었다.[22]

여성노동자들이 많았던 고무공업의 경우, 전국의 고무 노동자의 노동시간을 조사한 경무국의 통계에 따르면 다음 <표-6>과 같다.23)

<표-6> 고무 직공의 노동시간

시간	공장수
8	1
10	25
11	35
12	9
13	1
계	71

資料 :『東亞日報』, 1933. 11. 20일자.

대부분이 10-11시간으로 전체의 85% 정도가 이 부분에 몰려 있는데, 앞서 보았듯이 고무공장의 경우 1년 내 작업하는 경우는 매우 드물고 대개의 공장은 주문에 따라 작업일수가 일정하지 않았다. 호황기에는 2-3시간의 야간작업까지 하다가도 한산기나 불황기에는 휴업하는 경우가 많았다. 특히 1930년대에 들어오게 되면 전반적 불황의 영향과 고무공업 내부에서의 시장을 둘러싼 치열한 경쟁으로 더욱 불규칙적으로 되어 휴업 등의 사태는 노동자 생활에 보다 심각한 영향을 미치게 된다. 이처럼 고무공업의 경우는 고용 그 자체가 매우 불안정하였다.

4) 노동통제와 열악한 노동환경

여성노동자들은 다양한 측면에서 노동통제를 받았고, 그들의 노동환

---

22)「노동시간 문제」,『부산일보』1930. 1. 30.
23) 김경일(1987), 앞의 논문, 98쪽.

경은 극히 나빴다.

1930년대 면방 대기업에서는 생산 과정 내에서의 노동 통제 방식은 공장장을 정점으로 위계적인 구조를 통해 미숙련 노동자 대다수를 지휘 감독하는 방식이 사용되었고, 이는 다시 민족별 성별 위계적 구조를 이루었다. 서울의 경성방직을 제외하고는 상층의 관리자는 전원 일인이었으며 조선인 중 기술이 우수하고 충실한 예외적인 경우에만 상급 직공에 몇 명 채용하였다. 그리고 각 부서마다 위계적인 지휘 감독체계를 통해 생산과정을 감독하였다.[24]

특히 면방직 대기업에서는 노동력의 확보와 규칙적인 작업을 원활하게 하기 위해 즉 노동자들을 통제하고 관리하기 위해 기숙사를 필수적으로 운영하였는데 상당히 열악한 환경이었다. 무엇보다 기숙사에는 출문권이 있었다.[25] 이는 여공들의 이동이나 도망을 방지하여 노동력 공급을 원만히 하려는데 목적이 있었다.[26]

기숙사의 구조와 시설을 보면, 조선방직의 경우 "우리들은 1칸짜리 방에서 13명이 동거하는데 이불도 주지 않고 떨어진 담뇨 조각 15장 밖에 주지 않으니 어떻게 곤한 잠인들 편히 잘 수 있어야지요"라고 한 노동자가 진술하였다.[27] 조선방직의 한 여공도 자신의 수기에서 비슷한 사정을 말하였다.[28] 다른 기숙사들의 경우도 대체로 비슷한 사정이었다.[29] 기숙사의 식사 또한 무척 열악하였다.[30] 그리하여 여성노동자들의 낯빛은 마치 중병 직후의 환자와 같고 몸은 쇠약하여 졸도하는 일이 허다하였다.

---

[24] 강이수(1991), 앞의 논문, 90쪽. 자본가들은 여성노동자 유년노동자를 엄격한 규율 하에서 감독하기가 용이하였기에 선호하였다. 안연선(1990), 앞의 논문, 90-91쪽.
[25] 안연선(1990), 앞의 논문, 94-98쪽.
[26] 「외출도 불능한 기숙사」, 『동아일보』 1930. 1. 13.
[27] 「100여명 경찰이 철야」, 『동아일보』 1930. 1. 3.
[28] 강재순(1991), 앞의 논문, 12쪽.
[29] 인간사 편집실 편역(1983), 『어느 여공의 노래』, 68쪽.
[30] 「요구관철까지 복업은 단무」, 『동아일보』 1930. 1. 13.

고무공장의 경우도 노동환경이 극히 열악하였다. 고무공장의 여성노동자들은 기혼여성이 많았고 부산지역은 미혼도 많았는데 기숙사 생활은 아니었고 대체로 도시의 빈민으로 최저의 생활을 하고 있었다. 당시 노동환경은 음침하고 냄새나는 공장 속에서 고무냄새·기름냄새·가스냄새·코입김 등이 한데 뒤범벅된 채 공장 감독의 눈총을 받아야 했고, 점심시간 외에는 조금도 쉴 수 없는 상황이었다. 하루 16시간의 장시간 노동을 냄새나는 먼지구덩이에서 고무쪼가리를 이리저리 자르는 것이 당시 고무공장 여성노동자들의 일과였다.

그리고 여성노동자들은 작업장에서의 강압적 분위기와 가부장적 분위기에서 기본적 인권보장은커녕 공장주나 감독의 위협적 기만과 물리적 성적 폭력에 끊임없이 시달려야 했다. 여성노동자들은 남성감독관에 의해 폭언, 폭행, 벌금, 해고의 위협 등을 받았다.31)

당시 평양의 한 여성노동자는 "오만하고 횡포한 고주들을 상대로 감독이나 검사란 자들이 우리에게 대하는 태도는 실로 매스껍다. 또 추잡한 언동이 다 많다. 여직공도 사람인 이상 소 말과 같은 대우를 어찌 참겠는가? 부모에게 듣지 못한 갖가지의 욕설과 당하지 못한 구타까지 당하면서 일한다"고 말하였다.32)

또 자본가들은 노동자들의 분열과 상호 감시를 야기시키는 노동자들에 대한 분할 지배를 꾀하기도 하였다.

자본가들은 노동자들의 무지와 무식을 이용하여 임금내용을 복잡하게 한다든지 일본어를 사용하거나 어려운 문구를 사용하든지 혹은 파업과정

---

31) 「여공파업단 본부도 설치-감독에게 被打」, 『중외일보』 1930. 1. 18. : 방직공장에서는 가시적인 단순 인격적 통제가 다양한 모습으로 나타났다. 감독들의 학대 구타 모욕적인 언사 유혹 뿐만 아니라 성적 통제 형태도 나타났다. 서형실(1990), 앞의 논문, 131-135쪽.
32) 『중외일보』 1930. 8. 11.

에서 기만적 타협안을 제시하거나 구두로 해 놓고 사후에 이를 다시 번복하는 등의 기만적 행위를 통해 여성노동자를 통제하였다.33)

또한 공장 내에서는 특히 노동자들에게 불리한 불량품의 배상제도나 벌금제도 혹은 보증금제도가 있었다. 특히 고무공장의 경우 이 같은 경우가 많았는데, 불량품이 나오는 경우 다른 정품 1足의 임금을 지불하지 않았다. 원래 이 제도는 노동자를 공장의 규율에 순응시키고 능률의 향상을 기하기 위한 것이었지만 때로는 불량품에 의한 벌금에 의해 그날의 임금 전부를 징수 당한다든지 혹은 그 액수가 오히려 그 날의 임금보다도 많은 경우가 있었다. 어떤 경우 노동자는 기계의 수선비나 도구에 의한 사용료 혹은 공장의 청소 등과 같은 추가적 부담도 해야 했다.34) 고용 시 기구대 등의 명목으로 보증금제도를 두었는데 이는 노동자의 일종의 통제방법이었다. 이런 통제책들이 파업의 원인이 되기도 하였다.

III. 고무공장 여성노동자들의 노동운동

부산지역의 여성 공장노동자들의 대부분은 방직업이나 고무공업에 종사하고 있었다. 본고에서는 고무공장 여성노동자들의 쟁의를 중심으로 부산지역 여성노동자들의 운동을 고찰하려 한다.

부산의 고무공장은 1923년 日榮공장이 설립된 것을 시초로 1926년 渡邊고무 釜山分工場이 설치되었으며 1930년에는 총 공장수가 5개소, 나아가서 1933년에는 9개소로 증가하였다. 다른 지역에 비하여 고무공장이 늦게 설립되었다. 1941년에는 8개 공장이 있었는데 다른 지역과 달리 이 중에서 조선인이 경영하는 공장은 2개소에 지나지 않고 나머지는

---

33) 『동아일보』 1931. 6. 11. : 『조선일보』 1931. 6. 10.
34) 김경일(1987), 앞의 논문, 99-101쪽. : 서형실(1990), 앞의 논문, 129-31쪽.

일본인이 경영하는 정도로 일본인 소유가 압도적이었다. 때문에 쟁의가 일본인 소유의 공장인 경우가 많았다. 부산지역 고무공장의 노동운동은 자연히 자본의 문제에 민족문제가 개입됨으로써 지역적 운동의 토대 위에서 운동이 지역적 연대를 통하여 장기적으로 진행되었고 참가자수가 많았으며 폭력적 형태를 띠면서 운동 자체가 매우 격렬하게 전개되었다. 즉 노동자와 자본가 사이의 첨예한 대립양상이 극명하게 드러났다. 쟁의는 1928년부터 30년대 후반에 이르기까지 끊이지 않았으며 1933년이 그 고조기였다.35)

1. 1920년대 노동운동

1) 1928년 丸大공장의 쟁의

부산진에 있는 일본인이 운영하는 고무구두를 제조하는 丸大고무공업소에서 11월 1일 여성노동자 50여명이 동맹파업을 하였다. 이 공장은 여성노동자 80명을 고용하고 있는데 공장주가 직공들에게 고무신 일족에 5전 또는 4전하던 공임을 1전 내지 1전 5리씩 내리겠다고 통고하자 여성노동자들이 임금인하를 반대하면서 파업에 돌입하였다. 경찰에서는 인근의 渡邊공장이 임금을 내린 바가 있었기에 파업이 渡邊공장으로까지 확대될 것을 크게 우려하였다.36)

우려했던 것처럼 이 사태는 그 후 5개 공장 200명에게로 파급되었다. 5개 공장 200명은 연합하여 대대적 반대운동을 개시하기 위해 부산진에 있는 공원에서 모이기로 하였다. 이 때 공장주들은 서로 앞으로는 직공쟁

---

35) 김경일(1987), 앞의 논문, 120-121쪽.
36) 「부산고무여공 80명 일제 동맹 경찰은 만연을 엄중 경계 임금인하가 원인」, 『조선일보』 1928. 11. 3.

탈을 하지 않고 금번의 임금인하를 꼭 지키며, 만일 이를 위반할 때는 일천원씩 내기로 약속하고, 각기 자기 공장 공원들을 무마하기에 노력하였으며, 사복경찰들을 공장부근에 배치하였다.

약속한 날 丸大공장의 노동자들만 집회에 참석했고 나머지 4개 공장의 노동자들은 공원에 나타나지 않았다. 공장주 田中이 간곡히 복직을 요구하며 회유하자, 11월 5일 여성노동자들은 인원 50명이 참여하였던 5일간의 파업을 끝내고 복귀하였다.37)

이 파업에서 여성노동자들은 연대에 실패하였지만, 그 시도를 통하여 앞으로 파업이 연대로 확대될 수 있다는 가능성을 보여 주었다.

사실 부산에는 1927년 7월 17일 고무직공조합이 창립되어 창립기념으로 조합원 가족 위안음악회를 계획하는 등 활동을 하였으며, 부산 노동연맹회의 창립에 참가하였다. 하지만 이 조직들은 쟁의 과정 등에서 지도나 개입을 하지 않은 공제나 상부상조 등의 기능이 주가 되는 조직이었던 것으로 보인다.38)

2) 1929년 日榮·丸大·道邊·大和 공장의 파업

1929년 7월 20일 고무공장 환대 외 3개의 공장에서 조선인 여성노동자 500명이 일제히 동맹파업을 단행하였다. 그 이유는 4개 공장의 공장주들이 일제히 서로 연합하여 27일부터 임금을 5전 주던 것은 4전으로, 4전 주던 것은 3전 5리씩으로 인하하겠다고 발표한 데 있었다. 처음 시작은 渡邊공장의 여성노동자 60명으로, 이들이 선두가 되어 日榮공장을 습격

---

37) 「부산 고무여공의 동맹파업 해결 일이 확대되는 듯 하다가 양편의 양보로 취업하다 5개 공장 전부 취업」, 『조선일보』 1928. 11. 8. : 경상남도 경찰부(1936), 『고등경찰관계적록』, 61쪽.
38) 김경일(1987), 앞의 논문, 135쪽.

하여 유리창을 깨트리고 소리를 지르는 등 일대 소동을 일으키자 일영공장의 여성노동자 80명이 합세하였고, 이들이 다시 환대공장을 습격하여 그 공장에서 일하는 여성노동자 140여명까지 동참하면서 확대되었다.

한 여성노동자가 "종래 신 한 켤레 만드는데 5전씩 주던 것을 돌연히 4전에 또 4전씩 주던 것을 3전 5리로 임금을 낮추는 것은 도저히 무리한 일입니다..... 그들이 너무 많은 욕심을 갖고 있기 때문이다..... 우리는 상당한 결심을 갖고 있다" 고 한 것에서 볼 수 있듯이 당시 여성노동자들의 입장은 상당히 막강하였다. 특히 경찰의 개입에 대하여 크게 비판하였다.39) 참여인원은 환대공장 170명, 도변공장 100명, 大和공장 70명, 日榮공장 120명 등 도합 460명이었다.40)

그러나 도변공장의 여공 20여명이 공장 쪽의 책동으로 파업단과의 약속을 어기고 일을 시작하자, 이에 나머지 60명은 24일 공장으로 달려가 공장의 기계 등을 부수고 그를 제지하는 공장 측과 대충돌을 일으켰다. 이 때 4-5명의 중상자까지 나오게 되었다. 이러한 소식에 부산경찰서는 60-70명의 경찰을 동원하여 선동자로 박유분 이하 8명의 여성노동자를 검속하였다. 이에 파업단 30여명은 검속자 석방을 요구하였다.41)

이렇게 여성노동자들이 지역적 연대를 통해 치열한 투쟁을 하자, 일영·환대·도변·대화 등 공장주들은 29일 선후책을 협의하였다. 그 결과 4전씩(종래는 5전) 지불하기로 하였던 신발 1족의 임금을 4전 5리로 주기로 협정하였다. 공원들도 5리씩 인하하는 것을 받아들여 공장으로 복귀하였다.42)

---

39) 「직공 임금을 이할 이상 감하」, 『동아일보』 1929. 7. 24.
40) 「임금 無故 減下로 부산 500 女工罷業 사태 점차 중대화」, 『조선일보』 1929. 7. 22. : 「부산의 盟罷 形勢 益增大 丸大工場에서도 동맹파업 持久戰을 계속할 듯」, 『조선일보』 1929 . 7. 28.
41) 「격분한 罷業團員 就業女工을 襲擊 선동자로 파업단원 8명을 검거하자 여직공 30여명은 경찰서로 쇄도해 險惡한 釜山女工盟罷」, 『동아일보』 1929. 7. 25.

연인원 500명이 참여하여 10일간 지속된 1929년의 파업은 네 공장의 여성노동자들이 연대하여 활동함으로써 장기적으로 강한 투쟁력을 갖고 격렬하게 전개되어 그 영향력을 과시할 수 있었다. 특히 여성노동자들의 몸을 사리지 않고 중상까지 입을 정도로 강하게 투쟁하고 있는 점은 여성노동자 운동이 소극적이고 단순한 운동이라고 보는 기존의 관념을 깨는 것으로 여성 노동운동사상 큰 변화였다.

　1930년 9월 4일, 환대공장 노동자 400명이 회사 측에 12개 조항의 요구조건을 제시하고 파업에 들어갔다. 이들은 임금인상(최상 20전, 최하 10전), 소년공의 최저임금 확정(25전을 35전으로), 성년공의 최저임금 확정(55전을 75전으로), 해고 직공에 3개월 이상 수당 지급, 10시간 노동제, 야업 철폐, 계약서 철폐, 대우개선, 취업 중 부상 시 일급 및 치료비 부담, 적립금 철폐 등을 요구하였다.43) 같은 시기에 일영공장에서 노동자 50명의 파업이 있었다.

2. 1930년대 노동운동

1) 1931년 환대 · 대화 · 喜聲 · 부산 · 菱岩 공장의 쟁의

　1931년은 전반적인 공황의 여파가 지속되는 가운데, 그 타개책으로서 각 공장에서는 고용한 직공을 정리하거나 혹은 임금을 대폭 인하하는 경향이 두드러지게 나타났던 시기이다. 이러한 배경 하에서 파업이 시작되었다.

　1931년 3월 파업의 시작은 3월 11일 환대공장의 여성노동자 340명이

---

42) 「부산여공 盟罷 필경 職工 勝利」, 『동아일보』 1929. 8. 3. : 경상남도 경찰부(1936), 『고등경찰관계적록』, 64-65쪽.
43) 「부산 환대고무회사 400명 직공의 맹파, 직공 400명이 노동조건 개선 등 12개조 요구조건을 제출하고 맹파 회사측 4명을 해고」, 『중외일보』 1930. 9. 6.

임금인하 반대, 친목회 해산, 적립금 제도 폐지를 내세우고 12일 동맹파업을 기도한데서부터였다. 그리고 이어 16일에는 대화공장의 여공 130명이 임금 인하에 반대하여 동맹파업을 하였다. 부산진 희성고무공장 여성노동자 50여명은 3월 19일부터 동맹파업에 돌입하였다.44) 이유는 부산고무동업협동조합에서 임금을 2할 5분이나 감하한 때문이었다.

또 같은 날 대화공장에서도 여성노동자 100여명이 일제히 파업할 계획으로 대지공원에 소풍간다고 시위행렬을 하고 가다가 경찰에 의해 해산당하였다. 그 중 주모자로 장선념(24세) 외 4명이 경찰서에 검속되었다. 이에 여성노동자 50여명이 부산경찰서로 가서 검속한 동료를 내놓으라고 고함을 지르며 만일 내놓을 수 없으면 자신들까지 모두 검속하라고 강경히 주장하였다. 그 중 6-7명은 만일의 경우 경찰서 유리창문에 던지기 위해 자갈을 싸 갖고 갔다. 이에 경찰은 2명을 즉시 석방하였다.45)

한편 釜山 고무공업소에서도 20일 임금 2할 5분 인하에 50여명의 여성노동자들이 파업을 단행하였다.46)

이 쟁의는 부산지방의 고무공업에서 비합법적 비밀결사와 적색노조와 관련하여 나타난 최초의 파업이었다고 한다. 당시 金時容 등이 국제적색노동조합 조선지부 설치운동의 일환으로 비밀결사 공장사를 설립하고 金台榮은 적색노동조합전국협의회 부산지방최고협의회를 설치하여 활동하였는데 조선방직과 고무공장 등 각 공장에 다수의 격문을 발행하고 신문을 발간하여 의식화를 꾀하고 파업에 관여하였던 것이다.47)

이렇게 여러 공장에서 여성노동자들의 파업이 동시에 이루어지자 공

---

44) 경상남도 경찰부(1936), 『고등경찰관계적록』, 80쪽.
45) 「임금 2할 5분 감하 남녀직공 동맹파업 一處 罷業 一處 示威中 해산 임금 4분의 1 감하에 반대하야 파업 부산고무공업계 파장」, 『동아일보』 1931. 3. 21.
46) 「부산고무도 파업 부산고무공장 직공도 파업 고무공장 맹파 확대」, 『동아일보』 1931. 3. 22.
47) 김경일(1987), 앞의 논문, 144-45쪽.

장주들은 예전의 임금을 그대로 주겠다고 굴복하여, 희성공장은 21일부터 전부 복업하였으며, 부산고무공업소는 5-6일의 파업을 끝내고 26일 전부 복업하였다.48)

1931년 3월의 파업은 비합법적 비밀결사·적색노조와 일련의 관련을 갖고 전개된 것으로 670여명의 여공들이 참여한 대규모의 파업이었다. 이 단계에 오면 고무공장 여성노동자들의 연대 파업이 자연스럽게 이루어졌는데, 특히 해고나 경찰의 검속에도 굴하지 않은 완강성이 두드러졌다. 특히 요구조건이 임금문제 만이 아닌 당시 고무공장의 운영과 관련된 것으로 확대되고 있다.

그러나 부산고무공업소가 이 약속을 지키지 않고 4월 3일 임금 지불시 2할 5분을 인하하여 지불하자, 여성노동자 50명은 4월 4일 다시 동맹파업으로 들어갔다.49)

또 6월 3일 수정동에 있는 菱岩고무공장 여성노동자 80명이 동맹파업을 단행하였다.50)

2) 1932년 환대공장의 쟁의

1932년 3월 28일 환대고무공장에서 여성노동자 600명과 남성노동자 300명이 동맹 파업을 단행하였다. 이는 회사 쪽에서 강금도·김숙자 등 여성노동자들에게 "교대해 가면서 하던 것을 교대하지 않게 하고 지금 상황

---

48) 「고주측 굴복으로 직공 전부 복업 임금을 종전대로 올렸다 부산고무 맹파 해결」, 『동아일보』 1931. 3. 29.
49) 「부산고무공업 50직공 맹파 여직공들이 강경히 요구 고주측의 식언으로 」, 『조선일보』 1931. 4. 6.
50) 「무리해고 반대 80여공 파업 한 직공 해고에 동정하야 부산능암고무 공장서」, 『조선일보』 1931. 6. 7. : 「능암고무공장 파업 해결되다 해고시킨 여공 복업으로 80 직공이 일제히 취업」, 『조선일보』 1931. 6. 9.

이 한산기임에도 불구하고 일을 계속하니 임금을 인하할 수밖에 없다"고 설명하였다. 그리고 "부득이 임금을 1족에 일전씩 인하해야 하고 만일 여공들이 불응한다면 오는 팔월까지 문을 닫게 되는 것이니 4개월 동안 휴업하는 것보다 일을 계속하는 것이 나으니 일반 직공들에게 통고하라"고 하였다. 이에 강금도 등이 게시판에 올리자 당일 일하던 여성노동자 200명이 일제히 돌아가고, 임금 복구를 요구하며 동맹파업이 시작되었다.[51]

그러나 여성노동자 600명이 참여한 이 파업은 회사의 휴업으로 노동자들의 패배로 끝났다. 이렇게 1930년대 들어오면서 회사들이 강경하게 나오면서 여성노동자들의 요구가 관철되지 못하였다.

3) 1933년 고무공장 노동자들의 쟁의

(1) 栗田의 2월 파업

1930년대 들어서면서 생산과잉으로 인한 경영의 악화를 타개하고 판매 경쟁에서 우위에 서기 위해 1933년 초 부산에서는 일본의 대표적 기업인 三井의 주도에 의해 고무통제가 등장하였다. 그것은 고무신의 원료인 생고무의 공급을 독점한 삼정이 부산·대구 등지의 10여개 공장이 양도한 판매권을 독점하는 것이었다. 이러한 독점행위는 부산지역 고무공업계의 중요 특징으로, 이는 부산지역이 일본인 자본의 비중이 높았기 때문에 가능하였다. 이 이후 고무공장의 파업은 고무통제와 밀접한 관련을 가졌다.

1933년 2월 25일 서면에 있는 栗田공장에서 여성노동자 70명이 파업을 단행하였다. 이는 당시 고무통제 하에서 통제파인 율전공장이 여러 가

---

51) 「임금인하가 동기 남직공 700명 맹파 매족 1전씩 인하에 반대코 부산환대 쟁의 상보」, 『조선일보』 1932. 3. 31. : 「부산환대고무공장 남녀공 맹파 1할 5분 내지 2할 임금 멸하 불응자는 휴근을 요구」, 『동아일보』 1932. 3. 31.

지 취약한 부분을 만회하기 위해 신여공들에게 신발 1족의 공임을 1전씩 낮추고 그 대신 영구히 일을 하게 해 준다는 계약을 성립시켜서 구여공들에게까지 적용하고, 더욱이 신밑창 붙이기를 일부 남공에게 주려한 때문이었다. 여성노동자들은 '물가가 올라서 생활이 곤란한데 이렇게 임금을 내리면 어떻게 살라는 것인가' 하고 통탄하였다.52)

양쪽이 모두 강경한 입장을 고수한 가운데, 이 파업은 날이 갈수록 험악하였으며, 28일에는 새로 모집한 여공 40명까지 합류하여 맹렬하게 반항하였다.53) 특히 공장주는 여공들의 주장이 부당하다고 몰아 부치고, 퇴사할 여공들은 3월 2일에 수속을 밟을 것을 강조하고, 일을 하려는 직공은 3월 1일 오전 7시부터 출근하라고 다그쳤다.

80명이 참여한 이 파업은 열흘 간 지속되었는데, 공장주는 여성노동자들의 요구를 어쩔 수 없이 받아 들였다. 여공들 11명은 6일부터 일을 시작하였다.54) 특히 여성노동자들이 해고의 위협에도 흔들리지 않고 완강하게 투쟁하였던 점이 두드러진다.

(2) 栗田의 4월 파업

1933년 4월 파업 역시 고무통제로 인한 임금 인하에 반대하여 일어났으며, 2월에 점차 숙련공을 해고할 예정으로 모집했던 신여공으로부터 시작되었다. 처음 율전의 신여공 30명이 4월 29일 파업에 돌입하였고 여기에 100명이 동정파업에 들어갔다. 그 원인은 지난 파업 시에 중국에 보내는 고무구두의 임금만 일전씩 인하하기로 하였는데 4월 말 임금을 지

---

52) 「임금인하책에 충동 70여 여공 총파업 물가고 등 반대로 임금을 나려 동래 율전공장 맹파」,『조선일보』1933. 2. 28.
53) 「雇主側의 강경으로 율전공장 파업 계속 우리의 요구는 오직 빵 여공들의 結束 絶叫」,『조선일보』1933. 3. 4.
54) 「공장주의 굴복으로 여공측 승리 율전고무맹파 해결」,『조선일보』1933. 3. 18.

불하면서 모든 제품에서 일전씩 인하한 때문이었다.55)

파업은 4일간 지속되었고, 5월 3일 구여직공들이 공장에 들어가 일을 시작하였다. 이에 신여직공 중 허정숙(26) 외 20명이 공장주 면회를 요청하고 왜 자신들에게 일을 시키지 않느냐고 강력히 요구하자 공장 감독 강원길이 허정숙을 구타하여 기절시켰다. 이에 일하고 있던 구여직공 100여명도 분개하여 또 다시 파업에 들어갔다.56) 이 파업은 일부 직공들의 경우 회사와 일정하게 타협하고 일을 하였으나, 일부 여공 15명은 취업하지 않고 한 달여 동안 파업을 계속하다가 6월 10일부터 일을 시작하였다.57)

150여명이 참여한 율전의 4월 파업은 여성노동자들의 공장 감독의 구타에도 굴하지 않았던 점, 심지어 1개월에 걸친 투쟁을 지속시킨 완강함을 보여준 대표적 쟁의였다.

율전공장의 파업은 당시 3월에 설립된 산업별 노동조합 부산건설협의회와 일련의 관련이 있는 것으로 알려지고 있다. 이 협의회는 노동자의 의식 교양 수단으로 『붉은 항구』를 6호까지 발행하여 방직회사·고무공장 등에 배포하고 4월의 율전고무공장 파업 때는 이를 격려하는 삐라를 발행하였다.58) 1930년대 들어서 부산지역 고무공장의 파업들은 적색노조와 일정하게 관련을 갖고 전개되었다.

(3) 丸大의 7월 파업

7월에 들어서 고무공업계의 어려움은 상당히 커가고 있었다. 당시 재벌 삼정의 고무통제로 원료가 오르고 물품은 팔리지 않아 많은 공장들이

---

55) 「부산 율전고무 직공 총파업 30명 여공을 필두로 100여명 때가 때라 경계 엄중」, 『조선일보』 1933. 5. 1.
56) 「殺到 여공 구타로 100여 직공 또 파업」, 『조선일보』 1933. 5. 4.
57) 「서장의 조정으로 여공 전부가 취업 발생 후 1개월 만에 해결되어 부산 율전고무 쟁의」, 『동아일보』 1933. 6. 12.
58) 경상남도 경찰부(1936), 『高等警察關係摘錄』, 106쪽.

휴업 상태에 이르렀다.59)

　그런 상황에서 문을 연 공장들은 노동자들의 임금을 인하하려 하였고 이는 자연히 노동자들의 파업으로 연결되었다.

　7월 28일 통제파 공장인 환대공장에서 여성노동자 300여명이 임금 5리 인하를 이유로 파업에 돌입하였다. 이에 공장 측에서는 신규직공을 모집함과 동시에 그날 밤 파업 직공 300여명과 회견하였으나 별다른 성과를 거두지 못하였다. 30일 밤에는 여직공 100여명이 조선방직 앞에 모여서 차후의 대책을 논의하였으며,60) 1일 아침에는 10명의 파업단과 일하러 가던 건조과 여직공 20여명이 부산진 공보교 앞에서 충돌하였다. 부산경찰서는 선동자로 여공 김향숙(23)을 검속 취조하였다가 2일 석방하였다. 8월 3일 파업단 300여명 중 200명과 비파업파 200명이 출근하여 일을 하고 파업단 100명은 계속 파업을 강행하였는데, 파업단은 "지금 취업하는 것은 임금을 5리씩 인하하는 것을 수용하는 것으로 지금과 같은 물가고에서 상당히 불안하다"고 하고, 이는 다른 고무공장의 임금 인하를 초래할 것이라고 하였다.61)

　8월 8일 교섭으로 사건이 해결된 듯하다가 13일 아침 여직공 250명이 출근하지 않아 파업이 재차 악화되었다.62) 회사 측이 30-40세에 이르는 노직공을 구해 작업을 강행하자, 16일 파업단이 공장으로 들어가 육박전이 일어났고, 일본인 사무원에 의해 파업단원들이 구타당하기도 하였다.

　이러한 폭력적 양상을 띠고 격렬하게 전개되었던 파업은 신규직공이

---

59) 「부산 고무공장 총휴 남녀직공 전부 소실 삼정의 통제 이래 원료 폭등으로 당분 복구는 무망 상태」, 『조선일보』 1933. 7. 22.
60) 「파업여직공들 노상서 대충돌」, 『조선일보』 1933. 8. 2.
61) 「300여공은 취업 100명 의연 파업, 임금 감하한데도 일부 취업, 부산환대고무쟁의 상보」, 『동아일보』 1933. 8. 4.
62) 「환대고무공 파업문제 재연 여공들이 출근을 안해 부산서는 경계중」, 『조선일보』 1933. 8. 16.

100여명에 달함으로써 51명의 해고를 결말로 9월 2일 36일만에 노동자의 패배로 끝났다. 360여명이 참가한 7월 파업은 육박전을 마다하지 않은 투쟁성과, 36일에 걸친 파업 전개를 강행한 완강성에서 그 의미가 컸다.

(4) 대화 · 일영 · 능암 · 부산 고무공장 노동자들의 10월 파업

고무공장에서의 파업은 10월 다시 재연되었다. 10월 17일 부산진 대화고무공장 여성노동자 130명이 파업을 단행하였다. 그 원인은 삼정회사에서 통제한 고무공장들이 일족 당 5리씩 임금을 인하하자 독점에 가담하지 않은 대화공장도 임금을 5리씩 인하한 때문이었다.[63]

경찰은 이 파업이 다른 공장으로 비화될까 우려하였는데 역시 18일 통제파 일영 여성노동자 280여명과 통제파 능암 여성노동자 120명이 파업에 돌입하였다. 그 이유는 임금 5리 인하에 있었다.[64] 이렇게 10월의 파업은 모든 공장들이 동시다발적으로 일어나 연대투쟁으로 전개되었다.

당시 부산 내에는 8개의 고무공장이 있었고 그 중 삼정과 결탁한 통제파와 반대파로 나뉘어 있었는데, 통제파는 여공의 노임을 5리씩 인하하기로 결정하고 추석 후 일이 시작되면 그 때 적용하기로 하였고, 이에 다른 공장들도 같이 5리씩 인하하기로 하였던 것이다.[65]

세 공장의 여공들은 비교적 한산기로 공장주에 별 타격을 주지 못하고 23일 반수 이상이 취업을 하였으나, 25일 아침 일영공장 160명 여성노동자가 다시 파업에 돌입하였다. 또 부산 고무공장의 여성노동자 20여명이 파업을 단행하였다.[66] 능암공장에서도 26일 아침 여성노동자들이 다시

---

63) 「공임 5리 감하로 130 여공 파업, 삼정사 직공 비화 경계, 부산진 대화공장서」, 『동아일보』 1933. 10. 18.
64) 「대화고무여공 파업 일영 능암 양공장에 비화, 통제로 인한 임금감하 반대, 부산서 비상경계」, 『동아일보』 1933. 10. 19.
65) 「휴업 중의 4개 공장 작업개시가 곤란 3공장 남공 150명도 휴업, 부산고무맹파 속보」, 『동아일보』 1933. 10. 20.

파업에 들어갔다.

그리고 이 날 오후 1시경 대화·일영·부산·능암 등 4개 공장 여성노동자 150여명은 경찰의 눈을 피해 수정정 수원지 산중에 모여 파업의 선후책을 모의하고, 경찰의 엄격한 감시와 제지가 있었음에도 오후 2시 산에서 내려와 일영공장으로 몰려가 일하고 있는 여성들과 만나기 위해 돌을 던져 유리창을 부수기도 하면서 상당히 과격하게 행동하였다.67)

27일에도 4개 공장 대표 100여명이 수원지에서 만나 대책을 논의하였다. 이들은 파업에 참가하지 않은 여공 몇 사람을 참가시키는 방법이 아닌 전체가 같이 파업에 참여할 수 있도록 하자고 하여 27일 오후 2시에 능암공장에 가서 남아 있는 몇 사람의 직공을 나오라고 고함을 치는 등 대규모의 데모를 하고 다시 대화공장에 가서 시위를 하였다. 그리고 파업에 참여하지 않은 환대·남선 공장 공원들을 동원시켜 같이 부산 고무공장 총파업을 단행하기 위해 가두에서 시위하면서 환대공장까지 갔으나 경찰의 강력한 저지로 다시 남선공장으로 밀려갔다.

이 때 고등계주임이 경찰서장과 만나 타협을 하자고 설득하였으나, 시위대는 이에 응하지도 않고 해산하지도 않아 부산진 공장지대의 분위기가 험악하였다. 기마경찰이 시위대를 강제로 해산시키려 노력하였는데, 여공들은 배고프고 목이 말라 어쩔 수 없이 해산하기도 하였지만, 일부 30여명은 환대공장에 나타나 동정파업을 선동하다가 경찰에 의해 강제해산 당하였다.

이 때의 파업소동은 부산의 파업사상 처음 보는 심각한 상황이었다.68)

---

66) 「여공의 양보로 반수는 취업」, 『동아일보』 1933. 10. 25. : 「일영 부산 양공장 재차 파업을 단행」, 『동아일보』 1933. 10. 26.
67) 「능암 고무 또 총파업 부산은 맹파의 사태, 일영 부산 대화 능암 4공장 직공회합 대책 토의」, 『동아일보』 1933. 10. 27. : 「모의하던 직공들이 돌연 공장을 습격, 공장 창문에 투석하며 소동, 부산 파업 험악화」, 『동아일보』 1933. 10. 27.
68) 「무계획 가두데모 환대와 남선에 충돌 여공들은 배고파서 드디어 해산, 처처에 충

이 같은 시위운동 중에 박무수·하순복·안소숙·하준탁 외 4-5명의 여성 노동자들이 부상당하였다.69)

한편 환대공장만이 작업을 하고 있었기에 28일 오전 파업단 300여명이 환대공장에 들어가 여공들을 면회하고 동정파업을 요구하려 하였는데, 환대공장에 상설되어 있었던 폭력단 수 십명이 곤봉과 돌로 맞서 진입이 어려웠다. 이 과정에서 공장 측에서 횟가루를 뿌리고, 약한 여자를 힘센 남자가 함부로 치고 받고 한 뒤에 그 공장에 5-6명의 여공을 감금시키기까지 하였고, 탄산가루를 퍼붓고 뜨거운 물을 끼얹는 등의 만행을 가하였다. 이 상황에서 일영공장의 여공 이원주 외 10여명이 중경상을 당하였는데 그 중에 신삼조는 기절하여 1시간 후에 깨어났고 또 임산부 최순남(25)은 발길로 배를 채여 위험한 상태에 빠졌다.70) 살기가 등등한 여공들은 경찰의 제지로 일단 후퇴하였으나 그 중 부상당한 사람은 사장실에 들어가 있는 여공들을 내어 달라고 함성을 지르며 형세가 매우 험악한 지경에 이르렀다. 여성노동자 대표 20명은 경찰에 항의하러 출발하였고 나머지 300명은 뒤를 따라 엄숙하게 행렬하며 경찰서로 따라갔다.71) 이들은 새벽부터의 행동으로 매우 탈진하였으면서도 해산하지 않고 대표자가 나올 때까지 기다렸으며 저녁 7시 20분경 대표자들이 나오자 그 때야 집으로 돌아갔다.72)

돌과 아우성」, 『동아일보』 1933. 10. 29.
69) 「300여명 여직공이 각 공장을 시위 습격 부산고무맹파분규」, 『조선일보』 1933. 10. 28.
70) 「300여공 시위대 또다시 유혈의 충돌 환대공장에 난입 10여명 중경상 부산고무파업사태 험악」, 『조선일보』 1933. 10. 29.
71) 「곤봉난타, 탄산산포 6명 감금코 폭행, 환대공장 폭력에 부상 5-6명, 인도상 중대 문제」, 『동아일보』 1933. 10. 30. : 「부산고무파업사건 속보, 대표 30명은 경찰에 본대는 시내로 행진, 경찰은 29일 고주와 조정 준비 여공단은 수정정에 결진」, 『조선일보』 1933. 10. 29.
72) 「부산고무파업 사건 경찰명령도 불응, 대표자 귀환 후 해산」, 『조선일보』 1933.

파업단의 강경한 태도와 시위로 부산의 맹파가 날로 험악하자 경찰은 30일 중간에서 조정을 하고자 파업단과 업주 측을 불러 업주들에게 약간만의 인상을 권하였다.[73]

한편 일성공장이 29일부터 파업에 늦게 참여하였으며, 환대공장에서도 30일부터 120여명이 파업에 동참하였다. 이제 율전만이 빠지고 모든 공장들이 파업에 참여한 상태로 부산 고무공업계가 총파업의 상태였다.[74]

이 때 파업단은 고용주 측의 완강한 입장으로 합의를 끌어내지 못하였다. 공장주들은 5리에서 1리를 양보하여 4리를 인하하겠다는 입장이었고 노동자들은 본래대로 임금을 주지 않으면 일을 할 수 없다고 대응하였다. 그러나 오랫동안 일하지 못한 여공들은 극심한 생활고를 겪게 되자,[75] 결국 11월 10일에 이르러 공장 측의 주장대로 4리를 인하하는데 합의하고 공장으로 돌아왔다.[76] 일전 시위에서 다친 임산부 최순남은 10여일의 산고를 겪다가 임신 9개월의 태아를 11월 6일 낙태하기에 이르렀다.[77]

당시 이 파업은 외부적 지원이나 자체 내의 지도 인물 없이 20여일을 날마다 산중이나 가두에서 회합하여 자기들의 의사를 토론하였으며 공장

---

10. 30.
73) 「좌우조정에 고주단 강경, 직공측만 곤란한 상태 부산고무맹업 기후」, 『동아일보』 1933. 11. 1. : 「해결지지의 부산파업, 직공측이 곤경 중 경찰측이 절충하게 조정 중 고주단측 속답유예」, 『동아일보』 1933. 11. 1.
74) 「고무파업 남북에 속발, 부산고무공업계는 아연 총파업 상태 율전공장을 남기고는 전부 파업, 일성 환대 逢罷業」, 『조선일보』 1933. 10. 31.
75) 「해결의 무망으로 800여공 대곤경 경찰의 조정도 결국은 수포화 부산맹파와 강경한 고주」, 『동아일보』 1933. 11. 3.
76) 「4리 양보대로 부산파업 해결, 고무파업 26일만에 11일에 일제 취업」, 『동아일보』 1933. 11. 12. : 고등경찰의 보고에 따르면 11월 5일에 합의 본 것으로 되어 있으며, 참가인원은 대화 131, 일영 170, 능암 107, 부산 84, 일영 62, 희성 72, 합계 626명이었다.(경상남도 경찰부(1936), 앞의 책, 110-11쪽)
77) 「일영에 쇄도했던 여공 낙태로 생명위독 주인과 배합인의 밀었던 까닭 피해자 고소를 제기」, 『동아일보』 1933. 11. 8.

의 배신자를 습격하고 다른 공장에 동정파업을 구하다가 무리한 폭력을 당하기도 하는 등 조선노동운동사상에 보기 힘든 노동자와 자본가의 충돌을 드러낸 대표적 사건이었다.78)

이 파업은 6개 공장 700여명이 참가한 명실상부한 부산 고무공장 노동자들의 총파업으로, 무엇보다도 여러 공장의 여성노동자들이 오랜 기간 동안 서로 협의 하에 연대하여 쟁의를 추진하였던 점, 임산부나 아이를 업은 아낙네 등이 경찰과 경비대의 무자비한 폭력에 굴하지 않고 투쟁하였던 점, 공장주의 해고나 경찰의 검속에도 전혀 개의치 않고 25일에 걸쳐 쟁의를 추진한 점 등은 어느 쟁의에서도 찾아볼 수 없는 것이었다. 당시 여성노동자들이 자신의 역량을 가장 확실하게 드러낸 것이었다. 이 때가 부산지역의 고무공장 여성노동운동의 최고조기였다.

4) 1935년 삼화공장의 노동쟁의

1935년 8월의 파업은 2일 삼화공장 제4공장에서 대우개선·임금인상 등 몇 개 조항을 요구한 것이 발단으로 경찰의 조정으로 화해가 되었다. 당시 삼화공장은 완전한 기계화 방법을 도입하여 고무화를 제조하려 하였다. 즉 여공의 수공부문을 구축함으로써 여성노동자들의 임금을 줄이고 노동쟁의에 대처키 위한 것으로 당시의 쟁의는 이런 상황을 배경으로 하였다. 8월 27일에 이르러 제 1공장 남공 80여명이 임금 인상을 요구하고 여기에 여공 700명이 동조하면서 파업이 다시 시작되었다.79) 28일에는 기계직공이 가세하게 되고, 이어서 29일에는 제3공장으로, 30일에는 제2공장과 제5공장으로 파급되어 삼화공장은 총파업으로 들어가게 되었다.80)

---

78) 『동아일보』 1933. 11. 9, 11. 12.
79) 「남공 80명 맹파하자 700여공 취업거절 일급제도에 생활난이라고 부산 삼화고무공장 분요」, 『동아일보』 1935. 8. 28.

30일에 이르러 삼화 제1공장에서는 남자직공의 요구인 청부제도(성과급제)로의 개정과 임금 1리 6모의 지급 등을 수락하면서 31일 제1공장에 취업치 않은 여공들 500명에게 해고를 선언했다. 당시 여공들의 요구는 신발 1족의 공임을 2전에서 2전 5리로 올려달라는 것이었다. 이에 9월 1일 여공 300여명이 공장으로 몰려 가서 항의하고 임금지불을 요구하였다.[81)

이 파업에서 남성노동자들은 공장주로부터 일정한 자신들의 주장을 관철시켰지만 여성노동자들은 전혀 성과 없이 퇴사한 수 십명의 인원을 제외하고 모두 9일 만에 작업장으로 돌아왔다.[82) 그것은 당시 여공들의 생활이 극히 궁핍한 상황이었기에 사실상 장기적 파업이 불가능하였던 때문이다. 실업자가 늘고 쌀값이 폭등하는 상황에서 여성노동자의 입장은 극히 취약하였다.

3. 고무공장 여성노동자 쟁의의 의미

연인원 3,200명이 참여한 고무공장에서의 여성노동자들의 쟁의는 전적으로 여성이 주체가 되어 전개한 것으로 부산지역 노동운동의 가장 대표적 장이었다.

쟁의에서의 요구조건은 주로 임금문제였다. 특히 당시 불경기와 관련하여 임금인하가 쟁점으로 등장하였다. 임금인상이 아닌 임금인하라는 점 때문에 쟁의가 적극적이 아니고 소극적인 것이 아니었는가 하는 느낌을 가질 수 있는데, 당시의 상황에서는 어느 노동운동이건 임금인하가 쟁

---

80) 「부산 삼화계 대파업 총세 남녀 1000명 참가, 30일에 또 300명이 가담 회사측 강경, 경찰 검거」, 『조선일보』 1935. 8. 31.
81) 「부산삼화공장의 대량 해고 여공 500명에게 작업거절을 선언, 기타 공장은 반이상 파업 계속」, 『동아일보』 1935. 9. 1.
82) 「여직공측의 실패로 삼화파업 종막 남공의 요구의 일부만 용납 주모 10여명 의연 취조」, 『동아일보』 1935. 9. 6.

점이었고 투쟁성을 갖고서 그 적극성을 논하여야 할 것이다.

고무공장 여성노동자들은 거의가 기혼의 여성들이었는데 그 쟁의의 형태를 보면 매우 투쟁적이었다. 파업단은 아이를 업고 하루 종일 굶으면서 집회와 시위를 계속해 나갔으며, 파업을 유도하기 위해 다른 공장에 들어가는 것을 마다하지 않았고, 공장측의 경비대와 육박전을 벌였으며 부상을 당하여도 물러나지 않고 뜻을 관철하고자 하였다. 경찰의 강제 해산에도 굽히지 않고 시위를 계속하였으며, 심지어 임산부까지도 시위에 참여하여 낙태를 하고 만 경우도 있었다.

이들은 쟁의과정에서 다른 공장의 여성노동자들과 연대하여 투쟁하였다. 1929년 7월의 쟁의에서는 4개 공장의 500명의 여성노동자들이 연대하여 끝까지 투쟁하여 공장주들을 굴복시켰고, 1931년 3월의 쟁의에서는 5개 공장의 600여명의 여성노동자들이 연대하였다. 1933년 10월의 쟁의는 6개 공장 700여명의 여성노동자들이 연대하여 투쟁하였다. 이러한 연대투쟁은 여성노동자들의 역량을 증대시켜 주어 계속 쟁의를 전개할 수 있는 강한 기초가 되었다.

또한 여성노동자들은 완강하게 적극적으로 운동을 전개해 나갔다. 파업이 있을 때마다 공장주는 파업에 적극 참여한 노동자들을 해고시켰고 심지어 경찰들은 강제 해산과 주동급 몇 사람의 검속을 되풀이 하였는데 여성노동자들은 이에 굴하지 않고 파업을 전개해 나갔다. 파업 일수를 보면 적게는 10일이었고 많게는 25일, 1개월, 심지어 36일까지 완강하게 저항한 경우도 있었다.

IV. 맺음말

본고에서는 부산지역 고무공장 여성노동자들의 노동쟁의를 시대 순에 따라 구체적 자료에 입각하여 정리해 보았다. 당시 부산지역에는 여러 노동운동 단체도 있었고 공산주의 재건운동과 관련한 많은 운동이 전개되고 있었지만 이 논문에서는 당시 신문에 실린 기사들을 중심으로 여성노동자들의 운동과정만을 고찰하여 보았다. 맺음말에서는 고무공업 여성노동자들의 운동양상과 그 특징을 정리하는 것으로 끝내려 한다. 부산의 전체 운동과의 관련은 다음 기회에 상세히 다루고자 한다.

부산지역 고무공업 여성노동자들의 노동운동은 1920년대 말부터 시작하여 1930년대 전반기까지 끊임없이 지속되었던 격렬하고 투쟁적인 운동이었다.

고무공업 공장에서의 쟁의는 남성노동자들과 같이 전개한 경우도 있지만 여성노동자들이 단독으로 전개한 경우가 대부분이었다. 이는 여성들이 처음부터 주체가 되어 쟁의를 전개한 것으로 여성노동운동의 가장 대표적인 장이었다. 쟁의의 원인들은 주로 임금 등 노동조건에 관한 것으로 당시 열악한 고무공업의 조건과 관련하여 고용주의 임금삭감에 대응하는 쟁의였다.

운동과정에서 두드러진 것은 여러 공장의 여성노동자들이 연대하여 투쟁하였던 점이다. 이 경우 서로 협조적인 관계를 유지하였다. 1929년 7월의 파업과 1933년 10월의 파업이 이러한 연대가 이루어진 대표적 파업인데 각각 10일·25일·36일까지 지속된 파업의 시기에 잘 연대하여 파업을 이끌어 나갔다. 남성들의 경우, 1935년 8월의 파업에서와 같이 자신들의 주장이 어느 정도 받아들여지면, 같이 동참하였던 사람들의 요구가 수용되지 않아도 타협하는 경우가 있었다. 하지만 여성들의 경우는 사업장마다 나름대로 사정이 있었음에도 연대했을 경우 같이 보조를 맞추며 그 해결방안을 찾아갔다.

그리고 쟁의의 전개과정을 보면 아주 투쟁적이고 격렬하였다. 이는 여러 공장 여공들이 연대한 것에도 크게 힘입은 것이었는데, 다른 공장의 공원들의 파업을 유도할 때 폭력을 마다하지 않았고, 공장측의 상설 폭력단의 폭력 앞에서도 두려워하지 않고 필사적으로 투쟁에 참여하였다. 아이를 업고 또는 걸리고 시위에 빠짐없이 참여하였다. 또 경찰과의 대치에서도 전혀 주저하지 않고 투쟁하였다. 1933년 10월의 파업에서 보듯이 9개월 된 임산부인데도 투쟁적 파업참여에 동참하여 아이를 유산하는 상황에까지 이르기도 하였다.

또한 경찰의 검속과 고용주의 해고에도 굴하지 않고 심지어 1달여의 파업을 지속적으로 끌어가는 완강함을 보였다.

이렇게 고무공장 여성노동자들이 투쟁적으로 파업을 전개한 것은 기본적으로 여성노동자 자신들의 열악한 노동조건에서 비롯된 것이라 할 수 있을 것이다. 거기에 어려운 가정경제에다 급속히 오르는 물가 등은 여성노동자들로 하여금 강하게 투쟁하도록 하였다. 특히 고무공장 여성노동자들은 대부분이 기혼 여성으로 도시 빈민가정의 가정경제를 책임져야 하는 입장이었다. 이러한 조건 속에서 노동여성들의 자아의식이 고양되었다.

그리고 식민지 최고의 희생자로서 민족 · 성 · 자본의 삼중고를 겪었던 여성들은 자신들의 주체성을 강하게 확보해 가고 있었다. 당시 여성해방사상과 이에 입각한 여성운동의 전개가 노동여성들에게도 영향을 주었다. 근우회 부산지회의 경우 1929년 노동부를 설립하였고, 그 회원 중 9명의 여성노동자가 있었으며, 부산여공조합 조직을 구성하기 위해 노력하였다.

특히 부산지역의 고무공장들이 일본인 자본가에 의해 운영되었고 일본의 독점자본에 의한 고무통제가 그 중요한 배경이 되었기에 운동이 노동자 자본가간의 첨예한 대립양상으로 전개되었다.

또한 중요하게 부산지방에서 전개된 적색노조운동은 고무공장 파업에 일정하게 영향을 미쳤다. 1931년 3월의 쟁의나 1933년 파업 시 노동자들이 적색노조운동 조직과 직접 연결되어 파업을 지도하거나 또는 노동자를 교육시켰다. 이러한 외부적 여건이 여성노동자들의 강한 투쟁에 일정한 영향을 미쳤다.

(『여성; 역사와 현재』, 박용옥 엮음, 국학자료원, 2001년 6월)

참고문헌

자료

『동아일보』1929, 1930, 1931, 1932, 1933, 1935.
『부산일보』1930.
『조선일보』1928, 1929, 1931, 1932, 1933, 1935.
『중외일보』1929, 1930.
부산부(1922),『釜山府勢要覽』.
부산상업회의소(1927, 1929),『釜山港經濟統計要覽』.
부산여자대학교 여성문제연구소(1997),『일제하 영남지역 여성관련 자료집(상) – 조선일보 편 – 』, 연구소 자료집 II.
부산여자대학교 여성문제연구소(1999),『일제하 영남지역 여성관련 자료집(하) – 동아일보 · 시대(중앙)일보 편 – 』, 연구소 자료집 II.
『조선총독부 조사월보』1929, 1930, 1931, 1932, 1933, 1934, 1935, 1936, 1937, 1938.
『조선총독부 통계연보』1915, 1920, 1925, 1930, 1935, 1940.
경상남도 경찰부(1936),『고등경찰관계적록』.

단행본

다까하시 가네요시,『현대조선경제론』.
인간사 편집실 (편역)(1983),『어느 여공의 노래』.
한국여성사연구회 여성사분과(편)(1992),『한국여성사 – 근대편』, 풀빛.

논문 및 기타

강동진(1977), 「일제 지배하의 한국노동자의 생활상」, 『한국근대사론』 3, 지식산업사.
강이수(1991), 「일제 면방 대기업의 노동과정과 여성노동자의 상태」, 『한국사회사연구회논문집』 28, 문학과 지성사.
강이수(1992), 「1930년대 면방 대기업 여성노동자의 상태에 관한 연구 – 노동과정과 노동통제를 중심으로」, 이화여자대학교 박사학위논문.
강재순(1991), 「일제하 부산지역에서의 노동자계급의 형성」, 부산대학교 석사학위논문.
김경일(1987), 「일제하 공업 고무노동자의 상태와 노동운동」, 『일제하의 사회운동』, 한국사회사연구회논문집 9.
김영근(1988), 「1920년대 노동자의 존재형태에 관한 연구」, 『일제하 한국의 사회계급과 사회변동』, 한국사회사연구회논문집 12집, 문학과 지성사.
문윤걸(1990), 「일제 초기 임금노동자 계급의 형성과정과 그 존재형태에 관한 연구」, 『노동계급의 형성이론과 한국사회』, 한국사회사연구회논문집 19.
박재화(1993), 「1930년 조선방직 노동자들의 파업 연구」, 부산여자대학교 석사학위논문.
서형실(1990), 「식민지 시대 여성노동운동에 관한 연구」, 이화여자대학교 석사학위논문.
안연선(1988), 「한국식민지 자본주의화 과정에서 여성노동의 성격에 관한 연구–1930년대 방직공업을 중심으로」, 이화여자대학교 석사학위논문.
이정옥(1990), 「일제하 한국의 경제활동에서의 민족별 차이와 성별 차이」, 『한국사회사연구회논문집』 20, 문학과 지성사.
이정옥(1990), 「일제하 공업노동에서의 민족과 성」, 서울대학교 박사학위논문.
이효재(1989), 「일제하의 한국노동상황과 노동운동」, 『한국의 여성운동』, 정우사.
정진성(1988), 「식민지 자본주의화 과정에서의 여성노동의 변모」, 『한국여성학』 4, 한국여성학회.

제2편
현대 부산지역 여성의 삶과 활동

■ 제5장
1950년대 부산지역 이주여성들의 삶
■ 제6장
1987년 6월항쟁과 부산지역 여성, 여성운동
■ 제7장
부산지역 여성운동의 회고와 전망
- 진보 여성단체를 중심으로 -

제5장
1950년대 부산지역 이주여성들의 삶

Ⅰ. 머리말

1. 연구 목적

  조그만 포구에 지나지 않았던 부산포는 일제의 강요에 의해 최초의 개항장이 되면서 그 모습이 바뀌기 시작하였다. 그리고 1945년의 해방과 1950년의 한국전쟁으로 부산지역은 또 다른 변화에 직면하였다. 해방 후 많은 귀환동포들이 부산항을 통해 귀국하였고 그 중 다수가 부산에 거주하게 되었다. 6·25로 부산은 임시수도가 되었고 전국에서 많은 피난민들이 몰려와 인구가 급격히 증가한 도시가 되었다. 현재의 부산의 정체성을 찾는데 가장 핵심적인 것이 1950년 전쟁에 따른 부산의 변화라고 생각된다.

  이러한 변화 속에서 부산지역민들의 구성은 서서히 바뀌어 가고 있었다. 특히 6·25 이후 많은 피난민들과 이주민들로 인하여 부산의 구성원은 숫자도 늘어났고 그 구성도 다양해 질 수밖에 없었다.

  때문에 필자는 부산의 정체성을 찾음에 있어서 먼저 1950년대의 부산지역에 주목하였다. 이 시기야말로 부산이 현재의 부산다움을 갖도록 하는 시기였다고 보기 때문이다. 전쟁 중에는 임시수도와 피난지로서, 전쟁 후에는 피난민들의 '성지'로서 부산이 변화해 갔기 때문이다. 이는 후에 부산의 정체성을 만들어 가는 중요 모티브가 되었다.

그리고 당시를 살아갔던 여성들을 주목하였다. 이제까지 사회적으로 영향력을 크게 발휘하지 못하였던 여성들이 전쟁의 소용돌이 속에서 생활 일선에 나설 수밖에 없었고 부산지역은 그 때의 특수 상황으로 더욱 그러한 내용을 풍부하게 갖고 있었다. 특히 당시 부산지역에는 각 지역에서 온 많은 이주여성들이 살고 있었다. 이들이야말로 부산지역의 현실을 온몸으로 맞으면서 살아가고 있었던 실체들로서 또한 지금의 부산 여성을 형성해 가는 데 중요 요인이었다.

다행이 이 시기에 대한 경제적·사회적·정치적 변화 등에 대하여는 연구들이 계속되고 있다. 하지만 그 시대를 살아간 사람들의 구체적 삶에 대한 연구는 그다지 이루어지지 않았다. 특히 인구의 절반을 차지했고 그 전환기에 가장 많은 변화를 거듭하였을 것으로 생각되는 지역 여성들의 삶에 관한 고찰은 거의 없었다.[1]

그리하여 본 연구에서는 현재의 한국의 여성성 형성에도 많은 영향을 끼쳤고, 한국 여성들의 삶과도 일정하게 연계를 갖는 1950년대의 부산지역 이주여성들의 삶을 고찰해 보고자 한다. 여성 삶의 복원과 부산지역사 정리라는 목적아래 이 연구를 시작하였다.

---

[1] 이 시대를 서술한 『부산시사』가 있지만 여성들의 삶에 대한 부분은 전혀 서술이 없다. 부산광역시(1999), 『부산여성백서』, 64-67쪽, 주로 여성운동에 관한 것을 소개하고 있다. 이송희(2006), 「여성사회의 변화」, 『자료로 본 부산광복 60년』, 부산광역시 시사편찬위원회, 196-199쪽. 보통 여성들의 삶에 관한 내용은 그다지 많지 않다. 당시 피난민에 대한 것으로는 배석만(2003), 「달동네와 철거민, 피난민」, 『부산의 역사』, 선인, 292-298쪽.

2. 연구대상과 방법

이 연구에서는 1950년대 이주여성으로 현재까지 생존해 있는 여성들의 구술을 그 중요 도구로 하였다. 많은 이들이 생존해 있지 않지만 아직은 그 생존자들이 있어서 당시 자신들의 삶을 구술하여 줄 수 있기에 이들의 구술을 바탕으로 당시 여성들의 삶을 조명해 보았다.[2]

구술 자료는 2006년 가을 여성학과 대학원생들에게 과제로 "1950년대 부산지역으로 이주한 여성"을 대상으로 구술을 받아오게 한 것을 시작으로, 2008년 2월 여성학과 대학원생과 기록학과 대학원생과 함께 구술 받은 자료를 활용하였다.[3]

면접 대상자는 총 18명으로 그들에 대한 정보는 <표-1>과 같다.

| 순번 | 이름 | 출생연도 | 고향 | 이주경로 |
| | 피난동행자 | 당시결혼여부 | 결혼연도 | 남편직업 |
	부산이주시기	부산이주이유	이주 후 동거자	이주 후 직업
1	최영순	1925년	황해도	황해도 초도섬 군산 부산
	혼자	미혼(약혼)	29세 때 결혼 1954년(남편은 재혼)	외항선원
	1951년	피난 중 미군 이동에 따라	처음에는 혼자 외롭게 지냄	남의 집 농사일, 결혼 후 유기그릇장사, 식당일, 산모들 밥해주기

---

[2] 당시 진정한 여성들의 삶을 보기 위해서는 그 시대 많은 활동을 하였던 30대 40대 여성들을 보아야 하겠지만 생존자들이 거의 없기에 현재 생존해 있는 당시 20대 여성을 중심으로 살펴볼 수밖에 없었다.
[3] 구술에 참여한 학생들은 2007년에는 장영주, 조은주, 박현숙 등이고, 2008년에는 조은주 김민영 등이다. 면접 장소는 부산 중앙동성당 교육관으로 처음(2007)에는 공동으로 같이 면접하였고, 2008년에는 같은 장소이긴 하지만 개별면담을 시도하였다. 그러나 대체로 연세가 많은 관계로 사실의 전후 관계에 대한 설명이 부족하였고, 기억력이 희미한 경우도 많이 있었다. 이름을 밝히기 꺼려하는 경우도 있었고, 자식들에게 누가 되지 않을까 하여 실명을 밝히기를 원하지 않은 분들도 있었다.

순번	이름 / 피난동행자 / 부산이주시기	출생연도 / 당시결혼여부 / 부산이주이유	고향 / 결혼연도 / 이주 후 동거자	이주경로 / 남편직업 / 이주 후 직업
2	김옥순	1933년	함경남도 원산	부산
	가족 (양부모, 남동생)	미혼	1954년 쯤, 결혼	성당에서 강냉이가루 배급
	1951년		양부모, 동생 결혼	공사현장에서 모래, 자갈 지어 나르고 꿀꿀이죽 장사, 타일공장, 미군 비옷 만들기, 콩국장사
3	홍정숙	1927년	평양	서울 영등포 부산
	혼자	미혼	아는 사람의 소개로 결혼, 1954년 (27세 때)	양복점 점원, 양복기지 파는 일
	1953년	피난 오다보니	혼자 살다 결혼	미용실에서 일함, (북에서 배움) 나중에 살림
4	계진화	1935년	개성	경기 이천 서울 부산
	고모네랑 할머니	미혼	(22세 때) 1955년	군인
	1951년 혹은 52년 추정		할머니, 고모네	처음에는 고구마를 팜, 결혼 후 전업주부, 슈퍼(남편 제대 후) 1960년 운영
5	김덕재	1931년	남해	부산
	아들 데리고	기혼	45세 때 남편 죽음	재단사(양복)
	1953년	남편이 일자리(재단사) 찾아 간 후 따라감	남편, 아들	빵 만들어 팔기, 국수 만들어 팔기, 감 팔기, 가죽점퍼 팔기, 남편 죽은 후 보험회사 다님

순번	이름 / 피난동행자 / 부산이주시기	출생연도 / 당시결혼여부 / 부산이주이유	고향 / 결혼연도 / 이주 후 동거자	이주경로 / 남편직업 / 이주 후 직업
6	김병래	1926년	천안	서울 대전 부산
	성당수녀, 신부님과 고아원생들과 함께	미혼(독신)	결혼안함	
	1951년 1·4 후퇴	종교적 이유	혼자	장교 기숙사 식사 육군병원, 성당근무, 매리놀 병원 근무, 고아원 원감, (신부님이 종교 관련 서적 내보라 하셨다함)
7	김복엽	1925년	서울	강원도 부산
	혼자	미혼		
	1951년 1·4 후퇴	피난 중 미군 이동에 따라	혼자 있다가 중매로 결혼	식모, 양과자점에서 일함, 편물을 짜서 국제시장에 넘기는 일 (미용기술 배움, 40년간 미용실 운영)
8	김성길	1923년	평양	황해도사리원 서울 수원 김천 대구 부산
	시어머니, 친정어머니, 남편과 함께	기혼		
	1951년	피난 중 살길 찾아오게 됨	남편, 시부모, 친정부모	미군부대 빨래, 장사, 용두산 부근 하꼬방, 영도수용소 등 거주, 남편과 인쇄소 운영

순번	이름 / 피난동행자 / 부산이주시기	출생연도 / 당시결혼여부 / 부산이주이유	고향 / 결혼연도 / 이주 후 동거자	이주경로 / 남편직업 / 이주 후 직업
9	문경구	1920년 (호적 1917년)	평안북도 창성군	부산
	아이 3명과 함께	기혼		전직(군청근무, 문화방송총무부장)
	1950년	남편 따라 (남편이 군청공무원이라 숙청 피해 전쟁 2년 전에 부산에 와 있었고, 자신도 전쟁 발발 때 내려옴)	남편, 아이들	양담배 장사, 국제시장에서 장사, 핸드백 장사, 유아복 장사
10	김춘희	1926년	함경남도 원산	부산
	남편	기혼	1951년 남편죽고 1953년 재혼	노동, 재혼 후 남편노동
	1951년 1·4후퇴	피난 중 미군 이동에 따라	남편	공사장에서 일함, 떡 장사, 단무지 공장 다님, 하수구 청소
11	박옥선	1929년	창녕	창녕 마산 하동 부산
	남편과 시집식구	기혼		학교 교사(조달청 근무)
	1950년	피난(전쟁으로)	남편과 시댁식구	전업주부
12	김영순	1933년	서울	서울 부산
	가족	미혼	중매로 전쟁 후	-
	1950년	피난(전쟁으로)	가족, 결혼 후 남편	떡 장사, 부자집 보모

순번	이름 피난동행자 부산이주시기	출생연도 당시결혼여부 부산이주이유	고향 결혼연도 이주 후 동거자	이주경로 남편직업 이주 후 직업
13	부춘아	1926년	제주도	제주도 부산
	혼자	혼자 살다, 중매로 재혼	재혼, 1955년	장사
	1950년	정착하기 위해 (이혼 후)	혼자 살다, 중매로 재혼	국제시장에서 사탕장사, 고무공장 다님
14	석분성	1938년	일본(대구)*	일본 대구 부산
	외숙모	13세	-	-
	1950년	피난(대구-부산)	-	-
15	최정희	1927년	평양	전라도(결혼) 부산
	남편, 1남1녀	기혼		-
	1950년	피난(지리산의 빨치산 피해서 왔음)	남편과 아이들 1남4녀 더 낳음	남편은 문을 만들고, 자신을 파는 일 함
16	***(1)	1925년	진주	문산(진주) 부산
	어머니, 형제들	미혼	고성사람과 결혼	목수
	1950년(전쟁 때)	인민군 피해서	어머니, 형제들	
17	***(2)	1927년	신의주	신의주 서울 대전 부산
	어머니, 형제들	기혼	전쟁 전	미군부대 운전
	1951년 1·4 후퇴	남편(미군부대 군속)직장에 따라	남편, 아이들	장사, 식모, 술집 부엌 일, 포장마차(부전)
18	홍춘심	1943년	평북 선천	선천 개성 제주도 부산
	조부모, 부모, 동생들	어린이	-	-
	1950년대 후반	가족들 따라 피난	가족들	오렌지 주스, 과자장사, 공장(세탁공장 미싱 시다)

면접에 응해준 이들은 중앙동성당에 다니면서 노인교실에서 공부하시는 분들이었다. 18명 중 10명이 고향이 북한이고 나머지 8명은 남한 출신이다.(<표-2> 참조)

<표-2> 면담자의 출신지역

출신지역	숫자	
이북지역(원적)	10명	1명은 이미 결혼하여 이남에서 살고 있었음.
이남지역(원적)	8명	
계	18명	

이들에게 한 질문은 <표-3>과 같이 개인 인적 사항에 대한 것을 시작으로, 크게 두 가지로 나누어 질문하였다. 하나는 부산에 이주하게 된 경위(이주 시기, 이주 이유, 이주과정, 동반자)와 정착과정에 대한 것이었다. 또 하나는 이주 후의 부산에서의 삶에 대한 것이었다. 즉 가족사항(결혼여부, 결혼경위, 남편)에 대한 것과 중요하게 생계를 어떻게 유지하였는가, 당시 친구나 교우 이웃과의 관계, 여성이기 때문에 힘들었던 점 등이었다. 그리고 6·25전쟁과 관련한 기억들을 몇 가지 질문하였다.

또한 이 연구에서는 1950년대 부산 여성의 삶을 보여주는 신문 자료, 잡지 등을 활용하여 당시 부산지역 여성들의 고단한 삶을 고찰해 보고자 한다.

<표-3> 『1950년대 부산지역으로 이주한 여성의 삶』에 관한 질문

분류	질문
*인적 사항	1. 귀하의 이름은 무엇입니까? 2. 귀하의 나이는 몇 세입니까? 　1) 1950년 귀하의 나이는 몇 세이셨습니까?

	3. 귀하의 본적은 어디 입니까? 　1) 귀하의 원적(친정, 고향)은 어디 입니까? 　2) 귀하의 현재주소는 어떻게 됩니까? 4. 현재의 가족관계는 어떻습니까? 　1) 1950년대의 귀하의 가족관계는 어떠했습니까?
* 부산에 오게 된 경위	1. 부산은 언제 오셨습니까? 2. 당시의 나이는 어떻게 되었습니까? 3. 누구와 함께 오셨습니까? 4. 어떤 이유(목적)로 오셨습니까?
* 1950년대를 중심으로 …부산에서의 생활에 대한 질문	1. 1950년대 당시 누구와 함께 사셨습니까? (가족사항) 2. 1950년대 당시 어떤 일을 통해 생계를 유지하셨습니까? 　(직업유무, 예-전업주부, 상업종사… 기타 등등) 3. 1950년대 당시 교우, 친구, 이웃 간의 관계에 대한 질문 4. 1950년대 당시 여성이기 때문에 힘들었던 상황은 무엇이었고, 어떻게 도움을 받으셨습니까? 　(예-아이들 혼자 돌보기, 남편의 무능력 등..) 5. 6·25전쟁과 관련한 기억들은 무엇입니까? 　5-1. 가족의 생계는 어떻게 해결하셨습니까? 　5-2. 피난 혹은 전쟁 과정에서 겪었던 어려움들은 무엇이 있었습니까? 6. 1950년대 당시 사상과 관련해서는 어떠한 의견을 가지고 계셨습니까? 7. 부산에 거주하고 계셨던 분들과의 관계는 어떠하셨습니까?

II. 부산으로 온 이주여성들

1. 이주민으로 가득했던 부산지역

해방 직전 남북한을 합한 총인구는 25,120,174명이었고, 이 가운데 여성이 50.2%를 차지하였다. 해방 이후 남한만을 대상으로 하는 통계에서 1947년 남한 인구는 17,000,187명이고 여성은 47.9%이다. 해방 이후 여성 비율이 낮았던 것은 북한에서 남한으로 이주한 인구 가운데 남성이 압도적으로 많았기 때문이다.

부산지역은 이 시기에 다른 지역과는 또 다른 국면에 직면하고 있었다. 해방 이후 학병·징병 등으로 해외에 나가 있던 동포들의 귀환 시 부산항이 중요 관문이 되었고, 이들 중 상당수가 부산에 잔류하였기 때문이다.[4] 1946년 12월 말까지 귀환한 동포의 수는 2,683,478명이었고 그 중 471,000명이 경남지역에 잔류하였다.[5] 이 때 경남지역에 잔류한 인구 중 상당수가 도시에서의 고용 기회를 바라며 부산에 잔류하였을 것으로 추측된다. 당시 언론은 부산 잔류 인구를 10만에서 20만 정도로 보고 있다.[6]

이는 부산지역 사회와 구성원을 바꾸는 계기가 되었다. 당시 부산지역은 일본인이 남겨놓은 적산이나 제조업의 부흥으로 전국에서 사람들이 몰려오고 있는 실정이었다. 이 때 부산은 인구의 갑작스러운 이입으로 심각한 주택문제, 실업자문제, 밀수문제가 일어났고 여기에 1946년 초 콜레라가 돌면서 쌀 공급도 제대로 이루어지지 않아 식량문제도 매우 심각하였다.[7]

그리고 6·25전쟁과 분단은 월남인을 양산하였다. 당시 북에서 남으로 내려온 사람들을 보면 1949년 8월까지 3,283,000명이었고, 6·25전까지

---

4) 1945년 12월 말 귀환동포의 69%가 부산을 통해 귀국하였다. 최영호(1995),「재일한국인의 본국 귀환, 그 과정과 통제구조」,『한일관계사 연구』4, 127쪽 : 류춘도(2005),『벙어리새』, 336-344쪽. 류춘도씨의 경우 가족들이 오랜 동안 일본에서 살다 돌아와 고향인 김천으로 가지 않고 부산에 정착하였다. 그 이유는 근대적 직업 찾기, 자영업, 교육 등이 이유였다.
5)『동아일보』1946. 12. 10.
6) 민주중보는 1947년 말까지 부산항을 통하여 들어온 귀환 동포의 수가 250만명이며 그 중 22만명이 부산에 잔류하고 있었다고 보도하였다.『민주중보』1947. 12. 24.
7) 박영구(2005),『현대 부산의 제조업 1945-2000』, 부산발전연구원 부산학연구센터, 42쪽.

350만명이 내려온 것으로 파악된다. 그리고 전쟁 시에는 100여만명이 내려와 전쟁 후까지 합치면 약 500만명 정도로 보인다. 여기에 단신으로 내려온 이들이 30%정도 되는 것으로 집계된다.[8] 이 때 월남한 사람들은 절반이 서울로 진입하였고, 대부분 대도시로 갔는데 부산의 경우도 많은 이들이 이때 정착하였다.

다음 시기별 월남인들의 시도별 분포(<표-4> 참조)를 보면 부산으로의 진입을 볼 수 있다.[9]

<표-4> 시기별 월남인의 시도별 분포 (단위 : %)

지역 연도	서울	경기	강원	충북	충남	전북	전남	경북	경남	제주	합
1949	45.1	24.2	9.6	2.8	4.7	3.9	3.3	3.3	3.0	0.1	100.0
1955*	12.9	22.3	26.9	1.4	5.0	4.0	2.3	4.2	20.5	0.5	100.0
1960	42.5	20.4	8.8	2.1	5.9	2.5	2.5	4.1	11.4	0.2	100.0
1966	48.3	24.6	5.7	1.2	4.2	4.8	2.6	1.4	7.1	0.2	100.0
1998**	32.0	19.1	2.2	2.5	9.4	2.5	6.8	6.3	20.0	0.1	100.0

* 1955년 센서스는 '1·4 후퇴' 당시와 그 후에 남하한 월남인의 분포율이다.
** 1998년 7월 이북 5도청 시, 도 사무소가 추계한 월남인 추정 인구 비율이다.
자료 : 각 연도 총 인구조사, 1966년 특별 인구조사.

---

8) 함인희(2006),「광복 60년, 가족제도와 여성 삶의 변화」,『여성과 역사』4집, 84쪽. 이 주장은 이북 5도청의 통계이고, 1945년에서 49년까지 월남인을 김철은 15만명, 권태환은 74만명으로 추정하고 있다. 김귀옥(1999),『월남민의 생활경험과 정체성: 밑으로 부터의 월남민 연구』, 서울대학교 출판부, 41-43쪽.
9) 1955년 인구 조사에서 경남에는 130,308명의 월남인이 있는데 그 가운데 부산에 거주하는 월남인은 109,723명으로 84.2%에 달하여 월남인은 경남지역에서는 주로 부산에 집중해 있었다. 김귀옥(1999), 앞의 책, 106쪽.

부산의 경우 1949년에서 1955년 사이 인구가 471,000명에서 1,049,000명으로 두 배가량 증가하였는데 이 가운데 절반은 귀환동포이거나 피난민 또는 월남한 사람으로 보인다. 부산지역은 당시 이들이 일자리를 구하고 자영업을 해 나가기가 상대적으로 유리한 곳이었기 때문일 것이다. 그리고 부산의 제조업은 1949년 변화 계기를 갖게 되었고, 1950년 전쟁의 발발로 초기전에서 유일하게 비점령지구로 남아 모든 공업이 집중되었다. 1950년에서 53년까지 특수 전시 상황 하에서 임시수도로서 공업 생산의 중심지로서 경제의 중심이 되었다. 공장이전ㆍ시설이전ㆍ자금이전 등이 이루어져 제조업들이 호황을 맞았다.10) 부산의 중소기업과 소자본 상공인들에게는 창업과 성장 확대의 중요한 계기를 제공하였다. 또한 월남인들의 경우 정부의 월남인 지방 정착조치와도 관련하여 부산에 정착하였다.11)

이러한 조건의 변화는 많은 이들을 부산으로 오게 하는 중요 요인이 되었다.

그리하여 이 시기에 부산지역은 구성원들이 많이 바뀌었고, 그러면서 부산사람들의 정체성도 많이 바뀌어 가기 시작하였다. 현재의 부산여성들의 정체성도 아마 이 때 새롭게 정립되기 시작하였다고 볼 수 있다.

2. 부산으로 온 이주여성들

면접에 응한 18명의 구술 여성들은 대부분 1950년 한국전쟁 이후에 부산으로 이주해 온 여성들이다. 이주 시기를 보면 7명은 1950년 전쟁이 발발하고 난 이후에 왔고, 9명은 1951년 1·4 후퇴 시에 왔다. 그리고 3명은 그 후에 이주한 경우였다. (<표-5> 참조)

---

10) 박영구(2005), 앞의 책, 64-65쪽.
11) 김귀옥(1999), 앞의 책, 108쪽.

<표-5> 면담자의 부산이주시기

이주시기	여성	
1950년	7명	문경구, 박옥선, 김영순, 부춘아, 석분성, 최정희, ***(1)
1951년	8명	최영순, 김옥순, 계진화, 김병래, 김복엽, 김성실, 김춘희. ***(2)
1952년	3명	홍정숙, 김덕재, 홍춘심
계	18명	

이들 이주여성들은 10명이 북에서 월남한 경우(1명은 고향이 서울)이고, 7명은 남한 내에서 이주한 경우이다. 1명은 북한 출신이지만 결혼으로 이미 전라도로 이주해 와 살다가 부산으로 온 여성이었다.12)

먼저 이북에서 월남한 여성들의 고향을 떠난 동기를 살펴보면, 이주 시기에서 알 수 있듯이 전쟁을 피하여 남으로 내려온 경우였다. 이 경우는 이주가 아닌 피난이 주 목적이었음을 알 수 있다.

함경남도 원산 출신으로 17세 때 미혼으로 양부모와 남동생과 이주한 김옥순은 남으로 내려오게 된 경위에 대해 이주를 위해서가 아니라 일시적 피난이었음을 다음과 같이 설명하고 있다.13)

> 아침에 밥을 먹다 말고 피난을 오게 되었어. 일주일 늦어도 열흘이면 집에 돌아갈 수 있을 줄 알았지. 김장하고 김장독 뚜껑도 못 열어보고 나왔어.

---

12) 최정희(15)의 경우 이미 결혼하여 전라도 지역에 살다가 부산으로 피난을 왔다.
13) 김옥순 구술.

미혼으로 고모가족과 할머니와 같이 온 개성 출신의 계진화도 부산에 오게 된 것을 다음과 같이 말하고 있다.14)

> 그 땐 부산에 아는 사람도 없고 …… 더구나 살 생각도 없고… 전쟁 났으니까 피해 있다가 다시 서울로 가고…… 부모님 만날 수 있을 거라 생각했지

이와 같이 대체로 잠시 몸을 피하려 한 것이 남으로 오게 된 동기였다. 월남한 여성 10명중 9명이 피난을 이유로 남으로 오게 되었다고 말하고 있다. 15)

단 문경구의 경우는 남편이 이미 숙청을 피해 부산에 2년 전에 먼저 와 있었기 때문에16) 전쟁이 일어나자 시어머니가 남편에게 가라고 하여 아이들 5명 중 3명만 데리고 왔다고 한다.

인터뷰를 한 월남 여성 10명중 7명이 가족 또는 인척들과 같이 월남하였다. 원산 출신의 김옥순은 양부모 그리고 남동생과 함께 1·4 후퇴 때 피난에 나섰다. 개성출신인 계진화는 고모 그리고 할머니와 함께 역시 1·4 후퇴 때, 평양에서 온 김성실은 시어머니·친정어머니·남편·아이와 함께 1·4 후퇴 때, 문경구는 아이들과 함께, 원산출신의 김춘희도 남편 시어머니와 함께 1·4 후퇴 때, 신의주 출신의 여성 ***(2)은 남편과 1남 1녀 아이들과 함께 1·4 후퇴 때, 평북 선천 출신의 홍춘심은 조부모·부모·동생들과 함께 피난을 온 경우다. 피난길에 고생을 많이 하기는 하

---

14) 계진화 구술.
15) ***(2)는 남편이 미군부대 군속으로 부산까지 왔다고 하나 본인이 피난 온 것이라고 하고, 홍춘심의 경우 제주도에서 오랫동안 지내다 먹고 살기 위해 50년대 말 부산에 왔지만 남쪽에 내려 온 것은 피난이라고 하겠다.
16) 남편이 군청 관리를 지냈다고 한 것으로 일제에 협력했던 점 때문에 숙청의 대상이 되어 이를 피하기 위해 먼저 월남한 경우라고 볼 수 있다.

였지만 가족들과 함께 피난에 나선 경우로 남쪽에서의 정착이 그런대로 쉬울 수 있었다.

단독으로 혼자 내려온 경우를 보면, 황해도가 고향인 최영순의 경우 단독으로 1·4 후퇴 때 내려 왔는데, 오빠와 함께 출발하였다가 부득이 혼자 온 경우였다.17)

> 어머니가 젊은이들은 빨갱이들이 잡아 죽인다고 하면서 피난을 보냈어. 그 때 남동생은 군에 가 있었고, 오빠는 동사무소에 근무했기 때문에...잡히면 큰일나지...그래서 잠시 피해 있으라고 해서 오빠랑 입은 옷 그대로 나왔지. 한 일주일 지나면 집으로 돌아갈거라 생각했어...열흘이 지나도 소식이 없자 오빠랑 한 네명 정도가 옷을 가지고... 어떠나 보려고 갔다가 두 사람만 겨우 도망쳐 왔데...
> 그 사람들 얘기 들으니 오빠는 잡혀서 죽었을 꺼라고 하드만...초도 섬에서 지난지 한달 쯤 되었을 때 미군들이 큰 배를 타라고 해서 그거 타고 왔는데...내린 곳이 전라도라...군산 해망동 수용소에서 얼마쯤 지내다가 다시 부산으로 오게 되었어

서울이 본적이지만 강원도에서 살다 부산으로 피난 온 김복엽의 경우는 강원도에서 혼자 교직에 몸 담고 있다가 1·4 후퇴 때 피난 길에 나섰기에 혼자 온 경우였다. 평양 출신인 홍정숙의 경우는 '빨갱이들이 자기네 집 재산을 빼앗고 무섭게 해서' 부모님의 피하라는 권유로 자신만 혼자서 내려왔다.

그러면 이들은 왜 피난을 왔는가? 이들의 말을 들어보면 대부분이 "빨갱이들이 잡아 죽인다고해서"(최영순), "공산당을 피해서"(김옥순), "공산당이 우리 집 재산을 집이고 밭이고 모두 빼앗아 버렸지"(홍정숙), "남편이 군청에 근무해 숙청 맞아서 ...남편찾아"(문경구), "아버지가 동서기로

---

17) 최영순 구술.

있었는데 엄청나게 맞아서"(홍춘심) 등 북쪽에서 살 수 없어서 월남하였다고 주장하고 있다.18) 그런데 이들 9명 월남 여성들의 월남 시기를 보면 문경구와 홍춘심의 경우만 1950년 전쟁이 일어나고 바로 피난을 왔고, 나머지 여성들은 다 1·4 후퇴 때 국군의 소개나 미군의 이동을 따라 피난을 온 경우였다.

때문에 일반적으로 월남인들이 전쟁 이후에 국군의 치안 사업 협조, 국군의 후퇴 시 권유나 강요, 그리고 원자탄 투하설 등에 따라 생존을 위해 피난을 한 경우처럼 문경구와 홍춘심을 제외한 이들은 주로 국군의 후퇴 시 권유 등에 따른 것이라고 볼 수 있다.19)

그리고 이들의 이주 과정을 보면 처음부터 부산을 피난처로 생각하고 온 것이 아니라, 피난 과정에서 부산으로 오게 되었음을 알 수 있다. 최영순·김복엽·김춘희는 미군의 군함을 타고 이동하다보니 부산에 오게 되었다고 하였다. 많은 이들이 다른 지역을 피난지로 삼고 있다가 부산까지 내려 온 경우가 많았던 것으로 보인다. 부산으로 바로 피난 온 경우는 드물었고, 여러 지역을 거쳐 부산으로 이주하였다.

이주 경로를 보면 주로 서울을 거쳐 수원·대전·김천·대구 등을 거쳐 내려오거나 군산, 또는 강원도, 개성, 심지어는 제주도를 거쳐서 부산으

---

18) 이 문제에 대해 많은 월남인 연구자들이 관심을 갖고 연구하였는데, 인터뷰에 응한 이들이 대체로 처음에는 그렇게 말하지만, 구체적으로 들어가면 그렇지 않은 점이 많다고 한다. 실제 전쟁 이후 피난길에 나선 것을 보면 특히 1·4 후퇴 때 피난에 나선 것을 보면 전적으로 피난이 그 이유였음을 증명한다.
19) 일반적으로 해방 직후 월남민들은 귀향, 정치 사상적 동기, 식량난 등과 같은 문제 때문에 월남한 사례가 많았으나, 전쟁 이후에는 국군의 치안 사업 협조, 국군의 후퇴 시 권유나 강요, 그리고 원자탄 투하설 등에 따라 생존을 위해 피난을 하였다. 김귀옥, 앞의 책, 46쪽. 커밍스는 원인을 시기별로 분류하였다. 해방 초기에는 귀향민이 주를 이루고, 토지개혁 이후에는 정치 사상적 이유로, 1947년 이후는 식량난으로 월남이 이루어졌다고 보고 있다. 브루스 커밍스 (1986), 『한국전쟁의 기원』, 김주환 옮김, 청사, 311쪽.

로 이주해 왔다.(<표-1>참조)

다음으로 8명 (1명은 원적이 이북)의 남한 지역에 살고 있었던 여성들의 경우, 고향을 떠난 동기를 보면, 5명의 여성들은 여전히 피난을 목적으로 살던 곳을 떠나 부산으로 오게 되었다. 그 이유를 보면 박옥선은 "결혼하고 시댁이 하동이라 그 곳에서 살다가 전쟁이 나서 피난 왔다"고 하고, 김영순의 경우도 전쟁이 나서 서울에서 온 가족이 함께 피난 온 것이다. 진주에서 온 여성도 "진주에 살기가 고단했었어, 인민군과 같이 살았거든... 진주에도 인민군이 들어 왔었어... 비행기 폭격이 심해서 숨고 그랬어" 라고 전쟁을 피하여 왔음을 강조하고 있다. 당시 전쟁이 낙동강을 중심으로 전개되면서 그 지역민들이 고향을 떠나게 된 것이라고 하겠다.

그러나 나머지 3명의 여성들의 경우 생계를 위해 새로운 삶을 살기 위해 부산으로 이주해 왔다. 남해에서 온 김덕재는 남편이 일자리를 찾아 부산으로 온 이후 아들과 함께 남편을 찾아서 왔고, 석분성의 경우도 일본에서 태어나 해방 후 귀국하여 대구에서 살다가 전쟁이 끝난 뒤 외숙모와 함께 13세에 부산으로 이주했다. 대구에서는 도저히 살 수 없어서 부산으로 옮겨 왔다고 하였다. 제주 출신의 부춘아는 남편과 이혼 후 부산이 좋다고 하여 새 삶을 찾아 정착하기 위해 부산으로 이주하였다. 이렇게 소수에 불과하지만 정착을 위해 부산으로 이주한 여성들도 있었다. (<표-6>,<표-7>참조)

<표-6> 부산의 이주 동기

동기	여성	
피난	14명	
새로운 삶을 찾아서	4명	김덕재, 부춘아, 홍정숙, 석분성
계	18명	

<표-7> 부산 이주시의 동반자 상황

동반상황	여성이름
남편, (아이들)	김덕재, 문경구, 김춘희, 최정희, ***(2)
남편, 시집부모	박옥선
남편, 시집부모, 친정부모	김성실
부모 형제	김옥순, 김영순, ***(1), 홍춘심
인척	계진화, 석분성
단신	최영순, 김병래, 김복엽, 홍정숙, 부춘아
계	18명

 이들의 이주시의 동반자를 보면 <표-7>과 같이 김덕재 등은 남편 아이들과 함께, 박옥선은 남편과 시집 식구들과 함께, 김영순은 가족과 함께, 석분성은 외숙모와 함께, 최정희는 남편과 아이들과 함께, ***(1)은 어머니와 형제들과 함께 부산으로 왔고, 김병래는 성당 식구들과 함께 왔으며, 부춘아는 혼자서 왔다.

 남에서 부산으로 이주한 경우는 월남한 이들과는 달리 처음부터 부산을 목표로 해서 온 경우가 대부분이었다. 정착을 위해 온 경우는 말할 필요가 없고 피난의 경우에도 김병래를 제외하고 모두가 부산을 피난지로 정하고 이주하였다.

III. 이주여성들의 부산 정착

1. 이주여성들의 부산 정착

 부산에 이주한 여성들은 차츰 정착을 시작하였다. 이들은 어떻게 부산에 정착하게 되었을까? 몇 가지 요인으로 추정해 볼 수 있다.

첫째, 부산이 생계를 꾸려가기에 나쁘지 않은 조건이었다는 것이다. 부산은 이미 1945년 이후 경제발전 측면에서 본다면 상대적으로 제조업 등이 발전할 수 있는 조건을 갖추고 있었고, 상업 활동을 하기에 용이하였다고 보인다. 특히 6·25 이후 임시수도였던 부산은 전쟁 중이기는 하지만 경제적인 이익이 얻어지는 지역이었음이 분명하다.

박완서의 자전적 소설로 6·25 한국전쟁을 배경으로 하는『그 남자의 집』에서 주인공의 남자친구는 가끔 부산에서 의사를 하고 있는 누나에게 가서 많은 돈을 구해와 여자 친구와 함께 그 돈을 쓴다.[20] 역시 박완서의 자전적 소설『나목』에서도 주인공의 작은 아버지가 전쟁 중 부산에서 많은 돈을 번 사업가로 나온다.[21]

이렇게 볼 때 계층에 따라 다르겠지만 전쟁 중 부산은 '기회'의 땅이기도 하였던 것으로 보인다.[22] 그러니 만큼 피난 와서 어려운 사람들로서는 다른 지역 보다도 부산이 큰 메리트가 있는 지역으로 생각되어 질 수 있다.

혼자 월남한 최영순의 경우 처음 부산에서 남의 집 농사를 지으며 그럭저럭 잘 해서 지낼만 하였다고 다음과 같이 말하고 있다.[23]

---

20) 박완서 (2004),『그 남자네 집』, 현대문학, 42-43쪽. 의사인 남자의 누나는 부산으로 피난가서 큰 병원에 취직하여 계속해서 돈을 벌수 있는 처지였다.
21) 박완서 (1994),『나목』, 세계사, 93쪽. 주인공의 사촌 여동생은 주인공에게 "엄마도 아빠도 작은 댁을 도와드리는 것을 의무로 알고 계셔요. 그리고 우리 집은 경제사정이 아주 좋아요. 모든 일이 뜻대로 척척 되고 있다나 봐요"라는 편지를 써서 부산으로 오도록 권한다.
22) 이 소설들은 박완서의 자전적 소설로, 박완서는 한국전쟁이 일어났을 때 막 서울대학교 국문과에 입학한 19세의 처녀였다. 여기 인터뷰에 응한 여성들이 대체로 박완서와 비슷한 세대의 여성들이었기에 한국전쟁과 관련한 박완서의 책들을 그 시대상을 알려주는 자료로 활용해 보았다.
23) 최영순의 인터뷰.

> 처음 부산 와서는 남의 집의 농사일을 하면서 혼자 지냈어…베 잘 짜고 농사 일도 꽤 잘해서 배급 같은 것은 받지 않고도 먹고 살았어… 재워주고, 먹여주고 하면서 … 한달에 쌀 한되 값 정도 받았던 것 같아…

16세에 불과하였던 계진화는 고구마도 이고 팔았고 동네 시장에서 장사를 하면서 생계를 이어갔다고 한다. 김성실은 대구로 피난 가서 1년 살았지만 벌어먹을 수가 없어서 부산으로 왔다고 말하고 있다. 부산에 와서는 미군부대에서 나오는 빨래를 하면서 그런대로 생계를 유지할 수 있었다고 한다. 임시수도로서 나름 전쟁의 특수가 있었던 것으로 보인다.[24]

그리고 더욱이 정착을 목표로 해서 온 경우는 무엇보다도 부산의 경제적 조건이 그 중요한 이유였음을 알 수 있다. 김덕재의 경우는 남편이 재단사 일자리를 찾아 부산에 먼저 왔고 자신은 남편을 쫓아 부산에 왔다. 어떠한 직업을 막론하고 부산지역에서는 그 일자리를 어느 정도 확보할 수 있는 가능성이 있었다고 보여 진다.

또한 박옥선의 경우는 남편이 부산 중앙초등학교 교사라 일단 부산으로 왔다고 한다. 신의주 출신의 * ** (2)은 남편이 미군부대에서 운전하였는데, 역시 남편의 직장을 따라 부산에 내려와 살게 되었으며, 자신도 장사하면서 경제 기반을 닦아 나갔다고 강조하고 있다. 최정희는 남편이 목수로 문짝 짜는 일을 했는데, 자신도 남편과 같이 일해서 돈을 벌고 살았다고 한다. 특히 평안도 선천 출신의 홍춘심의 경우 피난으로 제주도에서 7년 살다가 흉년이 들어 먹고 살기 위해 부산에 왔다고 힘주어 말하고 있다.

---

24) 이숙의(2007)『이 여자, 이숙의』삼인. 이숙의는 대구에 살고 있었지만 남편의 부재로 생계를 위해 부산행 열차를 타고 장사를 시작하였다. 전쟁 중 그나마 장사를 할 수 있는 곳이 부산이었기에 많은 이들이 몰려들었다.

이렇게 부산은 전쟁의 와중에서 생계를 유지해 나가는데 상대적으로 유리한 지역이었음을 알 수 있고, 이것이 휴전이 된 다음에도 많은 이들이 부산을 떠나지 않고 살았던 중요 이유였다.

그리고 이러한 역사적 조건들은 그 후 부산을 상업 도시 제조업의 도시로 확대 발전시켜 주었고, 국제 시장 · 자갈치 시장 등과 같은 전국 규모의 시장을 조성토록 하였다.

둘째, 인척들이나 고향 사람들이 많이 몰려 있었기에 부산 정착을 결심하였다고 생각된다. 부산이 임시수도로서 중요 피난 지역이기에 북에서 헤어진 사람들이 만나는 경우도 많았던 것으로 보인다.

홍정숙은 혼자 내려 왔으나 처음에 '아는 사람을 만나 도움을 받다가' 북에서 배운 미용기술로 미장원에 취직하여 먹고 자면서 일했다. 이 경우 자신의 기술이 있었기에 생계를 이어갈 수 있었다. 하지만 여성 혼자의 몸으로 피난지에서 지낸다는 것이 무척 어려웠을텐데 처음 아는 사람의 도움을 받을 수 있었다는 것은 무척 다행한 일이었고, 부산정착에 도움이 되었을 것으로 생각된다. [25]

> 부산에 와서는 계속 아는 사람이라도 만날까 싶어 역에 나가고 했어... 그러다 다행이 아는 사람을 만나서 그 집에 조금 있었는데... 거기서 계속 있을 순 없잖아 ... 그러다 미용실에 취직을 하게 됐어... 거기서 먹고 자고 했지... 내가 평양에서 미용기술을 배웠거든

김복엽도 처음 혼자 내려왔으나 사촌 언니를 만나 같이 살면서 부산에서의 생활에 크게 도움을 받았다. 사촌 언니가 제주도로 옮긴 후 교사 자리를 만들어 불렀으나 사정상 가지는 못하였다. [26]

---

[25] 홍정숙의 인터뷰 내용.
[26] 김복엽의 인터뷰 내용.

점원으로 빵 팔다가 사촌 언니가 빵을 사러 왔는데 사촌 언니를 만난거라. 언니가 자기 집에 가자고 해서 따라 갔지. 형부가 00총무과 직원인데 피난 온기라. 그집 식구도 애 넷에 부부해서 총 6명이서 생활하는데 부자살림은 아니라. 외사촌 언니니까 고생하지 말고 같이 살자고 해서 같이 살았다. 집이 일본식 집이었는데 나는 방에서는 못 자고 창고 방 비슷한데서 잤지만 그래도 그 정도면 좋았지.

문경구는 전쟁 2년 전에 먼저 월남한 남편을 쫓아 피난 왔으나 제부가 군 대령이라 집을 하나 얻어주어서 10년을 그 집에서 살았다. 그 집은 일본식의 적산 가옥이었던 것으로 보이는데, 그 사이 서울에도 올라갔으나 다시 돌아와 살았다.[27]

신의주 출신의 ＊＊＊(2)는 할머니 친정식구들이 부산에 살고 있어서 특히 많은 도움을 받았고, 남편 친구들, 고모부, 시외삼촌 등 친척들의 도움을 많이 받았음을 강조하였다.

이렇게 인척이나 아는 사람을 만나면서 이주여성들은 차츰 부산에 정을 붙이고 살아가기 시작하였던 것으로 보인다.

셋째, 미혼 여성들의 경우 결혼이 부산에 정착하게 되는 중요 계기였다. 이 때 이주하고 지금까지 생존한 여성들은 대부분 당시 나이가 10대 말이나 20대 초반이었기에 결혼 적령기거나 적령기를 넘긴 과년한 나이에 해당되었다. 때문에 한 남성을 만나 결혼하는 일은 아주 중요한 일이었다. 그런데 특히 전쟁을 겪으며 많은 젊은 남성들이 죽었기 때문에 여성의 숫자는 많고 남성은 적어서 결혼을 하는 것이 쉽지만은 않았을 것으로 보인다.

인터뷰 여성 18명 중 이주 당시 혼인상태를 보면 7명이 기혼 여성이었고, 2명은 아직 어린 나이였고 9명의 여성(1명은 이혼 여성)이 결혼을 앞

---

[27] 문경구의 인터뷰 내용.

둔 적령기의 여성들이었다. 1명의 여성은 마지막까지 독신이었기에 8명의 여성이 부산 이주 후에 결혼하였고, 기혼 여성 중 1명은 남편과 사별한 후 피난지인 부산에서 재혼하였다.(<표-8>, <표-9>참조)

<표-8> 부산으로 이주시의 혼인상황

혼인상황	여성숫자	
기혼	7	김덕재, 김성실, 문경구, 김춘희 박옥선, 최정희, ***(2) (김춘희 남편과 사별 재혼)
미혼	8	최영순, 김옥순, 홍정숙, 계진화, 김병래, 김복엽, 김영순, ***(1) (김병래는 독신)
이혼	1	부춘아
계		16명 (18명 중 2명은 어린이)

<표-9> 미혼 여성의 결혼 상황

순번	이름	출신지역	배우자의 출신지역	결혼시기	직업
1	최영순	이북	충청	1954 (29세)	외항선원
2	김옥순	원산	남한	1954	
3	홍정숙	평양	남한	1954 (27세)	양복집
4	계진화	개성	이북	1955 (22세)	군인
5	김복엽	서울	이남	1954	
6	김영순	서울	이북	1954	
7	부춘아 (이혼)	제주도	황해도	1955 (30세)	(재혼)
8	***(1)	진주	고성	전쟁시기	
9	김춘희 (사별)	원산	이북출신	1953년경	(재혼)

최영순은 25세 때 약혼자가 있었지만 혼자 피난 올 수 밖에 없었고, 29세에 가서야 결혼하였다. 나이 29세는 결혼하기에는 너무 늦은 나이였는데, 당시 자신의 결혼에 대해 다음과 같이 설명하고 있다.[28]

> 북에서 피난오기 전에 약혼했었어...그래서 피난와서도 다시 돌아갈거라고 생각하고 ...결혼은 생각도 안 했지...그러다 이웃 사람이 이제는 북에도 못 가는데 혼자 살면 안 된다고 해서 오빠를 소개해줘서...결혼했어...나도 아무도 없는데...결혼해서 자식이라도 하나 낳아야겠다는 생각을 했구 ... 경제적으로 좀 편해 보고도 싶었구...

결국 북에도 못가는 상황에서 정붙이고 살기 위해 결혼을 하게 되고, 이것이 부산지역에서 살아가는 이유가 되었다.

김옥순은 1·4 후퇴 때 17세의 나이로 양아버지 따라서 내려와 살다가 1954년 21세에 성당에 다니던 남자와 결혼하였다. 남편이 별다른 경제력이 없었지만 이를 계기로 김옥순은 부산에 뿌리를 내리고 살았던 것으로 보인다. 홍정숙은 25세의 나이로 혼자 내려왔다가 27세(1954년)에 아는 사람의 소개로 33세의 남성과 결혼하였다. 계진화도 16살에 할머니 고모랑 내려 왔는데 22살에 여섯 살 많은 이북 출신의 군인과 결혼하였다. 그 후 계진화는 남편 월급으로 그런대로 살았다고 당시를 회고한다.[29]

> 처음 부산와서는 고구마도 이고 팔았고...동네시장에서 장사도 했어...그러다가 결혼하고..그 때 남편이 군인이었어. 남편도 이북 사람이었는데...남쪽에 와서 군인하게 되었어...그래서 난 다른 일은 안하고 남편 월급으로 살다가...

---

28) 최영순의 인터뷰 내용.
29) 계진화의 인터뷰 내용.

김복엽도 미혼으로 혼자 피난 왔다가 미용기술 배우는 동안 소개로 결혼하게 되었다. 김춘희의 경우는, 처음 피난 올 때 남편과 같이 왔으나, 남편이 장질부사로 죽고, 그 후 1년 만에 월남한 남성과 재혼하여 부산에서 정착하게 되었다. 부춘아도 이혼하고 새로운 삶을 살기 위해 부산으로 왔는데, 30세가 넘어서 중매로 황해도 출신의 남성과 재혼하였다. 김영순은 중매로 월남한 이북 출신의 남성과 결혼하였고, ***(1)은 부모 소개로 고성사람과 결혼하여 살았다.

이렇게 결혼 적령기의 여성들은 피난지인 부산에서 결혼을 하고 정착하기 시작하였다.

이들의 결혼 시기는 전쟁이 끝난 후 1954년경이 가장 많았다. 북에서 월남한 최영순·김옥순·홍정숙·계진화 등은 1954년 결혼을 함으로써 사실상 부산에 정착하게 되었다고 말할 수 있고, 남쪽에서 이주한 김영순, ***(1), 부춘아도 결혼을 통해 완전히 부산에 정착하게 되었다고 할 수 있다.

대체로 이렇게 세 가지의 이유로 인하여 당시 이주여성들이 부산에 정착하고 살아 갈 수 있었다고 보인다.

2. 전쟁 이후의 부산지역 여성들

이렇게 많은 여성들이 피난과 생계를 위해 몰려 왔던 전시 상황의 부산지역은 그 많은 피난민들을 끌어안을 만큼 여유 있는 곳은 아니었고 참으로 어려운 문제가 산재해 있었던 곳이었다.[30]

첫째, 전쟁 중 특히 여성들이 생계를 이어가기가 힘들었음을 알 수 있

---

30) 『부산일보』는 부산지역 여성들의 삶을 보여주는 기사들을 많이 싣고 있었는데, 그 기사들을 종합해 보면 위의 몇 가지 점들이 부각되고 있었다.

다. 전쟁은 여성의 삶에 심대한 영향을 미쳤다. 여성들은 남자들이 전선으로 나가 집을 비운 동안 가정전선을 지키면서 전쟁으로 인해 공백이 생긴 남성적 활동영역에 대거 참여하게 되었다. 또 남성가장을 대신하여 가족의 생계를 책임져야 하는 역할이 부과된 여성들의 경우는 생활전선에 뛰어 들어야 했다.[31]

이 와중에 먹고 사는 문제를 해결하기 위한 하나의 수단으로 무엇보다도 성매매가 크게 성행하였던 것으로 나타난다.[32] 1952년 부산 해운대에서 외국군인 상대 성매매 여성을 대상으로 조사한 결과 대상자 368명 중 95%가 생활난이 성매매 행위의 원인이라고 대답하였다.[33] 즉 당시 부산 지역에서는 성매매에 종사하는 여성들의 숫자가 증가하고 있어 사창문제가 많이 거론되었다. 우리 사회는 일제하 1916년부터 공창제가 실시되다가 해방 후 미군정하에서 1947년 공창제가 폐지되었다.[34] 그러나 전쟁이 일어나고 사회가 혼란한 틈바구니에서 사창이 성행하기 시작하였다.[35]

『부산일보』는 전쟁 중인 1953년 1월 1일 신년 대담회를 통해 당시 상황을 진단하였는데, 여기에서 언급되고 있는 것이 "구호의 요체는 자활,

---

31) 함인희(2006), 「광복 60년, 가족제도와 여성 삶의 변화」, 『여성과 역사』 제4집, 82–83쪽.
32) 이임하(2004), 『여성, 전쟁을 넘어 일어서다』, 138–39쪽. 1958년의 조사 결과 전체 조사 대상의 65.2%는 생활고가 성매매의 동기였다고 대답하였다.
33) 한국경찰사 편찬위원회(1973), 『한국경찰사』 II, 내무부 치안국, 932쪽.
34) 공창제 폐지는 일제하에서부터 오랫동안 여성운동계의 주요 주장이었다. 해방 후 좌우익 여성계가 하나가 되어 공창제 폐지운동을 전개하였고, 부산 출신의 양한나는 초대 여자경찰서장으로서 그 폐지운동에 주력하였다. 문경란(1988), 「미군정기 한국 여성운동에 관한 연구」, 92–93쪽, 106–110쪽. : 이송희(2002), 「양한나의 삶과 활동에 관한 일고찰」, 『여성연구논집』 13집, 24–26쪽.
35) 보건사회부(1963), 『사회통계연보』, 142–143쪽. 이 자료에 나타난 성매매 여성의 수는 1954년 26,542명, 55년 56,182명, 56년 79,076명, 57년 87,348명, 58년 83,333명, 59년 40,893명, 60년 42,751명이었다. 그러나 이는 미군을 상대로 하는 여성들과 경찰의 단속에 적발된 사창에 국한된 수치였다. 실제는 훨씬 많았을 것으로 생각된다.

여성의 지위 추락 창녀들 범람"이었다.36) 결국 많은 여성들이 생활고를 견디지 못하고 거리의 여자로 전락하고 있으므로 여성들이 자활할 수 있는 길을 모색하자는 것이다. 실제 생활고를 겪었던 피난지의 여성들이 성매매에 나섰고 이와 관련한 범법행위도 많이 드러났다.37) 진주에서 온 어떤 여성은 피난으로 부산에 온 이후 취업하고자 하였으나 여의치 않아 살기 위한 최후의 수단으로 몸을 팔았고, 안동에서 온 여성도 몸을 팔다 경찰에 발각되어 검거되었다.38) 이러한 여성들은 당시 무수히 많았다.

또한 생계의 어려움은 많은 여성들의 자살로 이어졌다. 이 때 부산지역에서는 자살하는 여성들이 많았는데,39) 생계문제로 자살하는 경우가 가장 많았다.40)『부산일보』에 따르면 11개월간 488명이 자살하였고 그 중 58%가 생활고였다고 밝히고 있다.41)

둘째, 혼자 사는 여성들의 문제가 크게 부각되었다. 전쟁미망인, 이혼여성, 단독 월남 여성, 단독 피난 여성 등 다양한 이유로 홀로 된 여성들이 부산으로 대거 몰려들고 있었다.

---

36)「救護의 요체는 自活, 여성의 地位墜落 娼女들 汎濫」,『부산일보』1953. 1. 1.
37)「창녀끼리의 살인극」,『부산일보』1953. 3. 20. :「사랑을 훔친 동료」,『부산일보』 1953. 5. 14. 이 두 기사에서는 창녀들끼리의 범법행위를 보도하고 있다.
38)「가난이 有罪런가?」,『부산일보』1950. 12. 12.
39)「수건으로 목메고, 실연한 다방레지 자살」,『부산일보』1953. 8. 13.
40)「자살 약값 대기 벅차 살기 싫다」,『부산일보』1951. 2. 7 :「19세 처녀 자살 – 생활고로」,『부산일보』1951. 3. 21 :「어머니 투신자살-신병 비관, 아들 딸 죽이고…」,『부산일보』1951. 4. 24 :「투신자살, 생활고」,『부산일보』1951. 5. 9 :「열차에서 자살」,『부산일보』1951. 5. 19 :「두 딸 데리고 안압지에 투신 – 남편 사별한 젊은 처 살길 없어 자살」,『부산일보』1951. 7. 16 :「애인 집에서 자살, 창녀였던 식모」,『부산일보』1951. 7. 21 :「아이업고 자살, 식모 비애 자살」,『부산일보』1951. 11. 1 :「꼬리무는 자살극」,『부산일보』1952. 1. 11 :「애인 집 문전서 자살」,『부산일보』1952. 1. 12:「아내가 의문의 자살」,『부산일보』1952. 2. 11 :「올드미스가 자살」,『부산일보』1952. 6. 17 :「돈없는 女工哀話 – 약값 없어 자살하려다 미수」,『부산일보』1953. 10. 7.
41)『부산일보』1952. 12. 28.

1950년대 '미망인'의 숫자는 100만이고 전쟁미망인의 숫자는 최소 30만 명 이상으로 추정된다. 부산이 속해 있었던 경남에도 '전쟁미망인'이 6만 3천여 명에 달하였다.42) 이 같이 전쟁으로 과부가 된 경우는 평균 20세 이상 여성 100명 중의 9.2명(1955년)명으로 계산할 수 있다.43) 이와 같이 전쟁으로 과부가 된 여성들이 찾은 첫 도시는 임시수도가 있던 부산이었다. 얼마나 많은 '미망인'들이 부산을 찾았는지 다음 글을 통해 알 수 있다.

> 전 남북 방면 또는 작년 한해 지구에서 부산으로 유랑해 온 인원의 팔할이 과부세대라는 놀라운 숫자를 가지고 있다 하여 임시수도 부산 시청 뒷마당에 매일 같이 모여드는 유랑과부들과 그 자녀들에 대한 대책은 긴급한 조치로서 우선 그네들의 생명을 보호해 주어야 할 단계에 처해 있다44)

이렇게 '전쟁미망인'을 비롯한 홀로 된 많은 여성들이 부산으로 왔기에 심각한 문제가 야기되었다. '미망인'의 가장 큰 문제는 대부분의 경우 극빈상태에 있었으며 이를 벗어날만한 기반이 되는 기술이나 지식, 사회경험이 없었다. '미망인'의 70% 이상이 빈곤상태에 있었으며 80%가 초등교육조차 받지 못하였다. 50%가 구호가 필요한 경우였다.

당시 조사(1958년)에 따르면45) 남편이 있는 여성의 경우 대상자 198명 가운데 9.6%인 19명만이 가정 밖에서의 경제활동에 종사하고 있는 반면 '미망인'은 조사 대상자 80명 가운데 88.8%인 71명이 경제활동에 종사하고 있었다.

이들이 종사한 경제활동은 노상에서 좌판을 벌이는 떡장사 · 야채장사 ·

---

42) 「戰爭未亡人에 朗報 - 婦女事業館에 依托裁縫」, 『부산일보』 1953. 8. 29.
43) 이임하(2004), 앞의 책, 28-31쪽.
44) 이예행, 「전쟁 미망인이 가는 길」, 『신천지』 1953. 10월 호, 130-131쪽.
45) 김숙자(1958), 『서울시 부녀직업조사』, 4-8쪽.

옷장사·화장품장사 등 영세한 상업에 종사한 사람이 32.5%, 일용노동 28.8%, 공장노동 10.0%, 가내재봉 7.5%, 식료품점 7.5% 등이었다.

이러한 '미망인'의 문제가 부산에서도 그대로 재연되었다. 당시 경남도는 부녀사업관을 개관하여 부녀자들의 생업도모를 지원하고자 시도하기도 하였다[46]. 당시『부산일보』는 "전쟁미망인들은 생계가 곤란함에 따라 자연 윤락의 길을 걷게 되는 것" 이라고 하고 전쟁미망인에 대한 대책은 커다란 사회 문제로서 급속한 정부대책이 요망된다고 하였다.[47]

그리고 당시 전쟁의 와중에서 많은 이들이 전쟁에서 죽고, 행방불명되고, 사회도덕이 해이되고, 가족의 이산이 이루어지면서 기존의 가족관계가 깨지고 있었다. 특히 첩살이 등 축첩과 관련한 가족 갈등이 많이 발생하고 있었다.[48] 혼인적령기의 여성이 남성에 비해 절대적으로 많은 전후 사회에서 축첩문제는 여성 개인의 문제가 아닌 사회적 문제로 전환되었다. 이는 많은 논란과 반대 속에서 1953년 간통 쌍벌죄의 제정으로까지 이어졌다.[49]

이러한 축첩을 둘러싼 갈등은 처첩간의 폭력사태, 자살, 살해 등의 문제로까지 확대되었다. 또한 여성들의 살인 범죄도 많았다.[50]

---

[46] 정부의 원조가 없어 문을 닫았다가 1953년 8월 27일 재개관하고 의탁봉재를 하였다.「戰爭未亡人에 朗報 - 婦女事業館에 依托裁縫」,『부산일보』1953. 8. 29.
[47] 그런 분위기 속에서 대한적십자사는 大韓軍警壽福母子寮를 구내에 두고 전쟁미망인들과 아이들이 살도록 하고, 미망인들에게 상이용사들의 가운을 만들고 삯바느질로 생계를 이어가도록 도왔다.「남편의 뒤따르는 정성」,『부산일보』1953. 10. 18.
[48]「기녀와 더불어 철창행」,『부산일보』1953. 12. 5.
[49] 이임하(2004), 앞의 책, 154-173쪽.
[50] 부산광역시(1999),『부산여성백서』, 100-101쪽. 이 같이 여성들을 둘러싼 전쟁기의 문제들이 부각되면서, 부산지역 여성단체들은 6·25로 인한 전쟁미망인이나 윤락여성들의 생계문제에 관심을 두고 이산가족의 문제, 구호, 보호, 선도 등의 여성복지 사업을 위해 나름 사업을 시행하였다. 당시 활동한 단체들은 부산여자기독교청년회(1947), 대한적십자사 부산지사 부녀봉사회(1952), 대한조산원회 부산지회(1955), 대한부인회 부산지부(1949) 등이었다.

IV. 이주여성들의 삶

1. 1950년대 여성들의 경제활동

앞서 보았듯이, 전쟁 시 부산지역 여성들의 가장 시급한 문제가 어떻게 생존을 하느냐의 문제였는데, 이주여성들의 경우도 가장 시급한 것이 생계유지였다. 이제 여성들은 자의반 타의반 생계를 위해 생활전선에 뛰어들 수밖에 없었다. 모든 것을 버리고 피난지에 온 여성들은 남성들과 똑같이 밖으로 나가 할 수 있는 일이면 무엇이든지 해야만 했다.

당시 여성들의 경제활동은 "적극적인 면에서 오늘의 부의 창조자이고 생산적 담당자"라는 지적처럼 전쟁과 혼란의 와중에서 사회의 전 영역에 걸쳐서 일어났고, 아래 인용문에서 보듯이 일부 남성들은 여성들의 경제활동에 편승하는 경향까지 있었다.[51]

> 날품팔이, 미군부대 세탁부, 바구니장사, 목판장수, 담배장수, 군복장수, 빈대떡집, 대포집, 다방, 댄서, 요리집, 계 오야, 고리대금에 이르기까지 여인의 독차지였으니 완전히 주권을 잡았다 할 것이다. 무능하나 남편들은 아내에게 차값을 타가지고 나가서 광복동 네거리를 하루종일 어정거렸다...... 찻값이 아니라 용돈을 타서 써야 하는 남편, 아내의 벌이로 끼니를 이어간 남편은 많았고......

이러한 상황에서 1950년대 한국여성들의 경제활동은 다음 몇 가지의 특성을 갖고 있었다.[52]

첫째, 전쟁으로 인하여 남성의 대규모 동원이 이루어진 1950년대 초반에는 여성의 경제활동률이 급격하게 높아지고 있다. 즉 전체 직업종사자

---

51) 마해송, 「한국여성의 비극」, 『여원』 1956. 7, 154쪽.
52) 이임하 (2004), 앞의 책, 89-93쪽.

가운데 여성의 비율이 1949년 35.6%였던 것이 1951년 · 1952년에는 47.6%와 44.6%의 비율로 나타났다. 그리고 1956년 이후에는 45%이상으로 나타난다. 1952년의 경우 14세 이상 여성인구의 97%에 달하는 수가 경제활동에 참가하였다.

둘째, 농업 종사자의 숫자가 크게 늘어나고 있었으나, 전체 직업여성에서 차지하는 비율은 다른 해에 비해 낮게 나타나고 있다. 이는 다른 직업에 종사하는 여성이 증가했기 때문이다.

셋째, 상업에 종사하는 여성이 급격히 증가하였다. 상업에 종사하는 여성 수가 1949년 81,201명이었으나, 1951년 593,264명, 1952년 597,257명으로 전체 상업 종사자의 50%에 접근하고 있다. 전후에는 1956년 162,157명이었고, 1958년 187,876명이었다.[53] 그리고 당시의 여성 노동은 여러 자료를 고찰할 때 몇 가지 특징으로 나타났다.

무엇보다도 한국전쟁 이후 여성의 노동은 전쟁전의 미혼 여성 중심의 가계보조적인 것과는 다른 것이었다는 점이다. 미혼 여성만이 아니라, 오히려 기혼 여성들이나 미망인들이 생계를 위해 적극 경제활동에 참여하였다. 다음의 기사는 당시의 현실을 말해 주고 있다.

> 사변 전 직업여성 통계에 나타난 연령과 혼인별은 18세부터 22세까지의 미혼 여성 수가 최고 숫자를 나타내고 25세 이하로 극히 적은 숫자를 보이고 있음은 당시의 직업여성의 경향이 어디 있음을 잘 말해 주는 것이며 따라서 결혼 연령이 22세 23세까지에 있었다고 하는 것도 엿볼 수가 있다. 그러나 사변 이후 벌어야만 생활할 수 있는 미망인들이며 생활의 곤궁함을 타개코자 하는 자녀를 달은 가정주부, 25세 이상으로 30세 40세 이상에 이르는 연령층의 구직이 성하였다.[54]

---

53) 상업에 종사한 여성들에 관한 연구는 윤정란(2007), 「한국전쟁 이후 장사에 나선 여성들의 삶」, 『한국전쟁과 서울 여성의 삶의 변화』, 한국여성사학회, 25-52쪽. 이 발표에서 윤정란은 서울 여성들의 상업활동에 관해 자세히 고찰하고 있다.

물론 방직업 등 공장노동자는 여전히 미혼 여성이 주축이었으나, 공장에서 하청 받아 하는 삯바느질은 주로 미망인이나 기혼 여성이 했다. 미혼이나 기혼 여성 중 삯바느질이나 세탁 등 집에서 하는 일을 얻지 못한 경우나 딸린 자녀들 때문에 식모로 들어갈 수 없을 때에는 일용노동을 하거나 공사장 잡일 등에 임시로 고용되기도 하였다.

그리고 이 시기의 여성노동은 안정적인 직업보다 유동적이고 불안정한 직업이 주를 이루고 있었다. 대다수의 여성들은 소규모 영세 사업장이나 소규모의 상업, 식모, 판매직에 종사하거나 일용노동자가 되었다.[55] 또한 이러한 불안정한 고용은 저임금으로 이어졌다.

이렇게 여성들의 경제활동은 한편 참담한 것이었지만, 또 한편으로는 한국 여성들이 새로운 단계로 진입할 수 있는 계기가 되었다는 평가도 받고 있다.

다음의 이태영의 글은 '전쟁을 통하여 한국 여성들이 비약적 발전을 하였다'고 주장하고 있다.[56]

> 6·25 동란은 한국 여성을 일변시켰다. 즉 전쟁을 통하여 우리 여성은 자활해야 할 위치에 놓이게 되었고 그러기 위해서는 실력의 필요성을 통절히 느끼고 분명히 배웠다.
> 앞집 뒷집 할 것 없이 여성마다 웅분히 사회적 진출에 눈을 떴다. 그리하여 전후에 직장 여성이 부쩍 늘었고 시장에는 여상인이 범람하고 무역회사 기타 회사에서 여사장 등의 실업가도 속출하였고 여공무원 여군의 조직 등으로 암탉이 울면 집안이 망한다는 생각이 아직도 우리 혈관에 감돌고 있는 반봉건적 기반 위에서 과감하게 사회에 진출하고 있다는 것이 해방 12년에 특기할 비약적 발전이라고 아니 할 수 없다.

---

54) 『동아일보』 1955. 11. 23.
55) 이임하 (2004), 앞의 책, 96쪽.
56) 이태영, 「隷屬에서 自立으로의 過程」, 『여원』, 1957. 8, 70쪽.

2. 이주여성들의 초기 경제활동

이러한 여성들의 경제활동의 특징들은 부산에 이주한 여성들의 삶에도 그대로 나타났다.

당시 1명을 제외한 17명의 여성들은 나이 고하를 막론하고, 또한 기혼이거나 미혼이거나, 단신 이주거나 가족동반이거나, 부산에 이주한 후 그 정착과정에서 생계를 위해 모두 경제활동에 참여하였다. (<표-10> 참조)

<표-10> 초기 경제활동

업종	여성이름	여성 수
기술	홍정숙(미용)	1
식모, 날품팔이, 식당종업원, 자본업으로 장사	최영순, 김옥순, 계진화, 김병래, 김복엽, 김성실, 김춘희, 김영순, 부춘아, 석분성, ***(1), 홍춘심	12
장사	문경구, ***(2)	2
영세수공업	김덕재, 최정희	2
전업주부	박옥선	1
계	18명	

먼저 경제활동의 참여 계기를 본다면 처음 피난 와서는 생계가 급했기 때문에 당연하게 경제활동을 하게 되었다. 그러나 이주여성들은 기술이나 자본이 없었고 인적인 관계도 풍부하지 못하여, 주로 단순노동을 파는 업종에서 일할 수밖에 없었다. 그리고 그나마 여력이 있는 경우 장사를 하였고, 기술이 있는 경우 영세수공업장을 운영하였다.

먼저 기혼 여성들을 살펴보겠다. 김성실은 1·4 후퇴 때 가족들과 같이 대구로 내려와 1년 정도 살면서 미나리도 팔고 삯바느질도 하면서 살았지만 도저히 살 수가 없어서 부산으로 왔다. 그러나 역시 기술이 따로 있는 것도 아니고 돈도 없어서 자신은 미군부대에서 나오는 빨래를 했고 남편은 노동을 했다. 김춘희는 남편과 함께 미군 군함을 타고 왔는데 역시 생계가 막연하여 공사장에서 자갈이나 벽돌을 나르는 등 잡역을 했다. 이 경우 별다른 기술과 자본이 없었기에 노동으로 생계를 꾸려갔다.

조금 나은 경우로, 문경구는 남편이 과거 북에서 군청에서 일했지만 할 수 있는 일이 없어서 자신이 양담배 장사를 했다. 그래도 장사를 할 수 있었던 것은 어느 정도 경제적 여유가 있었기 때문으로 보인다. 특히 문경구는 제부가 군인이어서 주거 등 많은 도움을 받았다. ***(2)의 경우는 남편이 미군부대에서 운전을 해 그 당시 경제상황이 그다지 나쁘지는 않았지만 담배장사와 빵장사를 했다. 이 여성도 생계가 시급한 경우는 아니지만 집에 있지는 않았고, 경제사정이 되는 대로 장사를 시작했다.

그리고 영세수공업을 한 경우, 김덕재는 전쟁 후 남편이 재단사로 부산에 직장을 구하여 왔지만, 그것으로는 어려워 빵도 만들어 팔고 국수도 내다 팔았다고 한다. 그래도 이 여성은 전쟁이 시작되고 3년 후에 왔고 남편이 직장을 찾아 온 것이기 때문에 그렇게 절박한 경우는 아니었다. 하지만 많은 자본을 필요로 하지 않는 빵과 국수를 만들어서 파는 가내 영세 수공과 상업을 겸한 형태의 경제활동을 한 경우이다. 최정희는 남편이 목수여서 남편은 문짝을 짜고 자신은 파는 일을 했다. 때문에 당시 그렇게 힘든 상황은 아니었을 것으로 보인다.

오로지 박옥선은 남편이 원래 초등학교 교사였으나 부산에 온 이후 조달청에서 근무하여 전업주부로서 살았다. 18명의 여성 중 유일하게 밖에서 경제활동하지 않고 지낸 경우였다. 이렇게 기혼 여성들의 경우 1명을 제외하고 모두 경제활동에 참여하였다.

그리고 미혼이나 독신여성들의 경제활동을 살펴보면 역시 가장 많았던 것이 일용노동이었다.

최영순은 혼자 내려와 처음 남의 집 농사일을 하면서 지냈는데, 베 짜고 농사일도 꽤 잘해서 배급을 받지 않고도 지낼 만 하였다. 김옥순은 양아버지와 함께 내려와 결혼 전에는 양아버지의 아래서 집안일을 하며 지냈다. 그런데 당시 양딸은 무급으로 양부모의 일을 돕다가 나이가 들면 시집을 가는 것이었기에, 사실 어린 여성들의 고용살이와 크게 다르지 않았다.[57]

계진화는 16세에 할머니·고모와 함께 내려왔으나 살길이 막막하여 고구마 장사 등 동네시장에서 자본이 들지 않은 장사를 했다. 어린 나이인데도 생계를 위해 장사에 나서지 않을 수 없었다. 김영순은 미혼으로 가족과 함께 내려왔는데, 떡 장사를 했고, 부자 집 아이보아주기 등 닥치는 대로 일을 했다. ***(1)는 가족들과 함께 부산으로 왔는데, 장사를 하기도 하고 남의 집 식모살이도 했으며, 술집 부엌일을 하기도 하였다. 아무런 가진 것이 없었기에 자신의 노동력을 파는 것으로 생계를 이어갔다고 하겠다. 부춘아는 이혼하고 혼자 부산에 와서 국제시장에서 사탕장사를 하고, 고무공장에도 다니는 등 닥치는 대로 일을 했다.

이렇게 이들은 때로는 노동을 하고 때로는 자본 없이 할 수 있는 장사를 하면서 생계를 이어갔다.

김복엽은 본적은 서울인데 강원도에서 교편 잡다가 국군 배를 타고 부산으로 내려왔다. 당시 처음 와서의 생활을 다음과 같이 풀어내고 있다.[58]

---

[57] 이 경우를 식모라고 할 수는 없으나, 대체로 키워주는 대신에 그에 해당하는 집안일을 하다가 양부모가 짝을 지워주면 시집을 가는 경우였다. 이임하 (2004), 앞의 책.
[58] 김복엽의 인터뷰.

배타고 내리니까 각자의 생계는 각자 꾸려야 된다. 배에서 내려만 주고 어떻게 먹고 사나 싶어서 길거리를 다녔다. 길거리 벽에 식모, 점원 구하는 포스터를 보러 다녔지. 피난 올 때 치마 하나에 저고리 하나 입고, 뭐 아무 것도 없이 왔으니 먹고 살 길이 없잖아. 그러니 뭐든 해야지. 그래서 처음에 식모로 들어 갔는데 그런 일은 처음이라. 안해 봐서...... 그 때 부산에 물이 귀해서 식모가 물을 져날랐는데 물을 처음 져보니 집에 와서 보니 물이 반도 없고 옷은 흠뻑 젖어서 ...일도 못하고 주인이 내하는 일이 눈에 차겠나? 나도 못하겠고, 뒤에 양과자점에 일을 구해서 일했다. 양과자점은 밤새 남자 직원들이 안에서 만든 빵을 내가 가게에서 파는 기라. 월급도 없었다.

그 후 김복엽은 편물을 짜서 국제시장에 넘기는 일을 하다가 나중에는 미용기술을 배워 40년간 미용실을 운영하였다.

그나마 미혼 여성 중에는 기술을 배운 여성들이 있었다. 홍정숙은 다행히 북에서 미용기술을 배웠기에 미용실에 취직하여 먹고 자고 하면서 지낼 수 있었다. 때로는 집집마다 돌아다니면서 머리를 해주기도 하였다.

김병래의 경우는 특이한 경우였는데, 원래 혼인 이틀 전에 도망하여 북으로 갔다가 전쟁 후 남으로 내려왔다. 이유는 종교박해가 심했기 때문이었다. 이후 성당에서 생활하였는데, 부산에 와서는 장교 기숙사에서 밥해주는 일을 하기도 하였고, 육군병원에서 일했다. 후에 성당과 메리놀병원에서 오래 있었고, 고아원에서 원감으로 있는 등 종교단체에서 일했다.

13세의 어린 나이로 외숙모와 같이 부산에 온 석분성도 장사 등으로 생계를 이어갔고, 홍춘심도 국제시장에서 오렌지 쥬스를 팔고 과자장사를 했다. 홍춘심은 학교 못 다닌 것이 제일 아쉽다고 회고하였다.

이렇게 이주 당시 여성들의 경제활동을 보면, 기술을 갖고 있는 여성은 1사람에 불과했고, 몇 명(교사, 종교활동)을 제외하고 대부분은 전쟁 전에는 거의 다 경제활동을 하지 않았었는데, 피난과정에서 경제활동을 하지 않을 수 없었던 것이다. 따라서 이들은 미숙련 단순 노동에 종사할 수밖에 없었고, 때문에 적정한 임금을 받지 못하거나, 아주 낮은 이익을 내 거의 입에 풀칠하는 정도의 단계에 머물렀다.

이같이 부산지역 이주여성들의 경제활동을 보았을 때, 당시 한국 사회 여성경제활동의 특징이 그대로 드러나고 있음을 알 수 있다. 즉 여성들의 경제활동이 크게 증가하였고, 기존의 농업이 아닌 다양한 업종에의 활동이 증가하였으며, 특히 상업에 종사하는 여성들이 엄청나게 증가하였다는 것이다. 특히 여성노동이 미혼 여성 중심의 보조적인 것이 아니라 기혼 여성들이 가정경제를 책임지고 경제활동에 참여하였음을 알 수 있다. 그리고 이주여성들의 노동이 유동적이고 불안정한 것이 주가 되고 있음을 알 수 있고, 특히 대다수의 여성들은 소규모 영세 사업장이나 소규모의 상업, 식모, 판매직에 종사하거나 일용노동자였다.(<표-10> 참조)[59]

하지만 이러한 경제 활동은 시간이 지나면서, 여성들이 장사 방법 등을 터득하게 되고, 또한 나름 부를 쌓기도 하여 조금 큰 장사에 나서는 등 한 사람의 경제활동가로서의 면모를 차츰 드러내게 되는 계기가 되기도 하였다.[60]

3. 이주여성들의 정착 후의 삶

1) 정착 후의 경제활동

이렇게 어렵게 이주생활을 시작한 여성들의 정착 후의 경제활동은 어

---

[59] 18명 중 12명이 식모, 날품팔이, 식당종업원, 자본 없는 장사 등에 종사하였음을 볼 수 있다.
[60] 김복엽의 경우 이 때 미용기술 배워 70세까지 미용실을 40년간 운영하면서 부산미용협회장을 역임하기도 하였다. 문경구는 이 때 시작한 장사로 국제시장에서 핸드백장사·유아복 장사를 하면서 많은 돈을 벌었다.

떠하였는가? 이 때 18명의 여성 중 나이 어린 2명만 제외하고 다 결혼 상태였다. 때문에 정착기에 있어서의 여성들은 이제 가족을 위해 더욱 치열한 경제활동을 하지 않을 수 없었다. 특히 이주여성들의 경우 가족의 의미는 어떤 다른 여성들보다도 남달랐다고 보인다. 그것은 살기 위해 기존의 모든 것을 포기하고 부산까지 왔기에 더욱 끈끈하고 강했다고 보인다.

경제활동에서 본다면 정착 초기의 경제활동과 크게 달라진 것은 없다. 하지만 몇 가지 변화가 보이고 있다.

먼저 기술업종의 경우를 보면 김복엽이 미용기술을 배웠다. 그래서 70세까지 40년을 미용실을 운영하면서 부산미용협회 회장을 역임하기도 했다. 1명에서 2명으로 늘어났다.

여전히 가장 많이 했던 직종이 노동이었다. 자본도 없고, 별다른 기술이 없으니 일용직을 할 수 밖에 없었다. 최영순은 남편이 외항선원이기는 하였지만 자신도 여전히 식당일이나 산모 밥해주기 등의 일을 계속하였다. 김옥순은 결혼 후에도 남편의 벌이가 시원치 않아 공사장에서 모래자갈도 지어 나르고 꿀꿀이장사도 하고, 타일공장에도 나가고 미군들 비옷도 만들었다. 결혼 후에도 별다른 경제적 안정을 얻지 못하였다. 김춘희는 26세에 재혼한 경우였는데, 정착시기에도 여전히 날일 품팔이 하는 것으로 연명하였던 것으로 보인다. 여전히 떡 팔고 밥 팔고 단무지 공장에 다니고, 하수구 청소를 하는 등 힘든 육체노동을 하였다. 김영순, ***(1)의 경우도 결혼하였으나 여전히 남편과 같이 노동을 하여 생계를 유지해 나갔다.[61] 부춘아는 재혼 이후에도 계속 가족을 위해 노동일을 해야만 했고 홍춘심은 세탁공장 다니고, 미싱 시다 노릇을 하였다.

차츰 장사하는 여성들이 늘어났는데 나름대로 작은 자본이기는 하지만 그것을 기반으로 일을 하고 있었다. 계진화는 남편의 제대 후 같이 작

---

[61] ***(1)은 나중에 부평시장에서 포장마차를 했다.

은 슈퍼를 운영하였다. 문경구는 국제시장에서 핸드백 장사를 하고, 가게 얻어서 유아복 장사를 했다. 남편이 직장생활을 하던 이라서 다른 일을 못해 자신이 장사를 했다고 한다. 그러나 장사가 잘 되어서 꽤 돈을 벌었고 나중에 남편이 직장을 잡고 해서 아이들 교육도 잘 시키고 유복하게 살아온 경우라 하겠다. 신의주에서 온 ***(2)의 경우 국제시장에서 실장사도 하고 기모노 장사도 하여 꽤 돈을 벌었다. 남편이 군인이어서 남들보다 형편이 좋은 편이었다.

작은 규모의 가족 단위의 공장을 운영하는 경우, 김덕재는 남편이 가죽잠바를 만들면 내다 파는 일은 자신이 맡아서 했다고 한다. 그래서 돈을 제법 모았다고 한다. 처음에는 그냥 장사를 하는 것으로 시작하였는데, 남편이 원래 양복 만드는 일을 했기 때문에 어느 정도 정착기에 가면 남편과 함께 했다.62) 김성실의 경우는 집에서 가내 수공업 정도의 작은 인쇄소를 시작하여 남편과 같이 일했다. 원래 남편이 재단 기술이 있어서 남의 집 일을 하다가 자신들의 인쇄소를 시작한 것이다. 최정희는 계속 목수 남편과 같이 가구 파는 일을 하였다.

박옥선은 여전히 전업주부로 계속 살았다. 김병래는 독신으로 메리놀병원에도 근무했고, 고아원 원감을 오랫동안 지냈다.

이렇게 보았을 때 이들 여성들의 경제 상황은 정착 이후에도 크게 나아지지는 않았지만 차츰 자리를 찾아갔다고 보이고, 여전히 박옥선을 제외한 이주여성들 모두가 경제활동에 나서고 있음을 볼 수 있다.

2) 가정생활

이러한 경제적 기반 위에서 가정생활은 어떠하였는가? 앞서 보았듯이 (<표-8>참조) 18명의 이주 여성들 중 7명만이 기혼 상태였고, 실제 8명

---
62) 김덕재는 남편이 죽은 후 보험회사를 다녔다.

(2명이 나이 어림, 1명 독신)이 부산에 이주한 후 결혼하였다.

먼저 기혼 여성들의 가정생활을 살펴보면, 이들은 이주 이전에 결혼하여 가정을 이루어 이주시 자의든 타의든 합의하여 같이 온 경우이다. 두 부부만 온 경우는 드물고 자식들과 부모님을 모시고 온 경우가 많았다. 때문에 부산으로 이주 후의 부부관계와 가족관계를 보면 더욱 끈끈한 관계를 갖고 서로 협력하여 지낸 것으로 보인다.

이 경우는 단순히 피난으로 부산에 온 것이 아니고 김덕재, 박옥선, ***(2) 등과 같이 남편의 직장을 따라 온 경우도 있어서, 일단 경제적인 문제에 있어 미혼으로 왔다가 나중에 결혼한 여성들의 배우자들보다도 남편들의 경제적 역할이 더 컸던 것으로 보인다. 물론 김춘희의 경우 어려웠던 것이 사실이지만 나머지 6명의 경우 대체로 남편의 기존의 경제적 기반이 부산에서의 정착에 나름대로 도움이 되었다고 보인다. 문경구의 경우 물론 실제 남편이 초기에 경제활동을 하지 않았다고 하지만 장사 기반은 남편에게서 나온 것으로 보인다. (<표-11> 참조)

<표-11> 기혼여성 남편들의 직업

이름	남편직업
김덕재	재단사
김성실	노동, 인쇄소
문경구	공무원 무직 총무부장
김춘희	노동
박옥선	교사 조달청
최정희	노동 목수
***(2)	미군부대 운전
계	7명

그러나 당시 여성들은 남편과 함께 경제활동을 하면서도 가사와 힘든 일을 도맡아 하고 있었던 것도 사실이다. 여성으로서 가장 힘든 일이 무엇이었는가에 대한 질문에 많은 이들이 다음과 같이 말하고 있다.

물 길러 오는 게 힘들어. 그 때는 물이 귀해서 한참을 걷다가 그걸 이고 또 걸어오는데 어휴- 그게 다 여자 일이야. 물 길러 나르기가 힘든 일인데 남편은 인쇄소 일 한다고 안 도와줬어[63]

다 힘들지 뭐 다 힘들었어. 남자 여자가 어디 있나, 똑같이 일하는데... 여자가 남자하는 힘든 일도 하고. 지금은 못 해. 험한 일일 수록 삯이 나으니까[64]

그 때 여자들, 애들 혼자 돌보는 것이 당연했어. 그거 힘들다는 생각 없었어. 어린 애를 업고 일하러 다녔지만 그것 가지고 투정 부릴 새가 없었어. 애들 한 끼라도 덜 굶게 해야 한다는 생각 뿐이었어. 부평동 꼭대기에 살았는데 ... 남편이 몇 년 아팠을 때가 가장 힘들었어.[65]

아이들 돌보는 거... 그 때는 힘든 줄도 몰랐어... 그냥 공부시키고... 먹이고...장사한다고 ...너무너무 바빴어... 바빠서 힘든 줄도 모르고 살았어. 그 때는 다 그랬지 뭐...[66]

대부분의 여성들은 전쟁 하에서 여성으로서 힘들었던 부분보다도 당시 상황이 힘들었고 어쩔 수 없었음을 강조하고 있다. 다른 무엇보다도 생존이라는 것을 강조하고 있는 것을 볼 수 있다. 때문에 여성으로서의 자신보다는 가족이 살아야 한다는 생존의 문제가 가장 중요하게 대두되었다.

---

63) 김성실의 인터뷰.
64) 김춘희의 인터뷰.
65) 최정희의 인터뷰.
66) *** (2)의 인터뷰.

그러다보니 가족 공동체의 중요성이 강조되었고, 가족 공동체 단위로서 부산지역에 차츰 뿌리 내리고 살았다.

미혼 여성들67)은 대체로 1954년 이후 결혼했음을 볼 수 있는데, 이는 나이도 그렇지만 북한 출신의 여성들은 이제 북으로 갈 수 없다는 사실 때문에 그러했던 것으로 보인다. <표-9>에서 볼 수 있듯이 북한 출신 4명의 여성 중 3명이 남한 출신의 남성과 결혼함을 볼 수 있다. 이러한 결혼현상은 이제 부산 이주여성들이 결혼을 통해 부산지역 정착을 꾀하고 있다고 할 수 있다. 한편 남편들의 직업을 보면 외항선원, 양복집 점원, 군인 등 완벽하지는 않지만 생계를 유지하는데 도움이 될 만한 직종들이었다. 결혼도 생존의 도구였다고 보인다.

그러나 모든 미혼 여성이 결혼 후에 생활이 크게 좋아지지는 않았던 것으로 보인다. 그것은 남성들이 많지 않은 상황에서 더욱이 부산에 기반이 없었던 이주여성들이 '좋은' 배우자를 만난다는 것은 힘들었을 것으로 보인다.68)

전쟁 시기의 성비를 보면 1952년에 20-24세의 연령층의 전국성비는 83, 25-29세의 89로 성비가 불균형했고, 그 결과 결혼 적령기의 여성이 적당한 신랑감을 구하기 어려운 상황이었다.69) 때문에 나이 차이가 많은 남성과의 결혼, 북에 가족을 두고 온 재혼 남성과의 결혼 등 평상시와는 다른 결혼이 많을 수밖에 없었다.70)

---

67) 전쟁 시기 미혼 여성들에 대한 연구는, 안태윤 (2007), 「딸들의 전쟁: 미혼여성들이 겪은 한국전쟁과 그녀들의 삶」, 『한국전쟁과 서울 여성 삶의 변화』, 한국여성사학회 개최 발제문, 55-88쪽.
68) 미혼 여성들의 경우 전쟁으로 가족을 떠나게 되면서 성적으로 취약한 입장에 놓일 수밖에 없었고, 전쟁중의 사회적혼란은 우발적인 만남을 결혼으로 이어지게 하였다.
69) 성비는 여자 100명에 대한 남자의 수를 말하며, 대부분의 나라가 102에서 106의 성비를 보인다. 1949년의 성비는 20-24세 101, 25-29세는 103이었다. 이흥탁 (1992), 「한국전쟁과 출산력 수준의 변화」, 『한국전쟁과 한국 사회변동』, 41-42쪽.
70) 당시에는 총각인 줄 알고 결혼했는데 알고 보니 이북에 본처가 있는 경우도 적지 않

미혼으로 와 부산에서 결혼한 김옥순은 당시의 고단한 결혼생활을 다음과 같이 말한다.71)

> 남편이 성당에만 다니고 돈을 벌어 오지 않아서 ... 먹고 사는 것이 너무 힘들었어. 아이들은 집에서 굶고 있을 때 작은 애를 업고 장사 나서기도 했어. 어떡하든 아이들 뭐라도 먹을 수 있게 해야 한다는 생각뿐이었어. 힘들다 생각할 겨를도 없었지, 그 땐... 남편의 돈으로 한 달이라도 생활해 보는 것이 소원이었어.

당시 여성들은 김옥순처럼 더욱 강한 생활력으로 가족경제에 기여했다. 남성들이 안정된 직업을 가질 수 없는 불안정한 상황에서 여성들이 가장을 대신하여 가정경제를 담당하는 경우가 많았다. '이걸 내가 못하면 식구대로 다 죽는다 싶으니까 힘든 것도 모르고 일했다'는 것이 여성들의 일반적인 생각이었다.

최영순은 여성으로서 힘들었던 일을 다음과 같이 말하고 있다.72)

> 남편이 술마시고, 생활에 관심을 가지지 않을 때 힘들었어. 그래도 큰 아들만 고등학교 보내고 나머진 다 대학까지 보냈지. 어떡하든 아이들 한끼라도 더 먹이고, 공부시켜야 한다는 생각에 힘들다는 생각이나 남편 원망할 겨를이 없었어

당시 여성들은 부산에서 만나 결혼한 남편이 반드시 맘에 들고 화목한 결혼 생활을 한 것은 아니지만, 또한 심지어 속은 결혼도 있었지만 그런

았고, 이북이 아닌 이남 땅에 큰마누라가 시퍼렇게 살아 있어서 울고 불고 난리가 난 경우도 많았다고 한다. 박완서 (2004), 『그 남자네 집』, 현대문학, 76쪽, 125쪽.
71) 김옥순의 인터뷰. 사실 당시 전쟁 전 북한에서도 여성들의 경우 일반적으로 바깥일을 시키지 않았다고 한다. 전쟁 후의 급박한 상황이 여성들을 생활전선으로 내몰았다고 한다. 안태윤 (2007), 앞의 글, 83쪽.
72) 최영순의 인터뷰.

것들을 극복하고 가족 경제를 담당하고 자식들을 위해 희생하는 삶을 살았다.

V. 맺음말

본고에서는 현재의 부산지역성과 지역여성의 정체성을 고찰하고자 하는 목적 아래, 1950년대 부산지역 이주여성들의 삶을 18명의 여성들을 중심으로 살펴 보았다. 그리고 이주여성들의 삶을 부각시키기 위해 전쟁시 부산지역에서 발생하고 있었던 여성문제들, 한국사회의 여성경제활동 참여 등을 함께 고찰하여 보았다.

대상으로 한 18명의 이주여성은 10명이 이북출신이고 8명이 이남 출신이었다. 그리고 기혼이 7명이고 미혼이 9명, 어린 나이의 소녀가 2명이었다. 대부분은 가족과 함께 피난을 왔고 5명의 여성이 단독으로 부산에 왔다.

이 연구에서 이주여성들의 삶을 몇 가지로 정리할 수 있었다.

첫째, 이들 대부분이 피난을 목적으로 부산으로 이주하게 된 것이다. 월남한 여성들의 경우 특수한 경우를 제외하고는 1951년 1·4 후퇴 시 국군이나 미군의 권유로 남하를 한 경우가 많아 정치적 사상적 동기에 따른 것이라기보다는 전쟁과정에서의 피난으로 월남을 하였음을 알 수 있었다. 남쪽에서 이주한 여성들의 경우는 1950년 전쟁이 나면서 바로 부산을 목표로 피난오거나, 또는 새로운 삶을 찾아 온 경우였다.

둘째, 18명의 이주여성들의 부산정착의 계기는 대체로 세 가지였음을 알 수 있었다. 무엇보다 부산이 생계를 꾸려 가는데 나쁘지 않은 조건이었다는 점이다. 그리고 부산이 임시수도로서 인척이나 고향사람들이 많이 몰려 있었기에 이주여성들이 부산정착을 결심하였다고 생각된다. 또한 미혼 여성들은 결혼을 계기로 부산에 정착하였다고 보인다. 18명 중 9명의 여성이 거의 1954년 즈음 부산에서 결혼하였고, 기혼 여성 1명도 남편이 죽은 다음 부산에서 재혼하였다. 10명의 여성이 부산에서 남편을 만난 것이다.

셋째, 부산지역에 이주한 여성들은 경제활동을 치열하게 하지 않을 수 없었다. 그러나 그 활동은 어려운 상황이었다. 이들이 종사했던 업종을 보면 가장 많았던 것이 역시 노동이었다. 식모나 보모, 산모들 밥해주기, 식당일, 공사장에서 잡일, 점원, 미군부대 빨래하기, 술집 부엌일, 세탁공장, 고무공장, 미싱시다, 하수구청소 등 다양한 노동에 참여한 경우가 가장 많았다. 그리고 자본 없이 노동력으로 장사하는 행상의 경우가 많았다. 꿀꿀이죽 장사, 떡장사, 밥장사, 고구마장사, 오렌지 쥬스 장사 등과 같은 경우이다. 경제활동 인구 17명 중 12명이 이런 노동에 참여하였다. 기술을 가진 이는 1명이었고, 그나마 조그만 자본이 있어서 나름 장사를 한 경우가 2명이었고, 영세 수공업장 운영이 2명이었다. 이주여성들은 기혼 여성과 미혼 여성을 구분할 필요 없이 가정경제를 책임지고 있었다. 정착 후에도 이들은 꾸준히 경제활동을 하면서 사실상 가장의 역할까지도 하였다고 보인다.

넷째, 이들의 가정생활을 보면 먼저 기혼 여성들의 경우, 남편과 함께 경제활동을 하면서도 가사와 힘든 일을 도맡아 하고 있었던 것도 사실이다. 대부분의 여성들은 전쟁 하에서 여성으로서 힘들었던 부분에 대해 크게 문제시하지 않고 있다. 당시 상황이 힘들었기 때문에 어쩔 수 없었음을 강조하고 있다. 이들은 가족이 살아야만 한다는 생존의 문제를 가장 중요하게 생각하였다. 그러다보니 가족 공동체의 중요성이 강조되었고, 가족 공동체 단위로서 부산지역에 차츰 뿌리 내리고 살았다.

당시 미혼 여성으로 부산에서 결혼한 여성들도 결혼한 남편이 반드시 맘에 들고 화목한 결혼 생활을 한 것은 아니지만, 또한 심지어 속은 결혼도 있었지만 그런 것들을 극복하고 가족 경제를 담당하고 자식들을 위해 희생하는 삶을 살았다. 더욱 강한 생활력으로 가족경제에 기여했다. 당시 남성들이 안정된 직업을 가질 수 없는 불안정한 상황에서 여성들이 가장을 대신하였다.

이러한 50년대 부산지역 이주여성들의 삶은 몇 가지 점에서 부산 여성들의 삶에 많은 영향을 끼쳤고, 지금까지도 이어지고 있는 부산지역 여성의 정체성 확립에 기여했다고 보인다.

첫째는 여성의 경제활동이다. 사실 전쟁 이전 여성들은 밖에 나와 경제활동을 하는 것이 제약적이었는데, 이러한 이주여성들의 경제활동이 그 벽을 깨는 계기가 되었다. 이주여성들은 생존을 위해 무엇이든지 해야만 했기 때문이다.

둘째, 여성들이 차츰 가장의 역할까지 하게 된 점이다. 부재하는 가장, 무능한 가장을 제치고 이제 여성들이 명실상부하게 가장의 역할까지 하게 되었다.

그러나 이주여성들은 이렇게 강인하고 의지 있는 여성들이었음에도 여전히 남성 중심의 사고에서 벗어나지는 못하였다. 그리고 오히려 어려움 속에서 가족 공동체만을 강조하는 여성들로 후퇴하는 측면도 있었다.

(『항도부산』 25집, 부산광역시 시사편찬위원회, 2009년 2월)

참고문헌

자료

『경향신문』.
『동아일보』 1946, 1955.
『부산일보』 1950, 1951, 1952, 1953.
『민주중보』 1947.
『신천지』 1953년 10월호.
『여원』 1957년 8월호.

단행본

김귀옥(1999), 『월남민의 생활경험과 정체성: 밑으로부터의 월남민 연구』, 서울대학교 출판부.
김숙자(1958), 『서울시 부녀직업조사』.
류춘도(2005), 『벙어리새』, 당대.
박영구(2005), 『현대부산의 제조업, 1945－2000』, 부산발전연구원 부산학연구센타.
박완서(1994), 『나목』, 세계사.
박완서(2004), 『그 남자네 집』, 현대문학.
보건사회부(1963), 『사회통계연보』.
부산광역시(1989), 『부산시사』 제3권.
부산광역시(1999), 『부산여성백서』.
부산여대 여성문제연구소(1997), 『부산시 여성관련 단체 편람』.
브루스 커밍스(1986), 『한국 전쟁의 기원』, 김주환 옮김, 청사.
이숙의(2007), 『이 여자, 이숙의』, 삼인.
이임하(2004), 『여성, 전쟁을 넘어 일어서다』, 서해문집.

한국경찰사 편찬위원회(1973), 『한국경찰사』 II, 내무부 치안국.

논문 및 기타

강정구(1992), 「해방 후 월남 동기와 계급 구성에 관한 연구」, 『한국전쟁과 한국 사회변동』, 풀빛.
김수자(2007), 「한국전쟁과 월남 여성들의 전쟁경험과 인식」, 『한국전쟁과 서울 여성의 삶의 변화』, 한국여성사학회.
김엘림(2006), 「여성입법운동의 전개와 성과」, 『여성과 역사』 4집, 한국여성사학회.
문경란(1988), 「미군정기 한국 여성운동에 관한 연구」, 이화여대 석사논문.
박명선(1991), 「월남가족의 경제생활사」, 『여성 가족 사회』 창간호.
배석만(1999), 「미군정기 부산항과 도시민 생활」, 『지역과 역사』 제5호, 부산경남 역사연구소.
배석만(2003), 「달동네와 철거민, 피난민」, 『부산의 역사』, 선인.
안태윤(2007), 「딸들의 전쟁: 미혼 여성들이 겪은 한국전쟁과 그녀들의 삶」, 『한국 전쟁과 서울 여성의 삶의 변화』, 한국여성사학회.
이성숙(2007), 「한국 전쟁에 대한 젠더별 기억과 여성 섹슈얼리티」, 『한국전쟁과 서울 여성의 삶의 변화』, 한국여성사학회.
이송희(2002), 「양한나의 삶과 활동에 관한 일고찰」, 『여성연구논집』 13집, 신라 대 여성문제연구소.
이송희(2006), 「여성사회의 변화」, 『자료로 본 부산광복 60년』, 부산광역시.
이임하(2005), 「한국전쟁과 여성생활 세계의 변화」, 『한국여성의 생활 세계와 의 식변화』.
이임하(2006), 「전쟁미망인의 전쟁경험과 생계 활동 - 군경 미망인을 중심으로」, 『경제와 사회』 가을호.

이정은(2002), 「한국전쟁과 잊혀진 여성들의 삶」, 『한반도의 평화와 인권』 1, 사람생각.
이홍탁(1992), 「한국전쟁과 출산력 수준의 변화」, 『한국전쟁과 한국 사회변동』.
윤정란(2007), 「한국전쟁 이후 장사에 나선 여성들의 삶」, 『한국전쟁과 서울 여성의 삶의 변화』, 한국여성사학회.
조은(2006), 「분단 사회의 '국민' 되기와 가족: 월남가족과 월북 가족의 구술 생애이야기를 중심으로」, 『경제와 사회』 제71호.
조형·박명선(1985), 「북한 출신 월남인의 정착 과정을 통해서 본 남북한 사회구조의 변화」, 『분단시대와 한국사회』, 까치.
최영호(1995), 「재일 한국인의 본국 귀환, 그 과정과 통제구조」, 『한일관계사 연구』 4.
함인희(2006), 「광복 60년, 가족제도와 여성 삶의 변화」, 『여성과 역사』 4집.

■ 제6장
1987년 6월항쟁과 부산지역 여성, 여성운동

Ⅰ. 머리말[1]

 올해로 '87년 6월 민주항쟁 25년이 되었다. 당시 불타올랐던 뜨거운 민중의 독재정권 타도와 호헌철폐 요구는 6·29선언으로 이어졌고, 그 후 우리 사회의 군사독재정권 종식과 민주화 발전의 토대가 되었다. 물론 지금도 민주화의 길 위에 서 있지만 그 발걸음을 내딛는데 있어서 중요한 전환점이 되었다.
 당시 우리나라 각계 각층의 국민들은 여성·남성을 막론하고 민주화에 대한 열망으로 다양한 방식으로 6월항쟁에 참여하였다. 특히 많은 여성들이 6월 민주화항쟁에 직접 참여하였고, 또는 간접적으로 항쟁을 지원하고 민주화운동을 위해 헌신하였다.

---

[1] 이 논문은 2007년 6·10항쟁 20주년을 맞아 부산여성단체연합이 100인의 여성과 만나 구술한 작업을 정리하여 발표한 것 (「민주와 평등이 100인 여성을 만나다」 토론회에서 「여성을 통해 본 6월항쟁의 의미와 향후 방향 모색」을 발표하였다)을 재구성한 것이다.
6월항쟁은 6월 민주항쟁 또는 6·10항쟁 등의 다양한 용어로 쓰이는데 본 논문에서는 이를 혼용하여 사용하였다.

이 운동에 참여하였던 남성들의 활동과 역할은 많은 자료들에 기록되어 있고 그에 대한 역사적 평가는 연구 성과 등을 통하여 드러나고 있다. 더욱이 현재 정치적 입지의 확보 등으로도 그 역사적 성과를 볼 수 있다. 하지만 여성의 참여와 역할에 대하여는 기록과 연구 성과가 거의 없다. 여성들의 역할은 항상 수심에 가라앉아 있을 뿐 부상된 적은 없었다.

더욱이 여성의 눈으로 여성 중심에서 이러한 민주화운동이 연구되거나 논의된 경우도 많지 않았다. 그리고 이를 기반으로 정치적 입지 등을 확보한 여성들 또한 많지 않다.

그리하여 본 연구는 여성운동의 시각에서 부산 여성들의 6월항쟁을 살펴보고자 한다. 바로 부산 여성들의 6월항쟁 참여가 부산지역 여성운동에 큰 변화를 가져왔다고 보기 때문에 그 전개와 관련하여 고찰해 볼 것이다.

특히 6월항쟁 20주년을 기념하여, 2007년 부산여성단체연합이 100인 여성을 만나고 그들의 6월 민주화항쟁의 경험을 면담한 귀중한 역사적 자료가 있기에,[2] 이를 근거로 하여 그 여성들의 체험의 '기억'을 재현해 보고, 그 역사적 의미를 찾고자 한다.

이 논문에서는 먼저 100인 여성 구술과 관련한 내용을 정리해 보았고, 부산지역 여성들의 6월항쟁 참여의 배경을 보았다. 그리고 100인 여성들의 6월항쟁의 경험을 정리하고, 그리고 이것이 이후 여성운동 속에서

---

2) 1987년 6월항쟁 20주년을 맞이하여 부산여성단체연합은 부산민주항쟁 기념사업회 주최의 '민주주의 확산을 위한 프로젝트 공모 지원사업'에 선정되어 이 사업을 하였다.
당시 실행위원으로 이재희(부산여성단체연합대표), 이송희(신라대 사학과 교수), 유영란(부산여성회 회장), 손정은(부산 동래여성인력개발센터 관장), 구수경(여성문화인권센터 부설 가정폭력상담소장), 고혜경(부산범죄피해자지원센터 햇살 사무국장), 권은영(부산여성단체연합 사무국장) 등이 5월부터 사업을 시작하였다.
이 결과로 11월 29일 「민주와 평등이 100인 여성을 만나다」라는 주제로 토론회를 개최하였다.

어떻게 투영되어 전개되었는가를 보고자 하였다.

100인 여성은 대체로 당시 학생운동·노동운동에 참여했거나 또는 이와 일정한 연결고리를 갖고 있었던 이들, 교사·교수 등 지식인 운동에 참여하고 있었던 이들, 또한 민주화운동을 하고 있었던 남편을 둔 주부들 등이다. 즉 부산사회의 진보적 여성계를 대변할 수 있는 이들로서, 그 후 부산지역 여성사회의 변화에 큰 역할을 해온 이들이라고 할 것이다.[3]

II. 6월항쟁 참여 100인 여성과의 만남, 구술[4]

1. 구술의 배경과 목적

6월항쟁 20주년을 맞아 부산여성단체연합은 항쟁의 기억들을 모아내고 그 역사를 이어나가기 위한 사업을 고민하였다. 무엇보다 안타까운 일은 6월항쟁에서의 여성의 모습들을 모아내는 작업이 없었다는 것이었고, 20년이 지나 당시 항쟁에 대한 기억이 사라져가고 있다는 것이다. 그래서 부산여성단체연합은 1987년 6월항쟁에 참가한 여성들의 생생한 목소리를 담아내는 '6월항쟁 참여 여성 100인 구술'을 받기로 하였다.

부산여성단체연합의 6월항쟁 참여 여성 100인 구술 작업의 목적은, 대체로 다음 세 가지였다.

첫째, 사회 민주주의를 위해 활발히 활동한 여성들의 생생한 참가기를 살펴봄으로써 1980년대 남녀 차별 현실을 돌아보며 여성투쟁의 역사를

---

[3] 실행위원회의 회의를 거쳐 여성 100인을 분야별로 학생 40인, 노동자 30인, 주부 직장인·교수 등 30인을 선정하여 구술을 하였다.
[4] 이 부분은 고혜경(부산범죄피해자 지원센터 '햇살' 사무국장)의 「민주와 평등이 100인 여성을 만나다」토론회에서 구술 경과보고를 정리한 것이다. 필자는 당시 실행위원으로 참여하였고, 또한 100인의 한 사람으로 구술에 참여하기도 하였는데, 이 장의 내용은 당시 실행위원, 진행요원들의 전체적 의견 정리를 그대로 받아들였다.

밝히고자 하였다.

양성평등에 대한 인식은 부족했지만 민주화에 대한 갈망이 가득 차 있던 1987년 당시, 여성의 힘이 항쟁 속에서 어떻게 발휘되었는지 그리고 그 속에서 차별의 문제를 인식하였거나 혹은 미처 인식하지 못하였다 해도 지금 돌아보았을 때 민주화운동 속에 존재했던 차별이 있었는지를 살펴보고자 하였다. 또한, 그것을 여성들이 어떻게 제기하고 해결하고자 노력했었는지 알아보고자 하였다.

둘째, 1980년 이후 한국 현대사의 거대 물줄기인 6월항쟁 뿐만 아니라 남녀평등 민주사회를 위해 발걸음을 내딛은 여성, 사회적 약자로서의 여성이 남녀 불평등한 현실을 극복하고 양성평등한 민주사회를 향해 나아가는 걸음걸음을 살피고자 하였다.

과거 6월항쟁에 참여한 여성들이 지금은 어디에서 어떤 모습으로 양성평등한 우리 사회를 만들기 위해 나아가고 있는지 알아보고자 하였다. 또한 6월항쟁 속에서 여성은 어떤 여성의식을 가지고 있었고, 또 이후 어떻게 주인의식을 갖게 되었으며 양성평등한 사회를 만드는 힘을 모으게 되었는지를 찾아보고자 하였다.

셋째, 권력과 힘이 세상을 지배하는 권력주의가 남성의 지배 정신이었다면 평화와 공존으로 세상을 일구고자 하는 평화지향주의는 여성성의 고유정신이라고 하겠다. 여성주의 시각이 폭력, 전쟁을 반대하는 시대정신임을 알게 하며 지금의 시대에 필요한 민주, 평화를 위한 과제를 살펴보는 토론회를 통해 여성주의로 만드는 평화와 민주세상을 알려내고자 하였다.

여성 100인 구술을 통해, 그리고 그에 대한 분석을 통해 앞으로 우리가 만들어나가고자 하는 민주와 평등이 만나는 사회를 위해, 당당하게 여성이 살아갈 세상을 위해 과거를 돌아보고 지금을 보며 미래를 만들어보고자 하였다.

2. 구술 경과

2007년 5월 부산여성단체연합 대표자회의는 이 사업의 필요성을 제기하고 구체적인 사업내용을 제안하였다. 이후 공모에 지원하여 부산민주항쟁 기념사업회 주최의 '민주주의 확산을 위한 프로젝트 공모 지원사업'에 선정되었다.(2007년 5월)

그리고 6월 사업 실행을 위한 실행위원회를 구성하였다. 실행위원으로 이재희(부산여성단체연합 대표, 사)부산성폭력상담소장), 이송희(신라대 사학과 교수, 사)부산여성사회교육원 이사), 유영란(부산여성회 회장), 손정은(부산동래여성인력개발센터 관장), 구수경(여성문화인권센터 부설 가정폭력상담소장), 고혜경(부산범죄피해자지원센터 '햇살' 사무국장), 권은영(부산여성단체연합 사무국장) 등을 선정하였다

실행위원회는 1차 회의(2007. 7. 3)에서 실행일정 및 구술 분야별 선정을 논의하였고, 2차 회의(2007. 7. 6)에서는 구술 내용 및 설문지에 관해 논의하였다. 그리고 3차 회의(2007. 8. 21)에서는 구술 진행정도를 점검하고 논의하였다. 4차 회의(2007. 10. 18)에서는 구술 진행정도를 점검하고, 5차 회의(2007. 11. 6)에서는 구술 마무리 및 토론회 개최를 논의하였다. 6차 회의(2007. 11. 26)에서는 토론회에 관해 논의하였다.

한편 실행위원과 함께 진행요원들이 사업을 함께 진행하였다. 그리하여 전체 10여명의 숫자로 사업이 진행되었다. 구술 기간은 2007년 7월에서 11월로 하였다.

3. 구술 과정

1) 구술자 선정

실행위원회는 여성 100인을 부문별로 선정하기로 하고 학생 30명, 노동자 30명, 주부·예술인·종교인 30명, 교사·변호사·지식인 등을 10명으로 하기로 하였다. 학생은 경성대, 동아대, 부산대, 부산여대(현재 신라대), 부경대, 부산외대 등 졸업자를 중심으로, 노동자는 현장노동자를 중심으로 하기로 하였다. 이는 당시 6월항쟁에 많이 참여한 부문이 학생과 노동자였던 점을 감안한 것으로 학생, 노동자층을 보다 많이 배분한 것이었다.

그러나, 진행과정에서 주부, 예술인, 종교인, 그리고 전문직 여성을 선정하는 것이 어려워 그 숫자를 조정하지 않을 수 없었다. 당시 주부였거나 교수, 교사, 예술인 등 전문직 여성을 찾아내는 데에 어려움이 있었기 때문이다. 또한 6월항쟁 시기에 사무직 여성노동운동과 여성조직이 태동하고 있었기에 사무직 여성노동자들을 함께 선정하여 구술하기로 하였다. 이에 따라 학생 40명, 노동자 30명, 기타(주부, 미혼이면서 직장을 다니던 여성, 여교수, 여교사 등) 30명으로 분야별 선정을 조정하게 되었다.[5]

그리고, 선정에서 어려웠던 사항 중의 하나는 한 부문 내에서 어떤 사람을 선정할 것인가 하는 것이었다. 예를 들어 학생의 경우 6월항쟁에 참가한 여대생이 많아, 항쟁을 이끌던 사람과 학생회 활동을 통해 이를 대중적으로 펼쳐나가던 사람, 단순히 참가한 사람 등을 나누어 진행해보고자 하였다. 하지만 명확하게 어떤 기준으로 나눌 것인가 하는 난관에 부딪치게 되었다. 즉 기준 설정의 불명확성으로 인해 명확한 배분이 어려웠다. 이에 실행위원회는 임의로 무작위 추출하여 진행하되, 다만 당시 항쟁을 주도적으로 이끈 사람뿐 아니라 일반대중으로서 참여를 한 사람까

---
5) 구술자 100인 여성의 명단은 <표-1>에 실려 있다.

지 고루 분포할 수 있도록 선정키로 하였다.

2) 구술 방법

실행위원을 중심으로 부문별로 담당을 정하고 당시 활동하였던 사람들을 단체 및 학교, 개인에게 추천받아 전화상으로 동의를 받아 면담 일정을 정하였다.

면담의 방식은 구술자와 개별 면담을 통해 구술 받는 방법과 당시 함께 참여한 사람들이 같이 모여 집단 면담을 통해 구술을 하는 방법을 취하였다. 두 방법 모두 장단점을 보였는데, 집단 면담은 잊고 있던 기억을 되살려낼 수 있었고 6월항쟁의 의미에 대한 토론까지 이어지기도 하였다. 개별 면담은 자신에게 6월항쟁이 가진 깊이 있는 의미를 나눌 수 있었으나, 보다 다양한 경험을 끌어내는데 어려움이 있기도 하였다.

대부분 개별 면담 또는 집단 면담 방법을 취하였으나, 실행위원이나 진행요원이 단체 활동가들이라 면담 시간 약속의 한계가 있고, 구술자들도 역시 직장이나 단체 활동으로 면담이 어려워 본인이 직접 구술내용을 작성한 경우들도 있었다.

구술 시에는 구술자 카드를 작성하고 구술자의 동의 서명을 받아 설문 문항을 중심으로 구술을 하였다. 단, 구술자 중에서 구술은 하되 본인의 이름이 노출되는 것을 꺼리는 사람들이 있어 이는 밝히지 않기로 하고 구술하였다.

3) 구술 내용

구술 내용은 실행위원회 논의를 통해 6월항쟁에 어떻게 참여하게 되었는지, 어떤 방법으로 참여하였는지, 항쟁을 통해 무엇을 느꼈는지, 그리고 여성으로서 느낀 점이나 6월항쟁을 여성으로서 다시 돌아본다면 어떠한지 등에 대한 내용으로 구성하였다. 그리고 자신의 변화 지점과 에피소드 등을 알아보기로 하였다.

설문지는 대체로 다음의 내용이었다. (<표-2> 참조)

첫째, 6월항쟁 참여 계기 및 동기
둘째, 참여는 어떤 방식으로 하였나요?
셋째, 좋았던 점 또는 감동이 있었던 점이 있다면?
넷째, 좋지 않은 기억이 있다면? (개인, 조직, 국가적인 문제 등)
다섯째, 여성이었기에 특별한 점은 있었나요?
여섯째, 6월항쟁의 참여 이후 자신의 모습이 변화되었다면 어떤 점인가요?
일곱째, 소개하시고 싶으신 에피소드?
여덟째, 남기고 싶으신 당시의 사진, 기록장, 일기장, 메모장이 있으신지요?

문항은 짧고 간단하였지만 이 외 구술과정에서 자신들의 경험을 솔직하게 털어 놓았고, 집단 상담의 경우 당시 6월항쟁 시기의 전체적 흐름들을 알려주기도 하였다.

Ⅳ장의 내용은 이 구술을 기반으로 하였다.

Ⅲ. 부산지역 여성들의 6월항쟁 참여의 배경

1. 1970년대의 부산여성

1970년대에 이르러 한국의 여성들은 1950-60년대와는 달리 여성문제를 본격적으로 제기하였고 이에 따라 여성운동이 활성화하기 시작하였다.(이송희, 1992, 62-64쪽)

먼저 여성운동은 노동운동에서부터 시작되었다. 저임금과 열악한 근로조건을 개선하려는 여성노동자운동은 1960년대 후반부터 자연발생적인 농성 파업 등의 형태로 나타나기 시작하다가 1970년대 중반을 거치며 여성지도력이 차츰 성장하게 되면서 보다 활성화하였다. 특히 성차별 문제가 제기되면서 결혼퇴직제 · 임신퇴직제의 부당성에 대한 노동조합의 투쟁 사례가 생겨났다.(김홍숙, 1988, 298-300쪽)

그리고 이즈음 교육받은 중산층 여성들이 여성문제를 가장 심각하게 느끼고 제기하였다. 특히 서구의 여성해방운동에 공감하면서 활동을 전개하고자 하였다. 그러나 자신의 문제가 근본적으로 어디에서 유래하는 것인가를 전혀 파악하지 못한 채 주로 법적 · 제도적 영역에서 현상적으로 나타나는 남녀 불평등의 사례를 시정하고자 노력하였다. 일부의 여성단체들은 1977년 남영나이론사건과 1978년 동일방직사건에 지원을 하기도 하였으나 그 연대는 불안정하고 지속되지 못하였다. 하지만 중산층 여성들은 기층 여성들의 문제에도 관심을 가지면서 여성문제에 관해 좀 더 적극적으로 보려는 시도를 하기 시작하였다.

그리고 1970년대 후반에 이르러서는 한국여성운동의 목표가 민주화운동 및 분단시대라는 맥락 속에서 설정되어야 한다는 주장이 최초로 제기되었다.(이효재, 1978, 1979) 이는 그 자체로서 그렇게 구체적인 형태를 갖지 못하였으나 이후 여성운동 논의에 많은 것을 시사하였고 1980년대 여성운동론의 기초가 되었다.

이같이 1970년대에 들어서서 여성문제가 본격적으로 제기되고 여성운동이 그 기초를 닦아갈 수 있었던 것은 당시 여성연구의 활성화와 여성이론의 탐구에 힘입은 바 컸다.

무엇보다도 여성문제의 본격적 제기에 일정하게 영향을 주었던 것이 서구 여성해방운동의 경향과 서구 여성해방이론이었다. 각기 서구의 구체적 역사 조건에서 생겨난 자유주의적 여권론, 급진적 여성해방론, 사회주의 여성해방론 등을 소개한 저술들이 일부 선진적 지식층 여성들에 의해 번역되어져 한국 지식층 여성들의 의식구조에 크게 영향을 주었다.

그리고 1975년 세계여성의 해를 기점으로 여성문제에 대한 인식이 심화되고 보편화 되었으며, 1977년 9월 이화여대의 여성학강좌 개설도 한국의 본격적 여성문제 제기에 크게 기여하였다.

또한 1975년 멕시코 세계여성대회를 계기로 제3세계 여성해방론이 소개된 것도 우리 여성운동론에 큰 소득이었다. 제3세계 여성들은 여성의 해방이 이루어지기 위해서는 국제적 질서가 바뀌어야 하며 국제적 협력과 평화는 국민의 존엄성과 그들의 자주적 결정권에 대한 인정뿐 아니라 식민주의와 신식민주의, 외국의 점령 등이 제거되어야 한다고 주장했다. (이효재, 1979, 102-104쪽) 바로 이러한 여성해방이념은 우리 여성학계 내의 "여성문제와 민족문제"의 논의를 한층 심화·발전시켜 주었다.

이러한 변화 속에서 부산지역 여성운동을 보면, 1970년대에도 전국주부교실중앙회 부산지회, 대한주부클럽연합회 부산지부, 한국부인회 부산지부 등 부산지역의 여성단체들은 전시대와 같이 여성의 지위향상, 가정생활개선, 지역봉사활동, 소비자보호활동 등을 주 활동으로 전개하였다.

그리고 1977년 한국부인회 부산지회 등 19개 단체가 모여 '부산시 여성단체연합회'(91년 '부산시 여성단체협의회'로 개칭)를 구성하고 단체 간 유대 강화와 친선을 도모하고 여성의 지위향상을 도모하였다. 특히 이 단체는 당시 시장을 명예회장으로 추대하는 등, 유신정책을 여성계에 알리고 지지를 받으려는 부산시의 요구와 지원·협조 아래 조직된 것이었다. 여전히 여성단체들이 관제단체로서 친정부활동에 주력하고 있었다.

한편 당시 부산지역은 섬유·신발업을 중심으로 여성노동자의 수가 크게 증가하고 있었다. 섬유업과 신발업은 사실 일제강점기부터 부산의 주력산업이었고6), 부산지역 여성노동자들의 경제기반이었다. 그러나 민주노동조합운동은 아직 자리 잡지 못하였다.

그리고 이즈음 교육 받은 여성들이 차츰 증가하고 있었으나, 여성의식으로 무장한 여성들의 조직은 아직 결성되지 않았다.

2. 1980년대 전반기의 여성운동

1980년대에 접어들면서 여성운동은 새로운 단계에 들어서게 되었다. 이는 1980년 광주민주화운동 이후 사회운동권과 사회과학이론의 인식들의 전환에 힘입었다. 이제 여성문제를 전체 사회구조의 모순과 함께 총체적으로 해결하려는 움직임이 새롭게 나타났다.

이러한 여성운동 방향의 새로운 모색 속에서 여성평우회(1983)가 등장하였다. 여성평우회는 운동의 목표를 남녀를 차별하는 성차별문화 타파, 남녀공동의 노력으로 남녀 모두 인간다운 삶을 살 수 있는 사회건설, 민족분단의 비극 극복과 평화로운 통일사회로의 건설로 설정하였다.

그리고 같은 시기에 매 맞는 여성의 문제를 전담하는 여성의 전화(1983. 7)가 개통되어 활동하기 시작하였으며, 출판문화를 통한 남녀해방의 대안을 제시하기 위해 결성된 또 하나의 문화(1984.5.9)가 발족되었다. 또 여성해방의 이론과 실제를 체계화하고 시각을 정립하고자 한국여성학회가 창립(1984. 11)되었다.

이 때 여성운동은 각계각층의 입장에 따라 부문별 운동으로 전개되었고 또한 연대 활동으로 그 영역을 넓혀 나갔다. 1986년 봄, 여성운동단체들이 여성노동문제를 여성문제의 중심과제로 규정하면서 연대하기 시작하였다. 이 때 여성운동권은 기층 여성들의 여성운동으로의 적극적 참여

---

6) 신발업과 섬유업은 일제강점기 때부터 부산지역 여성노동을 대표한 직종이었다.

를 실현하기 위해 1986년 3월 8일 한국여성대회에서 24개 여성단체연합으로 여성생존권대책위원회를 발족시켰다.

이후 부천서 성고문 사건이 폭로되면서 7월 7일 보다 확대된 여성단체연합(26개 단체)으로 성고문공동대책위원회를 결성하여서 당시 정권의 부도덕성을 폭로하고 전단배포·소식지발간·고발 및 대중집회 개최 등 활발한 활동을 전개하였다. 그리고 연대의 틀을 여성단체차원을 넘어 종교계·재야운동단체·신민당 민주화추진협의회 등으로 넓혀 성고문 범국민 폭로대회(7.19)를 열리게끔 하였다.

여성단체들의 연합은 1987년 2월 18일 여성운동세력의 정치적 요구를 통일적으로 관철시켜 나가는 구심체로서 여성단체연합을 결성하였다. 이에 따라 연합전선이 형성되어져, 여성운동은 한 단계 도약이 이루어졌다. 총 24개의 진보적 여성운동단체를 결집하고 있는 여성단체연합은 다양한 정치투쟁을 전개하였다.

1980년대 들어서 부산지역 여성운동 역시 새로운 국면으로 접어들었다. (이송희, 2003)

1980년대의 산업구조의 변화는 부산지역의 경제에 어려움을 가져다주었고, 특히 여성들이 고용되었던 고무산업 등의 열악한 노동조건은 여성 노동자운동으로 이어졌다. 그러나 정부의 극심한 탄압과 노사협조주의 노선의 지배, 대중과 분리된 노동운동세력의 관념적 논쟁과 분열현상 등이 여성노동운동을 소강상태로 이끌었다. 그러다 1985년과 1986년 여성노동자가 중심이 되었던 고무사업장 (삼도상사, 세화상사, 동양고무, 대양고무 등)에서는 열악한 노동조건에 항의하는 대대적인 투쟁이 전개되었다. (안정남, 1992).

이러한 여성노동자들의 운동을 필두로 당시 민주화운동의 전개 속에서 여학생들의 사회참여 의식이 고조되고 있었다. 1982년 부산미문화원

방화사건에서 볼 수 있듯이 부산지역의 여대생들은 상당히 의식화되고 있었다. 부산여자대학(현 신라대) 학생들의 경우 김지희(국어교육과), 박정미(역사교육과) 등이 이 사건에 참여하였다. 학교에서 학생들의 동아리 활동을 조사한 바가 있었는데 많은 학생들이 소규모의 독서동아리에서 활동하고 있었다.7)

이미 1980년대 초반 부산지역 각 대학의 학생들은 각 대학별로 또는 연합의 성격으로 독서 서클을 만들어 의식화되어가고 있었고 당시 증가 일로에 있었던 여성들의 높은 대학 진학률로 학생운동에의 참여도 증가하고 있었다.

당시 정치적 상황과 관련하여 교수·교사 등 여성 지식인들의 문제의식이 드러나고 있었다. 특히 1986년 부산에서 최초로 발표된 신라대·동의대학·울산대학 등 3개 대학 교수들의 시국선언에는 여자교수들이 다수 참여하여 민주화투쟁에 앞장서고 있었다.(신라대 민교협, 1998, 39-41 : 울산대 민교협, 2008, 135-136) 그런데 이에 참여한 교수들은 대부분 이 지역 대학 출신들이 아니라 서울에서 공부하고 가르치기 위해 내려온 여성들이었다. 아직 지역 지식층 여성들의 민주 활동이 활성화되지 못하였다.

아직 탄탄한 것은 아니었지만 다양한 여성들의 새로운 활동은 부산지역 여성들의 6월항쟁 참여의 배경이 되었다.

IV. 1987년 6월항쟁에서 부산여성의 경험과 의식

본 장에서는 2장에서 그 경과과정을 보았던 6월항쟁 참여 경험을 갖고 있는 여성 100인의 구술을 토대로 그들의 경험과 의식을 보고자 한다.

---
7) 필자가 1982년 부산여자대학에 부임하였는데, 미문화원 사건을 계기로 학교에서 학생들의 써클활동을 조사한 바가 있다. 지금 자세한 데이터를 갖고 있지는 않지만 학내에 상당히 많은 써클이 있었던 것으로 조사되었다.

1. 6월항쟁의 참여 계기

당시 6월 민주화항쟁은 부산지역의 많은 시민들이 대거 참여하였던 대중성을 담보한 중대 사건이었다. 여성들 역시 다수가 참여하였다. 여성들의 참여 계기를 보면, 각기 사회 계층적 입장에 따라 그 계기도 다양하게 나타나고 있다.

먼저 여학생들은 민주화운동의 전개 속에서 이른바 운동권 학생으로 활동하고 있었다. 이들은 당시의 호헌철폐라는 이슈에 동참하면서 적극적으로 참여하게 되었다.

> 당시 운동권이었으며 전술지도부로 활동하였다. 6월항쟁은 2월부터 시작되었다고 할 수 있다. 2월에 처음으로 남포동 대각사 앞에서 가두투쟁을 하였고 이어서 지속적으로 진행되었다. 그러기에 6월항쟁은 이러한 활동의 결과라고 할 수 있다.8)

한편 자신을 언더 운동권이라고 밝히는 경우도 있다. 이들은 6월항쟁 이전부터 새벽에 전단지를 아미동 일대에 배포하고 기습적인 가투를 하면서 6월항쟁을 준비하였다고 한다. 대자보를 통해 학우들에게 6월항쟁의 소식을 알리고 사전에 집회준비를 하고 집회에 참여하였다.9)

그리고 서클 활동을 통해 의식화와 운동을 했던 경우는 서클을 통해 연락을 받고 움직였다고 한다.10) 유영란(부산외대)의 경우는 풍물 서클 멤버로 학생운동의 일환으로 조직적으로 참여하였다고 밝히고 있다.11) 교

---

8) 육정숙(동아대), 부경대학의 강미숙도 학생운동의 주체로 활동하고 있었다고 한다. 부산대의 김은희도 운동권이었기에 참여가 당연한 것이었다고 한다.
9) 유원진(동아대).
10) 김수영(동아대).
11) 이현실(부산 외대)의 경우도 동아리 회원들과 함께 참여하였고 회원들에게 참여를 권유하기도 하였다고 하고 있다. 오영(부경대)도 전통문화를 연구하는 동아리에서

회연합 청년모임에서 공부를 하면서 사회문제에 관심을 가졌고, 이를 통해 항쟁에 참여하였다.

또한 학생회 활동을 하는 경우가 많았던 것으로 보인다. 각기 학교에 따라 사정이 다르기는 하지만 학생회 여학생회 활동을 하였다.12)

> 여학생 부장으로 활동하였다. 6월항쟁에 참여하게 된 것은 특별한 계기나 동기가 있었던 것이 아니고 학생운동의 연장선상에서 참여하였다. 그 해 2월의 박종철 열사 추모집회, 4월의 학내 민주화 투쟁에 참여하면서 6월항쟁에도 자연스럽게 참여하였다.13)

그리고 학보사에서 활동한 학생들도 많았다.14) 그 경우 특히 운동에 대한 정보를 쉽게 접할 수 있어서인 것 같다.

> 당시 학교신문사 기자로 활동 중이었다. 그 전해부터 관심은 있었지만 그 해 박종철 고문치사 사건을 계기로 내 자신이 구체적인 분노가 생겼고 참여해야겠다고 생각했다.

물론 일반 학우들도 있는데 이 경우에는 학교 대자보를 친구들과 함께 읽고 집회 장소로 갔다고 한다.

다른 학생들보다 당시 상황을 빨리 접하고 토론하고 고민하였다고 한다. 경성대의 류문주도 써클 선배들의 권유로 참여하였다고 한다. 부산여대(신라대)의 김소영도 동아리 연합회장으로 학내민주화운동의 연장에서 사회민주화운동에 참여하였다고 함.
12) 임정숙(동아대)의 경우도 총여학생회 간부로 부산대학교 여성회 간부들과 학습팀을 꾸리고 있었는데 6월항쟁이 시작되었다고 하였다. 배순덕(동아대)의 경우도 학생회 사무실에서 지시를 받고 참여하였다고 하였다.
13) 주경미(부산대), 김옥순(부산대)의 경우도 학생운동의 연장에서 민주사회로 가야 한다는 당연한 생각으로 참여하였다고 한다.
14) 전안나(동아대)의 경우 영자 신문기자로 총학생회를 취재하면서 자연스럽게 시위에 참여, 거리시위, 가톨릭센터 점거 농성자 식사 돕는 자원봉사 등을 하였다. 이화수(부경대)도 학보사 기자로 활동하였다.

나도 학교 대자보를 보고 읽으면서 뭔가 우리세상이 잘못되었다고 생각하였고 진실이 무엇인지 알고 싶기도 하였다. 그래서 대자보를 보고 장소들이 나오면 그 곳으로 갔다. 친구들과 함께 보고 집회장소로 갔다.15)

당시 이한열·박종철 고문사건 등의 파장이 컸던 것으로 보인다. 부경대의 김안선은 당시 1학년이었지만 박종철의 고문으로 인한 죽음으로 학교가 술렁거렸고 교내 집회가 계속되어 자연스럽게 밖으로 나가는 분위기였다고 회고하였다. 부산대의 조윤희도 비운동권이었지만 당시 이한열 열사가 죽고 그에 대한 정의감 때문에 자연스럽게 6월항쟁에 참가하게 되었다고 말하였다.

노동자들을 보면, 학생들과 마찬가지로 기존의 노동운동과의 연관 속에서 6월항쟁에 참여한 경우가 많았다. 부산지역에서는 이미 여성노동자들의 운동이 전개되고 있었는데, 이러한 맥락 속에서 여성노동자들은 6월항쟁에 참여하였다.

당시 여성노동운동가들을 보면 대체로 노동자 출신이었지만, 노동현장에서 여성노동자들을 의식화시키려 하였던 대학 중퇴 또는 출신들의 여성투사들이 많았다.16) 학생운동을 거쳐 노동운동가로 변신한 이들이 많았다. 특히 구술을 한 이들 가운데는 이러한 노동현장의 운동가들이 많이 있었다. 이들은 처음 야학을 통해 노동자들을 교육하다가 이 시기에 오면 직접 현장에 뛰어들어 낮에는 같이 일하고 밤에는 소모임을 통해 노동자들과 동고동락하면서 의식화에 앞장섰다. 노동자 문화운동 조직도

---

15) 최미옥(동아대)의 구술.
16) 조근자는 부산대학 80학번으로 학생운동을 거쳐 노동운동을 하던 중 해고되어 당시 부산노동자협의회 회원으로 활동. 양은진은 부산대학교 학내 시위로 제적당하고 사회운동단체를 거쳐 노동운동단체로 옮겨 활동. 이숙희도 대학 졸업 후 부산지역노동운동에 참여하면서 6월항쟁에 참여하였다.

일정한 역할을 하였다.

여성노동자들의 참여는 이러한 당시의 구도를 정확히 보여주고 있다.

> 당시 시대적 상황에서 독재정권에 대한 투쟁과 노동자가 주인되는 세상이 곧 민주화의 시대라고 여겨서 노동운동에 대한 참여를 결의하였다. 그 당시 나는 노동현장에서 근무를 하고 있었는데, 낮에는 근무하고, 저녁에는 같이 소모임하는 노동자들과 함께 서면 등지의 야간 집회에 참여하였다.17)

즉 이 경우도 과거 학생운동에서 노동운동으로 진입한 경우로 6월항쟁에의 참여는 이러한 맥락에서였다.

그리고 참여 여성노동자 중에는 노동운동 과정에서 해고된 노동자들(동양고무, 대양고무 등)이 많았다. 이들은 노동자 모임을 통해 참여하였다. 또한 노동조합 결성을 준비하고 있거나, 현재 노조파업을 하고 있었던 경우에 바로 그 조직과 연계되어 6월항쟁에 참여하였다.18)

손정은의 경우도 다음과 같이 구술하고 있다.

> 87년 풍영에서 해고되어 해고자로 부산노동자협의회 소속이었는데, 이 단체가 6월항쟁에 주도단체 중의 하나여서 아침 저녁으로 적극 참여하였다.

최성희는 노조 만들기의 노력 등이 6월항쟁으로 이어졌음을 말하고 있다.19)

---

17) 이러한 구술을 한 조숙영은 당시 만덕 한주통상에서 근무하고 있었다.
18) 김정남, 이미숙의 경우도 임금인상 투쟁을 하다가 1987년 봄 대양고무에서 해고를 당한 뒤 노동자 모임을 통해 참여를 하게 되었다. 노득현도 대학 졸업 후 공장에 들어갔다. 해고당한 후 노동자들과 모임을 하고 있던 상황에서 시위에 참여하게 되었다.
19) 최명애도 노동조합 결성 준비모임 중에 6월항쟁에 참여하였음을 밝히고 있다. 이

군부독재의 억압과 노동자 생활의 어려움, 노조를 만들기 위한 민주적인 노력과 요구가 6월항쟁으로 이어졌다. 박종철 열사와 이한열 열사의 죽음을 대하면서 그 울분으로 참여하였다.

그 외에도 많은 여성노동자들은 노동조합 결성 중에 거리로 나가게 되었다고 하였다.

특히 가톨릭노동청년회 등 종교단체가 여성노동자들의 조직적 참여에 많은 영향력을 발휘한 것으로 보인다. 그 지침 속에서 회원들이 조직적으로 참여하였다고 한다.

> 가톨릭노동청년회(지오세)의 활동을 80년 초부터 시작하였고, 87년 당시는 가톨릭교구 여성회장을 지내던 시기였는데 지오세의 지침을 받아 참여하게 되었다.[20]

> 6월항쟁은 가톨릭이 장을 넓히는 기폭제 역할을 하였는데, 그 속에서 가톨릭노동청년회(지오세)가 적극적으로 활동하던 시기였는데 나도 회원으로 활동하며 함께 자연스럽게 참여하게 되었다.[21]

일반 노동자들은 일을 마치고 학습모임의 동료들과 함께 시위대에 참여하는 경우도 있었고, 어떤 경우는 우연히 시위대에 단순 참여한 경우도 있었다. 박정자의 경우는 당시 청화상사라는 봉제공장에 다니면서 봄부터 호헌철폐라는 구호와 시위가 익숙해 있었는데, 그러다 월급날 집으로

봉선도 노동조합 결성과정에서 억압받던 중 거리로 나가게 되었다고 한다.
[20] 장림 화승의 노동자 김옥미의 구술이다. 박주미의 경우도 천주교 사회협의회의 국민운동본부 가입으로 6월항쟁에 조직적으로 참여하게 되었다고 한다. 특히 송기인 신부의 영향이 컸다고 말하고 있다.
[21] 이혜숙 (당시 동해 화성개발실 근무)도 가톨릭노동청년회에서 활동하면서 자연스럽게 참여하였다고 한다. 박몽화도 가톨릭노동청년회의 회원으로 자연스레 집회에 참여하였다.

귀가하는 중에 시위군중과 만나게 되었고 그 길에 시위에 참여하게 되었다고 말하고 있다. 오순희도 개금의 보성섬유에서 기숙사 생활을 하며 지내던 중 TV를 통해 6월항쟁과 노동자 대투쟁을 보게 되었고, 끓어오르는 분노로 참여하였다고 한다. 박명숙의 경우도 그러하다.

> 저는 당시 노동현장에 취업하여 북구 주례에서 자취를 하고 있었다. 퇴근하고 집에 있으며 시위대가 지나가는 소리가 들리면 나가서 자연스럽게 시위대에 합류하였습니다. 그 당시 대통령을 직선제로 바꾸어야 된다고 생각했고, 군사독재 정권의 부당성을 알고 있었습니다.

사무직 여성노동자들의 경우, 김옥숙처럼 새날여성회와 같은 조직을 통해서 참여한 경우가 있었고, 최수연의 경우 사회관련 서적을 읽게 되었고, 사회 현상에 관심을 갖게 되었는데 6월항쟁에 친구들과 대중의 한사람으로 참여하였다고 말하고 있다.

대체로 여성노동자들의 참여는 노동운동의 연속선상에서 이루어져, 어떤 다른 여성층보다도 조직적 구도 속에서 6월항쟁에 참여한 사실이 많았음을 볼 수 있다.

시민단체 활동가들을 보면 부산민주시민협의회 소속[22]이거나 국민운동본부 참가단체,[23] 부산YWCA 프로그램 간사,[24] 도시빈민운동, 진보적 소수의 지식인 모임 등에 참여하여 민주화운동을 하고 있었던 이들이다.

---

[22] 최연자의 경우 당시 홍점자, 윤연희, 최수연, 신선명, 강미경, 송영경, 손주라, 김현옥 등과 함께 부민협에서 활동하였다고 말하였다. 김명애는 당시 강미경, 박경미, 손미회 등과 모임을 하다가 6월항쟁에 격렬하게 참가를 하고 1988년에 부민청으로 이어졌다고 하였다.
[23] 장영심.
[24] 조봉자의 경우 대학간사로 활동하면서 80년 광주 민주화항쟁의 역사현장을 탐방하고 이야기터를 만들어 나누었으며, 박종철 사건에 눈물로 기도를 드리기도 하였다고 한다. 6월항쟁의 참여는 그런 맥락에서 자연스러운 것이었다고 한다.

교사들의 경우는 교사협의회를 통하여 민주교육 활동을 하고 있었던 이들, 학습팀 등을 꾸려 당시 사회문제를 연구하고 그 해결 방안을 고민하는 이들이었다. 공현옥은 교사협의회에서 활동하면서 교사풍물패 '추임새'를 하면서 연락되는 동료들과 개별적으로 참여하였다고 한다.

> 6월 10일에 다른 선생님들과 부산역 앞 세일병원에 입원중인 교사협의회 선생님의 병문안을 갔는데, 옥상에 올라가게 되었다. 거기서 부산역에서 부산진역으로 가는 시위대열을 보았는데, 끝이 없었다. 신문에서 집회를 한다고 보긴 했으나 그런 많은 사람들이 참가하리라고 예상하지 못했었다....... 다음날인가 그 다음날인가 집회에 참가하였다. 동생이 대학 1학년이었는데 어디서 하는지 정보를 알려 주었다.

홍영이는 같은 학교에 근무하는 동료들과 함께 참여하였고, 강갑례는 79년 부마항쟁 때부터 계속 사회문제에 관심을 갖고 작은 활동을 하다가 자연스럽게 참여하였다고 한다.

> 79년 부마항쟁 때부터 계속 사회문제에 관심을 갖고 내가 할 수 있는 작은 활동을 하고 있었다.

이 경우 1979년 부마항쟁이 사회문제 관심의 촉발제가 되었음을 볼 수 있는데 특히 부산 지역민들의 의식화는 이에 영향 받은 바가 컸다.

조향미 역시 전두환 정권의 부도덕성에 그 정권이 끝나기를 빌고 있었고, 남편과 같이 자연스럽게 시위에 참여하였다고 한다. 윤인숙은 학습팀에도 있었기에 당연하게 즐겁고 신나게 참여하였다고 한다.

교수들은 당시 시국선언(1986년 4월 19일, 1987년 5월 13일)을 통해 호헌철폐 서명에 동참하는 방식으로 6월항쟁이 일어날 수 있는 역할을 해 주고 있었다. 구술을 해준 서혜란, 손현숙, 이송희, 이순열 등은 모두 당시 부산여대 (지금의 신라대)의 교수들로 1986년 4월 19일 부산에서의 최초의 서명에 참여하였다. 이들은 모두 1970년대 대학을 다니며 유신시대를 거치면서 군사독재 정권의 탄압을 겪었던 세대들이다. 더 이상 군사독재가 지속되어서는 안 된다는데 동의하였다.

교수들의 활동은 부산·울산·경남 민주화를 위한 교수협의회의 활동으로 이어졌다. 그리고 부산의 여성운동 등 시민운동으로 발전하였다.

이러한 각 분야의 여성들의 참여 동기를 보았을 때, 대체로 부산여성들은 우발적으로 6월항쟁에 참여하였다기보다는 이미 각 부문에서 민주화운동을 주도하거나 동참하고 있었던 여성들이다. 노동운동, 학생운동, 교육운동, 시민사회운동 등 각 부문에서 이제 활동을 막 시작한 여성들도 있었고 이미 오래전부터 학생운동·노동운동으로 이어지는 활동을 해 왔던 여성들도 많았다.

2. 참여 양상

노동층의 여성들은 조직과의 연계 하에 참여하는 경우가 많아서 실제 유인물을 만드는 일을 하였으며, 전단을 제작하는 일을 하였고,[25] 시위가 어디에서 시작한다고 연락받으면 미리 가서 대기하고 전단을 뿌리는 일을 하였다.[26] 특히 새벽에 사상·주례 등 노동자 거주 지역을 가가호호 방문하여 방문배포를 하기도 하였다.[27] 또 가톨릭센터에서 상황실 전화안내 일을 하는 경우도 있었다.[28] 양은진은 민주헌법쟁취 국민운동부산본부가 발행한 『민주부산』의 기사를 쓰고 편집을 하였다. 집회의 사회를 보거나 선동을 하기도 하였다.[29]

---

25) 김은주의 구술.
26) 박몽화의 구술.
27) 손정은, 이숙희도 지역 유인물 배포에 나섰다.
28) 박주미.

일반적인 양상은 가두시위에 참여하는 것이었다. 시위 참여도 노동조합 결성준비를 하고 있거나 야학(학습모임)을 하고 있는 경우는 조직을 통해서 하는 경우가 일반적이었다.30) 가톨릭노동청년회에 속해있던 노동자들은 조직적으로 시위에 참여하였다.31)

학생운동을 거쳐 노동운동을 하였던 조근자는 당시의 참여를 이렇게 회상하고 있다.

> 초기에는 낮에는 당시 부전동 우체국 뒤편에 있던 부산노동자협의회 사무실에서 회의를 하고 퇴근시간만 되면 서면으로, 부산역 부근으로 감전동이나 개금 등으로 데모를 하러 나가서 새벽이 되어야 자취방으로 돌아오곤 했고, 시일이 경과되면서는 서면 - 부산역 - 남포동 등의 거리가 인파로 뒤덮힐 정도로 격렬하게 했던 기억이 있다.

한편 개인적으로 동료 노동자들과 자연스럽게 참여하여 서면에서 남포동까지 걸어가거나, 서면에서 가야, 부산역에서 남포동, 서면에서 양정 로타리까지 걸어가며 시위에 동참하였다.32) 이처럼 여성노동자층은 대체로 조직 활동을 통해 6월항쟁 현장에 참여하였음을 볼 수 있다.

학생들의 경우, 운동권 학생들은 낮에는 시위에 참여하고 밤에는 시위 준비를 하였다.

> 오전에 학교에 모여서 시위를 나가기 위해 출정식을 가지고 각자의 역할(전단지 배포) 등을 맡아서 삼삼오오로 짝을 지어 자갈치, 남포동 등지로 나가 다시 대오를 형성하여 시위하였다.

---

29) 김기영.
30) 김정남은 대학생 출신 활동가들과 함께 모임을 하면서 시위에 참여하였다. 이봉선도 학습모임과 함께 시위 참여. 최성희는 동기들과 함께 노조 파업의 참여와 6월항쟁의 군중집회에 참석. 최명애도 조직 속에 참여.
31) 이혜숙, 김옥미.
32) 하영자, 최수연.

밤새워 호헌철폐·독재타도 스티커를 만들고 대자보를 쓰고, 인쇄를 하고 새벽에 부치는 일을 하였다.33) 또한 화염병을 운반하거나 유인물을 만들어 나눠주는 일을 하였다.34) 연락책으로 이리저리 뛰어 다니는 경우도 많았다. 현수막을 만들어 준비하고 뛰어다니기도 했다.35) 또한 가톨릭센터 점거농성자 식사 돕는 자원봉사자로도 활동하였다.36)

한편 학생들은 학내집회 참석 후 가두투쟁으로 나아갔다.37) 오영(부경대)은 다음과 같이 술회하였다.

> 과에서 결집하여 단대집회, 전체집회를 하면서 삼삼오오 가투를 진행했다. 거리에 나가서는 유인물을 나눠주고, 구호도 외치고, 행진도 하고, 전경과 몸싸움도 하였다.

유영란(부산외대)도 다음과 같이 말하고 있다

> 학교선배들과 함께 시위에 참여하였고, 학교에서 밤새 만든 유인물을 들고 나가 시민들에게 나누어 주는 역할과 어떤 건물에 올라가서 뿌리는 등의 역할을 하였고, 지침으로 알려준 지점인 남포동 일대와 서면 일대에 미리 가 있다가 선동자가 나와서 "호헌철폐, 독재타도"라고 구호를 선창하면 함께 외치고, 노래를 부르며 시위대를 형성하였다.

한편 동아리 회원들과 함께 참여한 경우도 있었다.38) 거리 시위대에 참여한 경우는 선전대 유인물을 나누어 주는 역할을 하기도 하였다.39) 사물놀이패로 길놀이에 참여한 경우도 있었다.40) 학생들

---

33) 김은희(부산대), 이화수(부경대).
34) 배순덕(동아대), 유원진(동아대).
35) 육정숙(동아대).
36) 전안나(동아대), 임정숙(동아대).
37) 문성희(경성대), 조윤희(부산대), 강미숙(부경대).
38) 이현실(부산외대).

의 경우는 시위 도중 붙잡힌 경우가 많았다.41) 학생들은 주로 학교별로 가두시위에 참여하였다.42) 총학생회에서 활동한 경우는 내일의 집회를 계획하고 판짜기를 점검하는 역할을 하였으며 일부는 시위대로 일부는 학내에 남아 운동을 진두지휘하였다.43) 학보사 기자들은 취재를 빙자하여 학내, 학외 집회에 참석하였다.44) 점조직으로 활동하면서 시위에 참여하였다고도 한다.45)

당시 학생들은 노동자층과 마찬가지로 꽤 조직적으로 움직였던 것을 볼 수 있다. 그러나 여전히 여성들만의 조직은 아니었다.

시민단체에서 활동하였던 이들은 자신이 속한 단체들의 연락을 받고 가두시위에 참여했고, 종교관련 활동가들 역시 단체의 지침에 따라 시위에 참여하는 경우가 많았다. 특히 당시 중부교회와 가톨릭센터가 집회의 중심지가 되었고 남천성당이 농성장이 되었는데 시민단체 활동가들은 이러한 모임에 주축이 되었다. 특별한 조직이 없었던 이들은 개인적으로 시위에 참여하였다.

교수들은 시국선언을 통하여 일찍이 민주화운동에 참여하였는데 개인적으로 시위에 참여하였다. 교사들은 교사협의회원들과 함께 시위에 참여하거나 개별적으로 시위에 참여하였다. 또 수업시간에 학생들에게 자료를 만들어서 당시의 상황을 설명하기도 하였다.

민주화운동은 주로 남성 중심의 지도계층에 대한 평가가 중심이 되어왔는데, 이러한 참여양상 등을 통하여 여성들의 역할이 컸다는 것을 알

---

39) 임정숙(동아대), 김소영(부산여대).
40) 류문주(경성대).
41) 김수영(동아대), 주경미(부산대).
42) 이원경(경성대).
43) 주경미, 김옥순(부산대).
44) 이화수(부경대).
45) 이지영(부경대).

수 있다.

그러나 당시 여성들이 여성 자신들의 조직이나 인적 자원으로 운동의 중심부에까지는 이르지 못하는 부분을 볼 수 있다. 하지만 드러나지 않은 많은 여성들의 6월항쟁에의 참여는 1980년대 후반 여성들의 사회민주화 운동에서의 적극적 역할을 끌어내는 중요한 계기가 되었다.

3. 여성으로서의 정체성

당시의 여성들은 6월 민주화항쟁에서 여성이었기에 특별한 점이 없었는가의 질문에 대해 크게 의미를 부여하지는 않았다. '인간다운 삶'이 그 주요 관심사였다고 말하고 있다. 이는 어쩌면 여성문제에 대한 인식이 부족했기 때문이 아닐까 하는 생각을 하게 한다. 학생이었던 몇몇은 당시 운동권 안에서의 성문화를 몇 마디로 말하고 있다.[46]

> 내가 학교를 다니며 여성이기를 거부하였기에 ……중성적으로 살았다. 사람으로서 살았지, 여성·남성을 거부하고 살았다.

> 당시에 여자 남자의 구별은 없었다. 여성의식이 없었다. 똑 같아야 한다고 생각했다. 여성도 화염병이나 돌을 던질 수 있고 던져야 한다고 생각했다.[47]

> 여성을 주장할 수 없었다. 여성을 주장하면 왠지 쁘띠 부르주아라고 비판받을 것 같은 생각에 스스로 주장할 수 없었다. 나 생리하니깐 오늘 집회에 나가지 못한다고 말을 할 수 없지 않은가?[48]

---

46) 최미옥(동아대)의 구술. 그 외에 대부분이 여성·남성에 대한 인식을 하기 보다는 인간이라는 생각에서 운동에 참여하였다. 육정숙, 배순덕 등.
47) 유원진(동아대).
48) 김수영(동아대).

같이 6월항쟁을 준비하고 총학 일을 하고 운동을 똑같이 하면서도 여학생부 활동에 대해서는 조직에서 배려한다든가 하지 않았다.[49]

당시 총학간부들이 거의 수배 상태였기 때문에 타학교나 다른 장소로 이동할 때 여학생들이 애인처럼 동행을 했었다. 특히 날라리처럼 해있으면 검문을 안 받는다고 여겼다. 그래서 한번은 총학생회장이 이동할 때 동행을 했었는데, 도착해서 아무도 나에게 말도 안 걸고 언제까지 있으라는 말도, 어떻게 하라는 말도 없었다. 자기들끼리 어디론가 가버려 나 혼자 그냥 집에 돌아왔던 기억이 난다.[50]

당시의 운동권 문화가 남성중심적이었다고 하는 것을 보여준다. 여성성을 주장하는 것 자체가 금기시되고 극복되어야 할 대상이었던 것으로 보인다.

여학생부는 여성들이 가정에서 제사상 음식을 준비하듯이 총학생회 출범식 상을 차리는 역할을 요구받았다.[51]

몇 몇의 사람들은 이를 계기로 여성문제에 눈을 뜨게 되고 여성으로서의 정체성을 찾게 되었다고 하고 있다.

주례교도소에 한달 정도 있었는데, 여학생운동을 하면서 관념적으로 생각했던 여성문제를 확실하게 인식하는 계기가 되었다. 그래서 여성문제에 대한 공부나 토론에 더욱 관심이 증가하게 되었다.[52]

여성노동자들의 경우 이미 노동운동 과정에서 여성들만의 학습, 또는

---

49) 김옥순(부산대).
50) 김은희(부산대).
51) 주경미(부산대).
52) 주경미(부산대).

조합 결성과정에 있었기에 이 문제를 심각하게 생각하지 못하였다. 어떤 여성 구술자는 생산현장, 가정, 사회에서 받은 차별이 심하다 보니 민주화에 대한 열망이 더욱 강하였다고 말하고 있다.[53]

시민운동가들의 경우 여성의식에 대한 것을 다음과 같이 말하고 있다.

> 군사독재 이후 각 부문별 목소리가 나왔지만 그 때는 여성의 문제가 부각되지 않았다. 군사독재시대 종식이라는 것이 큰 과제였다.[54]

주부들의 경우 남편들과 함께 집회에 참석하는 경우가 많았다.

한편 6월항쟁은 평등한 남녀관계를 만들어 가는데 중요한 계기를 가져다 주었다. 특히 애인끼리 또한 부부가 같이 시위에 참석하는 가운데 성평등 의식이 싹텄던 것으로 보인다. 그리고 시위에 참여한 다수의 대중들은 사회 민주화 실현을 위해 남녀를 막론하고 그 힘을 같이 할 수 있다는 데 많은 공감대를 갖게 되었고 이는 우리 사회가 양성평등사회로 나가는 데 있어서 큰 힘이 되었던 것으로 보인다. 시위 도중에 다양한 층들이 만나는 기회를 갖게 되었고 통일 · 자주 · 민주주의를 외치고 노래하고 손뼉을 치면서 공동체적 경험을 하게 되었다.[55]

4. 참여자들의 6월항쟁에 대한 평가와 변화

1) 참여자들의 평가

여성 참여자들은 독재타도와 호헌철폐를 외치는 대중들을 만나면서 또한 사회민주화에 대한 열망으로 거리로 뛰어나와 같이 어깨동무를 하

---

53) 최명애.
54) 장영심.
55) 공현옥, 홍영이, 강갑례.

였던 시민들을 보면서 대중 시민들의 역량을 믿게 되는 계기가 되었음을 많이 시인하고 있다. 각성과 단결 연대가 중요함을 새삼 느끼게 되었다고 하였다.

> 역사는 각성된 시민이 만들어 가는 것이다. 각성과 단결, 연대가 중요하다는 것을 깨달았고, 그래서 전교조 등 조직 활동에 나름 열심히 참여하고 있다.56)

> 6월항쟁의 집회 및 시위의 참여를 통하여 전체 시민 대중들의 잠재적 역량에 대해 정말로 깜짝 놀랐으며, 그 힘이 바탕이 되어서 우리 현장의 동료들이 조직되고 투쟁을 해 나갔다.57)

> 민주화가 무엇인지 알게 되었고 이후 지금까지 차별 없는 세상을 꿈꾸며 살아가게 되었다.58)

6월항쟁은 미완의 항쟁이었지만 민주주의를 향하여 가는 과정에서의 중요한 거점이었다고 지적하였다. 6월항쟁이 7월·8월 노동자 대투쟁으로 이어지게 되는데 민중에 대한 굳은 믿음을 갖게 되었다고 하였다.

그리고 6월항쟁을 계기로 민주화가 무언지 알게 되었음을 강조하고 있다. 이를 통해 사회의 모순을 알게 되었고 적극적인 사고력과 판단력을 가지고 살아 갈 수 있는 계기가 되었다고 술회하고 있다. 별 것 아닌 공순이인 내가 처음으로 애국자가 된 것 같은 감동을 느꼈다고 말하고 있다.

우리 사회의 정의를 위해 젊음을 불사를 수 있어서 좋았고, 고립감에서 벗어나 자신감을 가지게 되었고, 민중이 주인 되는 세상을 만들기 위해 한 마음으로 뭉쳤다는 것이 감동적이었다고 하고 있다.

---

56) 조향미.
57) 김숙영.
58) 최명애.

노력한다면 민주와 평화의 세상이 가능하리라는 생각과 개인이 자신만을 위하지 않고 자신이 몸담고 있는 공동체의 일원으로 최선을 다 한 점이 감동스러웠다고 말하고 있다.

> 일반 사람들의 사회인식변화의 계기가 되면서, 87항쟁 이후에 노동현장에서 빨갱이로 취급받지 않게 되어 편하고 좋았다.59)

이처럼 참여자들은 6월항쟁의 참여를 통하여 대중의 힘을 인식하게 되었고, 또한 그에 대한 믿음을 갖게 되었음을 알 수 있다. 그리고 참여 속에서 한 사람의 민주시민으로서의 정체성을 획득하게 되었음을 고백하고 있다. 특히 우리 사회가 민주시민사회로 갈 수 있다는 희망을 심어 주었던 것을 볼 수 있다.

2) 참여 이후의 변화

6월항쟁 이후 참여 여성들은 많은 변화를 갖게 되었다고 술회하고 있다. 여학생들은 학생운동에 더욱 적극 참여하게 되었음을 고백하고 있다. 그리고 이는 졸업 후 노동현장참여, 여성운동·지역운동 등을 할 수 있는 나침반의 역할을 해 주었으며 지금까지 운동을 지속할 수 있게 된 원동력과 자신감을 주었다고 하였다. 또한 여학생운동에 관심을 갖게 되었음을 술회하고 있다.

여성노동자들의 경우는 정치와 민주화에 적극적인 관심을 갖게 되었고, 민주노조운동과 여성노동자 단체에도 참여하게 되었다고 말하고 있다.60)

미혼여성들, 일반 직장인들을 보면 이후 노동조합 건설에 참여하였고,

---

59) 김옥민.
60) 최민자.

부민청 · 여성단체 등 시민사회운동에 참여하였다. 결혼 후에는 남편들의 노조나 시민단체 활동 등에 대하여 적극 후원하는 입장을 취하였다고 한다.
  교사들은 이전의 교사협의회 활동을 표면화시키고 이를 전교조의 결성으로 이어가게 되었다고 하였다. 교사들은 특히 교육현실을 고발하는 마당극을 꾸리고 학생 대상의 강습을 늘려 갔다고 한다. 교수들은 이후 민교협 활동과 학내의 교수평의회 활동으로 이를 이어갔고, 학교 안에 여성학 강의를 시작하고 여성문제연구소를 설립하였다.
  6월항쟁을 계기로 다양한 변화를 볼 수 있었는데, 중요한 것은 여성문제에 관심을 갖기 시작하였으며 여성의 역량을 믿고 이것을 운동으로 이끌었다는 점이다.

V. 6월항쟁 이후의 부산지역 여성운동

1. 진보적 여성단체의 설립

  1987년 6월항쟁 이후 부산지역에서는 여성대중을 대변하고자 하는 목소리가 나오기 시작하고 87년 '근로여성의 집' 설립을 계기로 여성대중운동이 싹트기 시작하였다. 부산지역은 지역의 특성상 생산직 노동자 중 49%가 여성이었고 그 중 70%가 섬유 및 신발사업장에서 일하고 있었다. 따라서 지역 여성문제는 특히 여성노동문제에 집중될 수밖에 없는 것이 현실이었는데 1987년에 와서야 그에 관한 관심이 표출되었다.
  1988년 1월 부산 근로여성의 집은 '부산 여성노동자의 집'으로 발전되었다. 근로여성의 집은 1980년대 말까지 서울의 여성노동자회와 연계하여 노동조합에서의 여성 활동을 활발히 하도록 지원하기 위한 상담과 여성간부 지도력훈련 프로그램 개최, 각종 여성교육을 실시하였고, 여성노동자 교육을 위한 근로여성교실을 운영하였다. 1990년 부산여성노동자회로 개칭되면서 여성노동자를 중심으로 다양한 여성대중을 포괄하여 여성문제를 해결해 나가기 위하여 조직을 재정비하였다.

한편 1989년 10월 의사 장재혁의 간호사 성폭행 사건을 계기로 사무직 여성노동자들의 모임인 새날 여성회, 부산민주청년회 여성분과, 여성운동가 그룹 등이 대책활동 모임을 가지다가 1990년 부산여성회로 설립되었다. 1980년대부터 서서히 증가하기 시작한 사무직 여성노동자들의 노동의식이 고조되면서 가져다 준 성과였다.

우리아가동산, 꽃들 나라, 한빛 아가방 등 민간비영리 탁아소들의 교사가 중심이 되어 1989년 지역사회탁아소연합회 부산지역 탁아위원회를 결성하였다. 이는 보육시설 아동의 올바른 보육과 보육교사의 사회적 지위향상을 위하여 활동하였다.(이송희, 1993 A, 145-153쪽)

1989년 설립된 부산환경운동연합 환경여성회는 환경문제, 환경의식 고취, 환경 친화적인 생활로 주변의 환경을 살리는 운동에 적극 참여하였다.

이러한 진보적 여성단체의 출현은 부산지역의 여성운동이 명망가 중심의 소수의 기득층 중심으로 전개해 왔던 것에서 벗어날 수 있던 좋은 계기였고, 실제로 이후 여성운동은 진보적 사회운동의 성격을 지니면서도 여성문제를 해결하는 단체로서 역할을 하게 되었다.

그리고 이러한 조직들이 나오게 된 것은 1987년 6월 민주화항쟁이 주요 배경이 되었음은 새삼 말할 필요가 없을 것이다. 앞서 그 변화에서도 보았듯이 그 후 부산지역의 시민운동의 지도층으로 부상한 이들이 각기 부문운동에서 활동하면서도 여성으로서의 정체성을 갖고서 여성문제를 공부하고 이를 해결하고자 하는 요구가 컸고, 이것이 진보 여성단체의 설립으로 이어졌다.

2. 여성문제 연구조직과 단체의 등장

이러한 여성운동의 활성화와 더불어 여성문제를 알리고 고민하고 연구하는 조직들이 생겨나기 시작하였다.

1988년 신라대학(전 부산여자대학)이 여성학강좌를 개설하였다. 여성학강좌의 개설 목적은 여성문제를 인식하고 해결해 나가기 위해서는 젊은이들에게 여성학을 강의해야만 한다는 현실적 목적 아래서 시작되었다. 부산대학에서도 여성학강좌가 개설되었다. 여성학강좌는 서울보다 10년 늦게 개설된 것이었지만 부산지역 학생들에게는 새로운 개설과목으로 많은 인기를 끌었고, 이는 부산지역 여성인식의 변화에 일정한 역할을 하게 되었다.

그리고 이어 신라대학은 여성문제연구소를 설립하여 부산지역 여성의 삶을 연구하고자 하였다. 부산 여성의 문제가 무엇인가? 지역에서 여성으로 산다는 것은 무엇인가? 등의 의문을 갖고 부산지역 여성들의 삶을 가족, 교육, 노동, 여성운동, 성 등을 주제로 하여 매년 심포지움을 열고 연구논집을 발간하고 있다. 또한 부산지역 여성의 삶을 조망하기 위해 일제시대 부산여성을 비롯하여 현재의 여성까지 다양한 자료집을 매년 발간하고 있다. 부산대학도 1988년 여성연구소를 설립하였다.

한편 1990년 5월 지역여성연구회라는 연구단체가 설립되었다. 이 단체는 "지역 사회의 여성문제와 관련된 분야의 제반 학술적 조사, 연구 활동을 통하여 여성해방 및 한국사회의 발전에 기여함"을 목적으로 하여 발족되었다. 당시 1989년 말 1990년 초에 부산지역의 여성연구자들은 막연한 의식수준에서나마 여성문제에 대한 연구의 필요성을 절감하고 있었으나, 기왕의 전문단체가 없었기에 전공을 달리하는 몇몇의 연구자들이 뜻을 모아 가장 기초적인 형태로서의 세미나를 통한 정기모임을 가졌고, 이를 연구단체로 발전시켰다.

이 단체는 사업으로 지역 여성 및 이와 관련된 분야의 연구와 조사, 연구발표회 및 토론회 개최를 통한 연구 성과의 대중화, 회지 및 기타 간행물 발간, 타 단체와의 교류 등을 사업의 내용으로 하였다.(이송희, 1993 B, 6-8쪽) 이러한 연구단체의 설립 역시 6월항쟁을 경험한 여성들의 여성문제 인식에서 출발한 것이었다.

또한 1990년 지역사회여성연합이 설립되었다. 이는 연구자들과 활동가들이 함께 설립한 것으로 지역사회의 여성문제를 풀어보고자 하였다. 여성학강좌를 열고 공명선거를 위한 부산여성연맹에 참여하고 정신대문제를 현실적으로 풀어가기 위해 정신대 참상에 대한 현지 보고 등의 활동을 동시에 시도하였다. 하지만 연구와 활동이 동시에 이루어지기 힘든 상황에서 1991년 3월 여성학 관련분야의 학술문화운동에 주력하기로 노선을 변경하였다. 1992년 1월 지역여성회로 명칭을 변경하였다. 참여층은 대학교수나 강사 등 지식층 여성들이었다.

이 단체는 여성연구자들의 모임이 거의 없는 부산지역에 활력을 주었으며, 특히 매스컴을 통해 연구논단이 소개되면서 여성문제를 대중 속에 확산시키는 역할도 해 주었다.

VI. 맺음말

한국 사회의 민주화운동 과정에서 여성들은 남성과 같이 많은 활동과 역할을 했음에도 평가를 제대로 받지 못하였다. 그것은 기록과 연구들이 모두 남성중심에서 이루어졌기 때문이다. 더욱이 여성의 눈으로 여성중심에서 이러한 민주화운동이 연구되거나 논의된 경우가 많지 않았다.

그리하여 본 연구에서는 여성운동의 시각에서 부산지역 여성들의

1987년 6월항쟁에의 참여를 보고자 하였다. 특히 6월항쟁 20주년을 기념하여, 2007년 부산여성단체연합이 100인 여성을 만나고 그들의 6월 민주화항쟁의 경험을 면담한 귀중한 역사적 자료가 있기에, 이를 근거로 하여 그 여성들의 체험의 '기억'을 재현해 보고, 그 역사적 의미를 찾고자 한다.

100인 여성의 구술을 받는다는 것은 너무나 큰 사업이고 귀중한 성과이기에, 운동사 연구자로서는 정말 소중한 자료였다.

부산지역의 여성운동은 1980년대 전반기까지 주로 부산여성단체협의회 중심으로 전개되어 왔다. 서울 등에서는 이미 진보적 여성단체들이 생겨났고, 여성운동도 활발히 추진되는 상황이었지만 부산지역은 지역적 특수성 등으로 전혀 그러한 조건이 갖추어지지 못하였다.

그러나 여성노동자들의 노동운동이 1985년·1986년을 즈음하여 활발히 전개되기 시작하였고, 여대생을 중심으로 사회민주화 운동에의 참여가 두드러지기 시작하였다. 교사들의 학습모임도 시작되었고, 교수들의 서명운동도 민주화운동에 박차를 가하게 되었다.

1987년 6월의 민주화항쟁은 각계 여성들의 의식화와 정체성 확립에 주요 계기가 되었다. 여성노동자층, 학생층, 시민운동가, 교사, 교수, 주부 등 각계의 여성들은 자신들의 위치에서 6월항쟁에 참여하였고 이는 여성들의 자의식의 성장과 정체성 확립으로 이어졌다. 여성문제에 대한 인식을 하지 못하였던 여성들이 민주화운동에 참여하면서 차츰 인식을 하게 되고 이후 여성운동에도 눈을 돌리게 되었다.

이후 부산지역의 여성운동은 새로운 변화를 맞게 되었다. 진보적 여성단체들이 생겨나고, 또한 그 활동을 이론적으로 뒷받침 해 줄 연구단체들이 생겨나게 되었다.

즉 부산여성노동자회, 부산여성회, 부산지역 탁아위원회, 부산환경운동연합 환경여성회 등이 설립되었다. 그리고 대학에 여성학강좌가 개설되고 지역 여성문제를 연구할 여성연구소가 부산대학과 부산여대(신라대)에 설립되었다. 또한 지역여성연구회, 여성연구회 등의 공부하는 모임들이 조직되었다.

이 때 키워졌던 여성들의 역량은 지금 부산지역 여성운동의 전개에 큰 힘으로 작용하고 있다. 당시의 활동가들이 여전히 여성 운동계에서 중요한 역할을 하고 있다. 그리고 당시 교육받은 여성들의 힘이 축적되어 새로운 여성운동의 세대로 등장하고 있다.

<표-1> 「민주와 평등이 100인 여성을 만나다」 참여자 명단

번호	이름	현재(2007년) 나이	당시(1987년)직업	현재(2007년)직업
1	이필숙	42	섬유공장 미싱견습노동자	단체활동가
2	박주미	50	생산노동자	카톨릭노동상담소상근/시민단체대표
3	강성옥	49	생산노동자	계약직근로자
4	조숙영	47	섬유공장 노동자	지역자활센터 근무
5	김옥미	48	장림화승 생산노동자	노동자
6	양은진	47	노동운동단체 실무자	세무사
7	손정은	48	(주)풍영 해고노동자	단체활동가
8	이혜숙	47	생산노동자(동해화성개발실)	주부
9	최성회	45	생산노동자	단체활동가
10	박명숙	47	생산노동자	지역아동센터 교사
11	최명애	47	부산전기생산직 전자조립 근무	야간학교강학/직업훈련기관교양강사
12	김정남	42	㈜대양고무 해고노동자	사회적일자리 재가독거노인 간병사
13	최민자	42	신발생산노동자(재단사)	인형극단 대표
14	이미숙	47	㈜동양고무산업 해고노동자	주부

15	이봉선	42	동아상사(신발생산노동자)	실업극복재단 케어서비스부산팀장	
16	김옥숙	41	농협(사무직노동자)	농협(사무직 노동자)	
17	박정자	41	청화상사(봉제생산노동자)	독서지도자	
18	조근자	47	(주)동양고무산업해고노동자	대안학교 교사	
19	하영자	44	섬유생산노동자(미싱사)	자영업(탕제원)	
20	김은주	47	노동운동가	주부	
21	노득현	47	해고노동자	약사	
22	김**	41	은행원(사무직노동자)	주부	
23	손미애	43	직장인(사무직노동자)	주부	
24	박몽화	48	한성실업(신발생산노동자)	인쇄업	
25	최수연	41	학교행정(사무직노동자)	단체활동가	
26	김기영	46	연극인=> 노동운동단체	연극인	
27	오순희	41	생산노동자	노조상근자	
28	이숙희	47	노동운동가	주부	
29	이혜숙	46	생산노동자	생활협동조합 대표	
30	이성희	47	노동운동가	주부	
31	공현옥	46	교사	교사	
32	홍영이	46	교사	교사	
33	강갑례	47	교사	교사	
34	조향미	46	교사	교사	
35	윤인숙	46	교사	교사	
36	이순열	55	교수	교수	
37	서혜란	52	교수	교수	
38	손현숙	53	교수	교수	
39	이송희	54	교수	교수	
40	손윤순	47	주부	주부	
41	최연자	54	주부	주부	
42	김명애	43	직장인	주부	

43	최은순	45	교사	교사
44	이종명	52	주부	주부
45	박경미	45	직장인	주부
46	김경자	67	소상인	주부
47	이정애	48	자영업	주부
48	이순자	68	소상인	상인
49	서말순	65	상인	상인
50	손**	53	주부	자영업
51	하**	53	주부	상담원
52	강**	48	주부	주부
53	김**	45	무직	자영업
54	안**	46	주부	주부
55	장영심	43	EYC: 기독청년협의회 활동	단체활동가
56	오홍숙	54	생명의전화 간사	생명의전화 대표
57	조봉자	54	부산YWCA 간사	부산YWCA 사무총장
58	구수경	45	공장노동자	단체활동가
59	윤내경	48	주부	주부
60	정외숙	41	직장인	한살림 활동가
61	김정애	39	학생(경성대)	범민련 부경연합 사무처장
62	문성회	41	학생(경성대)	약사
63	이원경	41	학생(경성대)	단체활동가
64	류문주	40	학생(경성대)	구청 사회복지과 행정보조, 통장
65	변향숙	40	학생(경성대)	단체활동가
66	주경	40	학생(경성대)	주부
67	김수영	42	학생(동아대)	의사
68	유원진	41	학생(동아대)	주부
69	전안나	41	학생(동아대)	학원운영
70	최정미	43	학생(동아대)	주부
71	배순덕	42	학생(동아대)	주부

72	육정숙	43	학생(동아대)		주부
73	최미옥	41	학생(동아대)		영양사
74	임정숙	41	학생(동아대)		학습지교사
75	강미숙	43	학생(부경대)		주부
76	이화수	41	학생(부경대)		정당인
77	이지영	42	학생(부경대)		주부
78	김안선	40	학생(부경대)		한살림조직실무자
79	송경아	42	학생(부경대)		뇌교육트레이너강사
80	오영	40	학생(부경대)		주부
81	박선지	41	학생(부경대)		주부
82	안지영	43	학생(부산교대)		교사
83	구영지	40	학생(부산교대)		교사
84	신혜란	42	학생(부산교대)		교사
85	주경미	42	학생(부산대)		연구원
86	김옥순	43	학생(부산대)		회사원
87	조윤희	42	학생(부산대)		공무원
88	김은희	40	학생(부산대)		주부
89	이**	40	학생(부산대)		주부
90	정경희	41	학생(부산대)		주부
91	최인화	41	학생(부산대)		환경운동가
92	강영경	41	학생(부산대)		학원경영
93	유영란	43	학생(부산외대)		단체활동가
94	이현실	39	학생(부산외대)		NGO단체 실무자
95	서은숙	41	학생(신라대)		부산진구의원
96	변미정	41	학생(신라대)		단체활동가
97	김소영	41	학생(신라대)		단체활동가
98	윤순심	43	학생(신라대)		일터
99	박명회	41	학생(신라대)		주부
100	강미애	43	학생(신라대)		단체활동가

<표-2> 100인 여성 구술지

2007! 민주와 평등사회발전을 진단, 방향모색을 위한 토론회
민주와 평등이 100인 여성을 만나다!!
그 해 6월에 나는........

본 구술은 6월항쟁을 경험하신 100인 여성 여러분들의 생생한 음성으로 6월항쟁의 역사의 의미를 되살리고자 함입니다. 따라서 본 구술에 다음과 같은 내용을 담고자 하오니 적극적인 구술을 부탁드립니다.

1. 6월항쟁 참여 계기 및 동기

2. 참여는 어떤 방식으로 하였나요?

3. 좋았던 점 또는 감동이 있었던 점이 있다면?

4. 좋지 않은 기억이 있다면? (개인, 조직, 국가적인 문제 등)

5. 여성이었기에 특별한 점은 있었나요?

6. 6월항쟁의 참여 이후 자신의 모습이 변화 되었다면 어떤 점인가요?

7. 소개 하시고 싶으신 에피소드?

8. 남기고 싶으신 당시의 사진, 기록장, 일기장, 메모장이 있으신지요?

주관 : 부산여성단체연합

<표-3> 「민주와 평등이 100인 여성을 만나다」

100인 카드

NO :   -

성명		나이(세)	
연락처 (메일주소)			
	1987년 당시		2007년 현재
가족관계			
직업			

상기 본인은 1987년 6월 항쟁에 참여한 바 있습니다.
금번 부산여성단체연합에서 주관하는 "2007! 민주와 평등이 100인 여성을 만나다" 사업에 참여하여 1987년 당시의 경험과 사실에 대해 구술하고자 합니다.

2007년   월   일
구술자   확인

부 산 여 성 단 체 연 합

이 사업은 (사)부산민주항쟁기념사업회에서 후원하고 있습니다.

 이 논문에서 '100인 명단'을 실명 그대로 밝힌 것은, 2007년 100인과의 면담에서 몇 분을 제외한 나머지 분들이 실명 발표에 이의가 없었기에 그에 준한 것이다. 그리고 여성사 연구와 서술에서 과거의 여성들이 그 실명을 밝히지 않아 어려움이 많았다는 것을 염두에 두고 다 발표하였다.

(『여성연구논집』 제23집, 신라대학교 여성문제연구소, 2012.12)

참고문헌

단행본

부산광역시(1999), 『부산여성백서』.
부산광역시(1999), 『부산여성발전 종합계획』.
부산광역시(2004), 『제2차 부산여성발전 종합계획』.
부산발전연구원(2003), 『제1차 부산여성발전 종합계획에 대한 평가 연구』.
부산여대 여성문제연구소(1995), 『부산지역 가족 및 여성관련 기초통계 자료집』.
부산여대 여성문제연구소(1995), 『부산지역 취업 여성의 실태와 문제점』.
부산여대 여성문제연구소(1997), 『부산시 여성관련단체 편람』.
부산여성단체연합(2007), 『여성단체연합백서(1999-2005)』.
부산여성단체연합(2007), 『민주와 평등이 100인 여성을 만나다』.
부산여성단체연합(2009), 「풀뿌리 여성운동의 지역화전략을 위한 워크숍 - 부산지역 여성운동 돌아보기, 한걸음 나가기」.
신라대학교 민교협(1998), 『신라대학교 (구 부산여자대학) 민교협 10년』(1988.6-1998.6).
울산대 민주화 교수협의회 20년사 간행위원회(2008), 『울산대 민주화 교수협의회 20년사』.
지역여성연구회(1993), 『지역 현실과 여성』, 제1회 심포지엄 자료집.

학술논문 및 기타

강이수·지은희(1988), 「한국여성운동의 자성적 평가」, 『80년대 한국인문사회과학의 현단계와 전망』, 역사비평사.
김엘림(2006), 「여성입법운동의 전개와 성과」, 『여성과 역사』 3집.
김옥희(1999), 「부산 여성복지 행정의 발전」, 『부산여성백서』, 100-130쪽.

김홍숙(1988), 「한국 여성노동운동의 현황과 과제」, 『여성』 2, 창작사.
서명선(1989), 「유신체제하의 국가와 여성단체」, 『여성학논집』 9집.
안정남(1992), 「부산 지역 여성노동에서 나타난 여성문제에 관한 연구」, 계명대학교 석사학위논문.
이송희(1992), 「80년대 한국의 여성운동」, 『여성연구논집』 3집, 부산여대 여성문제연구소, 61-73쪽.
이송희(1993 A), 「부산지역의 여성단체」, 『여성연구논집』 4집, 부산여대 여성문제연구소, 145-153쪽.
이송희(1993 B), 「부산지역의 여성연구」, 『지역 현실과 여성』, 지역여성연구회 제1회 심포지움, 3-12쪽.
이송희(1999), 「현대의 여성운동」, 『우리 여성의 역사』, 청년사, 1999, 397-421쪽.
이송희(2003), 「부산지역 여성운동의 과거 현재 미래」, 『부산지역 여성인물』, 부산광역시 여성센타, 3-25쪽.
이송희(2009), 「부산지역 여성운동의 회고와 전망」, 『여성연구논집』 20집, 신라대학 여성문제연구소, 31-73쪽.
이은영(1995), 「여성의 법적 지위」, 『한국여성발전 50년』, 정무장관실, 153-180쪽.
이효재(1978), 『여성과 사회의식』, 평민사.
이효재(1979), 『여성과 사회』, 정우사.
임선희(1995), 「여성과 교육」, 『한국여성발전 50년』, 정무장관실, 19-65쪽.
임 호(1996), 「부산지역 여성의 경제활동 참가와 구조적 변화」, 『여성연구논집』 7집, 부산여대 여성문제연구소, 7-24쪽.
최민지(1979), 「여성해방운동소사」, 『여성해방의 이론과 실제』, 창비, 238-260쪽.
최중옥(1999), 「학교 및 사회교육」, 『부산여성백서』, 218-254쪽.
함인희(2005), 「광복 60년 가족제도와 여성 삶의 변화」, 『한국여성의 생활세계와 의식변화』, 한국여성사학회, 45-76쪽.
허성우(1991), 「지역 여성운동」, 『여성과 사회』 2, 창작과 비평사, 260-265쪽.

제7장
부산지역 여성운동의 회고와 전망
-진보 여성단체를 중심으로-

Ⅰ. 머리말

 부산지역의 근대 여성운동은 일찍이 국채보상운동 시 여성들의 민족운동 참여로부터 시작되었다. 비록 민족운동에서 출발하였지만 여성들의 각성은 컸고, 이는 이후 일제하 송죽회와 같은 비밀결사운동, 그리고 3·1만세운동으로 이어졌다.
 1920년대 들어서서 부산지역의 여성들은 자신들의 현실 문제를 풀어가기 위한 여성운동에 돌입하였다. 여자청년회 등 많은 여성단체가 설립되었고, 이 과정에서 지도층들이 등장하고 여성운동이 확대 발전되었다. 초기에는 여성들의 문맹타파 등 교육이나 생활개선 등의 이슈를 중심으로 한 계몽운동이었지만, 차츰 민족해방과 계급혁명과의 관계 속에서 여성문제를 바라보는 시각을 기조로 하는 운동으로까지 발전하였다. 신여성의 등장은 부산지역 여성운동의 활성화로 이어졌다. 이후 부산지역의 여성운동은 일제강점하, 해방 이후의 정치적 상황과 맞물려 많은 우여곡절을 겪으며 전개되어왔다.

그러다 1980년대 군사독재정권을 타도하고자 하였던 사회 민주화운동의 과정에서 여성문제를 사회변혁운동의 범주에서 보고자 하는 시각이 등장하게 되었다. 그리고 이러한 새로운 인식은 1980년대 말 1990년대 초 부산지역의 진보적 여성단체의 출현으로 이어졌다. 이후 진보 여성운동은 사회변혁의 범주 속에서 사회의 다양한 계층의 여성문제를 직시하고 이를 해결하고자 하는 운동으로 전개되었다.

그리하여 여성과 관련한 법이 제정되고, 부산지역 여성정책이 수립되고, 부산여성의 정치 세력화가 이루어졌다. 그리고 진보 여성운동은 여성노동자·여성농민을 비롯한 다양한 계층을 대변하는 등 여성들이 좀 더 인간답게 살 수 있도록 많은 기여를 하였다.

그러나 얼마간의 일정한 성과를 얻으며 진척되어 왔던 진보 여성운동은 근래 들어서 대내외적 요인에 의해 더 이상 진보성을 기조로 하지 못하는 실정에 놓여 있다. 민주 정권 시절에는 비판성을 상실하고 체제내적 역할을 하게 되었고, 현 정권에서는 정부의 보수성 때문에 진보성을 발휘하는데 어려움을 겪고 있다. 내적으로는 여성운동 단체 내에서 일정한 성과에 만족하고 현실적 유지 단계에 머물러 있는 경우도 있다.

이렇게 부산지역의 진보 여성운동이 1980년대 말 이후 20여년의 역사를 갖고 현재까지 전개되고 있지만, 여성운동을 진단 평가하고 그 올바른 미래를 전망해 주는 연구는 거의 없었다.

따라서 본고에서는 현재의 부산지역의 진보 여성운동을 진단하고 어떻게 전망해 나가야 할 것인가를 목적으로 그 동안의 진보 여성운동의 전개를 살펴보고자 한다. 먼저 1980년대 여성운동의 흐름을 살피면서, 부산지역의 진보 여성단체의 출현을 보려고 한다. 그리고 1990년 이후 진보 여성운동의 전개를 보기 위한 전제로서, 부산여성 삶의 변화를 경제, 교육, 관련법과 기구, 정치세력화를 중심으로 보려한다. 또한 중요하게 1990년 이후의 진보적 여성운동의 전개를 보려고 한다. 많은 진보 여성단체의 설립과 활동, 그 연대 활동을 보고 여성운동의 내용을 점검하려 한다. 이것을 기반으로 운동의 성과와 한계점이 무엇인가를 분석해 보고 앞으로 과제를 전망해 보려 한다.[1]

II. 1980년대 진보적 여성단체의 출현

1. 민주화운동 속에서의 여성운동

1) 여성 인식의 전환

1980년대에 접어들면서 여성운동은 새로운 단계에 들어서게 되었다.[2] 이는 1970년대의 여성문제의 제기와 올바른 인식 정립의 모색이라는 기반[3]이 있었기에 가능하였지만 무엇보다도 가장 중요하게 작용한 것은 1980년 광주민주화운동 이후 사회운동권과 사회과학이론의 인식들의 전환이었다. 이제 여성문제를 전체 사회구조의 모순과 함께 총체적으로 해결하려는 움직임이 새롭게 나타났다.[4]

---

1) 여기에서 진보 여성운동이라 함은 여성문제를 단순히 여성권익을 향상시키는 것만으로 보지 않고 사회 변혁운동의 범주에서 여성문제를 동시에 해결하려는 운동을 말하는 것이다.
2) 이송희(1992), 「80년대 한국 여성운동」, 『여성연구논집』 3집, 부산여대 여성문제연구소, 64-73쪽.
3) 민주노조운동의 활성화, 교육받은 중산층 여성들의 여성문제인식, 한국여성운동의 목표가 민주화운동 분단시대라는 맥락 속에서 설정되어야 한다는 주장의 제기, 여성연구의 활성화, 여성이론의 탐구 등이 70년대 등장하였고 이것이 기반이 되어 80년대 여성운동이 가능하였던 것이다. 김홍숙(1986), 「한국여성을 대상으로 한 사회과학연구에서의 연구추세」, 이화여대 석사논문 : 이효재(1978), 『여성과 사회의식』, 평민사 : 이효재(1979), 『여성과 사회』, 정우사.
4) 여성사 연구회(1989), 「1980년대의 여성정책」, 『1980년대 한국사회와 지배구조』, 풀빛, 276쪽.

이러한 여성운동 방향의 새로운 모색 속에서 여성평우회(1983)가 등장하였다. 여성평우회는 남녀를 차별하는 성차별문화 타파, 남녀공동의 노력으로 남녀 모두 인간다운 삶을 살 수 있는 사회건설, 민족분단의 비극극복과 평화로운 통일사회로의 건설을 목표로 설정하였다.5)

그리고 같은 시기에 매 맞는 여성의 문제를 전담하는 여성의 전화(1983. 7)가 활동을 시작하였으며, 출판문화를 통해 남녀해방의 대안을 제시한 동인모임 또 하나의 문화(1984.5.9)가 발족되었다. 또 여성해방의 이론과 실제를 체계화하고 시각을 정립하고자 한국여성학회가 창립(1984.11)되었다.

2) 부문운동으로의 발전

1980년대 중반 이후의 여성운동은 여성대중의 의식성장에 기초하여 각기 부문운동으로 발전되어갔다. 특히 1986년 부천서 성고문사건 대책활동, KBS시청료 거부운동, 87년 6월의 민주화투쟁과 7·8·9월 노동자 대투쟁 이후 전반적인 사회민주화운동이 고양되면서 여성들의 정치의식이 높아졌다. 또한 대통령선거의 공정선거 감시단활동 등을 통해 여성들의 정치세력화가 여성운동의 주요과제로 대두되었다.

그리하여 1987년부터 여성운동조직들이 활발하게 결성되어 여성운동의 대중적 기반을 강화해 나갔다. 당시 여성노동자·여성농민 등이 광범위한 대중투쟁을 통해 여성운동의 주체로서 부상되었으며, 그 과정에서 각 계급 계층 내 여성부문의 구축이 현실화되었다.6)

이외에도 주부운동, 빈민여성운동, 여학생운동 등도 80년대의 새로운

---

5) 여성평우회(1986), 「한국 여성운동의 위상」, 『이화』, 248-249쪽.
6) 이승희(1988), 「88년 한국여성운동의 동향」, 『베틀』 33호, 4쪽 : 박기남(1990), 「80년대 여성운동의 평가와 전망」, 『베틀』 44호, 5쪽.

양상이었다.7)

이렇게 1980년대에는 여성들이 각기 계층별로 각 부문에서 크게 생존권투쟁·성차별폐지 투쟁을 전개해 나갔다. 또 이외에도 중요하게 남녀고용평등법 개정운동과, 여성폭력추방운동, 인신매매근절운동, 강간경찰 규탄, 가족법 개정운동 등을 전개해 나갔다.

그러나 이러한 투쟁들은 대중적 기반이 취약하여 대부분 철저한 대중운동으로까지 발전되지는 못하였다.

3) 각 부문운동의 연대

각기 계층별 부문운동으로 분산적으로 전개되었던 여성운동은 1986년 봄, 여성운동단체들이 여성노동문제를 여성문제의 중심과제로 규정하면서 연대하기 시작하였다. 이 때 여성운동권은 기층(노동·농민·빈민)여성들의 생존권문제를 여성운동의 실천적 과제로 설정하고, 기층여성들의 여성운동으로의 적극적 참여를 실현하기 위해 1986년 3월 8일 한국여성대회에서 24개 여성단체연합으로 여성생존권대책위원회를 발족시켰다. 이 후 생대위는 기층여성들에 대한 탄압사례를 폭로하고 선전하는 작업을 주요 활동방향으로 설정하고서 이에 따라 활동하였다.

이후 부천서 성고문 사건이 폭로되면서 7월 7일 보다 확대된 여성단체연합(26개 단체)으로 성고문공동대책위원회를 결성하여 당시 정권의 부도덕성을 폭로하고 활발한 활동을 전개하였다. 그리고 연대의 틀을 여성단체 차원을 넘어 종교계·재야운동단체·신민당 민주화추진협의회 등으로 넓혀 성고문 범국민 폭로대회(7.19)를 열었다.8)

---

7) 김상희(1991), 「주부운동」, 『여성과 사회』 제2호, 253-259쪽 : 여성평우회(1986), 앞의 글, 251-256쪽.
8) 여성평우회(1986), 앞의 글, 248-250쪽.

1987년 2월 18일 여성운동세력의 구심체로서 여성단체연합이 결성되어 이에 따라 연합전선이 형성되어져, 여성운동은 한 단계 도약이 이루어졌다. 총 24개의 진보적 여성운동단체를 결집하고 있는 여성단체연합은 다양한 정치투쟁을 전개하였고, 1988년 3월 한국여성대회에서는 여성운동의 방향을 '민족자주화를 위한 여성운동'으로 천명하고 주요 과제로 민중생존권 쟁취를 위한 지원활동강화와 여성운동의 기반확산, 조직력 강화 등을 제시하였다.[9]

1980년대 후반 여성운동은 연대화와 동시에 서울에서 뿐만 아니라 각 지방에서도 활발하게 이루어지기 시작하였다. 각 지방에서 여성운동단체가 결성되었다.[10] 주로 1987년 6월항쟁 이후 결성된 지방 여성운동단체의 결성은 민주화운동의 확산과 학생운동에서 배출된 역량의 축적을 통해서 가능하였다.

2. 부산지역 여성의 자각과 단체 조직

1980년대 들어서 부산지역 여성운동은 새로운 국면으로 접어들었다.[11]
80년대의 산업구조의 변화는 부산지역 경제에 어려움을 주었다. 특히 여성들이 고용되었던 고무산업 등의 열악한 노동조건은 여성노동자운동으로 이어졌다. 그러나 정부의 극심한 탄압과 노사협조주의 노선의 지배, 대중과 분리된 노동운동세력의 관념적 논쟁과 분열현상 등이 여성노동운동을 소강상태로 이끌었다. 그러다 1985년과 86년에 이르러 부산지역 여성노동자가 중심이 되었던 고무사업장(삼도상사, 세화상사, 동양고무, 대

---

9) 지은희·강이수(1988), 앞의 글, 148쪽.
10) 허성우(1991), 「지역여성운동」, 『여성과 사회』 2호, 창작과 비평사, 261쪽.
11) 이송희(2003), 「부산 여성운동의 과거, 현재, 미래」, 『부산지역 여성인물』, 부산광역시 여성센터, 5-26쪽.

양고무 등)에서는 열악한 노동조건에 항의하는 대대적인 투쟁이 전개되었다.12) 한편 80년대 후반 노동자 대투쟁에서 부산지역 여성노동자들의 활약이 커지면서 여성노동자의 여성문제가 표면화되어 민주노조운동에서 모성보호 확보를 위한 노력이나 차별 임금 해소, 탁아소 설치 등 여성권익을 위한 조직적 노력이 진행되었다.

부산지역은 80년대 중반까지 진보적인 여성단체가 결성되지 않았는데 소수 여성 노동운동가들이 여성문제를 고민하다가 88년 1월 부산 근로여성의 집을 설립하였다.13) 근로여성의 집은 서울의 여성노동자회와 연계하여 노동조합에서의 활발한 여성 활동을 지원하기 위한 상담과 여성간부 지도력훈련 프로그램 개최, 각종 여성교육을 실시하였고, 여성노동자 교육을 위한 근로여성교실을 운영하였다. 1989년 부산여성노동자의 집으로, 1990년 부산여성노동자회로 개칭되면서 여성노동자를 중심으로 다양한 여성대중을 포괄하여 여성문제를 해결해 나가기 위하여 조직을 재정비하였다.

그리고 1987년 6월항쟁을 계기로 사무직 노동자들의 노동운동이 활성화되고 87년 말 88년 초 지역여성 대중운동이 전개되면서, 사무직 여성노동자들의 모임인 새날 여성회, 부산민주청년회 여성분과, 여성운동가 그룹 등은 여성대중조직이 건설되어야 한다는 논의를 하게 되었다. 그러다가 1989년 10월 의사 장재혁의 간호사 성폭행 사건을 계기로 대책 모

---

12) 안정남(1992), 「부산지역 여성노동에서 나타난 여성문제에 관한 연구」, 계명대학 여성학과 석사학위논문.
13) 1987년 7, 8월 노동자 대투쟁 이후 노동운동이 그 성과를 노동조합의 결성, 강화로 다져나갈 무렵, 여성노동자들의 투쟁의지를 조직화로 이끌고 아직 무권리 상태에서 고통받고 있는 미조직 여성노동자들의 권익을 확보하며, 일반적 노동운동의 과제만으로 포괄해 낼 수 없는 여성노동자들의 여성요구를 집약하고 해결해 나가야 한다는 문제제기가 고무공장 해고노동자들과 직접 간접으로 여성노동자들의 권익 보호에 힘써왔던 여성들 사이에서 제기되었다. 이러한 요구를 바탕으로 근로여성의 집이 문을 열었다. 부산여성회(2005), 『10주년 기념 자료집』, 203쪽.

임을 가지면서 1990년 부산여성회를 설립하였다.14)

이는 1980년대부터 서서히 증가하기 시작한 사무직 여성노동자들의 노동의식이 고조되면서 가져다 준 성과로, 부산지역 사무직 여성노동자와 주부 및 여성대중들이 여성 억압적 현실을 극복함과 동시에 자주 민주 통일된 남녀 평등한 사회실현을 목적으로 창립하였던 것이다.

또한 우리아가동산, 꽃들 나라, 한빛 아가방 등 민간 비영리 탁아소들의 교사들은 1989년 1월 지역사회탁아소연합회 부산지역 탁아위원회를 결성하였다. 이는 기혼 여성노동자의 증가, 여성의 평생노동권의 확보, 아이들이 올바르게 키워져야 한다는 목표 아래 빈민지역·공단지역에 비영리 민간 탁아소가 설립 운영되었으나, 각기 탁아소에서 해결할 수 없는 문제점들인 교사인력의 부족과 재정문제 등이 산재되어 있어 이를 공동으로 해결하고자 결성하였다. 그리고 아동의 올바른 보육과 보육교사의 사회적 지위향상을 위하여 활동하였다.

1989년 설립된 부산환경운동연합 환경여성회는 환경문제, 환경의식 고취, 환경 친화적인 생활로 주변의 환경을 살리는 운동에 적극 참여하였다.

이렇게 1987년 6월항쟁 이후 부산지역에서는 많은 진보적 여성단체들이 설립되고 활동을 시작하였다. 6월항쟁을 통하여 부산 사회운동이 확대되었고, 노동여성들을 시작으로 여성들이 여성들만의 문제를 해결키 위한 자신들의 조직을 결성하였던 것이다. 실제 부산지역의 다수의 여성들은 다양한 방식으로 6월의 민주화항쟁에 참여하였고 이미 사회운동에서 일정한 역할을 하고 있었던 여성들은 이러한 경험을 통하여 사회운동 더 나아가 여성운동이라는 새로운 형식을 통하여 자신들의 진보성을 드러내게 되었다.15)

---

14) 부산여대 여성문제연구소(1993), 「부산지역의 여성단체, 부산여성회」, 『여성연구논집』 4집, 145-146쪽.
15) 부산여성단체연합(2007), 「민주와 평등이 100인 여성을 만나다」, 부산여성단체연

3. 과학적 여성해방이론 정립의 모색

위와 같이 80년대 여성운동이 미흡하기는 하지만 여성운동의 대중화, 조직화, 연대의 공고화, 전국화 등의 양상을 띠고서 민족민주운동의 부문운동으로서 여성들의 구체적 이해와 요구를 본격적으로 제기할 수 있었던 것은 역시 무엇보다도 여성해방이념의 과학적 체계를 갖추기 위한 모색 속에서 가능하였다.

한국사회의 여성문제는 무엇이고, 주체는 누구이며, 여성해방은 어떻게 실현되어야 하는가의 논의는 1980년대 들어와서 본격적으로 시작되었다.

특히 1982년 이화여자대학원에 여성학과가 설치되고, 1984년 한국여성학회가 발족되면서 좀 더 이론적 차원에서 여성문제가 제기되고 검토되기에 이르렀다. 그리고 이 시기 근로여성·도시빈민여성·농민여성 등 이른바 민중여성들에 대한 연구가 급격히 증가하였으며, 현실적인 여성해방운동으로 매진키 위해 여성억압의 체계 및 기제에 대한 관심이 크게 증대하였고, '여성중심적' 관점을 설정하기 위한 노력이 계속되었다.[16]

이 같은 연구경향 속에서 초기에 두드러진 것은 사회주의 여성해방론에 기초하여 여성문제·여성해방을 파악하고자 하였다는 점이다. 이 입장에서는 여성문제의 해결은 가부장제와 자본주의의 동시적 타파로 보고, 여성운동의 방향을 계급문제는 사회주의운동으로, 성차별은 여성운동으로 분리된 운동으로 본다.[17]

그러다가 80년대 후반에 접어들면서 서구 해방론을 극복하고 한국적 여성해방론·실천적 여성해방론을 정립하고자 하는 연구자들이 생겨나

합 토론회.
16) 김홍숙(1986), 「한국여성을 대상으로 한 사회과학연구에서의 연구추세」, 이화여대 석사논문, 47-48쪽, 68쪽.
17) 여성사연구회편집부(1988), 「한국여성해방이론의 전개에 대한 비판적 검토」, 『여성』 2집, 183-185쪽.

기 시작하였다. 특히 1985년에 발간된 무크지『여성』의 출판, 여성 연구회의 출범 등은 이러한 이론적 작업에 주요한 계기를 가져다주었다. 그 후 연구에서 연구자들은 서구의 사회주의 여성해방론이 가부장제와 자본주의의 병렬적 타파를 주장하면서도 실천적 대안이 부족하다고 비판하고, 나름대로의 이론을 제기하고 있다.[18] 이들은 여성문제가 사회전반에 걸친 구조에서 파생되는 문제이며 따라서 그 해결방식도 전체사회운동과 동시적이고 통일적으로 이루어져야 한다고 강조하였다.

부산에서도 이와 같은 맥락에서 1988년 부산여자대학(현 신라대학)이 여성학강좌를 개설하였다. 여성학강좌의 개설 목적은 여성문제를 인식하고 해결해 나가기 위해서는 젊은이들에게 여성학을 강의하여야만 한다는 현실적 목적 아래서 시작되었다.[19] 그리고 이어 신라대학은 여성문제연구소를 설립하여 부산지역 여성의 삶을 연구하고자 하였다.[20] 부산 여성의 문제가 무엇인가? 지역에서 여성으로 산다는 것은 무엇인가? 등의 의문을 갖고 부산지역 여성들의 삶을 가족, 교육, 노동, 여성운동, 성 등을 주제로 하여 많은 성과들을 내 놓았다.

그리고 다른 대학들도 여성학강좌를 개설하기 시작하였고, 부산대학도 여성연구소를 설립하였다.[21] 여성학강좌는 서울보다 10년 늦게 개설된 것이었지만 부산지역 학생들에게는 새로운 개설과목으로 많은 인기

---

[18] 심정인(1985),「여성운동의 방향 정립을 위한 이론적 고찰」,『여성』1호, 창작과 비평사 : 박정렬(1986),「여성모순의 본질에 관한 해부」,『석순』제4호, 고대여학생회 : 이승희(1987),「여성문제의 본질과 형태」,『사회과학개론』, 백산서당.
[19] 1988년 2학기 여성학 강의 교수목표는 "여성에 대한 편견을 인식하고 올바른 여성상을 정립하며, 여성의 사회적 지위향상과 인간화에 기여하고자 한다". 이기숙,「본교 여성학 강의를 위한 기본자료의 수집과 분석」,『여성연구』창간호, 부산여대 여성문제연구소, 54쪽.
[20] 그 목적을 "본 연구소는 여성에 관한 문제를 연구, 조사함과 동시에 본교 및 지역사회 여성에 대한 교육을 실시함으로써 여성의 발전에 기여함을 그 목적으로 한다"고 함.
[21] 부산대학 여성연구소 역시 논문집을 발간하고 있다.

를 끌었고, 이는 부산지역 여성인식의 변화에 일정한 역할을 하게 되었다.

III. 1990년 이후 부산지역 여성 삶의 변화[22]

1. 부산지역 여성 삶의 변화

1990년대에 들어서면서 부산 여성들의 삶에도 많은 변화가 일어나게 되었다. 여성들의 경제활동을 보면 1990년 부산지역은 44.8%(전국 47.0%)의 여성이 경제활동에 참여하고 있으며, 1997년 49.7%(전국 49.8%), 1998년 46.3%(전국 47.1%), 1999년 46.4%(전국 47.6%)의 여성이 참여하고 있다. 이는 전국 기준치와 비교하면 떨어진 수치이지만 1995년을 계기로 부산지역 여성의 취업률이 전국 수치를 앞지른다. 하지만 IMF를 맞으면서 1998년을 계기로 경제 활동률이 많이 떨어졌다.[23] 90년대 여성경제활동에서 큰 변수가 되었던 것이 IMF였다.

부산지역의 여성들은 1980년대 이래 제조업에서 빠른 감소를 보이고 대신 서비스 업종에서 계속적인 증가세를 보이고 있다. 2000년 부산지역 여성취업자 중 서비스 판매직 비율은 39.9%로 서울 34.6%, 전국의 32.5%에 비하여 훨씬 높은 수치였다.[24]

1990년대 여성 삶의 두드러진 변화는 70년대 이래 계속되어진 여성교육의 증가로 이제 서서히 여성들이 전문직에 등장하기 시작하였다는 점이다. 여성취업자의 직업별 분포의 추이를 보면 여성취업자 가운데 전문

---

[22] 이송희(2006), 「여성사회의 변화」, 『자료로 본 부산 광복 60년』, 196–252쪽. 이 글은 해방 이후에서 2005년까지의 부산여성의 삶의 변화를 간략히 소개하고 있다. III장은 이 글을 참고한 것이다.
[23] 안미수(2003), 「부산지역 비정규 여성노동자 실태와 고용 방안 연구」, 『부산여성정책 연구』 1집, 113–114쪽.
[24] 안미수, 앞의 글, 121쪽.

기술직 행정 관리직에 종사하는 여성의 비율은 1966년(2.9%) 이래로 꾸준히 증가하여 1990년에는 여성취업자의 9.4%가 종사하는 것으로 나타나고 있다.25)

이러한 여성들의 경제활동의 변화는 여성교육의 확대에서 비롯되었는데, 특히 여성 고등교육이 놀라울 만큼 급속히 증가하였다. 1985년 인문계고등학교를 보면 부산은 여학생 44% 남학생 56%에서, 1990년 여학생 42% 남학생 58%, 1995년 여학생 47% 남학생 53%, 1997년 여학생 47% 남학생 53%로 여학생의 숫자가 증가하고 있고, 대학을 보면 1985년 여학생 28%와 남학생 72%에서 1997년 여학생 37% 남학생 63%로 여학생들의 숫자가 급격히 증가하였다.26)

1990년대 두드러진 변화의 하나가 가족이 변하고 있다는 점이다. 국가의 여성을 배제한 오랜동안의 출산정책은 출산율을 급격히 저하시키는 일 요인으로 작용하였다. 이와 함께 핵가족화와 여성들의 경제활동과 사회활동은 여성들의 육아 부담을 가중시킴으로써 출산율이 차츰 낮아지기 시작하였다.

또 한편 이혼율의 증가가 두드러지게 나타났는데, 이는 모자가족의 증가를 가져오고 여성들의 빈곤화를 더욱 촉진하는 결과를 주었다.

2. 여성의 지위향상 관련 법과 기구

1) 1990년대 여성관련 법

1990년대에 들어서 큰 변화 중의 하나가 여성지위 상승과 관련한 법들이 마련되었다는 점이다.(<표-1> 참조)

---

25) 임호(1996), 「부산지역 여성의 경제활동 참가와 구조적 변화」, 『여성연구논집』 7집, 부산여대 여성문제연구소, 21쪽.
26) 최중옥(1999), 「학교 및 사회교육」, 『부산백서』, 부산광역시, 230 - 232쪽.

<표-1> 여성관련 법률 제정 및 폐지(연대순)

연도		법률
해방 이후	1946년	부녀자의 매매 또는 그 매매계약의 금지에 관한 법령 제정
	1947년	공창제 폐지령
	1958년	가족법(민법 제4편 제5편) 처의 무능력제도 폐지 및 혼인의 자유
1960 년대	1961년	윤락행위 등 방지법 제정
1970 년대	1973년	모자보건법 제정
	1977년	가족법 2차 개정(남녀차별 개선)
1980 년대	1986년	모자보건법의 전문개정
	1987년	남녀고용평등법 제정
	1989년	모자복지법 제정
1990 년대	1990년	가족법 3차 개정(남녀차별 개선)
	1991년	영유아보육법 제정
	1993년	일제하 일본군위안부 생활안정지원법 제정
	1994년	성폭력 범죄의 처벌 및 피해자보호 등에 관한 법률 제정
	1995년	여성발전 기본법 제정
	1997년	장애인·노인·임산부 등의 편의증진에 관한 법률 제정
	1997년	가정폭력범죄의 처벌에 관한 특례법률 제정
	1999년	남녀차별금지 및 구제에 관한 법률 제정
	1999년	여성기업지원에 관한 법률
2000 년대	2004년	건강가정기본법 제정
	2004년	성매매 알선 등 행위의 처벌에 관한 법률 제정
	2004년	성매매 방지 및 피해자 보호 등에 관한 법률 제정
	2004년	윤락행위 등 방지법 폐지
	2005년	남녀차별금지 및 구제에 관한 법률 폐지

먼저 1991년 1월 영유아보육법이 제정 공포되었다. 이 법은 영유아보육의 책임을 보호자 뿐 아니라 국가와 지방자치단체, 국민에게 확대하고,

국가와 지방자치단체의 보육지원조치와 영유아보육시설의 설치, 운영에 관한 기준을 제시한 것에 의의가 있다. 그리고 1990년 1월 개정된 가족법은 호주상속제도의 호주승계제도로의 변경, 법정모자관계의 폐지, 친족범위에서의 모계 처가의 차별철폐, 재산분할청구권의 신설, 상속분의 자녀 완전 균분화와 부부차별해소 등을 주요 내용으로 하고 있다.

1990년대 들어 성폭력·성희롱·가정폭력 등 여성에 대한 폭력 사건들이 크게 사회문제화되었다. 이에 따라 '일본군위안부' 생활안정지원법의 제정(1993년 6월), 성폭력 범죄의 처벌 및 피해자 보호 등에 관한 법률 제·개정(1994.1, 1997.8), 윤락행위방지법의 개정(1995.1), 가정폭력 범죄의 처벌에 관한 특례법(1997.12), 가정폭력 피해자보호 등에 관한 법률의 제정(1997.12) 등이 이루어졌다.

1995년에는 남녀평등고용법이 개정되어 여성 채용 시 용모 기준을 철폐하였다. 근로기준법에 여성시간제근로자의 모성보호규정(1997.3)이 신설되었고, 정리해고 요건에 성차별 금지요건이 신설되었다.(1998.2) 1999년 2월 8일에는 남녀고용평등법이 제3차 개정되어 간접 차별의 개념과 직장 내 성희롱의 예방과 규제에 관한 규정이 도입되었다. 동시에 남녀 차별 금지 및 구제에 관한 법률이 제정되었다.

2) 2000년대 여성관련 법

1997년 대선에 즈음하여 여성단체들은 여성정책을 발표하였고, 전담할 중앙부서로 여성부 설치를 요구하였다. 이에 2001년 1월 29일 여성부가 설치되었다. 그리고 2002년 12월 여성발전기본법이 개정되어 여성정책회의 설치와 정책의 여성영향 평가제에 관한 규정이 마련되었다.

그리고 노동관계법이 정비되어, 고용평등법의 경우 남녀차별을 금지하고 남성도 육아휴직을 할 수 있게 하며 간접차별을 구체화하는 등 실질적인 남녀고용평등을 실현하는 법으로 변모하였다.(2001년 8월) 근로기준법에서는 임산부 보호의 강화와 여성 취업 확대를 위한 일반여성보호의 완화를 꾀하였다.

2000년대 들어서는 여성의 사회참여 촉진을 위한 입법운동이 활발히 전개되어, 많은 규정들이 제정되었다.

또한 윤락행위 등 방지법이 폐지되고 성매매 알선 등 행위의 처벌에 관한 법률과 성매매방지 및 피해자 보호 등에 관한 법률 (2004년 3월)이 제정되었다.

2000년대 들어서의 가장 큰 성과는 호주제의 폐지이다. 2005년 3월 31일 호주제 폐지를 포함한 가족법의 개정이 이루어졌다. 이에 따라 동성동본 금혼제와 여자의 재혼기간 금지는 삭제되고 근친혼금지범위가 8촌 이내의 혈족과 6촌 이내의 인척 등으로 개정되었다. 그리고 2008년 1월 1일부터는 호주제와 가족의 입적제도의 폐지, 가족의 범위와 자녀의 성과 본의 개정, 친양자제도의 신설에 관한 개정이 시행된다.

그리고 건강가족기본법(2004년 2월)과 저출산 고령화 사회의 기본법(2005년 5월)이 제정되었다.27)

3) 부산지역의 여성정책

부산시의 여성관련 정책은 이전까지 부녀행정 중심으로 추진되다가 1997년에 이르러 전면에 등장하게 되었다. 약 2년여의 과도기 동안 여성정책위원회 설치 운영 및 여성정책 수행을 위한 행정조직으로서의 개편이 이루어졌고 1997년 이후부터 부녀행정은 여성정책으로 전환되었다.28)

---

27) 여성관련 법의 제정에 대하여는 김엘림(2006), 「여성 입법운동의 전개와 성과」, 『여성과 역사』 3집 참조.

부산의 여성정책은 주로 중앙의 정책을 따르는 경우가 대부분이지만, 지난 10년간 부산시가 독자적으로 추진한 여성정책은 여성정책위원회 설치 운영과 부산광역시 여성센터 설립운영으로 이어졌다.

여성정책위원회는 전국 지방자치단체 중 최초로 여성정책에 관한 자문위원회를 구성하여 운영하였다. 이는 지역 여성운동가들의 요구에 따른 것으로, 1994년 설치되었다. 2003년 12월 부산광역시 여성발전기본조례제정을 계기로 부산시의 여성정책 자문기능에 심의기능이 추가되었으며, 명칭을 여성정책위원회로 변경하여 운영하고 있다. 위원은 총 20인이고 임기는 2년이다.

부산 여성센터는 원래 부산여성개발원 설립을 목표로 이를 발전시켜 여성개발원으로 만들기 위한 제1단계 과정이었다. 2002년에 설립된 이후 여성의 사회활동 네트워크의 거점화 사업, 여성인력개발 및 차세대 지도자 육성, 여성의 사회참여 활성화를 위한 사업, 지역 내 여성단체 활동의 지원 및 협력사업, 여성의 문화활동 및 복지증진 사업 등을 실시하였다. 한편 부산발전연구원은 양성평등을 앞당기기 위한 새로운 여성정책 개발의 필요에 부응하기 위해 2003년 1월 여성정책 개발센터를 개원하였다.

그리고 여성센터 · 여성정책 개발센터 등 여성관련 기관이 통합하여 2008년 부산여성가족개발원으로 개원하였다.[29]

부산광역시의 여성관련 부서[30]는 <표-2>과 같이 1990년 가정복지국으로 명칭이 변경되었고, 1998년 보건복지여성국이 되었다. 보건복지여성국은 여성정책, 권익증진, 청소년 육성, 아동복지 보육 등을 담당하고 있다.

---

28) 주경미(2005), 「여성정책, 누가 어떻게 결정하는가」, 부산대학 박사학위논문, 40쪽.
29) 이 기관은 시가 출연한 자산을 갖고서 독립재단으로 설립되었는데, 정책연구만을 담당하는 기구가 아니고 교육 등 다양한 기능까지도 포함한 활동을 하고 있다.
30) 조미라(2006), 「제1차 부산시 여성정책 평가」, 신라대 석사학위논문.

<표-2> 부산시 여성정책의 추진체계의 변화

일시	내용	비고
1963년 1월 1일	부산시가 부산 직할시로 승격 보건사회국 내 부녀계 설치	법률 제173호에 의해
1963년 3월 29일	부녀상담소 설치조례 제정공포	부산시조례 제19호
1965년 1월 22일	아동상담소 설치조례 제정공포	부산시조례 제113호
1966년 9월 9일	여성회관 설치조례 제정공포	
1966년 12월 7일	보건사회국 부녀과로 승격	
1969년 8월 19일	보건사회국내 아동계 부녀계가 부녀아동과로 승격	부산시규칙 제161호에 의해
1972년 11월 28일	부녀상담소와 아동상담소 설치조례 폐지 부산시 부녀상담소 설치조례 공포	부산시조례 642호
1985년 6월 18일	부녀아동과에서 부녀청소년과로 명칭 변경	청소년계 신설
1988년	부녀복지계, 생활지도계가 신설 가정복지국 발족 부녀복지과 부녀복지계 신설	
1996년	가정복지국 부녀복지과가 여성정책과 조직개편	
1998년	보건사회국+가정복지국=보건복지여성국으로 통합 사정복지과+아동복지계=여성정책과로 통합 부산광역시 정책개발실 산하 여성정책개발센터 발족	
1999년	1과 4담당 : 여성정책, 여성복지, 여성상담, 아동복지	
2001년	1과 5담당 : 청소년담당 추가	
2003년	1과 6담당 : 보육담당 추가	

출처 : 조미라(2005), 22쪽 (www.busan.go.kr 재구성).

<표-3> 부산시 조례 제·개정 현황

가치법규명	제정일	최근 개정일
여성회관시설 운영조례	1998. 12. 31	2005. 02. 16
아동청소년회관 운영조례	1998. 12. 31	2003. 03. 13
어린이집 설치 및 운영조례	1995. 01. 10	2005. 06. 08
각종위원회 여성위원 위촉에 관한 규정	2000. 01. 20	-
모·부자복지기금 설치 운영조례	2000. 02. 17	2005. 02. 06
여성센터 설립 및 운영조례	2001. 12. 06	2005. 02. 16
여성발전 기본 조례	2003. 12. 24	2005. 02. 16
직장 내 성희롱 예방지침	2004. 05. 05	-
보육조례	2004. 07. 08	2005. 06. 08

출처 : 조미라(2005), 23쪽 (www.busan.go.kr 재구성).

3. 여성의 정치세력화

1990년대에 이르러 지방자치제가 실시되자 여성들의 교육수준의 향상, 사회 경제 활동의 증가, 여성평등의식의 확대 등을 기반으로 여성들의 정치활동이 증가하기 시작하였다. 사실 국회의원의 여성비율은 9대 국회(1973년)의 경우(<표-4>참조) 11명으로 5.0%까지 올라 간 적도 있지만 이것은 작위적인 것이었고, 여성 자신들의 정치의식이 고조되면서 정치세력화를 이룬 것은 지방자치제가 실시될 즈음이었다고 보인다. 1991년에 실시된 지방자치제는 여성들의 정치참여에의 필요성과 중요성을 인식시키는 획기적인 계기가 되었다.

<표-4> 여성 국회의원 현황 (1948~2006)　　(단위 : 명, %)

	국회의원		
	계	국회의원 여성	비율
1대 (1948)	200	1	0.5
2대 (1950)	210	2	1.0
3대 (1954)	203	1	0.5
4대 (1958)	333	3	0.9
5대 (1960)	233	1	0.4
6대 (1963)	175	2	0.7
7대 (1967)	175	3	1.7
8대 (1971)	204	5	2.5
9대 (1973)	219	11	5.0
10대 (1978)	231	9	3.9
11대 (1981)	268	8	3.9
12대 (1985)	276	8	2.9
13대 (1988)	299	6	2.0
14대 (1992)	299	3	1.0
15대 (1996)	299	9	3.0
16대 (2000)	273	16	5.9
17대 (2004)	299	39	13.0

자료 : 중앙선거관리위원회, 한국여성개발원.

이러한 움직임은 여성단체들로부터 시작되었다.

여성의 정치 참여를 위한 여성단체의 활동은 선거 이전의 활동과 선거 기간 중의 활동으로 나누어 볼 수 있다. 여성의 정치세력화를 위한 대표적인 활동은 여성후보자를 발굴하고 여성정치지도자를 길러 내기 위한 일반인을 대상으로 한 정치의식 교육 및 리더십 교육 등의 교육활동이다. 여성단체들은 세미나, 공청회, 차세대지도자연수 정치교실 등을 운영하여 정치의식을 함양하고 유능한 여성인재를 발굴하여 왔다.

또한 1995년 이후 매번 지방 선거 때마다 부산지역 여성단체들은 여성 정치 참여의 확대를 위한 연대를 결성하여 적극적으로 활동해 왔다. 여성들은 연대하여 의원 후보자 공천, 당고위직 정책고위직에 여성을 10 - 30% 할당하라는 할당제 도입을 촉구하였다.

그러나 부산지역의 여성정치 현실은 밝지 않다. 지역구 여성국회의원은 부산 동구에서 박순천의원이 4·5·6대 당선된 이래 배출하지 못하다가 2004년 선거로 연제구에서 김희정이 당선되었을 뿐이다. 전국구에는 1971년 8대 의원으로 허무인이 있었고, 2004년에는 장향숙과 윤원호 등이 열린우리당의 비례대표가 되었다.

시의원의 경우는 1991년 선거에서 박정진이 당선되었고, 2기에는 남구에서 강정화, 비례로 서정옥·김내원·손상영 등이 당선되었다. 3기에는 정봉화가 비례로 유일한 여성의원이 되었다. 4기 2002년 선거에서는 현영희·송숙희 등이 지역 의원으로, 김기묘·이승렬·박주미 등이 비례대표로 당선되었다.

구 의원으로는 1기에 강정화·강성순 등이, 2기 송숙희·이강자 등이 당선되었다. 3기에는 송숙희·강정순 등이 당선되었다. 2002년 4기 선거에서는 김춘렬·남명숙·김금숙 등이 당선되었다.(<표-5>, <표-6> 참조) 2006년 선거에서는 많은 여성들이 구의회에 진출하였다. 이는 열린우리당을 필두로 각 당들이 여성후보를 공천하고자 하였고, 비례의 경우 여성을 1번으로 하였기 때문이다.

<표-5> 여성 지방의원 진출현황

구분	합계	국회의원			기초의원
		소계	지역구	비례대표	
1995년 6.27 선거	전국 127명 (2.2%)	55명 (5.8%)	13명 (1.5%)	42명 (43.1%)	71명 (1.6%)
	부산 6명 (1.6%)	4명 (6.6%)	1명 (1.8%)	3명 (50.0%)	2명 (0.6%)
1998년 6.4 선거	전국 97명 (2.3%)	41명 (5.9%)	14명 (2.3%)	27명 (36.4%)	56명 (1.6%)
	부산 3명 (1.0%)	1명 (2.3%)	0명 (0%)	1명 (20.4%)	2명 (0.9%)
2002년 6.13 선거	전국 140명 (3.6%)	63명 (9.2%)	14명 (2.3%)	49명 (67.0%)	77명 (2.2%)
	부산 8명 (2.5%)	5명 (7.0%)	2명 (2.0%)	3명 (50.0%)	3명 (1.4%)

출처 : 중앙선거관리위원회 참조.

<표-6> 여성 지방의회의원 현황 (1995~2006)   (단위 : 명, %)

		광역의원			기초의원		
		계	여성	비율	계	여성	비율
1대 (1995)	부산	55	4	7.3	320	2	0.6
	전국	972	56	5.8	4,541	71	1.6
2대 (1998)	부산	44	1	2.3	224	2	0.9
	전국	690	41	5.9	3,490	56	1.6
3대 (2002)	부산	44	5	11.4	215	3	1.4
	전국	682	63	9.2	3,485	77	2.2
4대 (2006)	부산	47	6	12.8	182	34	18.7
	전국	733	89	12.1	2,888	436	15.1

출처 : 중앙선거관리위원회 참조.

IV. 1990년 이후 부산지역 여성운동의 전개

1. 여성운동 전개의 배경

1) 여성운동의 다변화

1990년대는 여성운동이 활성화되었는데, 그것은 그동안 여성운동의 현장에서 경험을 쌓은 운동가들이 배출되고, 여성문제에 관한 전문가들이 등장하게 되었기 때문이다. 특히 여성단체들은 중간 간부의 양성을 통해 전문적인 운동가들을 배출하였고, 운동의 구체적인 활동들이 이들에 의해 이루어졌다. 이는 운동의 지속성과 전문성을 가져다주어 운동이 깊이 있게 전개될 수 있는 계기가 되었다.

그리고 90년대에는 많은 전문적 여성단체가 만들어지고 특수단체도 설립되었다. 1990년 한국정신대문제 대책협의회가 결성되어 이듬해 최초의 '일본군 위안부' 피해자 증언을 바탕으로 정신대의 실상을 폭로하고 문제 해결을 위한 활동을 벌였다. 또한 1991년 성폭력 상담소가 개설되어 성폭력의 문제를 들추어내고 입법화 할 수 있는 바탕을 마련하였다.

특히 90년대에는 운동의 방법과 내용에서 다변화하였다. 먼저 방법면에서 보면 소규모의 조직을 단위로 하는 운동 방식이 등장하여 많은 효과를 거두었다. 민우회는 주부운동에서 성과를 거두었는데, 특히 지방자치제를 즈음하여 지역정치에 대한 여성들의 관심을 끌어내고 정치에 직접 참여하는 수준으로 세력화하였다. 각 지역의 여성단체들도 이 방법을 통해 주부 회원들을 끌어들이고 운동을 전개해 나갔다. 대중적 기반의 획득을 위해 이러한 생활 속에서의 소규모 조직이 운동의 기틀이 되어야 한다는 판단에 따른 것이다.

내용면에서는 문화운동과 지역에서의 생활운동이 큰 비중을 차지하고 있다. 특히 문화운동이 여성운동의 큰 이슈로 등장하고 있다. 영화나 연극 같은 문화적 영역을 통해 여성의 일상에 영향을 미치는 운동이 필요하다는 공감대가 형성됨에 따라 여성영화제를 개최하고 연극을 상연하여 많은 호응을 얻고 있다. 여성문화예술기획이 설립되고 여성문화 전용극장인 마녀가 등장하고 문화운동가를 중심으로 『이프』지가 탄생하기도 하였다.

이러한 운동 내용과 방법의 다변화는 여성운동의 공간을 확대시켜주어 많은 저변층을 확보할 수 있었고 운동의 대중성을 얻을 수 있는 여건을 마련하여 주었다.31)

2) 여성연구의 축적과 전문적 여성연구자들의 배출

90년대 들어와 여성에 관한 연구가 축적되고, 많은 연구자들이 배출되고 있다. 특히 이화여대 대학원의 여성학과를 중심으로 많은 인재가 배출되고 있으며 박사과정을 통해 국내박사가 배출되었다. 그리고 국외에서 여성학 관련으로 학위를 받은 다양한 전공의 연구자들이 대거 국내에 들어옴으로써 연구가 활성화되었다. 그리하여 여성에 관한 연구가 급격히 증가하고 그 경험이 축적되었다.

부산지역에도 대학원 여성학과가 만들어졌다. 1997년 신라대학(구 부산여자대학)이 여성대학원을 만들어 여성학과를 개설하였으며, 2000년대에 들어서 부산대학이 석박사 통합과정을 개설하였다. 이를 통해 부산지역에서도 여성학 연구자들이 배출되기 시작하였다. 이 연구자들은 특

---

31) 90년대 여성운동의 전개에 관하여는 다음의 글들을 참조하였다. 장미경(1996), 「여성운동의 흐름」, 『여성과 사회』 7호, 209-220쪽 : 김기선미(1997), 「여성운동의 흐름」, 『여성과 사회』 8호, 351-360쪽 : 김기선미(1998), 「여성운동의 흐름」, 『여성과 사회』 9호, 296-305쪽 : 오장미경(1999), 「여성운동의 흐름」, 『여성과 사회』 10호, 289-300쪽 : 오장미경(2000), 「여성운동의 흐름」, 『여성과 사회』 11호, 279-290쪽 : 오장미경(2001), 「여성운동의 흐름」, 『여성과 사회』 12호, 242-263쪽.

히 부산지역의 현안 여성문제를 본격적으로 연구하기 시작하였고, 이들에 의해 많은 연구 성과들이 축적되기 시작하였다.

그리고 신라대학의 여성문제연구소와 부산대학의 여성연구소는 부산지역의 여성관련 사업을 매년 전개하고 논문집 발간을 통해 부산 여성과 관련한 연구를 축적해 오고 있다.

한편 부산에도 전문적 여성연구자들의 모임인 지역여성연구회가 1990년 5월 설립되었다. "지역사회의 여성문제와 관련된 분야의 제반 학술적 조사, 연구 활동을 통하여 여성해방 및 한국사회의 발전에 기여함"을 목적으로 활동을 시작하였다. 사업으로 지역여성 및 이와 관련된 분야의 연구와 조사, 연구발표회 및 토론회 개최를 통한 연구 성과의 대중화, 회지 및 기타 간행물 발간, 타 단체와 교류 등을 하고자 하였다.32)

아직은 부산지역의 여성연구자들이 많지 않은 상황에서 지역과 여성의 문제를 한 고리로서 해결해 보고자 하는, 전공을 달리 하는 몇 명의 연구자들로 시작했다. 그 시기 당장은 큰 성과를 기대하기 어려웠지만 이 연구회에 참여하였던 연구자들은 현재 부산지역 여성연구자로서, 정책 입안자로서, 교육자로서 부산 여성문제를 담당하는 핵심그룹이 되었다.

이러한 부산지역에서의 연구자 배출은 자연이 부산지역 진보 여성운동의 전개에 많은 영향을 주었다.

2. 진보적 전문적 여성단체들의 출현과 연대 활동

1) 진보 여성단체들의 출현

여성운동의 활성화와 다변화에 힘입어 1990년대에는 많은 진보적인

---

32) 부산여대 여성문제연구소(1993), 「부산지역의 여성단체 - 지역여성 연구회」, 『여성연구논집』 4집, 150-153쪽.

여성단체들과 전문적인 여성단체들이 설립되었다. 부산지역은 1987년 6월항쟁 이후 진보적 여성단체들이 설립되기 시작하였고 1990년대에도 이와 맥락을 같이 하여 많은 진보적 여성단체들이 설립되었다.

먼저 가정폭력 등을 중심한 여성인권 단체인 부산여성의 전화의 설립을 볼 수 있다. 이는 1990년 부산기독교 상담센터로 출발하여 1994년 설립되었는데, 여성인권 단체로서 모든 폭력으로부터 여성의 인권을 보호하고 복지증진과 나아가 가정, 직장, 사회에서 성 평등을 이룩하고, 정치·경제·사회·문화 등 모든 영역에서 여성들이 주체적으로 참여함으로써 민주사회 실현에 기여함을 목적으로 설립되었다. [33]

부산성폭력상담소는 1992년 부산여성회 부설 성폭력상담소로 출발하여 1995년 부산성폭력상담소로 독립하였다. "아름다운 세상, 조화로운 세상, 여성이 인간인 세상, 폭력이 없고 성폭력이 없는 세상, 화합하는 세상에서 살고 싶다"고 창립선언문에서 밝히고 있듯이, 여성에 대한 성폭력의 실상을 알리고 이를 근절하는 여러 가지 활동을 하고자 설립된 단체였다. 성폭력 피해 여성들에 대한 상담활동 및 의료적·법적 지원 활동을 하며, 교육 및 연구 활동을 통해 적합한 프로그램을 개발하고 적극적인 성폭력 예방활동을 펼쳤다. 또한 상담사업과 교육사업, 여성기획 사업을 실시하며 부설기관으로 가정폭력상담소를 두고 있다. [34]

1995년 부산여성사회교육원이 설립되었다. 이는 미래를 준비하는 여성의 역할을 모색하고 여성의 민주의식을 높이며 민주적인 가족문화, 여성문화, 성문화를 창조 확산시키는 것을 목적으로 하였다. 초기에 이 단체는 서울에 설립된 여성사회교육원과 일정하게 연계되어 있기는 하였지만

---

33) 부산여성단체연합(2007),「(사)부산 여성의 전화」,『부산여성단체연합 활동백서』, 332-375쪽.
34) 부산여성단체연합(2007),「(사)부산 성폭력 상담소」,『부산여성단체연합 활동백서』, 206-267쪽.

부산의 특수성을 살리면서 독자적 활동을 하였다. 사업으로 여성학 강사 워크숍 개최, 여성학 교재 출판, 여성관련 주제 콜로키움 · 월례회 개최, 여성학 기초 교육, 여성관련 위탁교육, 여성관련자료 비치와 대여, 여성 문화 행사 기획 및 글쓰기 프로그램 등을 운영하였다. 부설기관으로 여성 리더십센터를 두고 있다.35)

그리고 1995년, 부산여성회가 1988년에 설립된 부산여성노동자회와 1990년에 설립된 부산여성회(1990)의 통합으로 재창립을 하게 되었다. 이 단체는 가정 · 직장 · 사회에서 여성이 주인으로 사는 삶을 위한 사업, 올바른 남녀평등의 실현과 건강한 지역공동체 건설을 목적으로 여성노동 사업, 여성인권사업, 가족문제 해결을 위한 상담실운영, 건강한 가족 만 들기 사업 등을 하고자 재창립을 하였던 것이다.36)

1998년 부산여성장애인연대가 설립되었는데, 오랫동안 우리 사회에서 소외되어 온 여성장애인들의 활발한 사회참여를 유도하고 그 기틀을 다 지는데 목적을 두었다. 이를 위해 이 단체는 여성장애인의 권익 옹호 및 인권침해제거사업, 성폭력상담사업, 국내외 교류사업, 체육 문화 사업 등 을 하고자 하였다. 부설로 성폭력상담소를 운영하고, 성폭력피해자보호 시설을 두고 있다.37)

여성문화인권센터는 2000년 "여성의 권익 옹호와 복지증진을 위한 제 반 사업을 통해 양성 평등한 민주복지사회 실현을 목적"으로 설립되었다. 그리고 이를 위해 여성권익신장사업, 성폭력 가정폭력 등 각종 상담활동,

---

35) 부산여성단체연합(2007), 「사)부산 여성사회교육원」, 『부산여성단체연합 활동백 서』, 270-329쪽.
36) 부산여성회(2005), 「부산여성회 10주년 기념자료집」 참조. 부산여성단체연합(2007), 「부산 여성회」, 『부산여성단체연합 활동백서』, 130-203쪽.
37) 장명숙(2007), 「한국 여성장애인 운동의 전개」, 신라대학 여성학과 석사논문. 부산 여성단체연합(2007), 「사)부산 여성장애인연대」, 『부산여성단체연합 활동백서』, 378-431쪽.

복지증진을 위한 사업, 문화교육사업, 조사연구 및 홍보사업 등을 주요 활동으로 펼쳐 나가고자 하였다.[38]

2002년 설립된 살림은 완월동 집창촌 지역에서 11월 여성복지상담소로 인가를 받아 성매매여성을 위한 상담소로 출발하였다. 이는 2001년 완월동 제일장에서 화재가 발생하여 여성들과 성구매자들이 죽거나 다치는 사건이 발생하였을 때 부산여성단체연합 소속의 여성단체들이 이에 관심을 갖고 성매매에 대한 인식을 갖게 된 것이 그 출발이 되었다.

이 단체는 실태조사를 시작으로 쉼터 운영, 집결지 시범사업, 집결지 자활지원사업, 그룹 홈 개원, 자활지원센터 등을 통하여 여성들의 자활을 지원하고 있다.[39]

이러한 진보적·전문적 여성단체들은 현재 부산여성단체연합에서 서로 연대하여 활동을 해 나가고 있다.

한편 1992년 여성정책연구소가 설립되었다. 여성문제와 정치 분야에 대한 조사 연구, 토론, 교육 등을 통하여 여성정책을 개발하고 전문 인력을 발굴, 육성함으로써 여성의 권익향상과 복지증진 및 지역사회 발전에 기여할 것을 목적으로 설립되었다. 여성정치교실, 여성정책개발실 등을 운영하고 있다.[40]

성폭력피해상담소는 1995년 성폭력 피해자를 보호하고 안정된 생활을 영위할 수 있도록 지원함과 아울러 성폭력예방활동을 통해 올바른 성문화를 정착시키고 여성의 인권을 회복시켜 평등하고 밝은 사회가 될 수 있도록 기여하는데 목적을 두고 설립되었다. 성폭력예방사업, 성폭력상담, 성교육안내서 발간 등의 사업을 하고 있다.

---

38) 부산여성단체연합(2007), 「여성문화 인권 센터」, 『부산여성단체연합 활동백서』, 480-525쪽.
39) 부산여성단체연합(2007), 「(사) 살림」, 『부산여성단체연합 활동백서』, 434-475쪽.
40) 부산여대 여성문제연구소(1993), 「부산지역의 여성단체 - 여성정책연구소」, 『여성연구논집』 4집, 149-150쪽.

이처럼 1990년대 2000년대 들어서 많은 진보적 전문적 여성단체들이 설립되었다.

2) 부산여성단체연합을 통한 연대 활동

진보 여성단체들은 부산여성단체연합을 결성하여 연대활동을 하고 있다.

부산여성단체연합은 한국여성단체연합의 소속 단체로서 전국 차원에서의 사회개혁과 여성문제를 함께 풀어가는 운동을 하면서, 한편 지역 여성단체들의 연합으로서 지역의 문제와 지역 여성들의 구체적 삶과 관련한 불평등한 구조를 바꿔 지역의 여성들이 보다 인간적인 삶을 영위할 수 있는 사업들을 해 나가고 있다.

한국여성단체연합이 만들어지게 된 것은 80년대 여성운동의 연대의 필요성에 의한 것이었다. 1986년 봄 여성운동단체들은 여성노동문제를 여성문제의 중심과제로 규정하면서 연대하기 시작하였다. 그리고 기층 여성들을 여성운동에 끌어들이기 위한 노력을 하였고, 부천서 성고문사건을 계기로 1986년 7월 7일 보다 확대된 여성단체연합으로 발전하였고, 1987년 2월 18일 여성운동세력의 정치적 요구를 관철시켜 나가는 구심체로서 여성단체연합을 결성하였다.

부산여성단체연합은 1980년대 말부터 등장한 진보적 여성단체들의 활발한 활동의 토대 위에서 1999년 창립되었다. 부산여성단체연합의 목적은 "본 연합은 부산지역 여성단체간의 협력과 조직적 교류 및 도모를 통하여 여성의 사회적 지위 향상과 민주 복지, 통일사회와 남녀 평등한 사회의 실천에 기여함"이었다. 사업은 여성 권익 신장 사업, 여성운동 조직력 강화 사업, 여성 관련 복지 증진 사업, 교육 홍보 출판 조사 연구사업,

국내 및 국제 여성 사회단체 교류 협력 사업, 기타 본 연합의 목적 달성에 필요한 사업 등이다. 41)

현재(2009년) 8개의 단체가 부산여성단체연합에 소속되어 있다. 단체는 다음과 같다.

사)부산성폭력 상담소(1995;1992년 부산여성회 성폭력 상담실로 출발), 그리고 사)부산여성사회교육원(1995년 설립), 사)부산여성의 전화(1994: 1990년 부산기독교상담센터로 출발), 부산여성회 (1995: 부산여성노동자회(1988)와 부산여성회(1990)의 통합 재창립), 사)부산여성장애인연대, 여성문화인권센터, 사)살림, 여성교육 문화센터 등이 같이 활동하고 있다. 이렇게 8개 단체들이 부산여성단체연합을 통하여 연대활동을 해 나가고 있다.42)

3. 여성운동의 내용

진보 여성단체들이 전개하고 있는 운동의 내용을 살펴보면 대체로 다음과 같다.43) 이 단체들은 주요하게 개별단체로 활동하면서 한편 타 단체들과 연대 활동을 하고 있다.

1) 성폭력·가정폭력·성매매 등 여성 인권 관련 활동

무엇보다도 첫째 성폭력·가정폭력 등 인권문제와 관련한 활동이 두드러진다. 1992년 부산여성회 내 성폭력상담소 설치가 부산지역에서 성폭력

---

41) 부산여성단체연합(2007), 「부산여성단체연합 활동현황」, 『부산여성단체연합 활동백서』, 35-36쪽.
42) 부산여성단체연합에 속하는 단체들의 경우 과거에는 부산보육교사회가 들어갔고, 몇 개의 단체들이 참관단체로 참여하기도 하였다.
43) 본고에서는 주로 여성단체연합의 활동을 대상으로 살펴보았다.

을 담당하는 최초의 상담소 설치였다. 당시는 우리 사회가 성폭력 피해자에게 오히려 그 잘못을 돌리고 질책하는 분위기였으며 여성 자신들도 이를 감추는 실정이었는데, 상담소의 설치는 피해여성들에게 힘이 되었고, 사회에 성폭력에 대한 경각심을 심어 주는 역할을 하였다. 그리고 자라나는 세대에게는 성교육의 장으로서의 역할을 하였다. 1995년에 설립된 성폭력 피해 상담소, 2000년에 설립된 여성문화인권센터도 이러한 역할들을 하면서 여성인권의 문제를 해결하고자 많은 노력을 기울이고 있다.

가정폭력은 오랫동안 우리 가정 안에 온존되어 왔는데, 여성들은 피해자로서 당하는 입장에 있었다. 그러면서도 세상에 이 문제를 드러내지 못하고 개인의 문제만으로 돌리다가 심지어 가족 간의 살인으로까지 비화되기도 하였다. 부산여성의 전화는 가정폭력에 시달리는 여성들을 상담하고 쉼터를 마련하고, 가해 남성들을 교육하고, 피해여성들의 자립을 돕는 사업을 통하여 가정폭력의 문제를 사회공론화하고 예방하는 일을 하고 있다. 이후 많은 가정폭력 상담소가 설립되어 이러한 활동을 하고 있다.

또한 역사가 짧지만 여성인권 사업으로 성매매피해 여성 관련 사업이 전개되어 왔다. 2002년 여성문화인권센터의 해운대 609지역의 실태조사와 상담을 시작으로 2002년 11월 살림이 설립되었다. 이후 살림은 실태조사를 시작으로 쉼터 운영, 집결지 시범사업, 집결지 자활 지원사업, 그룹 홈 개원, 자활 지원센터 등을 통하여 반성매매운동과 더불어 여성들의 자활을 지원하고 있다.

2) 여성노동과 관련한 사업

여성노동과 관련한 사업은 고용 평등의 위반, 고용 불안정, 비정규직 등의 문제가 주요 주제였다. 특히 부산여성노동자회를 전신으로 여성의 노동권에 많은 관심을 갖고 있는 부산여성회는 1995년 여성노동 상담전화로 '평등의 전화'를 개설하고, 2000년에는 부산여성고용평등상담실을 개소하였다. 평등의 전화 개설 이후 10월을 '고용평등의 달'로 정하고 매년 이와 관련한 토론회·심포지엄 등을 개최해오고 있다. 1997년에는 '동래 일하는 여성의 집'을 개관하여 여성의 경제활동 참여 확대와 여성노동자 조직 사업을 하였다.

특히 1997년 IMF를 거치면서 여성노동자들을 위한 여성실업대책본부 사업을 새로 시작하였고, 2001년에는 '여성가장의 참된 삶을 위한 모임터'를 발족하였으며 7월에는 '북구자활후견기관'을 개소하여 저소득 지역 여성들의 경제적 자활·자립을 위한 활동을 시작하였다. 2004년에는 '한부모가족 자립센터'를 개소하였다.

한편 일하는 여성의 집은 여성인력개발센터로 명칭이 변경되었고, 이후 진구, 해운대 등에도 설립되었다.

3) 보육문제, 모성보호 - 남녀공동육아 등의 사업

보육과 모성보호 관련 사업은 많은 여성단체들이 추진해온 사업이다. 1989년 설립된 부산보육교사회를 시작으로 보육의 문제가 더 이상 개인의 문제가 아닌 사회 공공의 문제로 논의되기 시작하였고, 여러 여성단체들도 이에 적극 참여하면서 보육의 사회화와 공공성을 위한 사업을 전개해 왔다.

또한 모성보호를 위한 구체적 사업이 주요 사업으로 시행되었다. 여성사회교육원은 모성보호법과 관련한 콜로키움을 개최하고 공동육아 확산을 위한 아빠의 육아체험사례기, 육아휴직제 홍보를 위한 남성의 육아체험사례 발표회(2002년) 등을 개최하였다.

4) 리더십교육, 사회교육, 성교육, 여성상담 등 다양한 교육활동

한국의 여성운동은 교육운동으로부터 비롯되었다고 볼 수 있는데 많은 여성단체들이 이러한 교육운동을 활발히 전개하고 있다. 부산여성사회교육원은 양성 평등한 사회로 가기 위한 방법으로 교육을 그 중요 목표로 하고, 교육모델을 제시하여 사회교육의 새로운 장을 열고자 하였다. 이를 위해 특별히 교육위원회 산하에 여성학·성교육·여성문화·리더십 등 네 개의 분과를 두고 교육운동을 전개하였다. 여성학, 여성운동 관련 교육부터 시작하여 성교육·문화교육·시민의식향상 교육 등을 하였고, 2002년에는 여성리더십센터를 개소하기에 이르렀다. 1997년부터 매년 3-4회 전문가를 초빙해 콜로키움을 개최하고, 2001년부터 월례회를 개최하고 있으며, 1995년부터 매년 여성학강사 워크숍을 개최하고 있다.

성교육은 부산 성폭력상담소와 여성문화인권센터에 의해 꾸준히 진행되고 있다. 그리고 여성상담교육은 일반적으로 여성단체에서 가장 일반적으로 이루어지고 있는 교육의 형태이다. 이는 다수의 여성단체들이 상담소를 운영하고 이를 준비하는 것과 관련하여 이루어졌다.

1996년 설립된 부산문화센터는 2001년 부산교육문화센터로 명칭을 변경하였는데 창립 이후 꾸준히 우리 사회의 교육문제를 고민하고 일상 사업으로 교육받지 못하여 문맹에 있는 여성들에게 한글교육을 시키는 사업을 꾸준히 하고 있다.

5) 건강한 가족문화 만들기, 민주적인 가정형성을 위한 활동

이는 많은 여성단체들이 참여한 활동으로 다양한 방식의 운동으로 전개되었다. 부산여성회는 여성가족사업부문이라는 사업의 하나로 이 활동을 전개하였다. 이는 가정과 사회에 나타나는 여성문제, 자녀와 가족문제를 연구하고 올바르게 정립시켜 나가기 위한 실천활동을 목표로 가지면서 성가족위원회로 출발하였다. 1997년 부산여성회 여성가족상담실을 운영하고 부부갈등토론회 등을 가졌다. 이후 사하가족상담실(1998), 영도가족상담실(1999) 등을 개소하였고, 이어 사하가정폭력상담소(1999), 아동상담소(2000), 연제가정폭력상담소(2000) 등을 설립하고 기혼부부와 예비부부를 대상으로 하는 평등가족 실천교육(2004)을 실시하기도 하였다. 특히 지역사업을 활성화하면서 이 문제를 지역 단위에서 풀어나가고자 하였다.

부산여성사회교육원도 가족복지위원회를 두고 건강한 가족문화를 만들어 가고자 여성아카데미 '행복한 가정, 존중받는 나의 삶'을 주최하였으며, 가족의 변화에 대한 전망, 가부장제의 고찰, 가족문화에 대한 이해 등의 콜로키움을 갖고, 결혼예비생과 결혼초년생을 위한 생활 정보 모임을 가졌으며, 열린 가족 심포지엄을 갖는 등 평등한 건강가족 문화를 만들기 위한 활동을 해 오고 있다.

부산여성단체연합은 연대활동으로 2001년 이후 매해 몇 차례에 걸쳐 각 대학 또는 부산 중요 거리에서 호주제폐지 캠페인을 갖고 폐지운동에 박차를 가하였다.

또한 많은 여성단체들이 가정경제문제, 건전한 혼인문화 정립을 위한 활동을 전개했다.

6) 장애여성을 위한 활동

우리 사회의 장애여성에 관한 관심은 그리 오래되지 않았다. 부산에서는 1998년 여성장애인연대가 설립되면서 여성문제로 적극 부상되었다.

여성장애인연대는 여성장애인의 사회성 향상을 위해 강연회 등 정기

모임을 갖고 있고, 외국어교실·수화교실 등을 통해 실력 향상을 꾀하고 있다. 그리고 장애인 교육대회, 여성학 소모임, 2030 소모임을 열어 장애인 여성들의 주체성 확립을 위한 운동을 하였다.

그리고 자립생활을 위한 운전교육사업, 직업재활사업, 문화체육사업 등을 추진하였다.

7) 정치참여 활동 - 지역에서의 지방의정 활동

1992년 대통령 선거 때 민주정부를 바라는 부산여성모임이 구성되었다. 유권자연맹은 여성유권자의 정치의식을 높이기 위한 교육을 실시해왔고, 각 단체들이 선거를 기하여 정치교육을 실시하였다. 그리고 여성정책연구소는 정치교실을 열어 차세대 여성 지도자를 연수하는 활동을 계속하고 있다.

1995년 지방의회 선거 때에는 부산지역 여성단체가 총망라되어 여성연대를 결성하여, 비례대표직 시의원에 여성을 할당할 것을 촉구하였다. 여성사회교육원은 '지역 자치활동의 의의와 방법'이라는 워크숍을 개최하였다. 여성단체들은 이후 계속 선거 때마다 여성연대를 구성하고 있다. 여성단체들이 모두 함께 범여성연대를 이루었다는 점에서 주요한 의의를 가진다고 하겠다.

부산여성회는 지역사업을 통해 1999년 사하구에 의정참여단을 구성하고 생활정치에 여성들의 참여를 확산하기 위한 활동을 전개하였다. 사상지역에서도 2003년 의정참여사업을 하였다.

부산여성단체연합은 2006년 지방선거 때에는 각 정당의 공천과정에 대표를 파견하여 공정한 공천이 이루어지도록 하였다.

8) 양성평등한 문화 만들기 운동

이 운동 역시 많은 여성단체들이 전개한 운동이었지만 특히 부산여성사회교육원·부산여성회·부산여성인권센터 등을 중심으로 전개되었다. 부산여성사회교육원은 설립부터 여성문화 분과를 두고 이 사업을 활발히 전개하였다. 1996년 '삶, 여성 그리고 연극'을 8차에 걸쳐서 개최하였다. 그리고 97년에는 여성문화페스티발 '여성이 여는 문화, 여성이 여는 세상'을 개최하였고 쌍계사로 다도기행을 떠났다. 1998년에는 '일상의 즐거움을 찾아, 댄스스포츠와 함께'를 개최하고, 칠불사로 다도기행을 왔으며, 부산의 역사와 문화알기 체험교육을 11회에 걸쳐 개최(2000년까지 계속 개최)하였다. 또한 '여성의 삶과 글쓰기' 강좌(2000년까지 계속)를 열었다. 2001년에는 여성부의 후원 아래 여성문화영상제를 개최하였다. 특히 2009년 11월 5일에서 7일까지 제1회 여성영화제를 개최하였다.

여성문화인권센터는 문화운동을 중심에 두고 활동하였다. 주부연극교실을 운영하였고, 주부극단 공연 '온전한 여성, 온전한 인간'을 개최하였다. 공예교실을 운영하고, 2005년에는 열린문화제 사업을 시행하였다.

9) 여성문제 해결을 위한 사업들

부산여성사회교육원은 여성문제에 관한 전문적 연구자를 많이 배출하였다. 여성학위원회가 중심이 되어 여성연구를 지속적으로 탐구해 오고 있다. 위원회 단위의 학습을 계속하면서, 새로운 이론을 연구하고 콜로키움을 열어 이론의 대중화에도 노력하고 있다. 또한 개원 이래 매년 여성학강사 워크숍을 개최하여 영남지역의 여성학 강의자들이 소통하는 자리를 마련하고, 좀 더 나은 여성학 강의를 위해 고민하는 활동을 계속하고 있다.

그리고 여성단체들은 운동하는 단체에 머무르지 않고 실제 여성관련

문제들을 고민하고 이를 정책 연구로까지 연결하고 있다. 정책 제안을 수시로 하고 있다. 또한 여성관련법 제정과 개정을 위한 사업을 끊임없이 전개하고 있다. 이는 주로 연대활동으로 이루어지고 있는데, 호주제 폐지를 위한 활동이 그 대표라고 하겠다. 더불어 여성의식화사업을 자체적으로 또는 연대활동을 통하여 전개하고 있다.

10) 그 외 다양한 활동

먼저 '군위안부' 문제와 관련한 활동이 있었다. 지역사회여성연합이 정신대 여성의 추모비 건립을 계획하였으나 이루지는 못하였다. 부산여성회는 할머니들을 돕기 위해 일일 찻집을 운영하기도 하였으며, 문제 해결을 위한 영사관 항의 방문을 하였다.

또한 평화 통일운동을 주로 연대활동으로 하고 있다. 남북의 평화통일을 위한 여성운동을 전개하고 있으며, 특히 전쟁반대와 군사문화 불식 등의 운동에 여성단체들이 앞장서고 있다. 2002년에는 부산여성단체연합이 남북여성평화통일대회(금강산에서 개최)에 참여하였으며, 이라크 파병 시에는 이에 반대하는 연대활동을 전개하기도 하였다. 전쟁이 얼마나 여성들에게 직접적인 피해로 오는가 하는 것을 홍보하는 활동을 하였다.

그리고 결혼 이주 여성들이 증가하면서 이들을 위한 활동을 하고 있다. 다문화 가족을 위한 다양한 프로그램을 운영하고 있다. 여성사회교육원은 사회적 일자리 창출 운동으로 다문화가정 여성들의 취업 프로그램을 운영하여 많은 호응을 얻고 있다.

국제교류프로그램도 연대활동으로 적극 추진하고 있다. 특히 일본 여성들과의 교류를 부산여성단체연합의 연대활동으로 계속 추진해 오고 있다.

V. 부산지역 여성운동의 과제

1. 여성운동의 성과와 한계

현재 부산지역 진보 여성단체들의 운동 성과와 한계를 고찰하기 위해 먼저 생각해야 될 것이 몇 가지 있다.

첫째, 여성운동에 대한 목표가 명확한가? 사회의 불평등구조를 바꾸어 나가는 사회변혁운동이면서 또한 여성들에 대한 성차별폐지라는 문제를 제기하고 해결하려는 것인가? 아니면 전혀 사회 개혁적이지 못하고 기존의 남녀 불평등구조에 그대로 편승하여 거기에서 몇 가지 권리를 얻는 것으로 만족하는가? 물론 한꺼번에 다 바꿀 수 없기에 작은 것도 소중하고, 그것부터 바꾸어 나가는 것이 필요하지만, 자칫 큰 것과 작은 것을 바꾸어 거기에 만족하는 경우도 보게 된다.

둘째, 그동안 해 왔던 또는 하고 있는 여성운동 사업이 시대적 요청에 맞는 것인가? 1980년대 이후 여성운동을 살펴보았는데, 우리 부산지역의 여성운동이 그러한 요구에 맞게 운동을 전개하기도 하였지만, 때로는 그러한 운동을 전개하지 못하였다. 단순히 여성 권익을 증강시키는 것만으로 여성운동이 할 바를 다 했다고 할 수 없다. 모든 구성원이 인간다운 삶을 사는 것이 궁극의 목표라면 그러한 장기적 안목이 필요할 것이다.

셋째, 지역에 살고 있는 여성들로서는 지역 불평등 타파 문제를 도외시할 수 없다. 부산지역에 한정된 이기주의 차원이 아니라, 모든 지역이 고루 평등한 조건에서 살 수 있는 조건 마련에 여성운동도 같이 가야 하지 않을까?

1) 여성운동의 성과

먼저 여성운동의 성과를 본다면 1990년대 이후 여성운동의 전반적 변화 속에서 여성운동은 많은 성과를 거두었다.

무엇보다도 법과 제도면에서 성평등을 많이 진전시켰다는 점이다. 이는 지난 20년간의 한국 여성운동의 성과라고 할 수 있는데, 특히 국민의 정부에서 시작된 양성평등 정책은 여성부의 신설로 이어졌고, 참여정부에서의 호주제 폐지로까지 이어졌다.

그 동안 성폭력특별법, 가정폭력방지법, 성매매방지특별법 등 반여성폭력 3대 법안이 만들어졌다. 또한 성평등을 실현하기 위한 성별영향평가가 시작되었고, 성인지 예산을 위해 국가재정법을 개정하고, 성인지 통계작성을 위해 통계법을 개정하였다.

남녀고용평등법의 개정과 출산휴가급여 · 육아휴직급여 등 모성보호를 위한 사회 분담화와 영유아보육법의 정비는 여성의 사회활동을 확대하는데 도움을 주고 있다. 여성의 정치 참여도 증가하게 되었다.

부산지역의 여성운동도 이러한 성과와 맥을 같이 하면서 많은 발전이 이루어졌다.

첫째, 전문적 여성단체가 만들어지고 특수 단체가 설립되면서 운동이 전문화되었다는 점이다. 여성단체들이 일시적 이슈를 갖고서 운동을 해 나가는 것이 아니라 출발에서부터 목적을 갖고서 설립되었기에 좀 더 전문적으로 운동을 추진해 나갈 수 있었다. 물론 운동 전개과정에서 내용이 수정되고 방향이 조정되기도 하였지만 그 방향에서 크게 벗어나지 않았다. 그런 과정에서 현장에서 경험을 쌓은 운동가들이 배출되기 시작하고 있다. 명망가 중심의 운동이 아니라, 실제 실무를 담당하는 중간 간부의 양성이 이루어지고 있다.

둘째, 운동의 내용면에서 다양한 여성의 문제를 이슈화하고 이를 극복하고자 시도하고 있는 점은 큰 성과라고 하겠다. 운동의 발전 속에서 문화운동이나 생활운동으로까지 운동이 전개되고 있는 것은 현대 사회를 어느 정도 반영한 것으로 대중성을 확보해 가는데 도움이 되고 있다.

셋째, 운동의 방법면에서 운동의 대중화를 위하여 지역 중심의 소모임을 강화하고 회원의 조직력을 증강하는 등 운동 방법의 다양화는 여성운동에 활력을 넣어주고 있다.

넷째, 운동의 연대활동은 여성 역량의 증강을 가져다주었다.

다섯째, 여성들의 정치의식의 향상과 요구로 여성의원들의 지방의회의 참여와 구청장 등 행정가로서의 활약을 들 수 있다. 여성의원들의 지방의회의 참여는 자신들의 노력의 결과이기도 하지만 부산지역 여성계의 노력에 따른 것이었고, 구청장의 출현 역시 이와 같다. 여성단체들의 정치세력화를 위한 연대활동은 이러한 점에서 일정한 성과를 얻었다.

2) 여성운동의 한계

여성운동의 성과로 과거보다 여성들의 삶이 법과 제도면에서 많은 발전을 보았지만, 이러한 성과는 다수의 여성의 현실을 크게 개선하지는 못하였다.

여성의 경제활동은 여전히 어려운 것이 현실이다. 경제활동 참여율도 낮고, 그나마 비정규직 노동에 종사하는 경우가 많으며, 경력단절여성들이 많다. 때문에 육아휴직 등 법으로 정한 모성보호관련 조항을 이용할 수 있는 여성이 많지 않다.

많은 여성관련 법과 제도의 개선 효과가 여성들에게 불평등하게 나타나 여성들 간의 내부 차이가 더 커져 가고 있는 것이 현실이다. 좋은 환경에서 교육을 받은 소수 여성들은 많은 혜택을 받고 있으나, 다수의 여성들은 여전히 어려운 상황에 처해 있는 것이 문제이다. 이러한 전체 여성운동의 한계와 더불어 부산지역 여성운동의 한계점을 살펴본다면 다음 몇 가지로 지적할 수 있을 것 같다.

첫째, 운동 내용에서의 문제점을 본다면, 단체들과 운동가들이 운동의 형식적 전개에만 신경을 쓰다 보니 자칫 좌표를 상실하는 경우가 많다. 여성운동이 어떠한 것이어야 하는가에 대한 의문 없이 운동을 전개하고 있는 경우가 종종 발생한다. 따라서 여성주의·평등주의에 입각한 인간해방을 위한 내용의 운동이 되지 못하고 있다. 때문에 끊임없는 목표 점검과 반성 위에서 운동을 전개해 나가는 것이 필요하다. 정말 우리 시대가 요구하는 여성운동은 어떤 내용을 담아야 할 것인가를 끊임없이 고민해 보아야 한다.

둘째, 운동을 이끌어갈 이론의 모색이 부족하다. 특히 지역 차원에서 지역의 여성운동의 이론을 제시하고 목표를 정립하는데 도움을 줄 이론가·연구자와의 연대가 잘 이루어지지 않고 있는 것이 현실이다.

셋째, 운동의 내용에서 여전히 소외여성층들의 입장이 잘 반영되고 있지 못하다. 몇 단체는 이를 위해 활동을 하고 있다. 그러나 사회적 구조의 변화로 여성의 빈곤화가 가일층 되고 있는 상황에서 빈민층 여성이나 여성가장, 미혼모, 또한 고령화에 따른 빈한한 여성노인 등의 문제가 심각하게 부각되고 있는 것에 비하여 아직 이러한 문제들에 대한 운동이 활발하지 않다.

넷째, 여전히 대중성을 확보하지 못한 단체들이 있다. 물론 단체의 성격에 따라 다르겠지만 대중성을 갖지 못하고 몇 몇의 회원으로만 운영되는 단체들이 있다. 대중성 확보는 과거의 여성운동에서도 항상 문제시 되었다.

다섯째, 조직 운영이 원활하지 못하고 심지어 몇 몇 명망가 중심의 조직인 경우가 있다. 설립 당시의 활동가가 그 조직을 위하여 아무리 헌신적으로 일을 하였다고 하더라도 개인의 사적 소유물이 되어서는 안 된다. 또한 장기적으로 장의 위치에서 모든 문제를 독단적으로 처리하는 문제도 생각해 보아야 한다. 단체장이 장기적으로 활동하면 역량이 축적되어 일이 원활히 이루어 질 수 있다는 이점이 있는 반면, 자칫 운동이 정체될 수도 있다. 또 세대교체가 이루어지지 못해 변화를 따라잡지 못하고, 후배 활동가를 배출해 내지 못할 수도 있다. 조화로운 세대 간의 교류, 즉 경험이 많고 나름의 이론을 갖고 있는 원로들과 또한 신선한 감각과 새 세대 운동을 이끌 역량을 갖춘 후배들과의 조화로운 관계 정립이 필요한 시점이다.

여섯째, 운동의 효율성이라는 이름 아래 기존의 남성들의 잘못된 운동 방식을 답습하는 경우가 있다. 여성운동은 그러한 사회를 지양하는데 바로 그 방식으로 운동을 해 나가기에 도덕성을 상실하여 운동에 대한 신뢰감을 떨어뜨린다.

일곱째, 지나치게 정부지원을 받을 수 있는 사업들에만 치중하는 경우가 있고, 그러다보니 자신들의 정체성과 맞지 않은 사업에 많은 인력을 투자해야만 하는 경우가 종종 있다. 자칫 도구가 목표가 되는 경우가 있다.

그리고 연대활동이 여전히 미흡하다. 부산여성단체연합이 창립된 지 10년이 되었지만 독립된 인적 자원을 충분히 갖추지 못하고 있다. 진정한 연대활동 위에서 부산여성단체연합이 활동하기 위해서는 독립된 조직을 갖고서 연대하는 단체들과 함께 때로는 연대하면서 때로는 독자적으로 운동의 방향을 앞서서 전망하고 추진하는 힘을 가져야 한다.

2. 여성운동의 과제

부산지역의 여성운동의 활성화를 위해서 다음 몇 가지를 생각해 보았다. 첫째, 무엇보다도 부산지역 여성운동의 정체성 정립이 시급하다고 보인다. 1990년대 들어서는 많은 내용들의 운동이 전개되고 있다. 그러다보니 자신들의 역량과 정체성에 맞지 않은 많은 운동들이 쏟아져 나오고 있다. 지금 여성단체들의 활동을 보면 각 단체들이 정체성 정립 없이 백화점식의 사업을 기획하고 있는 경우가 많다. 특히 재정의 어려움과 관련하여 정부보조가 있는 사업들 쪽으로 치중하고 있다.

각 운동단체나 운동가들은 지방분권시대에 맞추어 부산의 지역적 토대 위에서 지역 여성들의 더 나은 삶을 위한 방향을 연구하고 모색하는 것이 필요하다고 본다. 또 시대가 요구하는 여성운동이 어떠한 것이어야 하는가를 논의해 보아야 한다. 즉 사회개혁의 입장을 지키면서 지역의 여성문제를 해결하는 운동을 전개해야 한다. 이러한 논의에 이론가들과의 소통이 필요하다.

둘째, 운동의 내용에 있어서 여성운동이 노동자나 소외된 계층의 여성문제를 중요하게 다루어야 할 것이라고 생각한다. 앞서도 언급하였지만 신자유주의는 여성들 내부에도 부익부 빈익빈의 결과를 가져다주었다. 빈곤여성들을 위한 일자리 교육, 일자리 창출, 비정규직 노동 여성들의 문제 해결, 경력단절 여성들의 취업, 빈곤 여성노인들을 위한 생계지원 등 여성의 경제문제를 해결하는 운동이 시급하다고 볼 수 있다. 여성의 경제적 문제의 해결을 위해 여성운동단체들이 강력히 문제제기를 하고 해결에 앞장서야 한다.

셋째, 여성 단체끼리의 연대를 형식이 아닌 내용에서 더욱 공고히 하여, 지역 여성의 문제를 해결하는데 공동의 힘을 더욱 모아야 하고, 지역의 타 시민단체와의 연대도 다져나가면서 사회개혁운동에의 참여의 핵심을 놓치지 않아야 한다. 부산여성단체연합이 좀 더 지역에 맞는 이론을 정립하고 운동을 앞서서 끌어가는 진정한 연대의 중심체로서의 역할을 해야 할 때이다. 각 단체들은 여연의 활동에 좀 더 주체적으로 참여하여 진정한 연대가 이루어지도록 해야 한다.

넷째, 대중성 확보의 문제이다. 지역의 여성들에 뿌리 내리지 못하고, 소수 여성들을 중심으로 한 여성운동은 공허하다. 몇 몇 단체들은 이를 극복하고 대중성 확보에 성공하고 있으나, 여전히 많은 여성 단체들이 그렇지 못하다. 물론 대중사업이 쉽지 않으며 대중사업을 하다가 자칫 자신의 정체성까지 상실할 위기에 빠지기도 하지만, 대중성의 확보는 시급하다.

다섯째, 운동 단체들이 운동성을 상실한 경우가 있다. 운동이 전제되지 않은 여성단체는 오히려 여성운동에 걸림돌이 된다. 자신의 단체에 맞는 운동을 개발하고 그를 위해 매진해야 한다.

여섯번째, 지역여성운동의 활성화를 통한 여성의 정치세력화에 힘써야 한다. 더불어 지역여성정책의 발굴과 여성정책 추진운동도 전개해야 한다.

일곱번째, 재정확보의 문제이다. 이 문제는 여성단체들이 근래 가장 신경을 쓰는 문제이다. 이를 위한 워크샵도 열리고 많은 논의들이 진행되고 있다.

여덟번째, 조직운영에서 세대 간의 조화로운 관계 속에서의 활동이 요구된다. 의사소통이 자유로워야 하고 민주적인 방식으로 조직이 운영되어야 한다. 그러면 자연스럽게 새로운 세대들이 계속 단체로 유입되어 올 것이다.

아홉번째, 위와 같은 과제를 해결하기 위해 이를 위한 이론정립에 필요한 이론가가 요구된다. 또한 여성운동을 위한 전문가가 양성되어야 한다. 각 단체들은 자신들의 정체성에 맞는 활동을 위해서도 각기 차세대 활동가 교육에 힘쓰고, 전문가 양성에 주력하여야 한다.

(『여성연구논집』 제20집, 신라대학교 여성문제연구소, 2009.10)

참고문헌

단행본

부산광역시(1999),『부산 여성백서』.
부산광역시(1999),『부산여성발전 종합계획』.
부산광역시(2004),『제2차 부산여성발전 종합계획』.
부산발전연구원(2003),『제1차 부산여성발전 종합계획에 대한 평가 연구』.
부산여대 여성문제연구소(1995),『부산지역 가족 및 여성관련 기초통계 자료집』.
부산여대 여성문제연구소(1995),『부산지역 취업 여성의 실태와 문제점』.
부산여대 여성문제연구소(1997),『부산시 여성관련단체 편람』.
부산여성단체연합(2007),『여성단체연합백서(1999-2005)』.
부산여성단체연합(2007),「민주와 평등이 100인 여성을 만나다」.
부산여성단체연합(2009),「풀뿌리 여성운동의 지역화전략을 위한 워크숍 – 부산지역 여성운동 돌아보기, 한걸음 나가기」.
전라남도(2003),『전남여성 100년』.
이효재(1978),『여성과 사회의식』, 평민사.
이효재(1979),『여성과 사회』, 정우사.

학술논문 및 기타

강이수·지은희(1988),「한국여성운동의 자성적 평가」,『80년대 한국인문사회 과학의 현단계와 전망』, 역사비평사.
권영자(1995),「한국의 여성정책에 관한 연구」, 성신여대 박사학위논문.
김기선미(1997),「여성운동의 흐름」,『여성과 사회』8호, 한국여성연구회.
김기선미(1998),「여성운동의 흐름」,『여성과 사회』9호, 한국여성연구회.
김상희(1991),「주부운동」,『여성과 사회』2호, 한국여성연구회.

김소연(2000), 「지방 자치단체의 여성정책에 관한 연구」, 이화여대 대학원 석사학위논문.
김엘림(2006), 「여성입법운동의 전개와 성과」, 『여성과 역사』 3집.
김옥희(1999), 「부산 여성복지 행정의 발전」, 『부산여성백서』.
김홍숙(1986), 「한국여성을 대상으로 한 사회과학연구에서의 연구추세」, 이화여대 석사학위논문.
김홍숙(1988), 「한국 여성노동운동의 현황과 과제」, 『여성』 2, 창작사.
문경란(1988), 「미군정기 한국여성운동에 관한 연구」, 이화여대 대학원 석사학위논문.
박기남(1990), 「80년대 여성운동의 평가와 전망」, 『베틀』 44호.
박정렬(1986), 「여성모순의 본질에 관한 해부」, 『석순』 제4호, 고대여학생회.
서명선(1989), 「유신체제하의 국가와 여성단체」, 『여성학논집』 9집.
심정인(1985), 「여성운동의 방향 정립을 위한 이론적 고찰」, 『여성』 1호, 창작과 비평사.
안미수(2003), 「부산지역 비정규 여성노동자 실태와 고용방안 연구」, 『부산여성정책 연구』 1.
안정남(1992), 「부산지역 여성노동에서 나타난 여성문제에 관한 연구」, 계명대학교 석사학위논문.
여성사연구회 편집부(1988), 「한국여성해방이론의 전개에 대한 비판적 검토」, 『여성』 2집.
여성사연구회(1989), 「1980년대 여성정책」, 『1980년대 한국사회와 지배구조』, 풀빛.
여성평우회(1986), 「한국여성운동의 위상」, 『이화』.
오장미경(1999), 「여성운동의 흐름」, 『여성과 사회』 10호, 한국여성연구회.
오장미경(2000), 「여성운동의 흐름」, 『여성과 사회』 11호, 한국여성연구회.
오장미경(2001), 「여성운동의 흐름」, 『여성과 사회』 12호, 한국여성연구회.

이기숙(1990),「본교 여성학 강의를 위한 기본 자료의 수집과 분석」,『여성연구』 창간호, 부산여대 여성문제연구소.
이미경(1989),「국가의 출산정책 – 가족계획 정책을 중심으로」,『여성학논집』 제6집, 한국여성학회.
이송희(1999),「현대의 여성운동」,『우리 여성의 역사』, 청년사.
이송희(1992),「80년대 한국의 여성운동」,『여성연구논집』 3집, 부산여대 여성문제연구소.
이송희(2003),「부산지역 여성운동의 과거 현재 미래」,『부산지역 여성인물』, 부산광역시 여성센타.
이송희(2006),「여성사회의 변화」,『자료로 본 부산광역 60년』, 부산시사편찬위원회.
이승희(1986),「여성문제의 본질과 형태」,『사회과학개론』, 백산서당.
이승희(1991),「한국여성운동사 – 미군정기를 중심으로」, 이화여대 대학원 박사학위논문.
이은영(1995),「여성의 법적 지위」,『한국여성발전 50년』, 정무장관실.
이임화(2005),「한국전쟁과 여성생활 세계의 변화」,『한국여성의 생활세계와 의식 변화』, 한국여성사학회.
임선희(1995),「여성과 교육」,『한국여성발전 50년』, 정무장관실.
임 호(1996),「부산지역 여성의 경제활동 참가와 구조적 변화」,『여성연구논집』 7집, 부산여대 여성문제연구소.
장명숙(2007),「한국 여성장애인 운동의 전개」, 신라대학교 석사학위논문.
조미라(2006),「제1차 부산시 여성정책 평가」, 신라대학 석사학위논문.
주경미(2005),「여성정책, 누가 어떻게 결정하는가」, 부산대학교 박사학위논문.
정현주(2004),「대한민국 제1공화국의 여성정책 연구」, 이화여대 박사학위논문.
최민지(1979),「여성해방운동소사」,『여성해방의 이론과 실제』, 창비.
최중옥(1999),「학교 및 사회교육」,『부산여성백서』.

함인희(2005), 「60년 가족제도와 여성 삶의 변화」, 『한국여성의 생활세계와 의식 변화』, 한국여성사학회.

허성우(1991), 「여성운동」, 『여성과 사회』 2, 창작과 비평사.

저자 **이 송 희**

(전) 신라대 역사문화학과 교수
이화여대 문리대 사학과 졸업, 동대학원 석사 및 박사
영국 런던대학, 미국 일리노이 주립대학, 캐나다 요크대학 Visiting Scholar
한국여성사학회 회장 역임, 부산시사편찬위원 역임
사)부산여성사회교육원 이사

저서:『근대사 속의 한국여성』(2014),『대한제국기의 애국계몽운동과 사상』(2011),『여성주의 교육, 시공을 묻다』(공저, 2016),『부산여성사 III - 역사 속의 부산여성(현대)』(공저, 2011),『부산여성사 II - 역사 속의 부산여성 (고대-근대편)』(공저, 2010),『부산여성사 I - 근현대 속의 부산여성과 여성상』(공저, 2009),『새로운 한국사 길잡이』(공저, 2008),『부산의 도시 형성과 일본인들』(공저, 2008)

논문:「일제강점기 부산지역의 여성교육」(2013),「'87년 6월항쟁과 부산지역 여성, 여성운동」(2012),「1950년대 부산지역 이주여성들의 삶」(2009),「일제시기 부산지역 일본인의 초등교육」(2006),「일제시기 부산지역 일본인 사회의 교육-일본인 학교 설립을 중심으로」(2005),「한말 부산지역의 국채보상운동」(2004),「일제하 부산지역 방직공장 고무공장 여성노동자들의 쟁의」(2003)

근현대 부산지역 여성의 삶과 활동

초판 1쇄 인쇄일	| 2020년 7월 19일
초판 1쇄 발행일	| 2020년 7월 29일
지은이	| 이송희
펴낸이	| 한선희
편집/디자인	| 우정민 우민지
마케팅	| 정찬용 김보선
영업관리	| 한선희 정구형
책임편집	| 우민지
인쇄처	| 국학인쇄사
펴낸곳	| 국학자료원 새미(주)
	등록일 2005 03 15 제 406-3240000251002005000008 호
	경기도 고양시 일산동구 중앙로 1261번길 79 하이베라스 405호
	Tel 442-4623 Fax 6499-3082
	www.kookhak.co.kr
	kookhak2001@hanmail.net
ISBN	| 979-11-90476-56-0 *93910
가격	| 30,000원

* 저자와의 협의하에 인지는 생략합니다.
  잘못된 책은 구입하신 곳에서 교환하여 드립니다.
  국학자료원·새미·북치는마을·LIE는 국학자료원 새미(주)의 브랜드입니다.
* 이 도서의 국립중앙도서관 출판예정도서목록(CIP)은 서지정보유통지원시스템 홈페이지(http://seoji.nl.go.kr)와 국가자료공동목록시스템
  (http://www.nl.go.kr/kolisnet)에서 이용하실 수 있습니다. (CIP2020027420)